빅쿼리를 활용한
데이터 웨어하우스 구축

Korean edition copyright ⓒ 2021 by aCORN Publishing Co. All rights reserved.

First published in English under the title
BigQuery for Data Warehousing; Managed Data Analysis in the Google Cloud
by Mark Mucchetti, edition: 1
Copyright ⓒ 2020 by Mark Mucchetti
This edition has been translated and published under licence from
APress Media, LLC, part of Springer Nature.
APress Media, LLC, part of Springer Nature takes no responsibility and
shall not be made liable for the accuracy of the translation.

이 책은 APress Media, LLC와 에이콘출판㈜가 정식 계약하여 번역한 책이므로
이 책의 일부나 전체 내용을 무단으로 복사, 복제, 전재하는 것은 저작권법에 저촉됩니다.

BIGQUERY FOR DATA WAREHOUSING

빅쿼리를 활용한 데이터 웨어하우스 구축

단계별로 배우는 구글 클라우드 관리형 데이터 분석

마크 무케티 지음
백진욱 옮김

에이콘출판의 기틀을 마련하신 故 정완재 선생님 (1935-2004)

지은이 소개

마크 무케티 Mark Mucchetti

의료 및 전자 상거래 업계의 기술 리더로 인텔 8088에서 BASIC 및 터보 C를 시작으로 지금은 클라우드에서 Node.js를 사용하는 등 30년 이상 컴퓨터 작업 및 소프트웨어 작성을 해왔다. 그동안 기술에 대한 깊은 애정과 관리 기술로 세계적 수준의 플랫폼을 만드는 엔지니어링 그룹을 구축하고 성장시켜 왔으며 데이터베이스, 릴리스 엔지니어링, 프론트엔드 및 백엔드 코딩, 프로젝트 관리 분야에서도 일했다. 현재는 로스앤젤레스 지역에서 기술 임원으로 일하면서 기술 팀원들이 최고의 잠재력을 갖고 업무 목표를 달성할 수 있도록 지도하고 있다.

감사의 말

먼저 이 과정을 매우 쉽게 진행할 수 있도록 도와준 에이프레스Apress의 직원 조너선 제닉Jonathan Gennick, 질 발자노Jill Balzano, 로라 베렌드슨Laura Berendson에게 감사를 표한다.

기간 내에 신중한 방향을 제시하고 이 책의 기술 감수를 해준 비에른 로스트Björn Rost에게도 감사의 말을 전한다.

발췌문을 검토하고 사용 사례를 제안했으며 격려해 주신 엔지니어링 스페셜리스트들(애비 클로프트Abby Cloft, 사샤 조던Sasha Jordan, 클린트 쿠마베Clint Kumabe, 닉 매키넌Nick McKinnon, 앤드류 멜초르Andrew Melchor 및 여러 사람들)에게 감사드린다. 2000년에 시작할 때부터 지원해 주신 606 크루(데릭 리우Derek Lieu, 아벨 마르틴Abel Martin, 제프 스테빈스Geoff Stebbins)에게도 감사드린다.

제품 관리자로서 항상 비합리적인 상황에 대면하면서도 초자연적인 평온함과 실용주의를 바탕으로 협업, 통찰력, 삼각형 호흡법Triangle Breathing을 알려주신 브릿 터커Brit Tucker에게도 감사드린다.

모든 주제에 인사이트를 제공해 준 닉 캠벨Nick Campbell에게 특별히 감사드린다. 그는 내가 의도적으로 생략한 쉼표를 모욕으로 받아들이는 유일한 엔지니어다. 클라우드 관련 및 클라우드 관련 현상에 대한 조언을 얻으려면 작가이자 기술자인 그에게 연락을 보내면 큰 도움을 얻을 수 있을 것이다.

육체적 힘과 정신적 힘은 동일하다고 가르쳐준 친애하는 친구이자 카운슬러인 후안 볼Juan Ball에게도 감사드린다. 그녀의 확고한 확신과 믿음 덕분에 어두운 날을 헤쳐나갈 수 있었다.

참을성 있게 듣고 비밀을 아주 잘 지켜준 여동생 에밀리Emily, 헤아릴 수 없는 기쁨을 가져다 주는 자녀들, 존 루크John Luke와 아멜리아Amelia, 그리고 자녀를 안전하게 지키고 가정에서 자신의 까다로운 경력을 관리하는 아내 헤더^{Heather}에게 깊이 감사를 표한다. 당신 없이는 불가능한 일이었을 거야!

기술 감수자 소개

비에른 로스트 Björn Rost

구글 캐나다의 데이터 관리 및 분석 고객 엔지니어다. 이전에 컨설턴트로 많은 데이터웨어하우스 및 관계형 트랜잭션 시스템을 설계, 구현 및 조정했다. 다른 사람들과 공유하고 배우는 것에 대한 열정으로 전 세계 100개가 넘는 콘퍼런스와 미트업에서 데이터, 데브옵스 및 클라우드에 관련한 자료를 발표했다. Oracle ACE Alumnus이며 OakTable Network의 회원이다.

옮긴이 소개

백진욱(kokos.papa8@gmail.com)

카네기멜론 대학교에서 컴퓨터공학 학사와 석사를 취득했다. 삼성전자에 다니다가 마이뮤직테이스트를 공동 창업해 8년간 CTO 포지션으로 일했다. 행파이브를 비롯한 여러 스타트업의 테크니컬 컨설팅을 해왔으며, 딜리버스라는 물류 스타트업을 공동 창업해 다시한번 열정을 불태우고 있다. 데이터와 클라우드 기술의 결합에 의한 혁신에 많은 관심을 갖고 있고 조직에 DataOps와 MLOps를 적용하는 데 흥미를 갖고 있다.

옮긴이의 말

데이터는 어디에나 존재한다. 이제 데이터 분석은 비즈니스에 있어 필수적인 요소다. 대부분의 회사들은 분석 스택을 만들면서 많은 시행착오를 겪는다. 그중 가장 먼저 맞닥뜨리는 것이 어떻게 데이터 웨어하우스Data Warehouse를 구축할 것인지에 관한 고민이다.

대부분의 데이터 분석 스택은 데이터 웨어하우스와 같은 중앙 저장소에 데이터를 저장한 후 데이터를 변환해 BI 도구 또는 보고서를 만드는 식으로 구성한다. 데이터 웨어하우스가 대두되기 전에는 프로덕션 DB를 직접 쿼리하는 방식으로 구현했다. 하지만 이런 방법은 프로덕션 성능에 부담을 주게 돼 읽기 전용 복제본을 사용하게 됐다. NoSQL 데이터베이스를 사용할 경우 지원되는 도구와 표준이 부족하기 때문에 SQL 데이터베이스에 로드한 후 분석했다. 최근에는 다양한 데이터 소스를 통합해서 인사이트를 얻어야 하는 복잡한 요구사항의 수용을 위해 데이터 웨어하우스의 존재가 부각됐다. 데이터 웨어하우스를 구축하면 다양한 이벤트, 애플리케이션 데이터, 마케팅 데이터, CRM 데이터, API로 얻을 수 있는 모든 데이터를 한곳에 모아 정제한 다음, 분석과 모델링을 할 수 있게 된다. 하지만 이런 기술은 기업 수준의 투자가 아니면 불가능했다. 그리고 기업들에게도 데이터 웨어하우스 운영 및 워크플로 유지보수는 쉬운 일이 아니었다. 하지만 데이터 웨어하우스가 클라우드로 옮겨가면서 개발자들도 손쉽게 접할 수 있는 기술이 됐다.

데이터 웨어하우스는 중앙 분석 데이터 저장소로 웨어하우스는 분석 쿼리에 최적화된 데이터베이스라고 생각하면 된다. 다음과 같은 이유로 데이터 웨어하우스 사용을 고려하게 된다. 다수의 데이터 소스의 데이터를 결합해 분석이 필요할 때, 분석용 데이터와 트랜잭션 데이터를 분리해야 할 때, NoSQL과 같이 분석 쿼리에 적합하지 않을 때, 자주 쓰이는 분석 쿼리를 최적화할 때다.

하지만 저장소만으로 데이터 웨어하우스는 혼자 분석 스택을 감당할 수 없다. 데이터 웨어하우스를 구축하려면 워크플로와 운영을 포함해 스토리지(추출과 로드), 프로세스(변환과 모델), 접근(시각화와 전달)의 세 가지 기능을 충족해야 한다.

Amazon Redshift, Google BigQuery, SnowFlake, Presto와 같은 여러 가지 데이터 웨어하우스가 부상하고 있는데 BigQuery는 완전 관리형 서버리스 서비스로 누구나 약정 없이 바로 시작할 수 있다.

이 책을 통해 BigQuery의 기술뿐만 아니라 데이터 엔지니어링에 필요한 여러 가지 GCP 기술들을 접할 수 있다. Cloud Functions, Dataflow, DLP 등 여러 가지 GCP 서비스들을 사용해 데이터 웨어하우스를 구축, 유지, 관리하는 방법을 배울 것이다. 시간이 지남에 따라 퇴색되고 더 나은 도구가 나오더라도 데이터 웨어하우스를 구축하는 방법론과 유지보수를 위한 기초 지식을 다루기 때문에 두고 두고 여러 번 참고할 수 있을 것이다.

이 책은 기술보다는 사람과의 관계를 강조한다. 데이터 전략 및 수행에 있어 BigQuery는 단순한 도구일 뿐이다. 데이터 웨어하우스 구축을 통해 인사이트를 얻고 비즈니스 예측까지 할 수 있는 기회를 가져 데이터 주도적인 결정을 할 수 있길 바란다.

좋은 책을 번역할 기회를 준 에이콘출판사 관계자분들께 감사드린다. BigQuery를 다루는 방법과 데이터 웨어하우스 구축에 대한 많은 생각을 할 수 있어 재밌는 작업이었다.

코로나 시대가 지나 모두 건강하고 다시 즐겁게 여행하고 사람을 만날 수 있는 날이 돌아오길 바란다.

차례

지은이 소개 5
감사의 말 6
기술 감수자 소개 8
옮긴이 소개 9
옮긴이의 말 10
들어가며 27

| 1부 | 웨어하우스 구축 | 35 |

| 1장 | BigQuery 살펴보기 | 37 |

Google Cloud Platform 37
GCP 시작 38
GCP 사용 39
    Cloud Console 40
    Command Line Interface 41
    프로그래밍 방식 액세스 42
BigQuery Cloud Console 42
    SQL 쿼리 42
    유용한 정보 48
웨어하우스 디자인 49
데이터 저장소로서의 BigQuery 49
    행 지향 접근 50
    열 지향 접근 51
데이터 웨어하우스로서의 BigQuery 52
주요 질문 52

기초 53
확장성 54
데이터 정규화 56
요약 57

2장 웨어하우스 프로젝트 시작   59

시작에 앞서 59
핵심 질문 60
제한적인 리소스는 무엇인가? 60
조직의 업무 분야는 무엇인가? 60
조직의 차별점은 무엇인가? 60
필요한 데이터를 알려줄 수 있는 사람은 누구인가? 61
고객에게 필요한 데이터를 파악하고 있는 사람은 누구인가? 61
핵심 객체는 무엇인가? 62
핵심 관계는 무엇인가? 62
시간은 어떤 역할을 하는가? 63
비용은 어떤 역할을 하는가? 63
일반적인 고려사항 63
업무 승인 64
관계자 인터뷰 65
갈등 해결 65
문서 산출물 66
비즈니스 수용 67
결정 기록 69
설계 방식 선택 69
트랜잭션 저장소 70
스타/눈송이 스키마 70
NoSQL 71
BigQuery 71
BigQuery 모델 72
프로젝트 72
데이터 세트 73
테이블 73

	요약	77

3장 데이터 모델 — 79

- 데이터 모델 — 80
- 수집 속도 — 80
- 과거 데이터의 가치 — 81
- 데이터 모델 생성 — 81
- 데이터 세트 생성 — 81
- 테이블 생성 — 83
  - 소스 — 84
  - 파일 형식 — 85
  - 대상 — 87
  - 스키마 — 87
  - 모드 — 92
  - 파티션 및 클러스터 설정 — 92
  - 고급 옵션 — 92
  - 파티셔닝 — 93
  - 클러스터링 — 95
- BigQuery 데이터 읽기 — 96
  - BigQuery UI — 96
  - bq 커맨드 라인 — 96
  - BigQuery API — 96
  - BigQuery Storage API — 96
- 요약 — 97

4장 BigQuery 비용 관리 — 99

- BigQuery 모델 — 100
- BigQuery 비용 모델 — 101
  - 스토리지 가격 — 101
  - 주문형 가격 — 102
  - 정액제 — 103
  - BigQuery 예약 — 103

비용 최적화 105
    연간 약정 105
    테이블 분할 105
    로딩 vs 스트리밍 106
    쿼리 작성 106
    쿼리 비용 확인 107
GCP 예산 도구 107
    GCP 요금 계산기 107
    주문형 모델 제한 설정 109
    예약 할당량 설정 109
    BigQuery에 결제정보 로드 110
요약 111

2부   웨어하우스 채우기   113

5장   웨어하우스 데이터 로드   115

로딩과 마이그레이션 116
    파일 117
    Google Cloud Storage 138
    타사 이전 솔루션 139
    Java Database Connectivity 140
    Document-Based Storage/NoSQL 142
    외부 데이터 소스 144
요약 145

6장   데이터 웨어하우스 스트리밍   147

장점과 단점 148
    데이터 일관성 149
    데이터 가용성 150
    스트리밍 사용 조건 150
스트리밍 코드 작성 151
    Google App Engine 151

		발생할 수 있는 문제	157
	고급 스트리밍 기능		161
		시간순으로 분할	161
		수집순으로 분할	162
		템플릿 테이블	162
	요약		163

7장	**Dataflow**		165
	주요 개념		167
		Driver Program	167
		파이프라인	167
		Directed-Acyclic Graph	168
		PCollection	172
		PTransform	173
	파이프라인 구축		176
		준비	178
		튜토리얼	180
		Google Dataflow Runner	185
	Dataflow Templates		186
	Dataflow SQL		187
		주요 개념 확장	187
		Dataflow SQL 확장	188
		Dataflow SQL 파이프라인 작성	191
		Dataflow SQL 작업 배포	194
	요약		198

3부	**웨어하우스 사용**		**199**
8장	**웨어하우스 관리**		201
	질문과 계획		202
	회고		204
	로드맵		205

제품 결함	206
기술 부채	207
유지보수	207
범위 축소	208
시스템화	208
낙관적인 확장성	209
우선순위	210
푸시-풀 전략	210
데이터 고객 유형	212
데이터 분석가	213
엔지니어	213
임원 및 경영진	213
영업직	214
요약	214

9장 　웨어하우스 쿼리　　　　　　　　　　　　　　　217

BigQuery SQL	218
기본 문법	218
추가 구문	221
이전 데이터 액세스	223
집합과 교차	224
UNION ALL/DISTINCT	224
INTERSECT	225
EXCEPT	226
조인	226
CROSS JOIN	227
INNER JOIN	227
OUTER JOIN	229
USING	230
셀프 조인	230
하위 쿼리	231
WITH절	232
중첩 데이터	232

UNNEST ... 233
파티션 ... 234
　수집 시간 파티션 테이블 ... 234
　날짜/타임스탬프 파티션 테이블 ... 235
　정수 범위 파티션 테이블 ... 236
날짜 함수 ... 236
　협정 세계시 ... 237
　일반 사용 사례 ... 237
그룹핑 ... 240
　ROLLUP ... 240
　HAVING ... 242
집계 함수 ... 242
BigQuery GIS ... 246
　GEOGRAPHY의 개념 ... 246
　GIS 함수 ... 247
　시각화 ... 249
기타 함수들 ... 251
요약 ... 251

10장　예약 작업　253

BigQuery의 예약 쿼리 ... 254
　쿼리 예약하기 ... 254
　쿼리 검토 ... 259
Cloud Scheduler ... 259
　이름 ... 260
　빈도 ... 260
　대상 ... 263
　상태 ... 266
　명령줄 사용 ... 266
　스케줄링 모범 사례 ... 268
다른 예약 방법 ... 270
　Cloud Tasks ... 270
　Cloud Composer ... 271

	BigQuery Transfer Service	272
요약		272

11장　GCP의 서버리스 함수　273

- 장점 ... 274
  - 관리 ... 274
  - 확장성 ... 274
  - 비용 ... 274
  - 가용성 ... 275
- 단점 ... 275
  - 지연 ... 275
  - 리소스 제한 ... 275
  - 이식성 ... 276
  - 관리 ... 277
- BigQuery와 Cloud Functions ... 277
- 함수 작성 ... 278
  - 함수 이름 ... 279
  - 리전 ... 279
  - 트리거 ... 279
  - 인증 ... 279
  - 변수, 네트워킹, 고급 설정 ... 279
  - 코드 ... 281
  - 소스코드 ... 282
  - Cloud Functions 배포 ... 283
- Cloud Functions 호출 ... 284
  - HTTP 트리거 ... 284
  - Cloud Pub/Sub 트리거 ... 284
  - Cloud Storage 트리거 ... 284
  - Cloud Firestore ... 285
  - 직접 트리거 ... 285
  - Firebase 트리거 ... 285
- Cloud Scheduler ... 286
- 실제 애플리케이션 예제 ... 286

　　　　제안하는 디자인 287
　　요약 292

12장　Cloud Logging　293

　　로그와 분석의 연관성 293
　　　　Abigail's Flowers 예제 294
　　Cloud Logging 298
　　　　로그 탐색기 298
　　　　Cloud Logging 쿼리 299
　　BigQuery 로그 싱크 300
　　　　싱크 301
　　　　싱크 생성 302
　　측정항목과 알림 304
　　　　측정항목 생성 304
　　　　로그 기반 측정항목 305
　　　　측정항목 내보내기 305
　　　　알림 306
　　피드백 루프 307
　　요약 308

4부　웨어하우스 유지 및 관리　309

13장　고급 BigQuery 기능　311

　　분석 함수 311
　　　　정의 312
　　　　윈도우 프레임 313
　　　　파티션 313
　　　　실행 순서 313
　　　　숫자 함수 314
　　　　윈도우 프레임 문법 316
　　　　탐색 함수 319
　　　　집계 분석 함수 321

BigQuery 스크립팅 323
　　블록 324
　　변수 324
　　Comments 주석 324
　　IF/THEN/ELSEIF/ELSE/END IF 325
　　제어 흐름 326
저장 프로시저, 사용자 정의 함수, 뷰 328
　　저장 프로시저 328
　　사용자 정의 함수 331
　　JavaScript 사용자 정의 함수 332
　　뷰 334
　　구체화된 뷰 336
요약 337

14장　데이터 거버넌스　339

데이터 거버넌스 정의 340
　　가용성 341
　　컴플라이언스 341
　　일관성 341
　　비용 관리 341
　　의사 결정 342
　　성능 342
　　품질 342
　　보안 342
　　사용성 343
거버넌스 전략 343
책임과 역할 343
　　고위 경영진 344
　　거버넌스 위원회 344
　　주제 전문가 345
　　데이터 분석가 346
　　데이터 엔지니어 347
기록 시스템 348

	Golden Record	348
	단방향 데이터 흐름	349
보안		350
	인증	350
	권한	351
	암호화	353
	분류	353
	데이터 손실 방지	354
	감사	356
데이터 수명 주기		356
	수집에서 사용 가능 상태까지	357
	활성 데이터 및 품질 측정	357
	폐기	358
거버넌스 정책 수정		360
로드맵		360
승인		360
Google Cloud Data Catalog		361
	개요	361
	BigQuery	362
	외부 연결	362
	개인 식별 정보	363
요약		363

15장 장기적인 전략 수립 — 365

비즈니스 변화		367
	큰 비즈니스 변화	368
	핵심 성과 지표	369
	타임라인	369
	접근 방법	370
	데이터 프로그램 품의서	370
자연적인 성장		371
	변화 제어	371
	소스 제어 관리	374

데이터 보존 고려사항 ... 375
　개인 정보 보호법 ... 376
　비용 관리 ... 377
　만료 기간 ... 378
　장기 스토리지 ... 379
데이터 조작 언어 ... 380
중단 시간 ... 380
　코드 프리즈 ... 381
　단계적 성능 저하 ... 381
BigQuery 생태계 ... 381
요약 ... 382

5부　데이터 리포팅과 시각화 ... 383

16장　리포팅 ... 385

리포팅 ... 386
리포팅과 데이터 대중화 ... 386
　역사 ... 387
　회색시장 데이터 ... 388
　리포팅을 통한 대중화 ... 388
　역사는 반복된다 ... 390
제품 관점의 리포팅 ... 390
　B2B의 관점 ... 390
　리포팅 시스템 품의 ... 391
　제품 관리 ... 393
요구사항 정의 ... 393
　플랫폼 ... 394
　보고서 ... 394
　로드맵 ... 396
솔루션 분포 ... 396
　Google Cloud Platform ... 396
　서드 파티 ... 398

	그 외의 방법	400
	요약	402

17장 대시보드와 시각화 403

- 시각화 405
  - 시각화 기능 405
- 대시보드 408
  - 시각화와 대시보드 410
  - 대시보드 계층 410
  - 사용 사례 411
  - 접근성 411
  - 신선함 411
  - 관련 측정항목 412
  - 주요 비즈니스 변화 412
  - 커뮤니티 413
- 대시보드 구축 413
  - 하드웨어 413
  - 소프트웨어 415
  - 유지보수 416
- 요약 417

18장 Google Data Studio 419

- 데이터 스튜디오 보고서와 BigQuery 420
  - 데이터 소스 420
  - BigQuery 커넥터 421
  - 보고서 준비 422
  - 보고서 생성 423
  - 차트 작성 425
  - 보고서 보기 옵션 428
- 추가 기능 430
  - 데이터 스튜디오 탐색기 430
  - 데이터 혼합 431

         계산된 필드 433
         커뮤니티 추가 기능 434
         Google Analytics 435
    BigQuery BI Engine 435
    요약 436

6부 데이터의 잠재력 향상 437

19장 BigQuery ML 439
    배경 지식 440
         인공지능 440
         머신러닝 441
         통계와의 관계 442
         윤리 443
    BigQuery ML 개념 444
         비용 445
         지도 학습과 비지도 학습 446
         모델 유형 448
         수행 절차 458
    예제 466
         k-평균 군집화 466
         분류 472
    요약 485

20장 Jupyter Notebook과 공개 데이터 세트 487
    심연의 가장자리 488
    Jupyter Notebook 488
         노트북 설정 489
         노트북 인터페이스 490
         Python 데이터 분석 491
    BigQuery 연결 493
         커널에 데이터 추가하기 493

　　　　　BigQuery 데이터 추가 493
　　　dataframe 탐색 496
　　　　　둘러보기 497
　　　　　개별 값 탐색 498
　　　　　다중 값 탐색 500
　　　　　다음 단계 501
　　　　　매직 명령어 502
　　　AutoML Tables 503
　　　　　데이터 세트 가져오기 504
　　　　　학습 설정 505
　　　　　모델 학습 508
　　　　　모델 평가 509
　　　　　예측 511
　　　　　추가 분석 513
　　　데이터 ➤ 인사이트 퍼널 514
　　　요약 515

21장　**결론**　　　　　　　　　　　　　　　　　　　　　　**517**

부록 A　**Cloud Shell과 Cloud SDK**　　　　　　　　　　　**519**

부록 B　**데이터 프로젝트 품의서 샘플**　　　　　　　　　　**531**

　　　찾아보기 537

들어가며

데이터 구성

데이터가 세상을 지배하고 있다. 내가 글을 쓰고 있는 이 순간에도 나와 관련된 데이터가 인터넷을 떠다닌다. 전 세계의 서버로 내가 어디에 있는지, 어떤 웹사이트를 참고하고 있는지, 심장 박동 수는 얼마인지 스트리밍한다. 지금 이 책을 집필하는 키보드 입력조차 각각의 데이터를 생성한다. 24시간 동안 내가 만드는 데이터 이벤트는 그 양이 방대해서 심층적인 검토 없이는 그 의도를 파악하기 어렵다. 믿기 어렵겠지만 매일 250경 바이트byte의 데이터를 생성한다.[1] "데이터를 생성한다."라는 것은 어떤 의미인가?

엔지니어라면 데이터 자체로는 아무것도 할 수 없다는 것을 알고 있겠지만 다시 한 번 짚어 보자. 데이터는 추상적인 상태를 유지하고 무결성과 확실성을 유지하며 발생지에서 목적지까지 온전한 상태로 이전해야 한다. 그 후엔 잠재적인 형태로 데이터를 옮기고 추출, 변환 그리고 로드load한다. 앞서 가공한 데이터를 정보의 형태로 합성해야만 의사 결정을 할 수 있다. 데이터가 쓸모 있으려면 데이터를 수집하고 저장하는 방법은 물론 어떻게 정보로 사용할 수 있는지도 염두에 둬야 한다.

데이터를 강조하는 요즘의 사회현상이 우발적이라고 생각하지 않는다. 정보를 얻기 위한 가장 원시적인 방법으로는 책 더미에 파묻혀 원하는 정보가 나올 때까지 찾는 것이지만(이 방법도 2장에서 다룸) 그보다 정보를 찾아가는 여정에 더 큰 의미를 부여해야 한다. 다시 책의 예시로 돌아가 저자의 글에서 시작해 상업적 구매자, 재고 및 정리, 읽기 및 이해, 기록 보관소에 이르는 과정을 생각해 보자. 위 과정은 한 사람이 감당하기 힘들기 때문에 데이터에서 지식

---

1 https://researcher.watson.ibm.com/researcher/view_group.php?id=4933

을 유추하는 방법에 집중하려면 기술의 힘을 이용해 이 차이를 채워야 한다.

원시적인 데이터에서 지식을 유추하는 과정은 쉽지 않다. 근본적으로 이 문제는 읽기와 쓰기에서 발생한다. 기술의 발전이 엄청난 도움을 주지만 그만큼 복잡하다. 이런 복잡성 때문에 이 분야의 전문가에게 데이터 엔지니어, 데이터 아키텍트, 데이터 사이언티스트 등의 여러 가지 멋진 이름을 부여하기 시작했다.

많은 기업이 빅데이터를 중요하게 생각하지만 데이터를 정보로 활용하는 수준에는 도달하지 못하고 있다. 방대한 양의 데이터를 수집하지만 계획 없이 버려지고 있다. 데이터를 정보로 가공하더라도 회사의 이해관계자들이 해당 정보를 활용하지 못하거나 활용이 가능하더라도 피드백을 주는 시간이 너무 늦어져 비즈니스 환경의 변화에 따라가지 못하기도 한다. 데이터 활용에 대한 피드백 순환 과정을 최적화하는 회사가 독보적인 경쟁력을 가진다. Google BigQuery와 같은 서비스가 나오면서 회사들의 격차가 점점 좁혀지고 있다.

BigQuery는 SQL 호환성, 페타바이트 스케일의 확장성, 고가용성을 포함한 데이터 웨어하우스 Data Warehouse 기능을 단일 서비스에서 제공한다. 또한 기업이 아닌 개인이 서비스를 운영 및 관리하기 쉽다. 기존에 운영 중인 데이터 웨어하우스, 데이터베이스 또는 구글 시트 Google Sheet에서 손쉽게 주요 인사이트를 추출할 수 있고 그 결과를 상사, 임원을 포함한 이해관계자에게 바로 전달할 수 있다. 조직 내의 인원 모두가 데이터를 사용하는 문화에 익숙해진다면 발전 가능성은 무한하다. 나는 이런 일을 여러 번 경험했지만 BigQuery처럼 빠르게 데이터 문화를 조성하게 해주는 도구는 없었다.

Google BigQuery란

데이터 웨어하우스라는 개념은 1970년대부터 존재했다. 과거에도 글로벌한 데이터를 바로 처리할 수 있는 시스템이 필요했지만 가용성, 확장성, 재해복구 기능 등의 인프라스트럭처 infrastructure, 인프라를 구축하고 유지하기는 벅차고 지루한 작업이었다. 비즈니스 요구사항을 처리하기 전에 인프라의 기술적인 문제를 해결하려면 수많은 인력과 시간이 필요했다.

최근에는 서비스형 인프라스트럭처 IaaS, Infrastructure-as-a-Service가 떠오르며 인프라를 구축하고 유지하는 데 필요한 리소스가 줄었다. 데이터 센터의 가상화는 클라우드 환경에서 SQL 데이터베이스 서버[2]를 관리할 수 있다. BigQuery는 위 장점을 합쳐 Cloud SQL과 호환성이 있는 관리형 데이터 웨어하우스로 자리 잡았다.

이 책의 앞부분은 데이터베이스 관리자에게는 익숙한 주제들이다. 입문자라면 데이터 웨어하우스에 관련된 개념을 확실히 잡고 가길 바란다. 이 책의 내용을 이해하는 데 도움이 될 뿐만 아니라 다른 기술을 이해하는 데도 많은 도움이 될 수 있다.

이 책은 BigQuery에 대한 책이기도 하지만 실제로는 데이터에 대한 책이다. BigQuery를 중심으로 데이터를 다루는 여러 방법들과 조직 내에서 어떻게 활용할 수 있는지를 다룬다. 데이터에 대한 가치를 증명함에 따라 회사 내에서도 데이터에 대한 가치가 높아진다.

BigQuery의 가장 큰 장점은 인프라에 대한 유지보수와 업그레이드에 대한 인력을 유지할 필요가 없다는 것이다. 또한 데이터 센터나 본인의 컴퓨터에 업그레이드를 위한 프로그램을 업데이트할 필요도 없다. BigQuery 내의 데이터는 언제 어디서든 접근할 수 있다.

무엇보다도 유지보수를 신경 쓰지 않아도 되기 때문에 데이터를 사용해 비즈니스를 활성화시키는 것만 생각할 수 있다는 점이 가장 중요하다. 규모가 작은 회사에서도 적은 리소스와 예산으로 실시간으로 데이터를 통한 통찰을 할 수 있다.

BigQuery의 특징

BigQuery의 주요 특징을 살펴본다. 모든 특징이 독자에게 설득력 있지는 않겠지만 한두 가지는 독자 또는 팀장, 이해관계자를 설득할 수 있는 부분일 수 있다.

사용의 용이성

BigQuery는 운영체제나 데이터베이스를 설치할 필요가 없는 클라우드상에서 실행하는 완전 관리형 서비스다. 서버를 할당할 필요도 없고 배포 상태 또는 어디서 어떻게 배포되는지

---

[2] Google Cloud Platform SQL, Amazon RDS

신경 쓸 필요도 없다.

가용성 및 신뢰성

이 책을 집필할 때의 BigQuery의 서비스 수준 계약[SLA, Service Level Agreement]은 99.99%를 준수한다.[3] 한 달에 44분 정도의 다운타임이지만 경험상 그 정도의 장애가 발생해 프로덕션에서 문제가 된 적은 없었다.

보안

기존 데이터 웨어하우스는 역할 기반 권한과 사용자 레벨 접근 설정이 복잡했다. BigQuery는 기본 허가 기능이 처음부터 활성화돼 있고 필요에 따라 세분화할 수 있다. 권한 모델은 Google Cloud Platform[GCP, Google Cloud Platform]에서 제공하는 클라우드 IAM[Google Cloud Identity and Access Management][4]에서 관리돼 G Suite[5]와 같은 서비스에서도 일관성 있는 경험을 제공한다.

비용

메인 프레임 시기에는 값비싼 기업용 컴퓨터를 사용하는 것이 가장 빠르고 가용성 높은 서비스를 유지하는 방법이었다. 소프트웨어 라이선스 비용까지 더하면 시작 전부터 천문학적인 비용이 소모됐다. 그에 반해 BigQuery는 쿼리[query, 질의]에 사용하는 데이터만큼만 비용을 청구한다. 기존의 관계형 데이터베이스와 비교했을 때 정확한 예상 비용을 측정하기는 어렵지만, 쿼리가 없다면 비용이 발생하지 않는다. 글로벌한 운영이 필요하고 방대한 데이터를 처리해야 한다면 구글은 슬롯[slot] 기반의 고정 요금제를 제공한다(4장에서 자세히 다룰 예정이다).

---

3 https://cloud.google.com/bigquery/sla - 옮긴이
4 https://cloud.google.com/iam - 옮긴이
5 https://workspace.google.com/intl/ko. 현재는 Google Workspace로 이전했다.

속도

BigQuery는 빠르고 일관적인 응답 속도를 유지한다. 처음 질의를 실행했을 때의 응답을 캐시하기 때문에 같은 질의는 바로 반환하며 비용을 발생시키지 않는다. 최상의 성능을 요구하는 트랜잭션 데이터베이스에서 요구하는 속도에 비하면 빠르지 않지만 분석 워크로드나 백엔드 리포팅 시스템을 위해서는 충분한 응답 속도다.

비즈니스 가치

여러 번 강조하지만 앞서 설명한 인프라에 관련된 장점 때문에 유지 및 운영에 많은 시간을 소모하지 않는다. 남은 리소스를 모두 데이터 쪽에 집중해 원시 데이터를 정보로, 정보를 지식으로 만들 수 있게 도와준다.

이 책의 구성

이 책의 여정이 독자에게 각자 다른 의미로 다가올 수 있다. 이 책의 가장 중요한 목적은 최대한 빨리 데이터를 관리할 수 있게 도움을 주는 것이고 최종적인 목적과도 부합한다. 당신이 찾는 다른 목적은 유용한 정보를 이해관계자에게 전달하기 위한 시각화일 수도 있고 편리한 데이터 관리일 수도 있다. 이 책에서 당신이 원하는 기능들을 찾을 수 있기를 바란다. 기본적인 기능부터 시작해서 복잡하고 혁신적인 개념을 설명하겠다.

1부, 웨어하우스 구축 백지상태에서 데이터 저장소에 대한 요구사항을 정하고 구성하는 방법을 설명한다. 몇 가지 예제로 데이터 웨어하우스나 SQL 저장소 없이 BigQuery에서 바로 데이터에 접근하는 방법을 알려준다. 이미 사용하는 데이터 저장소가 있다면 어떤 전략을 채용할지 설명한다. 마지막으로 비용 측면에서 예산과 데이터의 가용성 사이의 절충안을 논의한다.

2부, 웨어하우스 채우기 기존 데이터 소스에서 데이터 웨어하우스로 옮기는 방법인 로딩Loading, 스트리밍Streaming 그리고 데이터플로Dataflow를 설명한다. BigQuery에서 바로 로딩과 스트리밍을 관리할 수 있다. 데이터플로에 한 장을 할애해 확장할 수 있는 커스텀 데이터 파이프라인을 구성하는 기술을 설명한다.

3부, 웨어하우스 사용 데이터 웨어하우스를 구축한 후 가능한 작업을 기술한다. 8장에서는 처음 BigQuery를 실행한 후 데이터를 다루는 방법에 있어 기초를 세우는 방법을 설명하고, 9장에서는 BigQuery에서 SQL을 어떻게 사용하는지를 알려준다. Cloud Scheduler를 통한 반복 작업, Google Cloud Functions를 통한 데이터 변환 그리고 Google Cloud Logging을 통한 로그 싱크Log Sink를 다룬다. 유용한 데이터 분석을 위한 여러 가지 BigQuery 기능들을 경험할 수 있다.

4부, 웨어하우스 유지 및 관리 데이터 웨어하우스에서 회사에 가치를 부여할 수 있는 데이터를 운영할 수 있다. 다만 데이터도 주기적인 관리가 필요하다. 문제 발생을 예방하기 위한 데이터 관리 전략을 설명한다. 14장에서는 조직에서 큰 스케일의 변화가 있을 때 데이터 웨어하우스에 어떤 변화가 있을지 설명한다.

5부, 데이터 리포팅과 시각화 부가적인 부분을 다룬다. 정보를 리포트로 만들거나 실시간 대시보드를 만들고 분석을 위해 데이터를 어떻게 조직에게 전달하는지를 다룬다.

6부, 데이터의 잠재력 향상 마지막으로 BigQuery의 획기적인 기능인 머신러닝ML, Machine Learning 기능을 설명하고 우리가 다루는 데이터에서 어떻게 사용하는지 설명한다. 공개 데이터 세트를 사용해 기존 데이터와 연동하는 방법도 설명한다.

BigQuery는 지금도 엄청난 속도로 발전하고 있다. 문제는 개선하고 새로운 기능들을 계속 추가한다. 기본적인 기능을 습득하면 새로운 기능들이 나와도 쉽게 습득할 수 있다. 무엇보다도 BigQuery는 관리형 서비스이기 때문에 이런 기능의 추가를 독자가 따로 관리하지 않아도 사용할 수 있다.

데이터data와 정보information는 서로 다른 개념이다. 데이터 웨어하우스 기술로 방대한 양의 원시 데이터를 수집하고 변환해 조직이 사용할 수 있는 정보를 유추할 수 있다. Google BigQuery는 입문자도 사용할 수 있는 서버리스, 글로벌 접근성, 보안성까지 추가된 데이터 웨어하우스다. 이 책을 읽고 초기 디자인, 설치, 데이터 가져오기, 스트리밍, 유지보수, 시각화와 혁신적 기능까지 경험할 수 있다. 이미 알고 있는 데이터베이스, 웨어하우스 또는 분석에 도움을 주는 정보들도 얻을 수 있다. 어떤 방식으로 진행을 하더라도 BigQuery를 사용해 정보가 지식으로 변환하는 여정의 마지막 단계로 나아가는 데 도움을 줄 수 있다.

예제 코드 다운로드

이 책에 사용된 소스코드는 에이프레스 깃허브 저장소(https://github.com/Apress/bigquery-for-data-warehousing)와 에이콘출판사의 깃허브 저장소(https://github.com/AcornPublishing/bigquery)에서 다운로드할 수 있다.

문의

정오표는 에이콘출판사의 도서정보 페이지(http://www.acornpub.co.kr/book/bigquery)에서 찾아볼 수 있으며, 이 책과 관련해 질문이 있다면 이 책의 옮긴이나 에이콘출판사 편집 팀(editor@acornpub.co.kr)으로 문의해 주길 바란다.

1부

웨어하우스 구축

1장

BigQuery 살펴보기

시작에 앞서 구글의 클라우드 서비스, BigQuery 설정 방법, 서비스 사용 방법을 알아본다. 그 후에 몇 가지 기본 쿼리를 실행해 동작 방식에 익숙해진 후 데이터 웨어하우스 설계에 들어가겠다. 클라우드 서비스 및 SQL 구문에 익숙하다면 '웨어하우스 디자인' 절로 건너뛰기 바란다. SQL을 처음 접하거나 복습을 위해서라면 그대로 진행한다.

Google Cloud Platform

Google Cloud Platform^{GCP}은 사내 전산실 또는 데이터 센터에서 제공하는 작업을 대체하는 거대한 클라우드 서비스의 집합이다. 가상 머신부터 여러 종류의 데이터베이스, 소프트웨어 배포, 대화형 인공지능, 머신러닝, 콘텐츠 전달 등 생각할 수 있는 거의 모든 서비스를 제공한다. BigQuery도 구글이 제공하는 서비스 중 하나다. 구글은 각 서비스들을 연결해 애플리케이션을 실행할 수 있는 올인원 인프라를 지속해서 개선하고 있다. 회사의 모든 서비스를 GCP로 옮긴다면 통합 유저 인증 및 서비스를 직접 연결할 수 있다. 이 책에서는 다른 GCP 서비스를 활용해 BigQuery에서 시너지를 내는 방법을 설명한다. 구글은 정기적으로 각 서비스의 새로운 기능을 출시하며 이 중 많은 기능을 자동으로 적용한다. 클라우드에서 애플리케이션을 실행하면 모든 단계에서 엄청난 시간을 절약할 수 있고, BigQuery에 다른 GCP 서비스를 적용할 경우 조직의 여러 부분에서 이득을 볼 수 있다.

이전에 클라우드 작업 경험이 있다면 GCP가 다른 업체와 어떻게 다른지 궁금할 것이다. 구글은 잘 설명된 문서를 제공하니 찾아보길 바란다. Amazon Web Services 또는 Microsoft Azure에 익숙하다면 해당 기술을 GCP에 적용하는 방법에 대한 문서도 찾아볼 수 있다.

GCP 시작

우선 구글 계정을 만든다. Gmail로 계정을 만들거나 이미 GCP 계정이 있다면 다음 링크에 접속하자.

- https://console.cloud.google.com/

▲ 그림 1-1 GCP 시작 동의 화면

국가 선택 및 서비스 약관 확인란이 나오는데 서비스 약관은 꼭 읽어보자.[1] 서비스 약관에는 클라우드 제공 업체에 익숙하지 않은 경우 클라우드에 데이터를 저장하는 것이 어떤 의미인지, 관할권의 법률 및 데이터가 규정을 준수하는지 확인하는 방법이 설명돼 있다. 위 사항들은 이 책이 다루는 내용의 범위를 벗어나기 때문에 특정 제한사항과 계약 내용을 숙지하자. 잠재적인 문제 방지를 위해 BigQuery는 데이터 저장 시 암호화했으며 2019년 중반부터는 자체 암호화 키를 관리하는 기능을 추가했다. 지리적 제한사항이 있다면 데이터를 저장하고 처리할 지역을 선택할 수 있다.

확장성과 비용은 비례한다. 비용 예측과 예산에 관한 부분은 4장에서 자세히 설명한다. 아이디어가 효과가 있는지 확인하려고 수백만 달러를 투자하며 하드웨어를 구입하던 시대는 지났다. 여러 GCP 서비스를 무료로 사용할 수 있기 때문에 진입 비용이 거의 없다.

서비스 약관에 동의하면 콘솔을 접할 수 있다. GCP를 이용하는 동안 도움이 될 몇 가지 사항을 알아보자.

GCP 사용

GCP를 이용할 때 본인이 선호하는 방법으로 작업하겠지만 이 책에서는 쉬운 이해를 위해 가능한 웹 인터페이스에서 작업한다. 프로그래밍이 많이 필요한 절에서는 다른 방법을 사용하겠다. 실제로 개념만 이해한다면 방법과 상관없이 올바른 구성으로 전 세계 어디서든 원하는 만큼 사용할 수 있다. 흥미롭게도 이미 데이터를 웨어하우스에 통합할 수 있는 방법이 많이 존재한다. 특정 기술과 BigQuery를 같이 구글링하면 두 기술을 연결하는 방법에 대한 많은 검색 결과가 그 사실을 말해준다.

---

1 https://cloud.google.com/terms

Cloud Console

▲ 그림 1-2 GCP Cloud Console

왼쪽 상단의 탐색 메뉴(≡)를 클릭하면 GCP의 서비스 리스트가 나타난다. 빅데이터 관련 메뉴에 초점을 맞추기 전에 다른 부분도 살펴보자. 이 책의 뒷부분에서는 Compute, 스토리지^{Storage}, Stackdriver, AI 등의 서비스를 이용할 예정이다. 고정 아이콘을 클릭해 목록 상단에 서비스를 고정할 수도 있다. 매번 스크롤하는 것이 번거롭다면 지금 BigQuery 메뉴를 고정하자.

이전 버전의 BigQuery를 지원한 클래식 콘솔은 2020년 6월 사용 중지됐으며 이 책의 모든 예제, 코드, 스크린샷 등은 공식적으로는 BigQuery 웹 UI라 불리는 새로운 Cloud Console 버전을 참고한다. 클래식 콘솔 또는 클래식 SQL 언어가 궁금하다면 이전 문서를 참고하자.

Command Line Interface

구글은 콘솔에서 Command Line Interface^{CLI}를 바로 사용할 수 있는 Google Cloud Shell을 제공한다.[2] 개별 가상 머신을 만들고 원격 접근 도구를 사용하는 것을 선호하는 사람도 있지만 Cloud Shell을 사용하면 웹 UI에서 명령어와 스크립트를 빠르게 실행할 수 있다. GCP의 일부 새로운 기능은 CLI에서만 처음부터 사용할 수 있다.

콘솔 오른쪽 상단의 아이콘( )을 클릭해 실행한다. 처음 클릭하면 그 기능에 대한 약간의 소개 텍스트가 나오며 **계속**을 클릭하면 CLI로 이동한다.

Cloud Shell은 실제로 GCP 유틸리티가 설치된 가상 머신을 생성한다. 또한 기본적으로 Node.js, Python, Go와 같은 다양한 프로그래밍 언어가 깔려 있고 bash 셸을 사용하므로 bash에 익숙하다면 전문가처럼 GCP 콘솔을 이용할 수 있다.

기본적으로 gcloud 명령어를 사용한다. CLI에 "gcloud"를 입력하면 수행할 수 있는 모든 작업의 목록을 볼 수 있고, "gcloud help"를 입력하면 gcloud가 지원하는 모든 인수를 볼 수 있다. "gcloud compute regions list"를 사용해 GCP 컴퓨팅 리소스를 사용할 수 있는 전 세계 모든 지역을 확인할 수 있다.

다음 명령어로 새 프로젝트를 만들 수 있다(부록 A 참고).

```
gcloud projects create acorn
```

BigQuery의 경우 "bq" 명령어를 사용한다. "bq" 또는 "bq --help"를 입력해 사용할 수 있는 모든 옵션을 확인해 보자. 이 책에서 웹 UI로 수행하는 많은 부분은 "bq" 명령어로 실행할 수 있다.

---

[2] Cloud Shell을 사용하면 필요한 Cloud SDK gcloud CLI 도구와 기타 유틸리티가 설치돼 있고 최신 상태로 완전히 인증돼 있어 필요할 때 언제든지 사용할 수 있다. Cloud SDK는 Google Cloud 제품 및 서비스와 상호작용하는 도구 및 라이브러리다. – 옮긴이

프로그래밍 방식 액세스

GCP는 API^{Application Programming Interface}를 사용해 서비스에 액세스할 수 있고 API를 패키징한 SDK^{Software Development Kit, 소프트웨어 개발 키트}도 제공한다. 이 책에서는 Python을 사용할 예정이지만 GCP는 대부분의 프로그램 언어와 호환되므로 독자가 원하는 다른 언어를 사용할 수 있다. Python을 선택한 이유는 다음과 같다. 데이터과학 세계에서 널리 사용하는 언어이고 대규모 엔지니어링에 적합하며 최신 머신러닝 라이브러리를 보유하고 있다. 구글은 Python 서버리스 함수를 지원하므로 이 책에서 필요한 모든 맥락을 지원한다.

대학원 또는 대학에서의 경험만 있거나 소프트웨어 엔지니어링 배경이 없더라도 걱정하지 말자. 해들리 위컴과 제니퍼 브라이언이 R에서 직접 BigQuery를 쿼리할 수 있는 bigrquery[3]라는 R용 패키지를 개발했으므로 GUI를 사용한 설정을 마치면 R에서 BigQuery의 데이터에 액세스할 수 있다.

BigQuery Cloud Console

앞서 고정한 BigQuery 메뉴를 클릭하자. 자세한 정보와 최신 출시 노트에 대한 링크가 포함된 간략한 소개 메시지가 나오면 **완료**를 클릭하자(소개 상자를 다시 보려면 왼쪽 상단 모서리에 있는 **기능 및 정보**를 클릭한다).

SQL 쿼리

BigQuery는 SQL을 기본 언어로 사용한다. 2016년 표준 SQL 언어가 도입된 이래로 ANSI SQL을 완전히 준수했으며 모든 표준 쿼리가 제대로 동작한다. BigQuery는 별다른 수정 없이 모든 관계형 모델을 지원하며, JSON과 같은 계층 데이터를 BigQuery에 직접 로드하기 시작할 때 익숙하지 않은 SQL 표준의 일부를 사용한다.

클래식 웹 UI는 더 이상 지원하지 않지만 클래식 SQL 언어는 지원한다. 쿼리 편집기창을 열

---

3 https://bigrquery.r-dbi.org/

고 **더 보기 > 쿼리 설정**을 클릭한 다음, 아래로 스크롤해 SQL 언어 항목에서 **이전 버전**을 선택한다. 해당 창에 있는 모든 추가 쿼리는 선택한 버전을 사용한다. 쿼리 위에 #legacySQL 또는 #standardSQL 데코레이터를 사용할 수 있다. 데코레이터를 사용하는 경우 위의 전환 옵션이 선택 불가로 바뀐다. 앞서 언급했듯이 이 책의 모든 예제는 표준 버전의 SQL 언어를 사용한다.

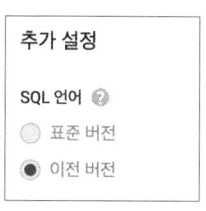

▲ 그림 1-3 SQL 언어 설정

BigQuery의 또 다른 장점은 공개 데이터 세트를 직접 쿼리할 수 있다는 것이다. 의료, 날씨, 유전체학, 정치, 암호화 등 모든 분야의 수많은 데이터 세트에 또 다른 데이터를 직접 결합할 수 있다.[4] 방금 생성한 빈 데이터 웨어하우스에서도 이미 엑사바이트의 정보에 접근할 수 있다는 사실을 생각하면 놀랍다.

간단한 예로 뉴욕시에서 가장 건강한 나무의 종을 찾아보자. new_york_tree_census_2015[5]라는 BigQuery 공개 데이터 세트를 사용할 수 있다. 이 데이터 세트는 뉴욕시의 모든 나무의 위치와 건강 상태에 대한 자세한 설명을 갖고 있다.

별다른 준비 없이도 쿼리 편집기에 직접 아래 SQL 쿼리를 실행할 수 있다.

```
SELECT
  spc_common AS species,
  COUNT(*) number_of_trees,
FROM
```

---

4 https://console.cloud.google.com/marketplace/browse?filter=price:free&filter=solution-type:dataset&project=hangfive-26bb4&cloudshell=true&supportedpurview=project – 옮긴이

5 https://console.cloud.google.com/marketplace/product/city-of-new-york/nyc-tree-census?filter=price:free&filter=solution-type:dataset&q=new_york_tree_census_2015&id=04b7b4f1-cf42-457b-b22e-6b7430b3c347&project=hangfive-26bb4&cloudshell=true&supportedpurview=project – 옮긴이

```
  `bigquery-public-data.new_york.tree_census_2015`
WHERE
  spc_common != ""
  AND health = "Good"
GROUP BY
  spc_common,
  health
ORDER BY
  number_of_trees DESC
LIMIT
  10
```

약 0.5초 후 뉴욕시에서 가장 흔하면서 건강한 나무의 종에 대한 결과를 뽑을 수 있다.

▲ 그림 1-4 SQL 쿼리 결과

이 책에서는 거의 모든 작업을 SQL로 수행한다. Dataflow 및 머신러닝과 같은 작업도 SQL로 수행한다. 그러므로 SQL에 익숙해져야 한다. 위 쿼리에 사용된 개념을 설명하겠다. 이미 SQL에 익숙하다면 이 절을 모두 건너뛰어도 문제가 없다.

테이블

관계형 데이터베이스의 기본은 열과 행으로 구성된 테이블이다. 열은 속성을 나타내고, 행은 모든 속성의 기록이다. 앞선 예시에서 열은 이름, 연도 및 성별과 같은 속성이다. 행은 {"London planetree", "73311"}과 같이 해당 속성에 대한 특정 기록이다. SQL은 일종의 집합 대수로 개별 데이터 값을 원하는 정보로 결합하고 분리를 도와준다.

BigQuery는 내부적으로 열 단위로 개별 값을 저장하는 "열 데이터 저장소"다.

별칭

"AS" 키워드를 사용해 열 또는 기타 데이터베이스 객체의 이름을 다른 이름으로 바꾼다. 열 이름이 같은 두 테이블에서 데이터를 함께 가져오거나 집계 연산자를 사용해 새 값을 반환할 때, 즉 모든 적합한 행의 값을 합산하는 경우 이 작업을 수행할 수 있다. "SELECT name AS given_first_name"과 같이 열을 더 자세한 이름으로 지정할 때도 사용한다.

별칭은 자주 사용되기 때문에 일반적으로 "AS"는 생략한다. 예를 들어 "COUNT (*) AS number_of_trees" 대신 "COUNT (*) number_of_trees"로 사용한다.

주석

SQL에 대한 주석을 작성하거나 실행 부분을 일시적으로 제외하거나 SQL에 주석을 추가하려면 행의 어느 곳에서나 이중 하이픈(--)을 사용해 해당 라인의 나머지 부분을 주석 처리할 수 있다. 여러 줄 주석은 C와 같이 /*로 시작하고 */로 끝낸다.

```
/* Here's a comment block to start a statement.
It will go until the closing characters are reached,
like most modern languages. */
SELECT 42 Answer --(이 라인의 남은 모든 문자)
```

SELECT

SELECT는 FROM으로 지정한 테이블에서 검색하려는 열의 데이터를 정의한다. 별표(*)로 테이블의 모든 열을 지정할 수 있지만 프로덕션 환경에서는 일반적으로 별표를 사용하지 않는다. 이 부분에 대한 자세한 이유는 뒤에서 다시 설명하겠다. 또한 리터럴 값을 표현하는 데도 사용할 수 있다.[6]

FROM

FROM은 데이터 소스로 사용할 항목을 지정한다. 일반적으로 테이블을 지정하지만 뷰^{View}, UDF(사용자 정의 함수), 하위 쿼리, 머신러닝 모델 등도 데이터 소스로 지정할 수 있다. BigQuery는 자체 데이터 웨어하우스의 데이터, 나와 공유된 데이터 세트, BigQuery 외부의 통합 소스 데이터 세트 간의 구문을 구분하지 않는다.

WHERE

WHERE은 필터할 행을 결정한다. WHERE은 선택사항이지만 일반적으로 몇 가지 이유로 사용한다.

- 더 적은 데이터를 반환한다.
- 새로운 유형의 데이터 수용 시 테이블이 커지는 경우 검색어를 무한정 확장하지 않는다.
- 대부분의 SQL을 더 빨리 실행할 수 있게 해준다.

BigQuery의 분산된 아키텍처 때문에 매우 작은 결과를 반환할 때도 상당히 많은 데이터에 접근해야 한다. =, !=, >, >=, <, <=, IN, BETWEEN, STARTS_WITH와 같은 고유하고 광범위한 연산자 집합으로 검색할 수 있다. 일반적으로 두 테이블을 결합^{join}할 때 올바른 하위 집합을 찾으려면 WHERE절을 사용한다. BigQuery는 다른 RDBMS 시스템과 달리 비교 작업에서 대소문자를 구분한다. UPPER() 또는 LOWER()를 사용해 대소문자를 구분하지 않는 비교를 수행하자.

---

[6] "SELECT 5 FROM TABLE" – 옮긴이

앞서 봤던 뉴욕시의 나무와 관련된 쿼리는 AND를 사용해 spc_common을 구분하고 health가 "Good"인 상태만을 필터했다. AND, OR, NOT 및 제한을 결합하는 다른 다양한 키워드를 사용해 원하는 결과를 얻을 수 있다.

GROUP BY

GROUP BY는 데이터를 집계하는 데 사용한다. 같은 값을 가진 데이터를 반복적으로 반환할 경우 하나의 결과로 집계해서 보일 때 사용한다. SQL 입문자에게는 이해하기 힘든 개념일 수도 있지만 집계에 대한 속성은 어느 정도 이해를 해야 한다.

ORDER BY

SQL 쿼리 결과는 비결정적이기 때문에 결과를 반환하는 순서를 보장하지 않는다. SQL 엔진은 대부분 동일한 쿼리를 실행할 때 동일한 결과를 제공하지만 이 동작을 신뢰할 수 없다. (집합 이론에서 {1, 2, 3} 및 {3, 2, 1}이 어떻게 동일한 집합을 나타내는지 생각해 보자.) 하지만 ORDER BY를 사용해 일관된 결과를 얻을 수 있다.

앞의 예시에서도 정렬을 사용해 가장 흔한 나무의 결과를 얻을 수 있다. COUNT(*)는 위에서 말한 집계 방법 중 하나다. COUNT(*)를 사용해 각 나무의 종의 행 수를 세고 그 수를 기준으로 정렬한다. 결과적으로 각 나무의 종별로 하나의 행으로 집계되기 때문에 각 종별로 나무를 세는 것이 우리가 원하는 답이다. DESC 키워드를 사용하면 가장 높은 결과부터 나열한다.

ASC, DESC를 명시하지 않았을 때는 오름차순(ASC)으로 정렬한다. "ORDER BY 1"을 사용해 정렬 기준을 정할 수도 있다(일반적으로 프로덕션 쿼리에서는 인덱스 번호로 열 순서를 참고하지 않는다).

LIMIT

LIMIT는 단순히 반환하려는 행 수의 상한을 지정한다. 앞의 예시의 경우 상위 10개 나무 종만 요청했기 때문에 그 이상은 반환하지 않는다. 보통 쿼리로 반환하는 데이터의 양은 LIMIT로 제한해야 한다.

유용한 정보

단축키

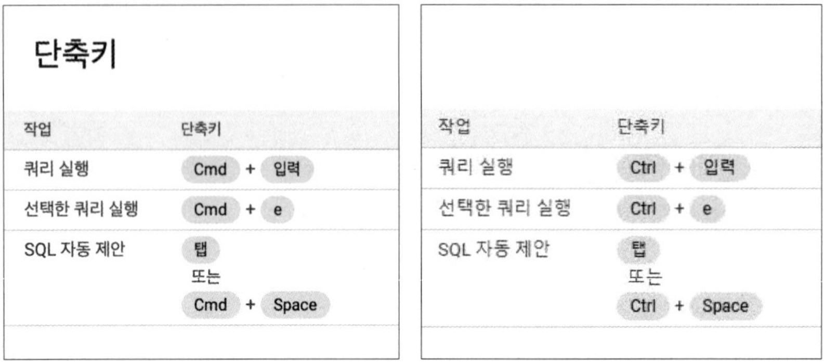

작업	단축키
쿼리 실행	Cmd + 입력
선택한 쿼리 실행	Cmd + e
SQL 자동 제안	탭 또는 Cmd + Space

작업	단축키
쿼리 실행	Ctrl + 입력
선택한 쿼리 실행	Ctrl + e
SQL 자동 제안	탭 또는 Ctrl + Space

▲ 그림 1-5 MacOS(왼쪽), Windows(오른쪽)의 단축키

왼쪽 상단의 **단축키**를 클릭하면 쿼리를 실행할 수 있는 플랫폼별 단축키를 제공한다. 여러 쿼리를 한 윈도우에 작성하고 하나씩 실행하려면 쿼리 편집기에서 일부 텍스트를 선택한 후 Cmd(Ctrl) + E로 실행할 수 있다.

일괄 질의

동일한 편집기에서 세미콜론을 사용해 여러 쿼리문을 구분한다. 세미콜론으로 구분해 일괄 처리를 실행하면 BigQuery가 반환된 모든 쿼리를 요약하고 결과 집합을 개별적으로 확인할 수 있어 데이터 세트를 바로 확인하고 최종 결과를 얻기 위해 쿼리 시퀀스를 구축할 때 유용하다.

작업 기록

작업 기록에서 실행했던 모든 질의를 확인할 수 있다. 기록에 있는 질의는 언제든지 재실행할 수 있으며 쿼리의 성공 여부는 녹색 또는 빨간색으로 나타난다. 개인 또는 전체 프로젝트에 대한 쿼리 기록을 볼 수 있고, 공동 작업자가 있는 경우 해당 쿼리를 즉시 로드하고 실행할 수 있다.

질의 저장 및 뷰

언제든지 개인 목록 또는 프로젝트 목록에 쿼리를 저장하도록 선택할 수 있다. 공동 작업하는 경우 쿼리를 프로젝트에 저장해 다른 사람이 직접 실행할 수 있다. 또한 각 쿼리를 뷰로 생성할 수 있어 각 쿼리를 뷰로 저장한 다음 다른 쿼리에 결합해 복잡한 일련의 분석을 가능하게 해준다. 이는 BigQuery를 사용하는 다른 애플리케이션을 위해서 특정 쿼리를 저장할 필요가 있을 때 유용하다.

예약된 쿼리

작성한 쿼리를 특정 시간에 반복적으로 실행할 수 있게 예약할 수 있으며, 데이터를 정기적으로 변환하고 분석해야 하는 경우 쉽게 자동화할 수 있다.

웨어하우스 디자인

웨어하우스 디자인이라고 하면 거창한 주제처럼 들리겠지만, 데이터를 저장하는 방법과 어떤 정보를 추출하고 싶은지만 알고 있다면 충분하다. 데이터를 쿼리하는 방법을 배웠으니 데이터를 어떻게 저장하는지 알아보자.

데이터 저장소로서의 BigQuery

이전 절에서 언급한 BigQuery의 "열 저장 형식"이 정확히 무엇을 의미하며 디자인에 어떤 영향을 미치는지 알아보자.

데이터는 최종적으로 1차원 형태로 저장된다. 하드웨어 계층에서 데이터는 한 번에 한 비트씩 선형적으로 전송 및 저장되는데 그 위에 있는 데이터 구조가 아무리 화려하더라도 비트의 연속된 형태로 존재한다. 데이터베이스의 속도와 성능은 데이터를 저장하는 방법과 관련이 있다. 하드 드라이브 또는 RAM과 같은 저장 매체에는 특정 바이트를 찾는 데 걸리는 시간, 임의의 바이트에 대한 랜덤 액세스를 수행하는 속도 등과 같은 고유한 특성이 있다. 하드웨어와 데이터 엔지니어링 관점에서 심층적인 개념인데 기본 스토리지를 적절히 사용하려면 어떤 설계 결정을 내릴 수 있는지 이해하는 것이 좋다. 이런 차이는 SQL 엔진에서는 쿼리의 실행 속도 차이로 나타나고, BigQuery에서는 비용과 직접적인 연관이 있다.

이름, 색상, 모양의 열로 나타낸 표 1-1의 과일 테이블을 참고하자.

▼ 표 1-1 과일 테이블

name	color	shape
apple	red	round
orange	orange	round
banana	yellow	curved

행 지향 접근

전통적인 관계형 모델은 행 지향 접근 방식을 사용한다. 인덱스, 열 유형을 포함한 메타데이터와 같은 복잡한 사항은 잠시 무시하고 간단하게 나타내자면 데이터를 행별로 저장하고 새 행을 그 끝에 추가한다. 파일에 데이터베이스를 저장한다고 상상해 보면 위 테이블을 다음과 같이 디스크에 저장할 수 있다.

```
apple red round orange orange round banana yellow curved
```

이 방법은 몇 가지 장점이 있다. 새로운 종류의 과일을 테이블에 추가할 때 테이블에 얼마나 많은 레코드가 있는지 알 필요가 없다. 파일 끝으로 이동해 다음 과일을 추가하기만 하면 된다. 비결정적인 순서이기 때문에 파일 맨 위에 새 레코드를 삽입하거나 새 파일을 만든 다음 연결해도 동작한다.

다음 쿼리는 어떤 과일이 round 모양의 속성을 갖고 있는지 찾는다.

```
SELECT
  name
FROM
  fruit
```

```
WHERE
  shape = "round"
```

데이터베이스 엔진은 전체 테이블을 로드하고 각 모양 열에서 값을 확인한 다음 역추적하거나 다시 전체 테이블을 로드해 각 행을 참고해야 한다. 테이블에 수백 개의 열이 있는 경우(비정규화됐을 때) 엄청난 비용이 든다.

size라는 새 열을 추가하려면 전체 테이블을 살펴보고 각 행에 새 값을 삽입해야 한다. 열 추가는 많은 비용이 드는 작업이며 실제 환경에서는 데이터베이스 성능 문제를 일으킬 수 있고 재인덱싱 또는 조각 모음이 필요할 수 있다.

행 지향 접근 방식의 성능 향상은 이런 제한사항을 기반으로 구현된다. 인덱스를 사용하면 쿼리 엔진이 모든 열을 보지 않고도 테이블을 검색할 수 있다. 행 지향 접근 방식은 이미 수 세기 동안 연구됐고 최적화돼 있어 빈번한 데이터 검색 및 수정에 매우 적합하다.

열 지향 접근

열 기반 데이터 저장소를 사용해 위 문제를 뒤집어 데이터를 다음과 같이 저장할 수 있다.

```
name: apple orange banana
color: red orange yellow
shape: round round curved
```

방금 전의 쿼리를 다시 참고하면 shape열을 로드하고 round 속성을 가진 모든 인스턴스를 찾은 다음 name열을 로드하고 매치한다. 색상 열을 포함해 테이블에 있을 수 있는 수백 개의 다른 열에 쓸데없이 접근하지 않는다. size열을 추가하려면 "size"에 대한 새 열 저장소를 만들고 값을 넣는다. 쿼리가 size 속성을 참고하지 않는다면 해당 열에 대한 접근이 필요 없다.

각 열의 데이터 유형을 알고 있으니 디스크에서 열 저장소를 압축할 수 있다. 동일한 값이 반복적으로 저장되면 매번 같은 데이터를 저장할 필요가 없도록 몇 가지 트릭을 사용해 용량을 줄일 수 있다. (예를 들어 실행 길이 인코딩 Run-length Encoding을 수행하면 값을 반복하는 대신 각 값의 개수를 작성한다. {round round curved curved curved round round round round}는 {round 2 curved 3 round 4}로 압축해 더 적은 공간을 사용한다.)

테이블에 새 레코드를 삽입할 때 모든 열을 열고 끝에 새 값을 써야 하는 것이 열 지향 접근 방식의 단점이다. 또한 모든 열이 동기화 상태를 유지하고 각 값에 적절한 수의 레코드가 있는지도 확인해야 한다.

행 기반 저장소는 새 데이터를 스키마에 맞춰 빠르게 저장하는 데 적합하고, 열 기반 저장소는 병렬적인 쿼리 분산을 이용해 신속한 분석을 할 수 있다. BigQuery는 대규모 데이터 세트에서 빠른 성능을 발휘하도록 설계됐기 때문에 열 저장 형식을 사용한다. BigQuery는 대량의 삽입, 삭제 등을 위한 운영 저장소로 사용하도록 만들어지지 않았다. 실제로 데이터를 전혀 삭제할 필요가 없다. 데이터 웨어하우스 구조 디자인 시 이 부분을 고려해야 한다.

데이터 웨어하우스로서의 BigQuery

구글은 BigQuery를 온라인 트랜잭션 처리(OLTP, Online Transaction Processing) 데이터베이스처럼 사용하는 것을 권장하지 않으며 그렇게 사용하는 것을 안티 패턴으로 간주한다. BigQuery는 열 데이터 저장소이기 때문에 한 번에 한 행씩 수행하는 INSERT 및 UPDATE문을 빠르게 실행하도록 만들어지지 않았다. 대신 로드 또는 스트리밍 방법을 사용해 훨씬 더 빠르게 데이터를 삽입할 수 있다. 또한 OLTP 시 키 기반 검색을 도와주는 인덱스가 없다.

BigQuery는 분석 엔진으로 설계됐으며 이전 세대의 데이터 웨어하우스 기술에 비해 많이 발전했지만 상황에 맞게 사용해 성능을 높이고 비용을 낮게 유지해야 한다.

주요 질문

데이터 웨어하우스 프로젝트를 시작하기 전 프로젝트 품의서를 작성하려면 요구사항을 검토해야 한다.

첫 단계부터 제대로 짚어야 목적 없는 프로젝트에 시간을 낭비하지 않는다. 실무로 바로 뛰어들게 되면 프로젝트 목적이 불분명할 때 난감한 상황에 처할 수 있다. 설계 전에 품의서가 중요한 이유는 프로젝트가 좌초됐을 때 이유를 설명할 수 있기 때문이다.

기초

이 책의 핵심 주제는 데이터 프로젝트 품의서 작성 및 데이터 거버넌스^{governance} 프로그램의 설립이다. 이 부분은 잠재적으로 긴 시간을 요구하므로 계획 없이 시작하기 어렵다. 품의서에 대한 기본적인 방향 형성을 위해 몇 가지 질문을 검토한 후 2장에서 해당 품의서를 토대로 사업 승인을 얻는 방법을 자세히 설명한다.

어떤 문제를 해결하는가?

데이터 웨어하우스뿐만 아니라 모든 프로젝트에서 위 질문에 간단하고 명확한 답변을 제공해야 한다. 일차적으로 회사의 데이터를 사용해 비즈니스 결정권자에게 통찰력 있는 정보를 제공할 수 있는 데이터 웨어하우스를 구축하는 것이 목적이다. 좀 더 심층적인 질문을 검토해 보자. 어떤 종류의 정보가 회사 조직에 통찰력을 부여하는가? 이 프로젝트가 어떤 문제를 해결할 수 있는가? 누가 혜택을 받는가?

문제의 범위는 어디까지인가?

나는 애자일 실무자다. 반복적인 개발과 변화에 대한 대응을 강력하게 믿기 때문에 모든 프로젝트는 범위가 있어야 한다고 믿는다. 프로젝트에는 요구사항이 필요하며 성공을 정의하는 방법에 대한 명확한 정의가 필요하다.

위 질문에 답하려면 사용자가 누구인지, 무엇을 할 수 있는지, 범위 설정으로 얻을 수 있는 이점이 무엇인지 생각해 보자. (애자일 경험이 있는 독자는 사용자 스토리를 만들기 위한 프레임워크라는 것을 알 수 있다.) 조직에서 실제로 수집하는 데이터는 무엇인가? 수집할 수 없는 데이터가 있는가? 누가 이런 질문에 답할 수 있는가? 웨어하우스에 있는 데이터로 위에서 정의한 문제를 해결할 수 있는지 확인해 보자.

주 사용자는 누구인가?

문제의 범위를 고려했다면 사용자에 대한 정의가 있어야 한다. 물론 조직의 규모와 기술적 성향에 따라 크게 달라진다. 두 조직이 같은 방식으로 작업하지 않으며 같은 조직도 시간이 지남에 따라 크게 변화한다. 시각화에 많은 투자가 필요한 비기술적 이해관계자들이 될 수도 있고, 비즈니스 결정을 내리기 위해 최신 수치를 원하는 이해관계자일 수도 있다. 여러분이 주 사용자로 방대한 처리 및 분석을 수행할 수도 있다. 이 질문에 대한 답변은 가장 많은 시간과 에너지를 어디에 투자해야 하는지를 결정한다.

이미 운영 중인 데이터 웨어하우스가 있는가?

이미 데이터 웨어하우스를 운영하고 있는 경우에는 다음 사항을 고려하자. 다운타임을 최소화하면서 기존 데이터를 이전하는 방법과 이전 후 손실이 없는지 확인해야 하며 사용자에게 새로운 기술 교육 방법도 고려해야 한다. 이 부분은 3장에서 자세히 다룰 예정이다.

확장성

확장 규모는 솔루션의 크기, 사용자 수, 필요한 가용성, 데이터의 양, 데이터 증가율에 따라 결정하지만 BigQuery에서는 고려할 필요가 없다. 시스템 성능을 유지하는 방법이나 예기치 않은 사용자 수요를 처리하는 방법과 같은 가장 어려운 범위의 문제 대부분은 구글에서 처리한다.

하드웨어 확장은 고려 대상이 아니지만 조직 성장에는 대비해야 한다. 이 책의 도움을 받아 조직의 데이터 문화를 만들어 갈수록 다른 팀에서도 보고서와 분석을 원하게 되고 그 때문에 생기는 예상치 못한 요청에도 대비해야 한다.

현재 보유하고 있는 데이터의 규모는?

정확한 크기는 몰라도 데이터 세트의 크기에 따라 디자인이 변경될 여지가 있다. 기가바이트, 테라바이트 또는 페타바이트 단위의 규모에 대한 계획은 미리 해야 한다.

데이터 증가 속도

데이터 웨어하우스는 생성 시 비어 있는 저장 공간이다. 하지만 데이터 소스와 생성자에 따라 엄청난 속도로 증가할 여지가 있다. 과거 데이터를 그대로 유지하는 기록 데이터도 있겠지만 조직이 성장하고 있다면 점점 더 많은 데이터가 쏟아진다. BigQuery에서 하드 드라이브 공간이 부족하거나 서버가 중단되는 일은 없지만 사용해야 하는 비용은 늘어난다. 엄청난 규모의 건물을 시작 단계에서 구축하는 것은 비효율적이며 프로젝트 완료를 방해하지만, 알맞은 때에 확장하는 것을 염두에 둬야 한다.

데이터를 보는 사람은 몇 명인가?

액세스 권한이 필요한 사람과 확인해야 하는 데이터 수준에 따라 그 수가 달라진다. 지금까지는 BigQuery를 조직 내부에서 사용하는 도구로 취급했지만 고객이나 일반 대중에게 BigQuery 분석을 공개할 수도 있다. 정보의 일부를 공개적으로 노출한다면 비용 및 보안 문제가 모두 증가한다.

분석가는 몇 명인가?

쿼리 작성, 데이터 로드 및 변환, 새 보고서를 작성하려면 BigQuery 내부에서 작업할 사람의 수를 알아야 한다. 정보에 접근할 필요가 있는지 확인하고 그에 따라 권한을 구성한다. 데이터의 중앙 저장소는 개인 정보 또는 최소한 영업 비밀을 포함할 가능성이 있다. 세분화된 액세스 제어를 미리 정의하고 추후에 생길 문제를 예방한다.

예산이 얼마인가?

초기에 고정 비용이 많이 들어가는 기존 데이터 웨어하우스와는 다르게 BigQuery 비용은 사용 시에만 발생한다. BigQuery 사용의 초기 비용은 0이다. 이 책의 모든 예제를 무료 평가판 또는 무료 등급으로 실행할 수 있으며 한 푼도 지출하지 않는다. 하지만 프로덕션 규모에서는 데이터 저장 및 쿼리 처리 비용이 발생한다.

각 사용자가 값비싼 비용의 쿼리를 수행할 수 있으니 조직의 예산에 따라 데이터를 정의하고 접근할 수 있도록 액세스 제어에 신경을 쓰자.

실시간 데이터가 필요한가?

위 질문은 BigQuery와 별개로 사용자가 시스템의 가용성을 의심할 여지를 준다. BigQuery에 문제가 없더라도 보고서와 대시보드가 분 단위의 최신 정보를 업데이트하지 않는다면 문제가 있다고 여길 수 있다.

매일, 매주 또는 매월 단위로 보고서를 수행하는 경우에는 실시간 데이터가 필요하지 않다. 그러나 앞서 언급했듯이 경쟁 업체보다 우위를 확보하려면 사용자에게 가능한 한 빠르게 데이터를 가공하고 제공해 피드백 루프Feedback Loop를 강화해야 한다. 실시간 데이터를 제공하는 성능은 BigQuery 및 관련된 모든 서비스를 모니터링하고 보호하는 비용으로 발생한다. 위 질문은 차트와 그래프를 제공하려고 BigQuery에 연결할 수 있는 다른 애플리케이션으로도 확장할 수 있다.

데이터 정규화

데이터 정규화 및 비정규화는 데이터베이스 기본 설계 과정에서 접하는 주제다. 정규화는 속성을 단일 위치에 저장하고 키에 결합해 데이터 중복을 줄인다. 비정규화는 모든 데이터를 동일한 테이블에 저장해 결합을 피하지만 더 많은 저장 공간을 차지하며 데이터를 여러 위치에 저장하고 일치하지 않는 경우 데이터 무결성 문제를 일으킬 수 있다.

경우에 따라 정규화된 테이블 그룹을 참고하는 비정규화된 테이블을 만들어 일부 테이블은 정규화하고 일부 테이블은 정규화하지 않도록 선택해야 한다. 시간과 시스템 성능 간의 균형을 고려해 데이터 세트를 최소한으로 수정하고 유지하자.

일반적인 데이터 웨어하우스는 팩트 및 모든 관련 차원을 플랫 구조에 저장한다. BigQuery는 이와 다르게 중첩 및 반복 데이터 요소라는 트릭이 있다. BigQuery의 행을 순수 JSON으로 나타낼 수 있으므로 문서 저장소와 더 유사한 구조를 사용해 정보를 저장할 수 있다. 데이터 웨어하우스를 만드는 장으로 넘어가면서 더 자세히 다루겠다.

요약

BigQuery는 구글에서 관리형 클라우드 제품으로 제공하는 분석 엔진이다. 웹 인터페이스, CLI 또는 SDK를 사용해 액세스할 수 있다. ANSI SQL과 완벽하게 호환돼 다른 SQL 시스템을 이용하듯 사용할 수 있다. 그러나 트랜잭션 데이터베이스로 만들어지지 않았기 때문에 자주 업데이트 및 삭제하는 사례에는 맞지 않는다. BigQuery는 고전적인 데이터 웨어하우스 모델에 비해 몇 가지 장점을 제공하는 열 지향 데이터 저장소다. 데이터 웨어하우스를 가장 효과적으로 사용하려면 프로젝트와 범위를 정의하고 용도에 대한 몇 가지 질문을 고려해 접근하자. 또한 얼마나 확장될지, 시간이 지남에 따라 어떻게 성장할지를 미리 예측해야 한다. 마지막으로 데이터 정규화를 논의했으며, BigQuery에 어떻게 적용하는지 설명했다.

2장에서는 BigQuery를 사용해 데이터 웨어하우스를 만들고 데이터 유형, 스키마, 테이블의 관계를 검토한다.

2장
웨어하우스 프로젝트 시작

새로운 데이터 웨어하우스를 구축하는 것은 어려운 작업이다. 기존 사업에 새로운 기술을 적용하는 것은 쉬운 일이 아니며, 특히 데이터가 관련되면 더 많은 준비가 필요하다. 데이터 구조를 합리화하고 정규화하는 능력 외에 다양한 기술이 필요하다. 기술을 알아본 뒤 데이터 웨어하우스를 '적절한 크기'로 예측하는 방법을 알아보고, 타협이 필요한 부분과 시간을 투자해 향후 개선할 수 있는 부분을 구분하는 방법도 찾는다.

비즈니스에 대한 이해가 성공적인 데이터 웨어하우스 프로젝트의 가장 큰 부분을 차지하는데 BigQuery, Amazon Redshift, Snowflake 등의 새로운 웨어하우스 패러다임을 계속 출시한다 해도 견고한 비즈니스 기반이 없다면 무용지물이다. 2장에서는 코드 작업을 시작하기 전에 프로젝트에 대한 핵심 질문을 짚고, 이해관계자에게 제시할 품의서를 작성한다.

시작에 앞서

1장에서 전체 범위가 무엇인지, 업무관계자가 누구인지, 조직 및 데이터의 규모 그리고 초기 사용자 그룹이 누구인지 살펴봤다. 대부분의 답변은 자체적으로 정의할 수 있거나 도출할 수 있는 답변이다. 이제 한 단계 더 깊이 들어가 데이터 자체에 대한 질문을 해 보자.

이런 방식이 생소하다면 빈 문서에 답변을 하나씩 적어 보자. 부록으로 첨부한 샘플 프로젝트 품의서 부록 B를 참고하자. 회사의 성숙도, 독자의 작업 스타일에 따라 답변은 모두 다르다.

핵심 질문

제한적인 리소스는 무엇인가?

모든 프로젝트는 시간, 돈 및 인력에 제약이 따른다. 그 경계가 무엇인지 알아내는 것이 결과적으로 어느 정도 오차와 성과를 낼 수 있는지를 가늠할 수 있게 한다. 구체적으로 알진 못해도 시간, 돈, 인력의 세 축을 따라서 레이더 차트를 그려 보자. 시간은 많지만 예산이 부족한가? 예산은 충분하지만 인력이 부족한가?(인력 충원이 가능한가?) 이 작업을 수행할 수 있는 팀이 있지만 다른 프로젝트를 진행 중인가? 제한적인 리소스를 현실적으로 파악할 수 있다면 기술적 문제를 해결하는 데 큰 도움이 될 수 있다.

조직의 업무 분야는 무엇인가?

쉬운 것부터 시작한다. 조직이 어떤 일을 하는지 알아야 한다. 1장의 핵심 질문인 "해결하려는 문제는 무엇인가?"라는 질문을 비즈니스와 교차해 고려해 보자. 기술 및 물류 문제가 해결된다면 데이터 웨어하우스의 이점을 얻지 못할 조직은 없다. 이미 업무 분야에 대한 이해가 깊다면 어디서 질문을 얻을 수 있는지 알 수 있고, 이미 사용할 수 있는 데이터 세트가 있다면 많은 시간을 절약할 수 있다. 예를 들어 약국 체인을 운영하는 경우 약품 이름과 복용량에 대한 정보를 직접 수집할 필요가 없다. 목적을 위해 데이터 세트를 찾거나 구입하는 방법은 다른 여러 장(5, 6, 19장)에서 다루겠다.

조직의 차별점은 무엇인가?

위 질문은 대부분의 조직에서 고려하는 경쟁 업체와의 차별점이 무엇인가?라는 질문과 유사하지만 사업을 전개함에 있어 어떤 독특한 스타일을 유지할 것인지 고려해야 한다. 효과적인 데이터 웨어하우스를 구축하려면 회사의 문화를 바꾸는 일이 생길 수도 있다. 예를 들어 위탁 판매점을 운영한다고 가정해 보자. 위탁 판매자가 어떤 품목을 가져와 판매를 한다. 직원은 품목을 기록하고 재고에 추가한다. 고객이 들어와 그 품목을 구매한다. 위탁 판매자 데이터가 비즈니스에 중요한 정보라면 직원이 위탁 판매자에 대한 정보를 기록하는 프로세스가 있어야 하고 비즈니스 프로세스 변경을 제안해야 하는 장애물에 맞닥뜨릴 수 있다. 완벽한 데이터 모델을 설계하더라도 비즈니스 우선순위에 밀리는 경우 이런 시나리오는 함정이 될 수 있다. 물론 해결책이 있겠지만 앞서 얘기한 리소스의 제한적인 부분이 상기될 수 있다.

필요한 데이터를 알려줄 수 있는 사람은 누구인가?

위 질문은 이해관계자가 누구인지 파악하는 것과 비슷하지만 데이터에 관련된 실제 속성을 아는 사람을 파악하는 것을 얘기한다. 예를 들어 월별 수익을 알고 싶은 이해관계자가 있다. 수익 수치는 집계 데이터다. 우선 기초 데이터가 필요하다. 어떤 물품을 판매하는가? 판매한 물품의 수와 가격을 알아야 한다. 컨설팅 서비스를 제공하는가? 컨설턴트의 이름, 현재 참여 및 혼합 비율을 알아야 한다. 비즈니스 도메인을 잘 알며 데이터의 공식적인 정의를 알고 있는 사람이 누구인지 파악하자.

고객에게 필요한 데이터를 파악하고 있는 사람은 누구인가?

이전 질문과 미묘한 차이가 있지만 중요한 질문이다. 이해관계자는 데이터 생성 방법, 데이터 획득 방법 또는 최신 상태로 유지하는 방법을 모를 수 있지만 일부 업무관계자는 보고서 또는 데이터 유형을 매우 구체적으로 요청할 수 있고 이런 사항을 미리 알아야 한다. 범용적인 솔루션을 구축한 다음 특정 요청을 구현할 수도 있지만 위 질문에서 두 가지 구체적인 인사이트를 얻을 수 있다.

첫째, 시스템의 고급 사용자가 될 가능성이 있는 사람을 파악하고 그 사람의 요구를 최적화할 수 있다. 둘째, 데이터 마트 Data Mart[1] 레이아웃에 대한 힌트를 얻을 수 있다.

---

1 데이터 웨어하우스와 사용자 사이의 중간층에 위치한 것으로 하나의 주제 또는 하나의 부서 중심의 데이터 웨어하우스다. – 옮긴이

1장에서 설명했듯이 데이터 마트를 부서별로 조정해야 할 필요성이 생긴다. 각 부서의 데이터 요구사항이 약간 겹치거나 같은 부서의 다른 사람들이 데이터를 다르게 해석하기도 한다. 조직의 구성과 데이터의 구성을 일치시키는 것은 대개 명확한 일은 아니며, 위 질문과 이전 질문을 함께 고려하면 그 부분을 구분하는 데 도움이 될 수 있다.

핵심 객체는 무엇인가?

앞서 했던 질문을 사용해 시스템의 핵심 객체를 개념화한다. 필드(열)를 정의하는 것은 나중 일이다. 객체들이 서로 어떤 관계에 있는지를 먼저 고려해야 한다. 비즈니스에 대한 몇 가지 간단한 문장을 작성하고 가장 자주 나오는 명사를 기록하라. 다음 예시를 참고한다.

- 고객은 물품을 구매한다.
- 직원이 업무를 시작한다.
- 요리사는 세 번의 끼니를 요리한다.
- 챗봇은 몇 가지의 질문에 답한다.
- 가족들은 여름내내 휴가를 간다.

사용자 스토리와 유사한 형식이다(A가 B를 할 수 있도록 C를 원한다). 위 예시가 기능적 요구사항과 유사한 것은 의도적이다.

핵심 관계는 무엇인가?

웨어하우스에 대한 가장 기본적인 개념을 정했다면 다음은 데이터 간의 관계를 파악한다. 이미 운영하고 있는 저장소에서는 공통 기능을 설명하거나 이미 설계돼 있는 관계형 모델을 사용해 정의한다. 마이크로서비스 아키텍처에서 각 서비스는 단일 데이터 소스를 갖기 때문에 달성할 수 있는 목표는 제한적이다. 데이터에서 정보를 만들어야 한다. 데이터 웨어하우스 모델에서 사물이 어떤 관계를 갖는지 훨씬 광범위하게 생각할 수 있다. 그 잠재성을 이해하게 한다면 창의적인 데이터를 조합하는 데 도움이 될 수 있다.

시간은 어떤 역할을 하는가?

시간 경과에 따른 변화에 관심이 있는 경우(대부분이 그렇다) 관련 데이터의 범위와 간격을 파악해야 한다. 예를 들어 비즈니스를 월 단위로 운영하는 경우 대부분의 리포트 형식에서 월간 범위 또는 월간 누계 값을 고려한다. 로그를 수집하고 저장하는 경우 최근 7일만 중요할 수 있다. 일일 단위로 운영될 경우 데이터를 매일 자동으로 구조화하는 BigQuery 파티션 테이블을 사용할 수 있다.

비용은 어떤 역할을 하는가?

관리형 서비스로 바뀌면서 생긴 가장 큰 변화는 가용성과 비용에 대한 사고방식이다. 예전에는 리소스 요구사항을 잘못 계산하면 시스템이 멈추고 요청을 처리할 수 없었다. 인터넷 규모 클라우드 제공 업체의 리소스는 무한하고 제한이 없으며 시스템이 모든 요청에 응답할 수 있지만 막대한 비용이 발생한다. BigQuery를 사용하면 맞춤 할당량을 설정할 수 있으므로 중단 없이 동일한 효과를 얻을 수 있는 시스템을 운영할 수 있다.

일반적인 고려사항

이전에 관계형 데이터베이스를 설계하거나 작업한 적이 있다면 데이터 정의 언어^{DDL, Data Definition Language}와 데이터 조작 언어^{DML, Data Manipulation Language}에 익숙할 것이다. BigQuery도 DDL과 DML을 지원하지만 몇 가지 유의할 사항이 있다.

다시 강조하지만 BigQuery는 트랜잭션 데이터베이스로 만들어지지 않았다. 특정 행을 변경 또는 삭제를 자주 하지 말고 데이터를 로드한 다음 그대로 두도록 하자. 관리를 위해 때때로 변경 또는 삭제가 필요할 수 있지만 테이블 수정에 의존해 웨어하우스를 관리하는 것은 되도록이면 피해야 한다.

구글은 BigQuery를 OLTP로 사용하는 것을 안티 패턴으로 간주한다. 기존 데이터 웨어하우스와는 다르게 데이터 수명은 제한이 없다. 무한 확장이 가능하게 설계됐으며 디스크 공간이나 계산 능력에 제한 없이 새로운 데이터를 계속 삽입/스트리밍할 수 있다. 데이터의 수명을 최초 설계 고려사항으로 고려할 필요는 없지만 비용이나 규정을 준수하려면 데이터 수명을 염두에 둬야 한다.

특별한 이유가 없는 이상 모든 시간은 협정 세계시$^{\text{UTC, Coordinated Universal Time}}$를 사용하는 것을 추천한다. 모든 GCP의 서비스가 UTC를 기준으로 동작하므로 날짜 시간을 표준시로 저장하고 표시할 때만 사용자의 현지 시간으로 변환하자. 비즈니스를 단일 시간대에서 운영하고 수집한 모든 데이터를 해당 시간대에 저장하는 경우에도 역시 UTC를 사용하자. 다른 방법으로 로컬 분석을 하려면 사용자의 UTC 오프셋 또는 로컬 시간을 다른 열에 저장한다. 그러면 UTC와 연중 위치와의 시간이 달라지더라도 로컬 시간을 참고해서 분석할 수 있다.

업무 승인

다음 단계로 넘어가기 전에 앞의 기본 설계 질문 검토가 많은 도움이 됐기를 바란다. 모델을 생성할 때 우려사항이 있다면 샘플 품의서를 참고하자. 비즈니스 도메인 모델을 좀 더 이해하려면 해당 산업에 대한 용어집을 사용해 비즈니스를 설명하는 문장을 만든다. 컴퓨터과학에서 제일 처음에 무엇보다 어려운 것이 이름을 정하는 일이다. 업무 승인을 받는 것은 어려운 과정이다. 운이 좋다면 누군가가 이미 작업한 완성물이 있을 수도 있으니 찾아보자.

기존 데이터 구조가 존재하더라도 구조를 재구성해 대규모 수준으로 확장 시 BigQuery의 강점을 최대한 활용할 수 있다. 재구성은 리소스가 필요하고 복잡한 고려사항이 있다. 3장에서 좀 더 자세히 다루겠다. 2장에서는 기존 웨어하우스가 없다는 가정하에 처음 구현하는 방법을 설명한다.

프로젝트를 완성하는 과정은 물 흐르듯이 자연스러운 것이 아니다. 데이터 웨어하우스 프로젝트를 성공하려면 이론적 지식과 노력으로 무장하는 것은 당연하고, 조직으로부터 광범위한 지원과 정책적인 도움을 받아야 한다. 프로젝트를 수행하려고 사람들의 의견을 한데 모으기 힘들다면 권한을 가진 프로젝트 매니저 또는 임원의 도움을 받도록 한다.

관계자 인터뷰

이전 절에서 업무관계자가 누구인지 파악했으니 회의를 요청한다. 관계자들이 데이터의 가치를 이해하지 못할 수 있기 때문에 "어떤 데이터가 필요합니까?"라는 질문으로 시간을 낭비하지 말고 최대한 관계자들의 흥미를 끌 수 있는 직접적인 질문을 준비하자. 대시보드와 리포트가 준비됐다면 최우선적으로 보여준다. 좋은 데이터 관행을 경험한 관계자라면 "어떤 데이터가 필요합니까?"라는 질문에 기꺼이 답해준다.

회의 내용은 자세하게 메모한다. 다른 곳에서 들어봤던 용어들이 있다면 그 용어의 정확한 의미를 파악해야 한다. 특히 당신 회사에서만 특별히 다른 의미로 사용될 수 있는 단어가 있을 수 있다. 예를 들어 '재구매 가능성'과 같은 용어를 모두가 같은 의미로 사용하고 있는지 확인해야 한다. 문제를 제대로 정의하지 않은 시스템은 쓸모가 없기 때문에 엔지니어는 언제나 명확한 정의를 바탕으로 설계를 해야 한다.

갈등 해결

업무관계자들은 동일한 데이터를 대상으로 서로 다른 해석을 할 수 있다. 하나의 통일된 용어를 만들어 비즈니스 전반에 걸쳐 용어를 사용할 때 동일한 의미를 지녀야 한다. 조직 내의 고착화된 프로세스 때문에 완벽한 전환이 힘들더라도 '고객'과 같은 중요한 단어의 의미는 통일해야 한다.

이와 같은 용어 충돌을 처리하는 두 가지 간단한 방법이 있다. 첫 번째, "prospect"는 잠재고객Prospective Customer 또는 직원 후보Prospective Employee와 같이 용어에 맥락을 적용해 분리한다.

두 번째는 용어를 통합하고 두 가지 의미를 하나의 용어에 적용한다. 마케팅 담당자와 운영 담당자는 모두 제품에 관심을 두지만 운영 담당자는 총중량, 크기, 배송 제한 등에 관심을 두고, 마케팅 담당자는 가격, 마케팅 카피, 칼로리 수 등에 초점을 둔다. 시스템이 완전히 분리된 경우에도 데이터 웨어하우스에서 제품의 속성을 결합할 수 있다.

문서 산출물

세 가지 주요 산출물을 생성할 차례다. 이 산출물들은 프로젝트의 가치를 입증하고 웨어하우스를 구축하기 위한 템플릿 역할을 한다. 시간이 지남에 따라 용어의 원래 정의를 추적하지 못한다면 이정표 역할을 해준다.

데이터 출처

가능하다면 데이터가 발생하는 모든 출처를 파악한다. 시간이 지남에 따라 변경되겠지만 데이터 웨어하우스에 데이터를 로드하고 유지 및 관리하는 데 필요한 리소스를 파악할 수 있다. 추가적으로 필요한 속성의 종류를 파악할 수 있어 데이터를 얻으면 중요한 것이 무엇이고 최소한 무엇을 사용할 수 있는지 미리 알 수 있다.

동일한 데이터 포인트가 여러 위치에서 발생한 경우에는 하나를 선택하고 다른 데이터에 대한 메모를 남긴다. 동일한 데이터에 대한 자체 해석이 필요한 경우 중첩 또는 집계를 사용해 각 데이터 조각을 소스로 확인하고 지정한다. Google Analytics, Facebook 및 기타 마케팅 픽셀을 사용한다면 두 데이터의 노출 수는 대부분 일치하지 않는다. "구글 조회 수", "페이스북 조회 수"같이 별도의 측정항목으로 분류하고 변환 단계에서 처리한다. 이론적으로는 똑같은 것을 추적하지만 실제로는 같은 값을 갖진 않는다.

데이터 출처를 파악할 수 없는 데이터도 있다. 재무적으로 월별 또는 분기별 목표를 추적하는 것이 가장 중요한 측정항목이다. 하지만 이런 항목은 스프레드시트나 이메일 안에만 존재하는 데이터일 수 있다. 예측, 재예측, 낙관주의, 비관주의, 임의의 기회 때문에 서로 다른 사람들이 다른 숫자로 이해할 여지가 있다. 목표와 재무 보고서에 기입하는 내용은 상이하다. 이런 차이를 미리 인지하고 처리하려면 얼마나 많은 책임을 져야 하는지 알아야 한다. 누군가 "수익 목표가 잘못됐습니다."라고 주장하기 시작하면 데이터 웨어하우스 기능에 상당한 신뢰도를 잃는다.

데이터 용어집

데이터 용어집은 비즈니스에서 사용하는 용어를 프로젝트에 맞춰 조정한 용어 사전이다. 특정 용어가 실제로 무엇을 나타내는지 참고할 수 있다. 개별 데이터 마트에서 데이터를 시각화하고 해석하는 방식을 항상 변경하지만 근본적인 웨어하우스의 용어 정의의 변경은 타협할 수 없다. 데이터 용어는 전체 비즈니스 인텔리전스BI, Business Intelligence 운영의 핵심이다.

레거시 BI 솔루션이 있는 경우 용어를 재정의하면서 혼란이 생길 수 있으므로 새 시스템이 가동되면 레거시 시스템을 더 이상 사용하지 않는다는 점을 모든 사람에게 분명히 알려야 한다. 레거시 시스템이 계속 동작하며 동일한 측정항목을 보인다면 사람들은 혼란스러워하며 둘 다 신뢰하지 않을 수 있다. 중요한 것은 모든 사람이 동의한 새로운 측정항목이 제대로 동작해야 한다는 것이다.

품의서

"내가 해결하려고 하는 문제가 무엇인가?"를 공식적으로 문서화한다. 조직의 특정 작업 스타일과 프로젝트 관리 요구사항에 맞게 조정하자. 대략적인 목표를 설명한 단일 페이지 문서일 수 있고, 200페이지짜리 문서일 수도 있다. 궁극적으로 품의서는 비즈니스 관계자들의 승인을 위한 프로세스다.

가능한 모든 주요 결정권자들이 결재라인에 있는지 확인하자. 조직 내부 분위기는 언제나 바뀔 수 있지만 일단 웨어하우스가 가동되면 프로젝트의 가치를 알 수 있고 좀 더 수용적으로 변한다. 그 기반을 지금 단계에서 쌓아야 한다.

비즈니스 수용

조직 문화에 따라 프로세스는 달라지기 때문에 매우 일반적인 방식만을 설명한다. 승인을 얻는 과정에서 조직의 문화를 변경해야 하는 시나리오는 드문 일이 아니다. 자신을 데이터의 전사라고 생각하고 장애물을 헤쳐나가야 한다.

나는 프로세스 관리가 거의 없고 데이터 기반으로 의사 결정한 프로젝트가 엎어지는 일이 빈번한 회사에서 일했었다. 아무도 보고서와 정보를 신뢰하지 않았고 용어의 정의를 통합하는 방법에 관심이 없었다. 데이터 팀의 관리자는 데이터 분석 기능을 구축하려고 몇 달 동안 조용히 노력했고 조직에 알리기 시작했다. 임원들은 데이터의 필요성을 깨닫지 못했으나 몇 달 만에 그 관리자는 "데이터 스티브"라는 별명을 얻고 팀은 많은 인정을 받게 됐다. 일반적으로 비즈니스에서 수용되려면 한 단계 더 위에서 얻을 수 있는 이점을 제시하며 설득한다. BigQuery를 사용해 최고의 데이터 웨어하우스를 구축한다면 몇 가지 단계를 뛰어넘을 수 있겠지만 여전히 각 시점에서 문화를 구축하자. 표 2-1에서 자신의 조직은 어떤 단계에 있는지 확인하자.

▼ 표 2-1 조직의 데이터 성숙도

0	데이터가 무엇인지 이해하지 못한다. 주요 데이터 포인트를 저장하지 않는다. 구체적인 입력 없이 결정이 내려진다. "데이터" 또는 "정보"가 들어간 직함이 존재하지 않고 "IT 분석가"가 있다. 업무관계자에게서 비즈니스에 대한 기본적인 답을 들으려면 상당한 시간이 걸린다. 임원들의 책상은 종이로 덮여 있다. "데이터 웨어하우스" 구축을 제안하지만 무시당한다. 이 조직의 효율성을 향상시킬 수 있는 방법은 없다. 어차피 당신이 어떤 일을 하는지 모른다.
1	데이터가 없다는 말을 많이 듣는다. 거래 데이터를 기록하지만 관리는 하지 않고, 개개인이 다른 시스템을 사용해 검색한다. 개발자들은 직접 데이터베이스에 접속해서 데이터를 얻는다. 트랜잭션 시스템에는 잘못 정의된 스키마가 있어 부정확하거나 불완전한 결과를 초래한다. 대부분 보고서를 사용하며 대개 이메일로 전달된다. 정기적으로 필요한 보고서가 도착하는 데 며칠이 걸리는 경우가 많고 때로는 이해할 수 없는 오류가 있다.
2	보고서를 만드는 기능이 있지만 일부 기능만 동작한다. '불사조' 같은 변별력 없는 이름의 조잡한 맞춤형 보고서를 볼 수 있다. 가장 일반적인 보고서라도 수 초 또는 몇 분을 소모하고, 최적화돼 있지 않아 느리며 데이터는 프로덕션 데이터베이스에서 뽑아온다. 또한 개발자가 데이터베이스 열에 미치는 영향을 고려하지 않고 데이터베이스 열을 제거하거나 변경해 데이터 웨어하우스가 자주 오동작한다. 대부분의 사람들은 보고서를 이곳에 다운로드하지만 가끔씩 이메일로 다른 형식의 보고서를 접한다.
3	중앙 비즈니스 인텔리전스 기능이 있다. IT 부서 내에 새로운 보고서를 만드는 업무를 전담한 숨겨진 분석가 팀이 있다. 데이터는 정확하지만 때로는 느리다. 때때로 "유지보수 중단 시간"을 전달받으며 주말 동안 시스템 점검을 한다.
4	데이터 웨어하우스와 데이터 마트가 있다. 이전 절의 대부분의 산출물은 전임자가 이미 작성했고 신뢰할 수 있는 정확한 데이터가 있다. 가장 중요한 보고서는 최적의 성능을 갖고 있으며 언제나 최신 데이터를 갖고 있다. Looker, Tableau 또는 Qlik과 같은 시스템을 사용하는 대시보드에서 실시간 데이터를 접할 수 있다. IT 팀의 개입 없이 필요한 데이터에 액세스할 수 있으며 점검 시간은 거의 없다. 이 시점에서 업무관계자들은 일반적으로 개입하지 않고 혁신적인 시스템 개선에 집중할 수 있다.
5	조직에는 비즈니스 프로세스에 대한 긴밀한 실시간 피드백 루프가 존재한다. 최신 정보 없이 중요한 결정을 내린다는 것은 상상조차 할 수 없다. 범위를 벗어난 모든 수치에 변칙 감지 플래그가 설정돼 있고 모든 곳에 측정값이 연결돼 있다. 분석가는 자신이 원하는 지표를 포함하는 자체 대시보드를 생성하며 가끔씩 데이터에 이상한 질문이 있을 때마다 복잡한 쿼리나 정보를 차트 또는 그래프로 시각화하는 것이 당신의 유일한 역할이다. 머신러닝 기능으로 문제가 생기기 전에 예측과 예방을 하고 있다. 신입사원은 "이전 직장에서 하던 것보다 훨씬 낫다."라는 얘기를 한다. 조직이 5점을 받는다면 이 책을 읽을 필요가 없다.

결정 기록

이제 모든 준비를 마쳤다. 산출물을 모으고 모두의 동의를 얻고 기록으로 남겨라. 또한 상황이 불가피하게 변경될 때를 대비해 준비한다. 애자일 방법으로 변화에 대응하고 변경사항을 기록해 두자.

데이터 사전과 데이터 출처를 결합하기 이전에 사용한 마케팅 추적기와 같은 정리하지 않은 예제가 있다면 나중으로 미뤄라. 최소한 데이터 출처를 자체적으로 정의하고 뭔가가 변경되거나 추가 설명이 필요한 경우 소유자가 누구인지 확인해야 한다.

세 가지 문서(품의서, 데이터 사전 및 데이터 출처)는 인트라넷과 같이 쉽게 액세스할 수 있는 위치에 보관해야 한다. 조직이 발전할수록 부지런하게 최신 상태로 유지하자. 비즈니스 도메인을 제대로 이해한다면 데이터 출처는 자주 변경해도, 정의는 자주 변경하지 않는다.

문서 자체도 형상 관리가 필요하다. 다시 강조하지만 모든 데이터 모델은 확장할 수 있어야 하지만 해당 모델에 대한 설명을 포함해서 수정은 되도록이면 피하자. 특정 용어의 정의를 수정하려고 데이터 사전을 변경하는 것은 매우 큰 일이며 관련된 모든 인원이 변경사항을 인지해야 한다. 모두의 이해 없이 수정한다면 잘못된 데이터라는 불만이 더 많이 발생한다.

위 산출물은 소프트웨어 엔지니어링의 많은 영역에서 사용하는 "개방-폐쇄 원칙"을 따른다. 이 책의 뒷부분에서 스키마의 발전에 따라 설계 오류를 피하는 방법을 설명하겠다.

표 2-1를 참고해 조직에 어떤 변화와 형식이 필요한지 참고하자.

설계 방식 선택

구글은 전통적인 OLAP 데이터 구성의 필요성을 없애기 위해 중첩 및 반복 필드를 권장한다. 파티션을 사용하면 시간 기반의 차원dimension 테이블이 필요 없다. 그러나 기존 데이터 모델이 있는 경우 OLTP 데이터베이스, 스타star 또는 눈송이snow-flake와 같은 OLAP 스키마가 존재한다. 제한적인 리소스에 대한 질문을 다시 검토해 데이터를 로드하고 변환할 때 수행할 수 있는 작업의 양을 결정한다. 3, 4장에서 이런 고려사항을 자세히 설명하겠다.

트랜잭션 저장소

Microsoft SQL 서버, MySQL, PostgresSQL 등을 사용하는 기존 트랜잭션 데이터베이스가 있는 경우 데이터는 이미 구조화돼 있다. 전담 데이터베이스 관리자가 있는 경우 이 데이터가 실제로 너무 정규화돼 있어 BigQuery에서 사용하지 못할 수 있다. 이 사용 사례는 5장에서 다룬다. 데이터 세트가 작고 자주 변경되지 않는 경우 BigQuery로 직접 복제할 수 있다.

스타/눈송이 스키마

스타 스키마는 중앙에 팩트 테이블이 있고 가장자리에 차원 테이블이 있는 구조다.

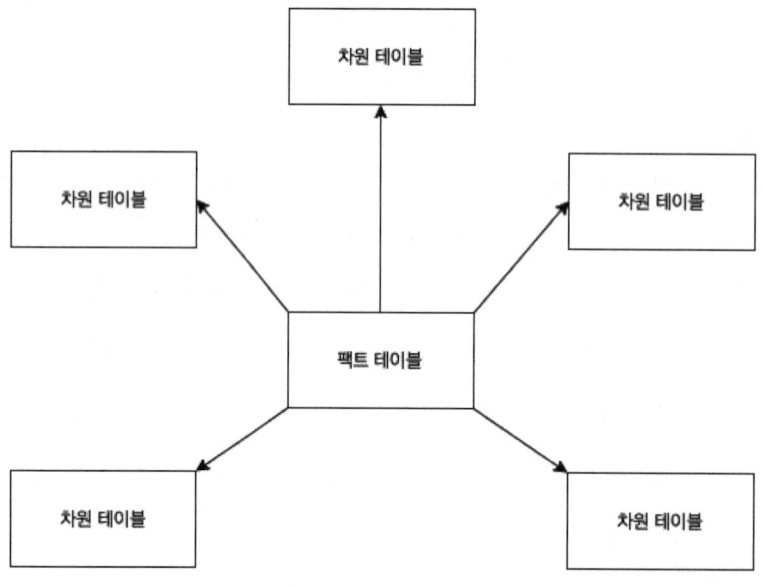

▲ 그림 2-1 단순화한 스타 스키마

기존 OLAP 웨어하우스에서 마이그레이션하는 경우 이 배열은 BigQuery와 완벽히 호환한다. 그러나 중첩 필드가 있는 단일 비정규화된 BigQuery 테이블이 스타 스키마보다 성능면에서 훨씬 뛰어나다.[2] 스타 스키마는 탐색이 용이하며 디스크 공간 사용에 최적화됐다. 대부

---

2 https://fivetran.com/blog/obt-star-schema

분의 경우 디스크 공간은 BigQuery에서 고려할 사항이 아니며 탐색에 관련해서는 '업무 승인' 절을 참고해 기존 스키마를 재구성할 의향이 있는지 결정한다.

눈송이 스키마는 스타 스키마를 기본으로 삼아 정규화된 차원 테이블로 확장한 버전이다. 앞서 살펴봤던 스타 스키마에서는 차원 테이블에 대한 별도의 조회가 없었지만 눈송이 스키마에는 차원에 대한 조회를 추적하는 추가 테이블이 있다. 이렇게 하면 성능을 유지하면서 차원을 훨씬 쉽게 변경하고 표현을 더 간결하게 만들 수 있다.

NoSQL

NoSQL은 점차 보편화되고 있는 추세이며 6장에서 좀 더 자세히 다룬다. 애플리케이션에서 실시간으로 데이터를 수신하고 MongoDB 또는 Google Cloud Datastore와 같은 문서 기반 스토리지 시스템을 사용해 반구조화한 형식으로 저장한다. 이벤트 기반 아키텍처를 사용해 데이터를 보다 구조화한 형식으로 변환하고 로드한다. BigQuery에서도 해당 구조로 사용할 수 있으며 문서를 직접 로드할 수도 있다. 그러나 기가바이트를 넘지 않는 단일 NoSQL 저장소와 단일 BigQuery 데이터 세트가 아니라면 적절한 데이터 웨어하우스 설계가 필요하다.

BigQuery

이 책의 목적은 BigQuery를 웨어하우스로 사용하는 것이기 때문에 가능한 한 BigQuery를 권장하는 동시에 대안 또는 특정 제약 조건을 검토하겠다. 순수 BigQuery 모델에서는 중첩 및 반복 데이터를 사용하므로 정규화 및 기타 OLAP 스키마는 고려하지 않는다.

당연히 프로젝트 예산은 무제한이 아니므로 사용할 수 있는 디스크 공간의 양에 여전히 제한이 있다. 그러나 무한한 저장 공간과 연산 능력이 있다면 이런 고려사항을 피할 수 있는가? 데이터 웨어하우스가 페타바이트 미만으로 유지될 가능성이 있는 경우 제한사항을 고려해야 하는가?

BigQuery 모델

앞서 언급한 모든 고려사항이 어느 정도 이해가 됐다면 이제 시작할 준비가 된 것이다. 아직 석연찮은 부분이 있더라도 모든 것을 완벽하게 준비하는 것은 불가능하다. 완벽을 추구하다 보면 모든 것을 망칠 수도 있으니 사용할 수 있는 정보로 최선을 다한 후, 어느 정도 궤도에 오르면 변경사항을 적용하도록 하자.

앞으로도 여러 번 강조하겠지만, 모든 데이터 모델은 확장할 수 있어야 하지만 수정은 없어야 한다. 데이터 세트, 테이블, 열 또는 데이터 유형의 이름을 변경하면 예측하기 매우 어려운 부작용을 초래한다. 특정 스키마 또는 응답을 요구하는 데이터의 소비자가 있을 수도 있고, 테스트 없이 잘못 작성된 코드에 문제가 내재돼 있을 수도 있다. 그렇다고 해서 아무것도 수정할 수 없다는 뜻은 아니지만 시스템이 성숙 단계에 이르면 신중하게 생각하고 수정해야 한다.

프로젝트

1장에서는 BigQuery에서 사용할 GCP 프로젝트를 만들었다. 여러 프로젝트를 하나의 결제 계정으로 통합할 수 있으며 소유자가 허용하는 경우 다른 프로젝트에 저장된 데이터에 액세스할 수도 있다.

서비스를 여러 프로젝트에 나눠 관리하는 유지 비용과 수고를 넘어서는 어떤 강력한 이유가 있지 않는 이상 원칙적으로 권한과 기타 컴퓨팅 리소스 및 데이터 웨어하우스를 위한 하나의 GCP 프로젝트만 관리하는 것이 타당하다.

SaaS^{Software-as-a-Service} 환경의 여러 출처에서 데이터를 집계하는 경우 클라이언트마다 고유한 GCP 프로젝트가 있을 수 있고 자체 클라우드, 온 프레미스 설치, 버전 등의 고려사항도 생긴다. 이 부분은 데이터를 웨어하우스로 가져올 때 추상화를 적용해 해결한다. 클라이언트 데이터 소스에 직접 접근하는 것을 피하고 통합 인터페이스를 제공해야 한다.

조직에 이미 여러 GCP 프로젝트가 있는 경우 각 프로젝트의 관리 방법과 직접 액세스가 가능한지를 확인해야 한다. 이 책의 나머지 부분에서는 공개 데이터 세트 및 권한을 논의할 때를 제외하고는 데이터 웨어하우스는 단일 프로젝트 내에 있다는 가정하에 작업한다.

데이터 세트

프로젝트의 최상위 구성은 데이터 세트다. 동일한 프로젝트 내에 여러 데이터 세트를 생성할 수 있으며 이런 각 데이터 세트는 테이블, 뷰, 저장 프로시저, 함수 등을 포함한다.

데이터의 계층적 구성은 입맛대로 구성할 수 있다. 대표적인 두 가지 방법이 있는데 한 프로젝트에서 단일 데이터 세트를 사용하거나 여러 데이터 세트를 사용하는 것이다. 각 접근 방식에는 장단점이 있다. 모든 데이터를 단일 데이터 세트에 저장하면 어떤 데이터 세트에 속하는지 기억하지 않고도 모든 테이블에서 쉽게 쿼리할 수 있지만 권한 부여를 더 많이 생각해야 하며 민감한 데이터와 민감하지 않은 데이터를 혼합하는 경우 추적이 어렵다. 그와 반대로 적은 수의 테이블을 위해 많은 데이터 세트를 만드는 것은 불필요한 비용이 든다. 이 결정을 내리기 전에 현재 데이터의 크기와 데이터가 얼마나 커질지 이전 질문에 대한 답변을 참고하자.

데이터 세트와 데이터 소스를 같은 의미로 혼동하지 말자. 데이터의 출처가 분석에 가장 적합한 구조가 아닐 수도 있다. 예를 들어 매장 내 시스템은 금전 등록기와 전자 데이터 교환EDI, Electronic Data Interchange을 사용해 BigQuery로 데이터를 전송하는 구식 POS이고, 온라인으로 실시간 주문정보를 직접 받는 시스템이 있다고 해서 두 개의 주문정보를 다른 데이터 세트에서 관리해야 할 필요는 없다. 오프라인 매장이 온라인보다 훨씬 더 중요하다면 최대한 데이터를 서로 가깝게 배치하고 가능한 한 스키마를 통합하자. 물론 단지 예제일 뿐이니 여러 가지 질문으로 문제를 명확하게 파악해야 한다.

나는 논리적으로 구분된 데이터를 여러 데이터 세트로 나누는 것을 선호한다. 예를 들어 주문정보와 로그 데이터 세트를 분리한다.[3] 트러블 슈팅 시 때때로 로그와 주문정보를 결합해 봐야 할 때 데이터 세트 간에 데이터 결합을 할 수 있다.

테이블

테이블은 데이터 세트의 기본 객체다. 데이터 세트는 다양한 분석을 위해 여러 가지 테이블로 구성한다. BigQuery에서 테이블은 일반적인 테이블과는 약간 다르다. 앞서 언급했듯이

---

3 12장에서 GCP의 운영 로그 시스템인 Cloud Logging을 살펴본다.

구글은 OLTP를 안티 패턴으로 간주하며 이 책은 주로 OLAP 개념을 사용해 작업한다. BigQuery에서 알아야 할 몇 가지 특정 패턴을 소개하겠다.

정규화/비정규화

이 주제는 수십 년 동안 전 세계 데이터 엔지니어 및 면접관이 선호하는 주제이며 이미 많은 학술지와 연구 자료에서 다뤄졌다. 간략히 설명하자면 정규화는 데이터 중복성을 최적화하고 데이터를 여러 테이블로 분할한 다음 함께 결합하고, 비정규화는 반대 방향으로 진행돼 성능을 선호하고 모든 데이터를 가능한 한 적은 테이블에 넣는다.

일반적인 고객 객체를 예로 들겠다. 아래 그림은 고객 객체의 정규화된 형태다.

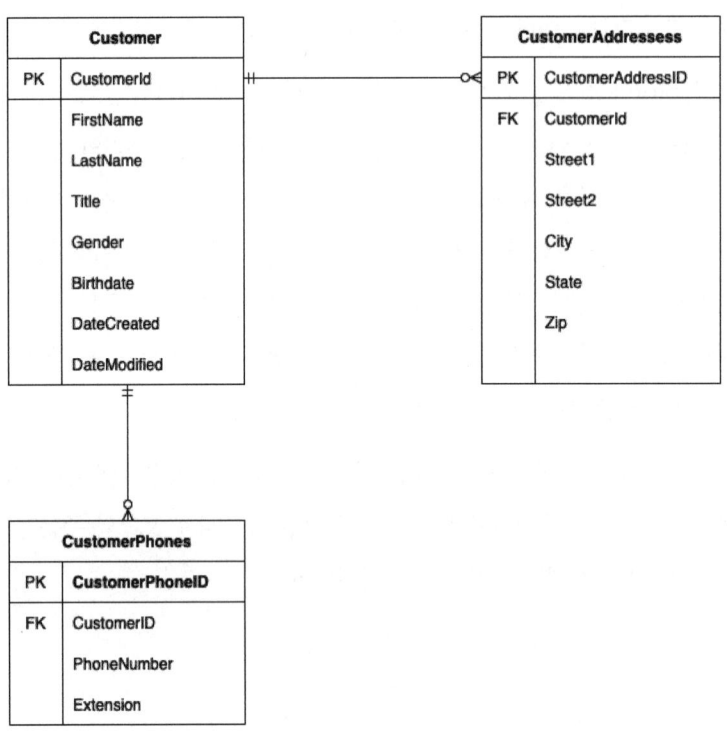

▲ 그림 2-2 고전적인 고객 객체-관계 다이어그램(ERD, Entity Relationship Diagram)

반면에 비정규화된 형식은 모든 고객 데이터를 단일 식별자가 있는 단일 테이블에 넣는다. 테이블 조인이 필요 없고 필요한 행을 검색한다.

DW_Customer	
PK	CustomerId
	FirstName
	LastName
	Title
	Gender
	Birthdate
	DateCreated
	DateModified
	Street1
	Street2
	City
	State
	Zip
	PhoneNumberx
	Extension

▲ 그림 2-3 비정규화된 데이터

UPDATE 및 DELETE 작업의 빈도와 중요도에 따라 어떤 방식을 사용할지를 결정한다. 일반적으로 데이터를 덮어쓰거나 제거하는 대신 데이터를 삽입하도록 한다. 하지만 UPDATE 및 DELETE 작업이 필요하다면 정규화된 스키마를 사용하고 성능 저하를 감수한다.

현재는 데이터가 많지 않지만 시간이 지남에 따라 데이터가 엄청나게 증가한다면 어떨까? 일반적으로 향후 성장을 하려면 구조를 비정규화하는 것이 좋다. 만약 데이터 세트가 상대적으로 적게 유지되리라는 것을 알고 있다면 기존 트랜잭션 스키마 위에 최소한의 변환을 선택할 수도 있다. 일반적으로 비정규화된 데이터의 중복으로 데이터 저장 및 비용에 신경을 쓰지만 데이터 일관성에 대한 걱정을 해야 한다. 데이터가 여러 위치에 저장된 경우 데이터를 동기화하지 못할 수 있다. 특히 빠르게 변화하는 데이터의 경우 일부 데이터의 일관성을 유지하지 못하기도 한다. 이런 특성은 프로젝트 환경에 따라 중요한 요소일 수 있다.

계층적 데이터 구조

BigQuery는 다른 일반적인 데이터베이스와는 다르게 중첩 데이터를 허용한다. BigQuery 스키마에 권장하는 방법으로 JSON의 각 객체를 행으로 저장한다. BigQuery는 반복되는 중첩 데이터도 저장할 수 있다. 중첩을 사용해 행 자체 내에서 일대 다 관계를 나타낼 수 있다.

다음 예시를 참고하자.

DW_Customer	
PK	CustomerId
	FirstName
	LastName
	Title
	Gender
	Birthdate
	DateCreated
	DateModified
	Addresses ARRAY<STRUCT>: { Street1, 　Street2, 　City, 　State, 　Zip }
	PhoneNumbers ARRAY<STRUCT>: { PhoneNumber, 　Extension }

▲ 그림 2-4 BigQuery 중첩 테이블 예시

이런 방식으로 데이터를 모델링하면 정규화 없이 정규화의 일부 이점을 취할 수 있다. 물론 비정규화의 단점도 가진다. 이 테이블의 데이터를 업데이트하더라도 관련 테이블을 동기적으로 업데이트하지 않는다. 이 부분은 특정 시점의 데이터를 캡처해서 문제를 해결한다.

테이블 파티션

파티션은 테이블을 만들 때 수집 시간, 타임스탬프 또는 정수 키를 기준으로 행을 자동으로 버킷화하는 방법이다. 파티션은 두 가지 장점이 있다. 첫째는 추가 작업을 수행하지 않고 범위를 차원으로 얻는다. 이 방법으로 해당 범위 내 또는 전체 데이터를 보다 쉽게 분석할 수 있다. 둘째는 파티션을 나눈 테이블에 만료 정책을 설정할 수 있다. 임시 데이터를 저장하고 특정 시간 동안만 보관해야 하는 경우 BigQuery가 오래된 데이터를 자동으로 삭제하도록 할 수 있다. 이 기술은 방대한 데이터 테이블의 심층적인 분석을 위해 특정 범위의 시간을 지정해 최적화를 도와준다.

요약

데이터 웨어하우스 프로젝트를 성공적으로 시작하려면 두 가지 요소가 필요하다. 첫 번째는 이와 같은 프로젝트를 수행하는 방법에 대한 기술 및 이해력이고, 두 번째는 비즈니스상의 수락이다. 관계자의 요구사항을 이해하려면 몇 가지 주요 질문에 답해야 한다. 비즈니스 이해를 기반으로 프로젝트를 승인받으면 구축을 시작할 수 있는 기반을 갖는다. 이 정보는 설계 구조를 선택할 때 도움을 준다. BigQuery의 데이터 구조화 방법에 대한 권장사항을 알려주고 앞서 조사한 비즈니스에 대한 지식을 기반으로 결정할 수 있는 방법을 도와준다. 이제 앞으로 나아갈 준비가 돼 있어야 한다.

3장에서는 기존의 모든 비즈니스 요구사항을 처리하고 새로운 요구사항에 대비할 수 있는 데이터 웨어하우스를 만드는 방법을 알아본다.

3장

데이터 모델

3장은 조직이 데이터를 기반으로 움직여야 한다는 것에 동의하는 사람에게는 흥미로운 주제다. 조직의 성숙도나 조직이 어떻게 데이터를 수집하고 있는가와는 별개로 데이터 웨어하우스의 목적은 사용자가 데이터에 정확하고 안정적으로 접근할 수 있도록 중앙 제어하는 것이다. 데이터 레이크가 생기기 이전에는 모든 데이터를 한곳에 담아 두는 수단으로도 사용했지만 BigQuery에 모든 데이터를 담아 둘 필요는 없다. 데이터의 특성에 따라 어떤 방법을 사용할지는 개개인의 몫이다. 데이터 웨어하우스의 중앙 제어 모델은 정확하고 신뢰할 수 있는 데이터를 제공하는 데 가장 중요한 역할을 하고, 이 모델은 앞으로도 변경되지 않는다.

3장에서는 BigQuery 데이터 세트와 구성요소를 설명한다. 2장에서 정의한 데이터 프로젝트 품의서를 참고해 업무관계자도 만족시킬 수 있는 프로세스를 설명하고 데이터를 로드 또는 이전할 수 있는 새 BigQuery 프로젝트를 생성한다.

아직 데이터 프로젝트 품의서를 작성하지 않았다면 2장 또는 부록 B를 참고해 만들자. 아무리 작은 조직이라도 품의서 없이 업무를 진행하다 보면 어느 순간에 개발 범위는 늘어나고 프로젝트는 계속 미뤄진다. 데이터 웨어하우스도 결국 최종 사용자를 대상으로 수행하는 프로젝트다. 품의서에서 사용자의 요구사항을 정의하고 프로젝트를 수행해야 한다. 지금 당장 완전한 품의서를 작성하기는 어렵겠지만 첫 단계를 잘 진행해야 조직이 발전했을 때 더 많은 요구사항을 처리할 수 있다.

위와는 반대로 현재 지식으로는 감당하기 힘든 요구사항이 너무 많을 수도 있는데 오히려 이런 상황에서 품의서를 작성하는 것이 더 쉬울 수 있다. 완벽한 품의서를 작성하는 것은 어렵겠지만 목표와 방향성을 확실히 잡고 수행하자.

데이터 모델

데이터 모델링은 데이터에서 정보를, 정보에서 인사이트를 얻기 위한 첫 단계다. 웨어하우스에 아무것도 없는 상태에서 데이터 모델에 대한 결정을 내리는 것은 쉽다. 하지만 테라바이트 이상의 데이터가 이미 존재할 때는 함부로 데이터 모델을 수정하기 힘들다. 시간이 지나면서 이런 부분도 기술이 해결하겠지만 지금은 첫 단추부터 잘 끼워 나가야 한다. 이미 2장에서 주요 구성요소와 각 요소의 관계 그리고 시간 소요를 짚어봤다. BigQuery 데이터 세트를 만들기 전에 데이터 수집 속도와 과거 데이터의 가치를 평가한다.

수집 속도

데이터 수집 속도는 크기의 정도$^{\text{Order of Magnitude}}$로 정의한다. 사람 또는 사물이 생성하는 데이터의 양을 예시를 들어 비교할 수 있다. 예를 들어 영업사원이 새 고객을 유치할 때마다 고객의 데이터를 수동적으로 추가한다면 아주 오랜 시간이 걸리며 수십 억의 데이터는 넘지 않는다. (보수적으로 봤을 때 지구의 모든 인류의 숫자라고 가정한다.) 다른 예시로는 웹사이트에서 새로운 주문을 할 때마다 생기는 이벤트라면 상대적으로 속도는 더 높다. 더 나아가 각 사용자의 마우스 클릭이나 키보드 타이핑이라면 10억이라는 이벤트 수는 하루면 충분하다. 사람이 아니라 기계가 만드는 이벤트는 더 크다. 데이터 모델을 설계할 때 수집 속도를 간과하지 말자.

과거 데이터의 가치

과거 데이터의 가치는 데이터 수집 속도와 반비례한다. 많은 데이터가 쌓이고 속도가 빠를수록 각 데이터의 가치는 낮아진다. 앞의 영업사원의 예시를 보자. 이전 고객 데이터는 비즈니스에 의미가 있지만 마우스 이벤트 로그는 특정 기간 이후에는 폐기한다. 결론적으로 특정 데이터 포인트가 최신 데이터인지, 분석이 용이한지 또는 다른 데이터와 조합했을 때 여러분의 데이터 모델이 얼마나 중요한지를 판단할 수 있게 해준다.

데이터 모델 생성

이제 데이터 세트를 생성할 준비가 됐다. 모든 객체를 집어넣을 데이터 세트를 생성하자. 이 책에서는 대부분 하나의 데이터 세트로 작업한다. 평균적인 규모의 조직에서는 하나의 데이터 세트로 충분하다. 지역 제한적인 데이터 또는 여러 데이터 세트를 나눠 권한을 줘야 한다면 데이터 세트를 나눠 작업한다.

데이터 세트 생성

2장에서 데이터 세트를 생성하지 않았다면 지금 생성한다.

▲ 그림 3-1 데이터 세트 만들기

1. 탐색 패널의 리소스 섹션에서 프로젝트 이름을 클릭한다.
2. 오른쪽의 세부정보 패널에서 **데이터 세트 만들기**를 클릭한다.

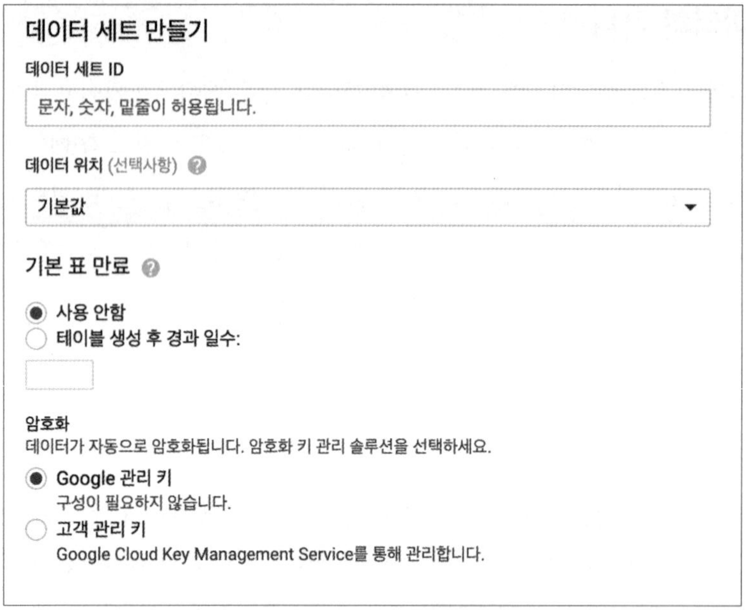

▲ 그림 3-2 데이터 세트 만들기 설정

설정 옵션이 많은 편은 아니다. 데이터 세트 이름을 입력한다(예: "company_data_warehouse" 또는 "main"). 구글의 대부분의 이름엔 하이픈(-)을 주로 사용하지만 BigQuery에서 데이터 세트 이름은 밑줄(_)만 허용한다. 데이터 위치는 기본값(미국 내 다중 지역)이지만 법적인 이슈 또는 준수 계약사항이 있다면 필요한 값으로 변경한다. 특수한 경우가 아니라면 기본 표 만료는 "사용 안함"으로 두자. **데이터 세트 만들기**를 클릭하면 생성된 데이터 세트를 바로 확인할 수 있다.

다른 프로젝트에서 이미 존재하는 데이터 세트를 한 번에 하나씩 복사할 수 있고, 비슷한 방법으로 쉽게 공개 데이터 세트를 만들 수 있다. GCP 프로젝트에 생성할 수 있는 데이터 세트 수는 무제한이지만 데이터 세트 수가 수천 개에 달하면 기본 웹 UI 성능이 저하될 수 있고 데이터 세트 나열 속도가 느려진다. 하나의 데이터 세트에는 무제한의 테이블을 생성할 수 있다. 하지만 데이터 세트의 테이블이 50,000개 이상이 되면 속도가 느려진다.

테이블 생성

앞서 설명했듯이 3장에서는 데이터가 없는 상태에서 기본적인 테이블 생성 방법을 알려준다. 추후에는 라이브 소스에서 스트리밍해 데이터 웨어하우스에 동기화하는 방법을 설명한다. 외부 소스에서 데이터를 로딩할 때는 테이블을 따로 생성할 필요 없이 로딩 시에 스키마를 직접적으로 제공한다(자동 감지 기능을 사용할 수도 있다). 방금 생성한 데이터 세트를 클릭한 후 **테이블 만들기**를 선택하자. 사이드 바에 다음과 같은 화면이 나타난다.

▲ 그림 3-3 데이터 세트 메뉴

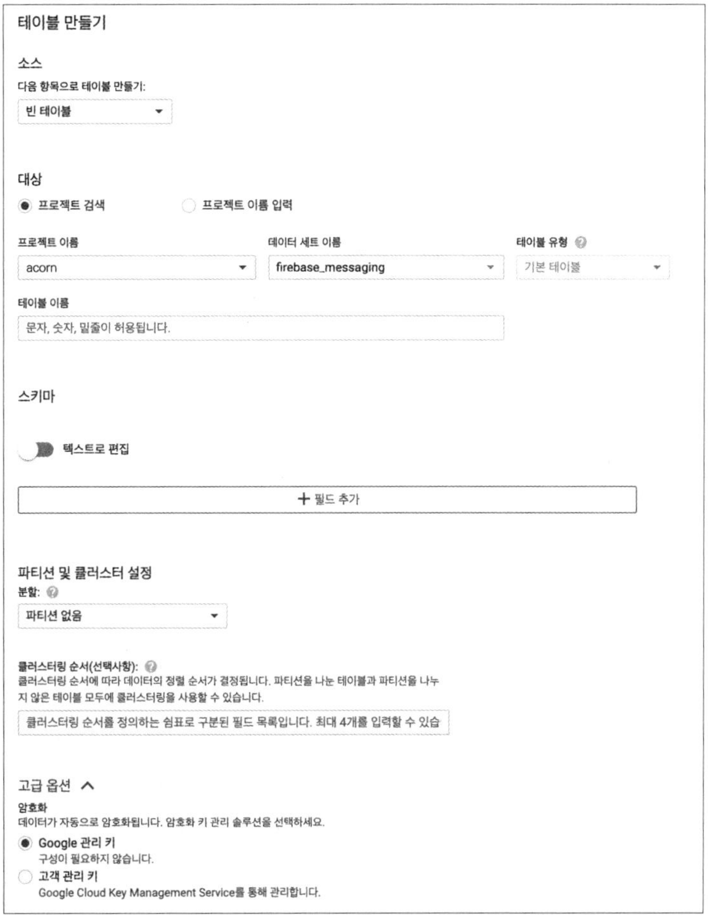

▲ 그림 3-4 테이블 만들기

3장_ 데이터 모델

소스

여러 소스와 포맷에서 테이블을 생성할 수 있다는 것은 BigQuery의 장점 중 하나다. 디폴트 값은 빈 테이블이며 GCS$^{Google\ Cloud\ Storage}$, 로컬 머신, Google Drive의 파일에서 테이블을 생성할 수 있다.

빈 테이블

빈 테이블을 생성한다.

Google Cloud Storage

GCS는 Google Cloud를 구성하는 기본 객체 스토리지인데 Amazon S3와 같은 개념의 스토리지 서비스다. gs://bucket-name/filename과 같은 URI로 스토리지 안의 객체를 로드할 수 있다.

업로드

10MB 이하의 파일을 로컬 머신에서 직접 업로드할 수 있다. 그보다 큰 파일은 GCS를 사용해야 한다.

Drive

Google Drive는 파일을 저장하고 정리할 수 있는 G-Suite 제품이다. Drive URI만 있다면 구글 시트와 같은 자료를 바로 BigQuery로 로드할 수 있다.

Google Cloud Bigtable

Google Cloud Bigtable은 앞선 옵션과 달리 로드하는 방법이 다르다. Bigtable은 Apache HBase를 구글 방식으로 구현한 NoSQL 데이터베이스 솔루션이다. 데이터를 직접 BigQuery로 옮기지 않고 Bigtable의 CPU를 사용하면 BigQuery를 연결할 수 있다. 위 방법들과는 달리 설정에 어느 정도 신경을 써야 하지만 Bigtable을 이미 사용하고 있다면 고려해 볼 만하다.

파일 형식

BigQuery 테이블을 생성할 때 사용할 수 있는 형식을 살펴본다.

CSV

현재 사용하고 있는 비즈니스 인텔리전스 도구가 Excel, 메모장 등인 경우 CSV(쉼표로 구분된 값) 파일로 데이터를 수집한다. CSV는 중첩 또는 반복 필드를 지원하지 않으므로 최적의 선택은 아니지만 거의 모든 도구가 CSV를 지원한다. 레거시 시스템과 이미 상호작용하고 있고 주기적으로 데이터를 로드해야 하는 경우 CSV가 유일한 선택일 수 있다.

CSV를 옵션으로 선택하면 필드 구분 기호, 헤더 행 건너뛰기, jagged rows(예: 뒤에 오는 선택적인 열이 누락된 행을 허용)와 같은 파일에 대한 몇 가지 기본 데이터 변환을 수행할 수 있는 고급 옵션을 선택할 수 있다. 표준 SQL 벌크 가져오기/내보내기 도구를 사용해 본 적이 있다면 이미 익숙한 방법이다.

JSONL

JSONL(JSON Line)은 각 행이 JSON 객체인 파일이다. 이 형식은 중첩 및 반복 필드를 허용한다. 파서가 개별 배열 항목을 열거하기 전에 하나의 객체를 만들려면 전체 파일을 읽어야 하기 때문에 일반 JSON과 달리 단일 JSON 배열을 사용하지 않는다. 파서는 한 번에 한 줄만 읽어 표준 JSON으로 로드하므로 대용량 파일에 대한 병렬화 및 기타 유용한 기술을 사용할 수 있게 해준다.

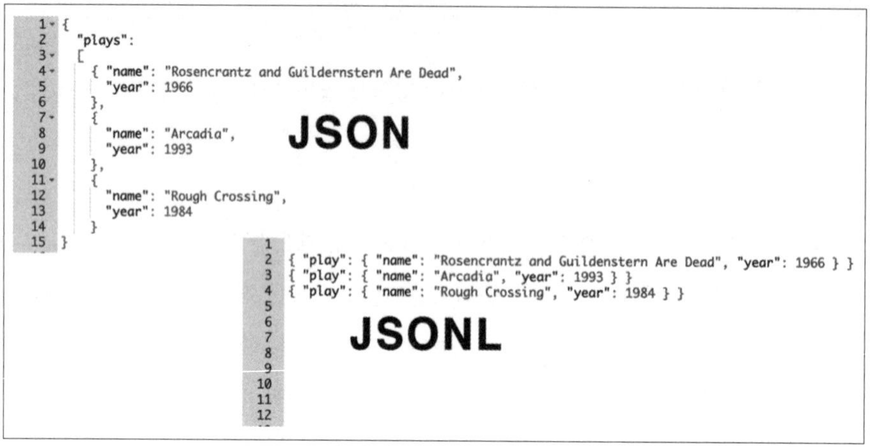

▲ 그림 3-5 JSON vs JSONL

Avro

Avro는 직렬화에 사용하는 Apache 데이터 시스템이다. 일반 JSON보다 훨씬 적은 공간을 차지하는 압축 바이너리 형식을 사용한다. 또한 내부적으로 데이터에 대한 스키마를 정의하므로 각 열이 어떤 형식인지 파악할 필요가 없다. Kafka 및 기타 데이터 스트리밍 기술에서 사용한다. 이런 기술 중 하나를 사용하고 있다면 조직의 어딘가에 Avro를 사용하고 있는 것이다.

Avro 형식은 사람이 읽을 수 없으므로 데이터로 작업하려는 경우 BigQuery에 직접 로드하는 것이 JSON으로 변환해 작업하는 것보다 훨씬 더 편리하다.

Parquet/ORC

Parquet 및 ORC는 하둡^{Hadoop}에서 사용하는 Apache열 기반 스토리지 형식이다. 하둡 클러스터 실행 중 BigQuery에 데이터를 가져오려면 이 두 가지 형식 중 하나를 사용한다.

Cloud Datastore 백업

BigQuery는 Datastore 내보내기에서 데이터를 로드하는 기능을 지원한다. 가져오기 및 내보내기 서비스를 사용해 Datastore 항목을 Cloud Storage 버킷으로 내보낼 수 있다. 그런 다음 내보내기를 BigQuery에 테이블로 로드할 수 있다.

대상

프로젝트 및 데이터 세트는 이전에 테이블 만들기를 했을 때 사용했던 설정으로 채워진다. 설정을 확인하고 테이블 이름을 입력하자. 하이픈(-)은 사용할 수 없음을 명심하자.

이름 짓기

컴퓨터 과학자들은 마틴 파울러^{Martin Fowler}를 인용해 이름 짓기라는 어려운 문제를 논의하기 좋아한다. 이름을 정하려고 빈칸을 오랫동안 들여다봤는가? 고통스러운 작업이다.

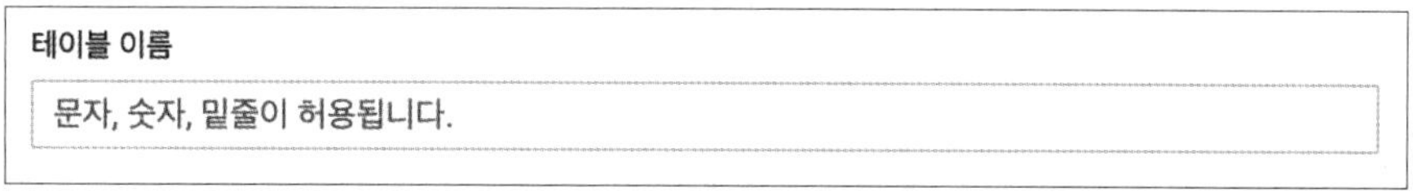

▲ 그림 3-6 테이블 이름 입력창

이 책의 1, 2장에서 비즈니스의 이해, 합의, 구축, 준비에 집중했으므로 이 단계에 도달했을 때는 테이블 이름이 무엇인지 이미 알고 있어야 한다. 이는 "계정", "사용자", "판매", "클라이언트"와 같이 업무관계자들이 이미 사용하는 용어다. 조직 내 용어가 일치하지 않는다면 책임감을 갖고 명확한 이름을 사용해야 한다.

스키마

자동 감지는 소스 파일에서 항목을 무작위로 샘플링한 결과를 이용해 가능한 타입을 추정하는 방식으로 동작한다. CSV의 경우 구분 기호를 자동 감지하고 헤더 행에 따라 열 이름을 지정할 수도 있다. 충돌하는 데이터를 동일한 테이블에 로드하려고 하면 예상치 못한 결과가 나올 수 있다. 이런 경우 원래 JSON을 STRING 유형으로 로드하고 `EXTRACT_JSON()` 메서드를 사용해 데이터를 추출할 수 있지만 이런 방식은 일반적인 방법이 아니며 강타입^{Strong Type}의 성능 및 구조적 이점을 잃는다.

자동 감지를 선택하지 않으면 수동으로 열을 추가하는 입력창을 생성한다. UI를 사용하거나 텍스트로 입력할 수 있다. 텍스트 모드는 각 열을 설명하는 JSON 형식으로 구성하며 명령줄 또는 API 모드에 사용할 수도 있다. 두 모드 간에 자유롭게 전환해 열 정의에 대한 현재 JSON 출력이 무엇인지 확인할 수 있다.

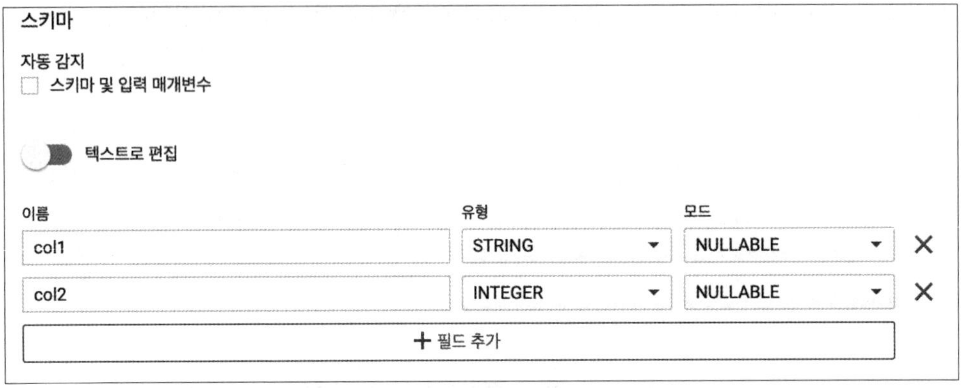

▲ 그림 3-7 테이블 스키마 입력 UI

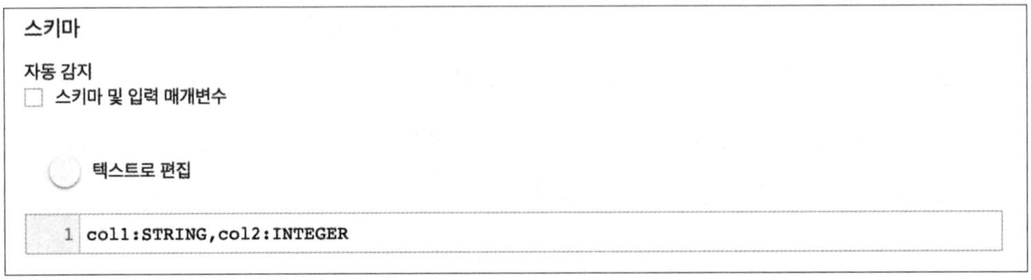

▲ 그림 3-8 테이블 스키마 입력 텍스트

이제 데이터 타입과 그 의미를 살펴보자. SQL에서 작업한 적이 있다면 RECORD를 제외한 모든 유형이 익숙할 것이다. 이미 알고 있다면 이 절은 건너뛰자. 구글 문서에 더 자세히 설명돼 있으니 다음 링크를 참고한다.

- https://cloud.google.com/bigquery/docs/reference/standard-sql/data-types

여기에 지정된 값 범위 외에도 ARRAY를 제외한 모든 데이터 유형은 Null 입력이 가능하다.

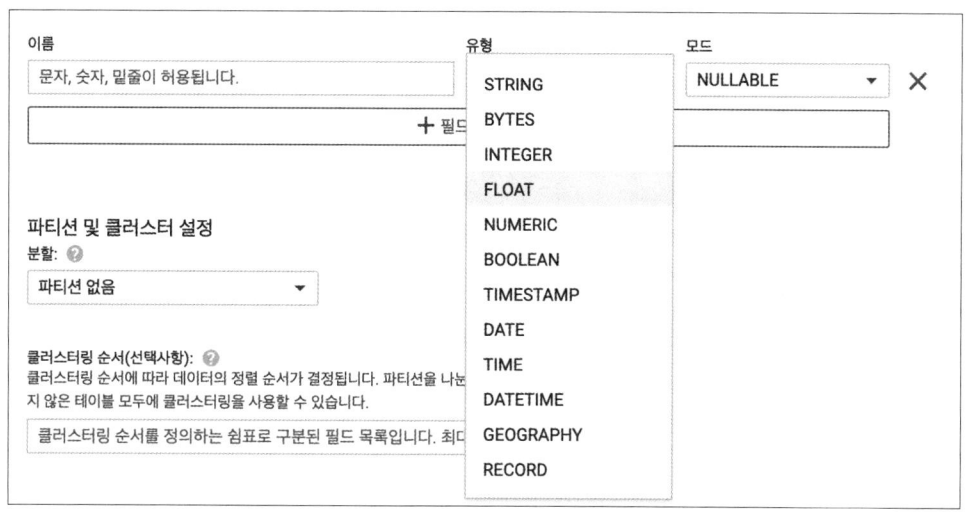

▲ 그림 3-9 데이터 유형

STRING

STRING은 다양한 종류의 문자 데이터다. 기본적으로 이런 문자열은 모두 UTF-8로 인코딩한다. 문자 기반 데이터는 UTF-8 문자열로 매핑돼 일반 SQL과 달리 크기 지정이 필요하지 않다. 미리 정해진 최대 크기는 없으며 처리할 쿼리 길이와 레코드 길이에 대한 할당량만 있다. UUID를 사용한다면 STRING 유형으로 설정하자(구글은 GENERATE_UUID() 함수로 UUID 생성을 지원한다).

BYTES

가변 길이의 이진 데이터다. BYTES 데이터 유형에는 STRING과 대부분 동일한 기능이 있지만 문자열로 저장된 유니코드 버전과는 달리 원시적인 바이트 배열이다. 이 유형은 암호 해시 등에 사용한다.

INTEGER

표준 8바이트 정수로 사용한다.

FLOAT

8바이트, 배정도 부동 소수점Double Precision Floating Point 숫자를 나타낸다. IEEE-754 표준을 준수하므로 통화 인코딩에 선호하는 데이터 유형은 아니다.

NUMERIC

16바이트, 정확한 숫자 값이다. IEEE-754 부동 소수점 오류를 처리하지 않으려는 금액 및 기타 재무 계산에 사용하는 유형이다.

BOOLEAN

"TRUE" 및 "FALSE"로 표시하는 키워드 유형이다.

TIMESTAMP

TIMESTAMP(타임스탬프)는 고정적이며 절대적인 시점, 마이크로 초 정밀도를 가진 유형이다. BigQuery에 저장하는 모든 행에는 어딘가에 타임스탬프가 있어야 한다. 또한 파티션을 나눌 때 사용하는 테이블의 기본 타입이다. 표에서는 UTC 날짜/시간으로 표시한다. 내부적으로는 UNIX epoch, 즉 1970년 1월 1일 자정 UTC에서 오프셋된 초로 저장한다. (SELECT TIMESTAMP_SECONDS(0)을 사용해 epoch 시간을 TIMESTAMP로 확인할 수 있다.)

DATE

표준 TIMESTAMP와 달리 DATE 유형은 특정 시간대가 없는 달력 날짜를 나타낸다. 따라서 특정 시간을 표시하는 것이 아니라 사용자가 달력에서 볼 수 있는 날짜를 표시한다. 여기서 표준 형식은 단순히 YYYY- [M]M-[D]D다.

TIME

DATE와 같이 날짜와 관련없는 시간을 나타낸다. 시계를 보면 오후 1시 30분임을 인지한다. "고객이 오후에 더 자주 구매하는가?"와 같은 질문에서 "오후"는 사용자의 위치를 기반으로 하는 주관적인 용어다. 그러므로 절대적인 시간을 나타낼 때 사용한다. 다른 한편으로 긴 축구 경기 시간을 나타낼 때는 모든 시간대에서 절대적인 TIMESTAMP를 사용해야 한다.

이런 차이가 데이터 웨어하우스 구축에서 정말 중요하다. 물론 이벤트가 발생한 절대 시점이 있는 한 이런 다른 값을 재구성할 수 있지만 기술 백그라운드가 없는 사용자는 UTC로 생각하는 것을 좋아하지 않는다. 앞으로 설계를 하면서 명심하자.

GEOGRAPHY

GEOGRAPHY 타입은 매우 강력한 추가 기능이다. GEOGRAPHY가 없었을 때를 생각해보자. 위도와 경도를 별도의 부동 소수점 값으로 인코딩해야 했고, 거리나 경계선은 오류가 생길 수 있는 삼각법으로 계산됐다. GEOGRAPHY 데이터 타입은 이런 복잡성이 없다. 이벤트가 발생한 특정 위치 또는 영역에 대한 심층적인 인사이트를 만들 수 있다. 이런 위치 인사이트에서 고객과 가장 가까운 매장이나 공간 이벤트의 밀도에 대한 질문에 쉽게 답변할 수 있다. 단일 GEOGRAPHY 값이 단순한 위도/경도 좌표가 아니라 실제로 더 정확한 지구를 나타내는 편원 스페로이드의 토폴로지를 설명하는 점, 선, 다각형의 모음이라는 점을 기억하자.

RECORD

배열은 0개 이상의 요소로 구성된 정렬 목록이다. 구글 문서에도 명시돼 있지만 ARRAY는 ARRAY를 포함할 수 없다. ARRAY를 중첩하려면 ARRAY를 포함하는 STRUCT의 ARRAY를 저장해야 한다. RECORD 데이터 타입을 사용하는 것은 번거롭지만 중첩된 요소를 사용할 때마다 확인해야 할 부분이다. ARRAY는 NULL을 허용하지 않는다.

ARRAY는 0 또는 1 인덱스 기반이 아니다. 배열로 인덱싱하려는 경우 0부터 시작하는 오프셋에는 OFFSET 함수를 사용하고, 1부터 시작하는 오프셋에는 ORDINAL을 사용한다.

STRUCT

표준 SQL은 STRUCT로 사용하지만 BigQuery에서는 RECORD로 불린다. 일반적으로 STRUCT를 사용하면 내부 필드를 사용해 익명 타입을 생성한다. 이렇게 행 내부에 데이터를 중첩한다. 내부 필드를 비교에 사용하려면 이름을 지정해야 한다. STRUCT 자체에 다양한 비교를 수행하기는 어렵고 STRUCT 필드에 타입을 적용하지 않도록 선택할 수 있다. 하지만 일반적으로 구조가 충분한 데이터의 이름을 지정하는 것이 좋다. BigQuery 설계에서 매우 중요한 개념이므로 3장의 뒷부분에서 다시 설명하겠다.

모드

각 열의 모드를 지정한다. NULLABLE, REQUIRED 또는 REPEATED를 선택할 수 있다. NULLABLE은 일반 SQL에서처럼 모든 행의 필드를 지정할 필요가 없음을 의미하고, REQUIRED는 필드가 필수임을 의미한다.

열을 REPEATED로 지정하는 것은 기본적으로 동일한 필드가 많은 값을 가질 수 있도록 배열을 지정하는 것을 의미한다. 표준 Outer Join 대신 배열을 사용해 관련 데이터에 대한 정보를 같은 테이블에 저장할 수 있다.

열 설정을 마치면 테이블 스키마의 공식 표현을 볼 수 있도록 텍스트 보기로 다시 전환해 보자. 읽기가 매우 쉬우므로 디자인을 신속하게 확인하는 방법으로도 사용할 수 있다(참고로 테이블당 최대 열 수는 10,000개다. 10,000개 이상의 열을 갖고 잘 설계된 사례는 본 적이 없다).

파티션 및 클러스터 설정

파티션 및 클러스터 설정의 주제는 다음 절에서 더 자세히 다루겠다. 사용한다면 둘 다 확실히 장단점이 있지만 비용 절감 및 유지 관리 측면에서 각각 큰 이점이 있다.

고급 옵션

고급 옵션은 설정에 따라 변경될 수 있다. 특히 CSV 형식의 경우(스키마 자동 감지를 사용하지 않을 때) 구분 기호 및 헤더 행 건너뛰기에 대한 설정을 표시한다.

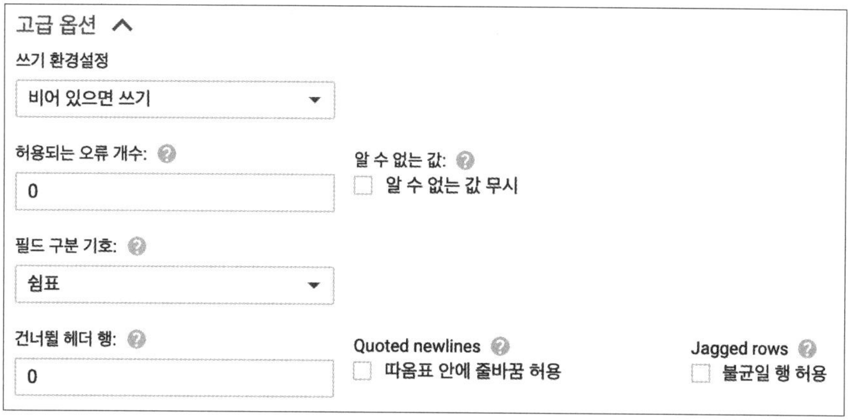

▲ 그림 3-10 CSV 고급 옵션

암호화 키 관리와 관련된 옵션도 있다. 이후의 장에서 권한 및 보안의 일부로 암호화 키에 대한 관리를 다룰 예정이다.

마지막으로 쓰기 환경설정을 지정한다. 세 가지 옵션이 비어 있으면 쓰기, 테이블에 추가 그리고 테이블 덮어쓰기다. 비어 있으면 쓰기는 테이블이 비어 있는 경우에만 데이터를 로드한다. 테이블에 추가는 테이블 끝에 데이터를 추가하고, 테이블 덮어쓰기는 테이블에 저장한 모든 데이터를 지운다. 지금은 새 테이블을 만들고 있으므로 비어 있으면 쓰기로 설정한다.

파티셔닝

파티셔닝partitioning은 매우 간단한 개념이다. BigQuery 테이블을 파일로 저장하는 경우 파티션은 해당 파일을 날짜별로 분할해 더 많은 작은 파일을 생성한다. 한 번에 적은 수의 파일(날짜 범위)을 검색하는 경우에는 좋지만 광범위한 날짜 범위에서 쿼리하는 경우에는 효율적이지 않다. 한 테이블에 엄청난 양의 데이터가 들어가는 경우 테이블이 임의로 커지는 것을 방지하려고 파티션을 사용한다. 테이블에 데이터가 적다면 파티셔닝으로 많은 이점을 얻지 못한다.

파티션을 나눈 테이블의 기본 스키마를 계속 수정할 수는 있지만 테이블 이름을 바꾸거나 파티션 자체를 변경할 수는 없다. 불가피하게 파티션을 변경해야 한다면 새 테이블을 만들고 기존 데이터를 복사한다.

BigQuery는 테이블의 파티션 수를 4,000개로 제한하며 일별 파티션을 나누는 경우 11년 정도로 분할할 수 있다. 다행히도 월 또는 연과 같은 다른 시간 단위를 사용해 분할할 수 있다.

파티셔닝을 사용하면 쿼리 비용을 낮출 수 있다. 매일 기가바이트의 데이터를 로드하는 경우를 생각해 보자. 파티션을 사용하면 BigQuery가 필요한 데이터를 얻는 데 대해 일부 파일만 스캔한다.

전년도 데이터를 저장하는 로그 파일이 있고, 지난주 목요일의 로그 항목을 보려고 한다고 가정하자. 파티션을 나눈 테이블을 사용하면 단일 날짜의 파일만 검색해 데이터를 얻는다. 파티셔닝하지 않은 테이블은 1년 전체를 검색해 일치하는 레코드를 찾아서 잠재적으로 365배나 더 비싼 검색을 한다.

파티션이 자동으로 만료되도록 설정할 수 있는 것이 파티셔닝의 또 다른 이점이다. 로그 또는 오류 메시지를 저장하는 경우 며칠 분량의 데이터만 보관할 수 있다. 만료 날짜를 설정하면 지정된 시간에 데이터를 자동으로 삭제해 비용과 쿼리 시간을 절약할 수 있다.

정수 범위로 분할

정수 범위로 분할하는 기능이 추가됐다. 이 기능 때문에 테이블을 정수 값으로 분할할 수 있다. 같은 패턴으로 데이터가 존재한다면 다른 기본 키로 분할할 수 있다. 정수 범위로 분할하려면 쿼리 패턴을 아는 것이 중요하다. 이 정수의 특정 범위에 자주 액세스하는지, 파티셔닝을 가치 있게 만들려면 정수 범위당 데이터가 충분한지를 고려해야 한다.

정수 범위를 구성하려면 시작, 종료 및 간격 값이 필요하다. 예를 들어 시작 값 0, 종료 값 100, 간격 10을 지정하면 {0, 10, 20, 30, …, 90, 100}의 파티션이 생긴다. 이런 방식으로 일부 축을 따라 분할하는 데이터 세트를 시각화할 수 있다면 정수 분할을 고려하자.

또 다른 좋은 사례는 변경이 불가능한 순차적 식별자를 가진 데이터를 외부에서 로드하는 경우다. 기존의 파티셔닝과 호환성이 있게 자체 수집 시간을 적용하거나 사용자가 외부 ID를 기준으로 데이터를 참고해도 최적화가 가능하다.

클러스터링

클러스터링은 비용을 제어하고 쿼리 실행 방법에 대한 힌트를 제공하는 매우 강력한 방법이다. BigQuery는 열 기반 저장소임을 기억하자. 클러스터링은 특정 열을 기준으로 테이블을 검색할 가능성을 미리 알리고, 쿼리를 실행할 때 해당 클러스터만 살펴볼 수 있게 약한 정렬을 적용한다. BigQuery는 자동으로 힌트를 사용해 쿼리를 최적화한다. 힌트 사용은 무료이며 데이터를 로드할 때마다 데이터를 다시 클러스터링한다. 클러스터링은 자동으로 적용되므로 테이블의 클러스터에 대한 유지 관리가 필요 없다.

테이블을 생성할 때 사용자가 검색할 수 있는 열을 고려하고 클러스터로 지정하자. 예를 들어 주 단위로 미국에서 작업하는 경우 주 약어를 클러스터링해 특정 주에서 발생한 행을 찾을 때 추가적인 효율성을 얻을 수 있다. 관계형 SQL 설계에 익숙하다면 클러스터(또는 인덱스 힌트)를 지정하는 것과 같다고 생각하자. 클러스터링 열의 한도는 4개이며 테이블을 만든 후에는 테이블에서 새 클러스터 열을 선택할 수 없다. 사용자가 대부분 다른 열을 사용하더라도 클러스터링의 이점을 얻을 수 있지만 장기적으로는 비용이 더 많이 든다.

경우에 따라 파티셔닝 대신 클러스터링을 사용할 수 있다. 일별 클러스터링을 수행하면 여러 파티션을 쿼리하지 않아도 일별 파티션과 유사한 이점을 얻을 수 있다. 파티션 때문에 각 파티션에서 1GB 미만의 데이터가 생성되거나 파티션이 허용된 최대한도(앞서 언급한 대로 이 글을 쓸 때 4,000개)를 초과하는 경우 이 방법을 권장한다.

파티셔닝과 클러스터링을 동시에 가장 효과적으로 사용하려면 먼저 날짜 또는 정수로 분할한 다음 그 안에 클러스터링해야 할 열을 더 세밀하게 지정한다.

테라바이트 또는 페타바이트 규모에서는 많은 데이터를 절약할 수 있다. 파티션이나 클러스터가 없으면 데이터의 첫 번째 행을 반환하는 간단한 쿼리조차도 전체 테이블을 스캔하므로 시간이 지남에 따라 테이블에 대한 수정이 불가피하다. 모델을 디자인할 때 지금 당장 적용해서 이득을 챙길 수 있는 설정 중 하나다.

BigQuery 데이터 읽기

최종적으로는 사용자가 BigQuery에서 데이터를 읽는 방법을 설계해야 한다. 이후 장에서는 시스템 안팎으로 데이터 파이프라인을 구성하는 방법을 설명하고 궁극적으로 16장에서 사용자에게 데이터를 표시하는 방법을 설명한다. 지금 당장 BigQuery에 접속해 데이터를 살펴야 한다면 몇 가지 방법을 설명하겠다.

BigQuery UI

웹 콘솔을 사용하는 기본 인터페이스로 항상 데이터에 액세스할 수 있다. 웹 UI를 사용하면 제한된 양의 파일을 다운로드하거나 브라우저에서 볼 수 있다. BigQuery UI를 사용해 18장에서 다루는 구글 데이터 스튜디오로 직접 파이프할 수도 있다.

bq 커맨드 라인

명령줄 도구를 사용하면 UI에서 수행할 수 있는 모든 작업 및 몇 가지 추가 작업을 수행할 수 있다. 쿼리 텍스트를 직접 실행하거나 데이터 세트 및 테이블을 참고해 검색하거나 파일로 보낼 수 있다.

BigQuery API

API는 위 두 가지 방법이 BigQuery와 상호작용할 때 사용한다. 코드에서 직접 사용해 데이터를 검색할 수도 있다. API를 사용해 데이터 검색이 가능하며 다른 장에서는 데이터 처리를 수행하는 데 사용한다.

BigQuery Storage API

BigQuery Storage API는 BigQuery API와 다르다. 테이블이나 데이터 세트를 수정할 수 있는 액세스 권한도 제공하지 않고 잡^{Job} 형식을 따르지도 않지만 고성능으로 데이터를 추출하는 기능을 제공한다. Avro 형식 또는 Apache Arrow 형식으로 데이터를 내보낼 수 있다.

Python 및 기타 언어용 Storage API SDK가 있고 데이터 스트림을 직접 관리할 수 있다.

또한 다양한 데이터 범위에서 병렬 데이터 스트림을 시작해 테이블의 하위 집합에 효율적으로 액세스할 수 있다. BigQuery Storage API의 주요 용도는 타사 시스템에 대한 빠른 커넥터 적용에 사용한다.

요약

지속적이고 확장할 수 있는 데이터 웨어하우스를 구축하려면 데이터 모델을 이해하는 것이 중요하다. 과거에 데이터 웨어하우스를 구축한 적이 있는 사람들도 BigQuery에서 익숙한 패턴과 생소한 패턴 모두 접할 수 있다. 올바른 데이터 구조화 결정을 내리려면 소스, 항목 간의 관계, BigQuery 관행에 따라 데이터를 가장 잘 저장하는 방법을 알아야하고, 클러스터링 및 파티셔닝을 사용해 비용을 낮추고 데이터 로드를 최적화해야 한다.

데이터베이스에서 데이터를 다시 꺼내야 할 때 여러 가지 방법을 사용할 수 있다.

4장
BigQuery 비용 관리

BigQuery는 구축 시 비용을 미리 파악하기 어렵다. 전통적인 모델에서는 시스템 프로비저닝을 하기 전에 확장 및 스토리지를 고려했다. 하지만 1장에서 살펴본 것처럼 BigQuery를 사용하면 비용 모델을 이해하지 않고도 즉시 로드 및 쿼리를 시작할 수 있다.

관리형 서버리스 모델은 일반 클라우드 컴퓨팅 리소스와 가격 모델이 다르다. 사용한 만큼만 지불한다는 점이 가장 큰 차이다. 비용은 사용량에 따라 선형적으로 확장된다. 다만 유휴 주기 시에는 비용을 지불하지 않는다.

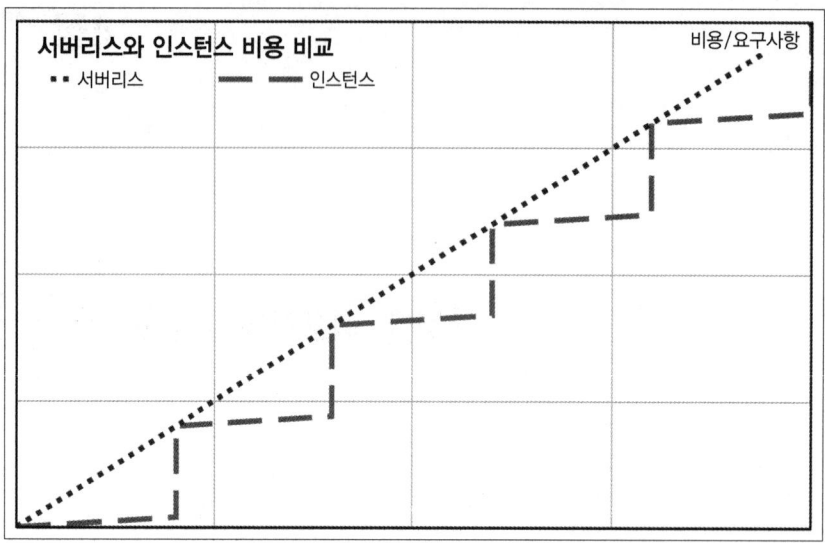

▲ 그림 4-1 서버 추가에 따라 비용이 계단 함수와 같이 증가하는
인스턴스 비용과 선형적으로 증가하는 서버리스 비용

서버리스는 높은 비용 변동성을 초래한다. 누구도 적은 돈을 쓰는 것에 반대하지는 않지만 기댓값이 없으면 예산을 책정하기가 어려워진다. 4장에서는 BigQuery에서 비용을 청구하는 방식과 사용량을 예측, 최적화, 모니터링하는 방법을 다룬다. 또한 지출에 대한 예측 가능성을 높이기 위해 BigQuery 예약을 다룬다.

BigQuery 모델

비용을 예측하려면 먼저 BigQuery가 어떻게 설계됐는지 이해해야 한다. 구글은 일반적으로 내부에서 리소스를 소비하는 만큼 서비스 비용을 청구한다.

BigQuery 및 기타 최신 데이터 스토리지 시스템은 스토리지와 컴퓨팅 비용을 분리한다. 즉, 사용 중인 데이터 스토리지 양에 따라 비용을 지불하고 쿼리하는 데 사용하는 컴퓨팅 리소스에 따라 따로 비용을 지불한다. 이 방법에는 여러 장점이 있지만 비용 예측이 복잡해진다는 단점도 있다.

GCP에서 기본적으로 쿼리를 실행하는 동안 유휴 CPU 코어(수천 개)를 대여해 컴퓨팅 성능에 사용한다. 구글은 쿼리를 실행할 때 가장 합리적인 위치를 선택하기 때문에 다중 지역으로 실행하는 것이 실제로 더 저렴하다. 구글은 내부적으로 소유한 데이터 센터의 어떤 서버로든 쿼리를 라우팅할 수 있다. BigQuery는 쿼리를 단계별로 진행함에 따라 한 데이터 센터에서 다른 데이터 센터로 이동할 수 있도록 설계됐다. 쿼리가 실행 중인 데이터 센터가 중지되더라도 다른 데이터 센터로 이동해 실행할 수 있다.

이런 설계 때문에 BigQuery는 유휴 코어를 활용해 무료로 유지 관리 작업을 수행한다. BigQuery에는 일반적인 유지 관리 작업이 존재하지 않는다. BigQuery에는 색인이 없으므로 재구축 프로세스가 없다. 또한 공간을 절약하려 블록을 이동하는 일종의 데이터베이스 조각 모음인 "vacuuming"이라는 개념도 없다.

BigQuery 비용 모델

BigQuery 청구액을 예측하기 전에 구글에서 금액을 청구하는 방식을 먼저 짚고 가자. 이 절에서는 실제 금액은 되도록이면 명시하지 않고 비용 모델을 설명하겠다. 구글은 금액을 주기적으로 변경하지만 비용 모델은 거의 변경하지 않는다.

구글은 예전에 슬롯이 500개 이상인 정액제 모델만 제공했다. 하지만 최근에는 더 낮은 슬롯의 정액제를 제공하기 시작했으며 이런 추세는 앞으로도 계속될 것으로 예상된다. 따라서 현재의 정확한 가격은 BigQuery 문서를 참고하자.[1]

스토리지 가격

앞서 언급했듯이 구글은 스토리지 및 쿼리에 대한 컴퓨팅을 별도로 관리한다. 이런 이유 때문에 각 항목에 대한 비용도 별도로 청구한다. 스토리지의 경우 보유한 데이터 양에 따라 청구한다. 데이터는 기가바이트당 0.01달러(1센트)로 청구하며 월별 10GB를 무료로 제공받을

---

1 https://cloud.google.com/bigquery/pricing - 옮긴이

수 있다(구글은 gibibyte(기비바이트)라는 바이너리 형식의 기가바이트를 사용한다. 10^9 바이트가 아닌 2^30 바이트를 나타낸다).

구글은 절반 가격으로 비용을 청구하는 "장기 스토리지"를 제공한다(15장에서 스토리지 계층을 설명한다. Google Cloud Storage에서 "nearline"에 해당하는 클래스다). 90일 동안 수정하지 않은 모든 테이블은 장기 스토리지로 배치한다. 테이블을 변경하거나 데이터를 삽입하거나 데이터를 스트리밍하는 등 물질적인 방식으로 테이블을 건드리면 즉시 일반 저장소로 다시 이동하고 다시 보통 가격을 적용한다.

많은 양의 정적 데이터, 즉 과거 데이터 세트가 있는 경우 특별한 조작 없이 자연스럽게 할인 혜택을 받을 수 있다.

Cloud Storage에서 BigQuery로 데이터를 로드할 때는 비용이 들지 않는다. BigQuery에 도착하자마자 스토리지 가격을 지불하기 시작한다. 마찬가지로 테이블 복사는 무료이지만 복사된 스토리지 비용을 지불한다. 참고로 스트리밍 데이터는 로드 시 비용을 청구한다. '비용 최적화' 절에서 설명하겠지만 스트리밍 시기를 신중하게 선택해야 한다.

주문형 가격

주문형 가격은 BigQuery에서 사용하는 기본 모델이다. 이 모델에서는 "처리된 바이트"[2]로 비용을 지불한다. 이 숫자는 반환된 바이트와 다르며 모든 데이터를 반환하려고 쿼리에서 액세스하는 데이터 값이다.

긍정적으로 봤을 때 캐시된 쿼리는 비용이 발생하지 않는다. 따라서 쿼리를 실행한 후 계속해서 같은 쿼리를 실행한다면 비용을 걱정할 필요가 없다. 사용자가 보고서를 새로 고치거나 재방문 시 동일한 데이터를 가져오는 사용자 분석 시나리오에 유용하다(또한 훨씬 빠르다).

쿼리를 작성할 때 BigQuery는 쿼리가 반환할 데이터의 양을 추정한다. 데이터의 양을 보고 해당 쿼리의 비용이 얼마나 드는지 예측할 수 있다.

---

2 읽은 바이트라고도 한다. – 옮긴이

구글은 월 1테라바이트의 쿼리 프로세싱 데이터를 무료로 준다. 그 후에는 테라바이트당 요금을 청구하는데 두 가지 주의 사항이 있다. 첫째는 최소 쿼리 크기가 10MB다. 작은 쿼리를 많이 실행하면 의도한 것보다 더 많은 데이터를 사용할 수 있다. 둘째는 데이터 처리 비용으로 청구되므로 쿼리를 취소하거나 LIMIT로 행 제한을 적용해도 같은 비용을 부과한다.

정액제

정액제 가격은 주로 비용 예측이 가능할 때 사용할 수 있다. 쿼리를 실행할 때 사용하는 특정 수의 "슬롯"을 구입한다. 사용할 수 있는 슬롯 수에 따라 월 고정 요금을 부과한다.

예측할 수 있다는 장점이 있지만 특정 쿼리가 소모하는 슬롯 수를 계산해야 하는 또 다른 문제가 생긴다. 대략적으로 말하면 슬롯은 CPU, RAM, 메모리를 결합한 계산 능력의 단위이며 BigQuery의 쿼리 프로세서는 최대 병렬 처리를 위한 최적의 수를 결정한다. 쿼리의 단계 수에 따라 BigQuery에서 슬롯을 요청한다.

UI에서 쿼리를 실행하면 결과를 얻는 데 사용하는 단계의 수를 표시한다. 그런 다음 각 단계에서 필요하다고 판단하는 슬롯 수를 요청한다. 쿼리 단계에서 보유하고 있는 슬롯보다 더 많은 슬롯을 요청하면 슬롯을 사용할 수 있을 때까지 대기열에 추가한다.

즉, 고정 요금 가격은 모든 슬롯이 병렬적인 쿼리에 의해 점유되므로 사용량이 많아지면 성능 저하를 유발할 수 있다. 상용 단계에서는 예측할 수 없는 높은 비용보다 성능 저하를 선호할 수 있다.

BigQuery 예약

BigQuery 예약은 비용 관리를 위한 최신 모델이다. 정액제와 주문형 가격 모델을 결합해 동일한 조직 내에서 예측되는 지출과 무제한 용량을 허용한다.

약정

예약 도입 때문에 관리를 담당하는 GCP 프로젝트를 사용해 월간 또는 연간 약정commitment으로 슬롯을 직접 예약할 수 있다. 다른 목적이나 부서가 여러 개의 약정을 가질 수 있다. 약정으로 엔터프라이즈 규모 환경에서 예산을 책정하고 각 사용 사례에 따라 서로 다른 예약을 만들 수 있다. 약정을 일반 정액제를 사용하듯 걸 수 있지만 약정에는 추가적인 이점이 있다.

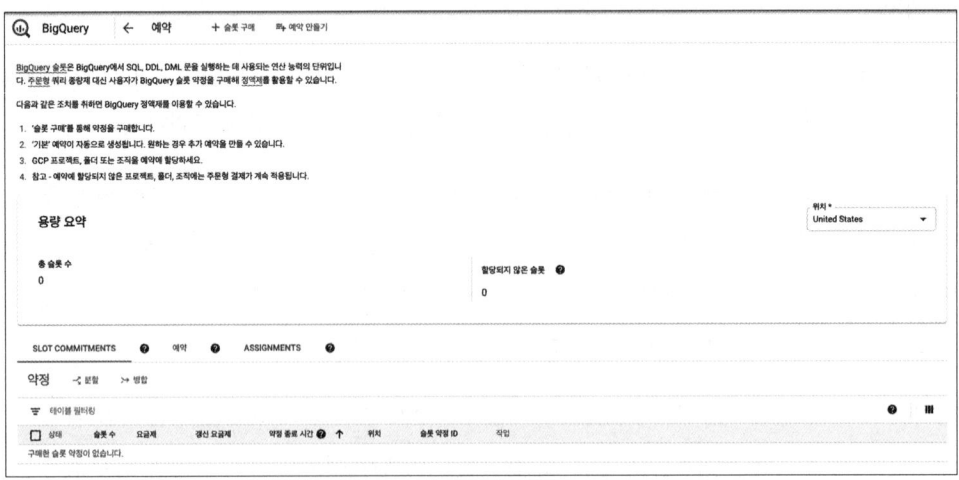

▲ 그림 4-2 BigQuery 예약 설명 화면

예약

약정을 생성한 후에는 슬롯을 "예약"이라는 별도의 풀로 분할할 수 있다. 처음 약정을 하면 default라는 단일 예약이 있으며 0 슬롯을 할당한다. 즉, 일반 정액 요금제로 동작한다. 그런 다음 특정 부서 또는 사용 사례를 염두에 두고 더 많은 예약을 추가할 수 있다. 예를 들어 재무 팀은 매일 200개의 슬롯이 필요할 수 있으므로 "finance"라는 예약을 만들고 200개의 슬롯을 할당할 수 있다.

유휴 슬롯은 전체 약정에서 자동으로 공유한다. 따라서 1,000의 전체 용량 중 "finance"를 위해 200개의 슬롯을 예약하고 다른 사람이 시스템을 적극적으로 사용하지 않는 경우 해당 예약은 전체 약정을 사용하도록 할 수 있다.

할당

할당assignment은 특정 프로젝트 (또는 전체 Organization)에 예약을 연결하는 방법이다. BigQuery는 부하를 제어하려고 QUERY와 PIPELINE, ML_EXTERNAL이라는 세 가지 유형의 작업 할당을 제공한다. QUERY는 균일 요금제에서 사용된 것과 같은 표준 슬롯을 처리한다. PIPELINE은 로드, 내보내기, 기타 파이프라인 작업용이다. ML_EXTERNAL은 ML 쿼리에 사용한다. 이 세 가지 개념을 사용하면 개별 부서 또는 프로세스가 모든 리소스를 소모할 수 없도록 사용량을 적절하게 제한하면서 비용을 완전히 예측할 수 있다.

비용 최적화

BigQuery를 사용하려면 비용을 잘 이해해야 한다. 소규모 워크로드만 실행하는 경우 무료 등급에서만 실행할 수 있으므로 걱정할 필요가 없다. 테라바이트 안팎의 범위라도 상식적인 비용으로 사용할 수 있다. 그러나 BigQuery에서 페타바이트 수준의 워크로드는 드문 일이 아니며, 이 수준에서는 비용에 대한 엄격한 관리가 필요하다. 예약은 비용을 예측할 수 있는 상태로 유지하는 훌륭한 도구이지만, 비용을 최적화할 다른 방법도 논의한다.

연간 약정

월간 약정이 아닌 연간 약정을 하면 고정 요금 및 예약 기반 가격을 모두 할인받는다. 이미 비용 예측을 시작했다면 BigQuery로 마이그레이션한 후의 연간 비용 예측도 할 수 있다.

테이블 분할

이 책의 여러 부분에서 설명하겠지만 파티션된 테이블은 필요한 범위에만 논리적 액세스를 허용하므로 더 나은 성능을 낸다. 쿼리가 액세스하는 범위만 비용이 청구되므로 비용이 저렴하다.

예를 들어 매일 데이터에 액세스하는 경우 파티션에서 현재 날짜만 쿼리할 수 있다. 다른 파티션에 저장된 데이터는 전혀 액세스하지 않는다. 파티션하지 않은 경우 전체 테이블의 모든 행을 조회해 동일한 날짜 범위로만 필터링한다.

로딩 vs 스트리밍

BigQuery에서 데이터 로드는 무료이지만 스트리밍은 비용이 발생한다. 로드 또는 스트리밍의 사용 사례는 추후에 다시 설명하겠다. 일반적으로 실시간 가용성이 필요하지 않은 경우 로드를 사용하자.

분석이 필요한 NoSQL 데이터 저장소의 데이터를 쿼리하는 데 스트리밍을 사용한다. 그리고 분석시 즉시 BigQuery로 전달하는 실시간 로깅 솔루션에도 스트리밍이 필요하다. 하지만 이런 경우에는 비용에 유의해야 한다.

쿼리 작성

당연하겠지만 모든 경우에 SELECT * 사용을 피한다. 기본적으로 좋은 습관이 아니며 BigQuery와 같은 열 기반 저장소에서는 특히 비용이 많이 든다.

*를 사용하거나 명시적으로 이름을 지정해 불필요한 열을 요청하면 해당 열을 검색하는 추가 비용이 즉시 발생한다. 이 금액을 무시하지 말자. 모든 SQL 기반 시스템과 마찬가지로 필요한 데이터만 요청하자.

구글은 "SELECT * EXCEPT"를 이용한 제외 필터 사용을 권장하지만 나는 이 방법도 권장하지 않는다. 이 방법을 사용했을 때 예측이 불가능할 수 있고 다른 사용자가 큰 열을 추가하면 해당 쿼리가 더 비싸질 수 있기 때문이다.

특정 수의 최대 행만 반환하도록 설계된 LIMIT 연산자도 위와 같은 이유로 권장하지 않는다. 관계형 시스템에서는 종종 페이징을 위해 OFFSET과 함께 사용하지만 BigQuery에서 LIMIT를 사용하면 테이블의 모든 행이 스캔된 후에 적용되므로 처리된 바이트 수에는 영향을 주지 않는다(클러스터링된 테이블을 사용할 때 이 규칙에 몇 가지 예외가 있긴 하다).

쿼리 비용 확인

BigQuery UI는 쿼리로 스캔할 데이터의 양을 자동으로 추정한다. 쿼리를 입력하거나 업데이트할 때마다 다시 계산되니 가능한 많이 참고하자. 쿼리에 열을 추가하거나 제거해서 사용할 데이터 양을 다시 계산하도록 할 수도 있다. 이렇게 하면 열 데이터 타입이나 각 유형이 사용하는 바이트 수를 기억할 필요가 없다. 자주 사용하는 쿼리를 작성하는 경우 사용하지 않는 열을 제거해 비용을 절약할 수 있다.

▲ 그림 4-3 쿼리 데이터 예상

GCP 예산 도구

GCP 요금 계산기

GCP 요금 계산기는 https://cloud.google.com/products/calculator/에서 사용할 수 있다. BigQuery 외에도 다른 모든 서비스에 대한 가격 모델이 내장돼 있다.

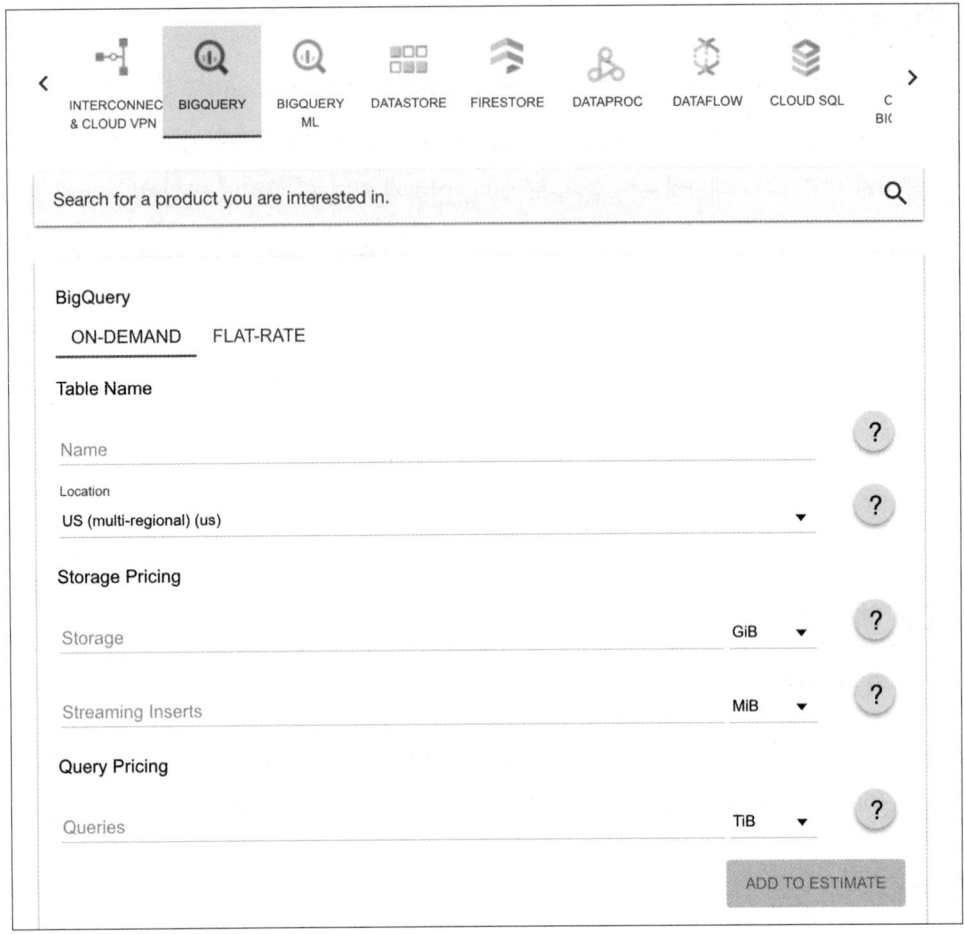

▲ 그림 4-4 요금 계산기

계산기를 사용하려면 참고용 이름, 사용하는 스토리지 양, 예상하는 쿼리 처리 데이터 양을 입력한다. 계산기는 일반적인 환율을 사용하고 추정치를 반환한다.

정액제의 경우 예약하려는 슬롯 수를 제공한다. 정말 엄청난 돈을 쓸 계획이라면 구글에 직접 연락해 영업 담당자와 직접 할인율을 협상하자. 계산기에 나오는 가격보다 더 낮은 요율을 얻을 수 있다.

주문형 모델 제한 설정

주문형 모델을 사용하는 경우에도 사용자 지정 할당량을 설정해 비용을 제한할 수 있다. 이런 방법은 기존의 고정 용량 시스템으로 취급한다. 할당량이 소진되면 BigQuery는 태평양 표준시로 다음 날이 시작될 때까지 더 이상 동작하지 않는다.

비용이 가용성보다 중요할 경우 좋은 접근 방식이다. 평균 워크로드 처리량을 대략적으로 알고 있고 어쨌든 비정상적인 사용을 제한하려는 경우에도 좋다. 시스템의 외부 사용자가 있거나 업무관계자가 잠재적으로 시스템에 지속적으로 액세스해야 하는 경우 위 모델은 적합하지 않다.

일부 사용자가 할당량이 설정된 프로젝트와 할당량이 없는 다른 프로젝트(데이터 세트에 대한 공유 액세스 권한은 있음)를 사용하는 하이브리드 모델을 만들 수도 있다. 이런 복잡한 시나리오에서는 예산 제한이 너무 엄격해 아주 작은 약정도 구매하고 싶지 않은 경우가 아니라면 예약 시스템을 사용하자.

https://console.cloud.google.com/iam-admin/quotas에서 쿼리 비용과 관련된 두 가지 할당량을 설정할 수 있다.

- Query Usage/일
- Query Usage/일/사용자

사용자가 할당량에 도달하면 다음 날까지 더 이상 쿼리를 실행할 수 없다. 앞서 언급했듯이 프로젝트 할당량 자체에 도달하면 BigQuery는 다음 날 태평양 자정까지 모든 동작을 중지한다.

할당량과 가격 계산기를 함께 사용하면 정액제나 예약을 사용하지 않고도 가격 예측을 할 수 있다. 다만 가용성을 손해 볼 여지가 있다.

예약 할당량 설정

예약 모델에서 할당량은 허용할 총 슬롯 수를 의미한다. 여러 사용자가 슬롯을 예약하도록 허용하려는 경우 이 할당량을 사용해 상한을 설정할 수 있다.

실제로 사용한 약정만 청구하지만 예산에 따라 가격 상한선을 설정할 수 있다.

BigQuery에 결제정보 로드

BigQuery 또는 기타 Google Cloud 서비스에 대한 결제정보를 매우 세밀하게 제어해야 하는 경우 청구서를 BigQuery 자체로 내보내고 분석하는 것이 가장 좋은 방법이다. 클라이언트 또는 다른 내부 부서에 사용량을 세분화해 청구할 때 유용하다.

Cloud Console에서 결제로 이동한 후 왼쪽 탭에서 **결제 내보내기**를 클릭하면 내보내기 설정을 편집할 수 있는 창이 열린다. BigQuery 내보내기를 사용하자. 내보낼 프로젝트를 지정하고 내보내기를 받을 프로젝트에서 데이터 세트를 선택한다. 저장을 하면 **일일 비용 세부 정보**가 녹색 확인란으로 바뀐다.

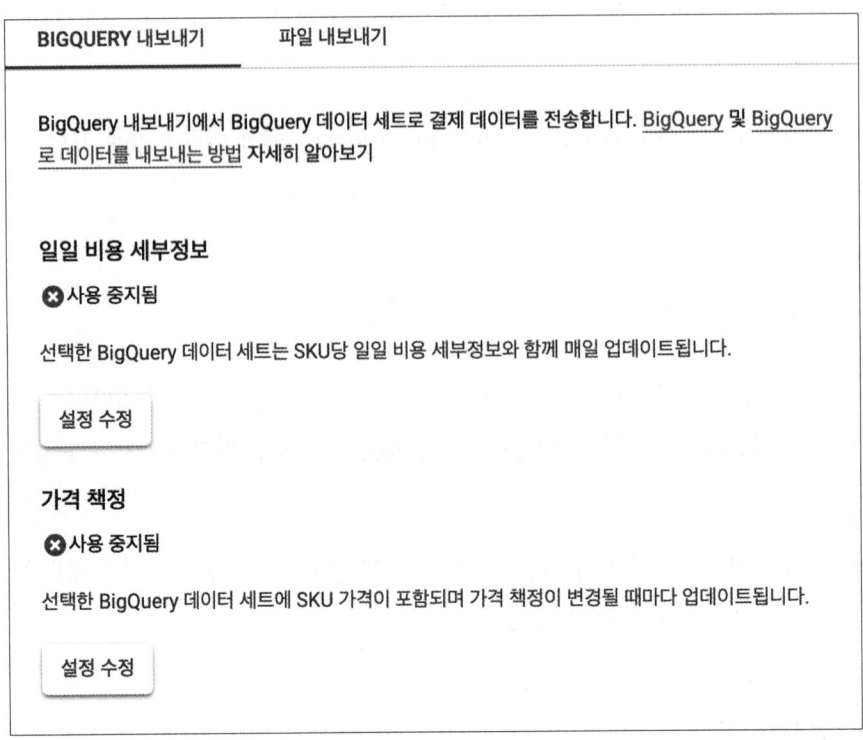

▲ 그림 4-5 BigQuery에 결제정보 내보내기

결제 계정 및 프로젝트가 여러 개인 경우 각각으로 이동해 기능을 활성화해야 한다. 활성화 시점부터(활성화 이전 기록은 기록하지 않음) 데이터 세트의 테이블이 결제 데이터를 수신하기 시작한다. 결과를 확인하려면 어느 정도 시간이 걸린다.

"gcp_billing_export_v1_〈16진수 값〉" 형식의 이름을 가진 테이블에서 데이터 사용량을 검사할 수 있다. 특히 service.description, cost, credits, usage.unit 필드를 살펴보자. 무료 평가판이나 기타 프로그램을 실행 중인 경우 실제로 청구될 금액은 credits 필드에서 확인할 수 있다.

행	description	description_1	cost	usage.amount	usage.unit	usage.amount_in_pricing_units	usage.pricing_unit	credits.name	credits.amount
1	Firebase Hosting	Storage	0.0	1835065.0	byte-seconds	6.380814890930231E-10	gibibyte month		
2	Firebase Hosting	Storage	0.0	1835065.0	byte-seconds	6.380814890930231E-10	gibibyte month		
3	Firebase Hosting	Storage	0.0	1835065.0	byte-seconds	6.380814890930231E-10	gibibyte month		
4	Firebase Hosting	Storage	0.0	981814.0	byte-seconds	3.413924515656815E-10	gibibyte month		
5	Firebase Hosting	Storage	0.0	1835064.0	byte-seconds	6.380811413770081E-10	gibibyte month		
6	Firebase Hosting	Storage	0.0	852796.0	byte-seconds	2.965308267405099E-10	gibibyte month		
7	Firebase Hosting	Storage	0.0	1835065.0	byte-seconds	6.380814890930231E-10	gibibyte month		
8	Firebase Hosting	Storage	0.0	1835065.0	byte-seconds	6.380814890930231E-10	gibibyte month		
9	Firebase Hosting	Storage	0.0	1835065.0	byte-seconds	6.380814890930231E-10	gibibyte month		
10	BigQuery	Analysis	0.0	3.145728E7	bytes	2.86102294921875E-5	tebibyte		
11	BigQuery	Analysis	0.0	2.097152E7	bytes	1.9073486328125E-5	tebibyte		
12	BigQuery	Analysis	0.0	4.2991616E8	bytes	3.910064697265625E-4	tebibyte		
13	BigQuery	Analysis	0.0	2.097152E7	bytes	1.9073486328125E-5	tebibyte		
14	Stackdriver Logging	Log Volume	0.0	104739.0	bytes	9.75457951426506E-5	gibibyte		

▲ 그림 4-6 결제정보 데이터

이 프로세스에 대한 추가사항은 구글 문서를 확인하자.[3]

요약

BigQuery 비용을 측정하는 것은 쉽지 않다. 주문형 가격 모델을 사용하면 사용한 만큼만 지불할 수 있지만 비용 변동성이 클 수 있다. 예측할 수 없는 지출은 기업이 이해하고 관리하기 어렵다. 효율성 또는 가용성을 희생해 비용 예측 가능성을 높일 수 있지만 해당 결정을 내리기 전에 비용이 발생하는 구조를 이해해야 한다. 예약 모델을 사용해 두 방법의 장점을 최대

---

3 https://cloud.google.com/billing/docs/how-to/export-data-bigquery

한 활용할 수 있다. 비용 구조에 관계없이 몇 가지 간단한 경험 규칙을 사용해 BigQuery 사용을 최적화할 수 있다. 구글은 지출을 측정하고 제한하는 도구를 제공하며 이 도구를 사용해 지속적인 비용을 측정할 수 있다.

이제 1부를 마친다. 1~4장에서는 기존 데이터 웨어하우스와 비교해 BigQuery의 장점과 최적의 서비스를 제공하도록 웨어하우스를 설계하는 방법을 배웠다. 또한 새로 구축된 웨어하우스로 마이그레이션 또는 로드를 준비하는 방법과 시간에 따른 비용을 이해하는 방법도 배웠다.

2부에서는 여러 가지 소스에서 새 웨어하우스로 로드, 스트리밍 및 변환하는 방법을 배운다. 관계형 및 비정형 데이터에 대한 파이프라인을 설정하는 방법과 웨어하우스를 필요한 데이터로 채우는 방법도 설명한다.

2부

웨어하우스 채우기

5장

웨어하우스 데이터 로드

5~6장에서는 요구사항과 제약 조건에 따라 데이터를 BigQuery로 로드하는 다양한 방법을 살펴보고, 웨어하우스를 채우는 데 이미 많이 사용하는 방법인 로드 및 마이그레이션도 살펴보겠다.

이 전략은 기존 SQL 모델, Microsoft Excel 또는 플랫 파일을 사용하는 데이터 인프라가 있을 때 가장 효과적이다. 분석을 수행하려면 데이터를 웨어하우스 프레임워크로 가져와야 하지만 정교한 이동 프로세스를 개발할 필요는 없다.

데이터를 저장할 때 데이터 웨어하우스가 제공할 역할을 고려한다. 다양한 시스템에 있는 트랜잭션 데이터를 저장하는 유일한 저장소가 될 것인가? 운영 데이터의 보조 시스템으로 데이터 분석에 사용될 것인가? 데이터 원본에 경계가 있는가, 없는가(스트림 데이터인가)? 데이터가 BigQuery에서 다른 시스템으로 다시 이동하는가? 앞서 데이터 프로젝트 품의서에 어떻게 구축할 것인지 방향을 잡았지만 시스템의 모든 경로를 규정하지는 않았다.

간단히 말해서 아래에서 설명할 도구들을 사용해 원본 데이터를 BigQuery로 가져올 수 있다. 하지만 각 경로가 얼마나 탄력적이고 확장될 수 있는지 고려해야 한다. 선택할 옵션이 많을수록 조직에 가장 적합한 옵션을 더 쉽게 선택할 수 있다. 또한 이 정보를 이용해 사용 사례에 완전히 특화한 외부 시스템을 구축할 수 있다.

앞서 비즈니스에 필요한 분석 및 보고서를 위해 특별히 설계된 웨어하우스 스키마를 만들었다. 스키마에 맞춰 관계형 데이터베이스에서 데이터를 로드하는 경우에는 적합한 모델로 변환해야 하고, 다른 소스에서 데이터를 로드하는 경우에는 적절한 스키마를 직접 작성하거나 데이터 타입을 적용해야 한다.

2부에서 데이터를 순수하게 로드하는 방법을 살펴본 뒤 스트리밍과 Dataflow를 검토한다. 이 세 가지 기술 클래스는 광범위한 가능성을 제공하지만 특정 사용 사례를 해결할 수 있는 다른 기술도 있다.

로딩과 마이그레이션

기존 데이터베이스 또는 기존 웨어하우스에 저장돼 있는 데이터를 BigQuery로 옮기고 기존 시스템을 폐기하려는 경우 마이그레이션을 고려한다. 라이브 시스템에서 사용하지 않고 있는 데이터를 사용하려는 경우도 마찬가지다. 앞의 두 사례와 마찬가지로 정기적인 데이터 이동이 아니고 한두 번 BigQuery로 데이터를 가져온다면 마이그레이션을 사용한다.

기존 데이터베이스를 자주 업데이트하지 않고 매일 또는 매시간 동기화해야 한다면 일정 기간을 두고 마이그레이션 기술을 사용할 수 있다. 느린 데이터 소스는 위 방법으로 동기화하고 고속 데이터는 스트리밍을 사용한다.

이 방법이 부담 없는 이유는 BigQuery로 데이터를 로드하는 것이 무료이기 때문이다. 데이터를 캡처하고 저장하는 것이 구글의 가장 큰 관심사라는 것을 알 수 있다. 가능하다면 BigQuery에서 로드를 사용하자.

데이터에 대한 빠른 속도의 즉각적인 액세스가 필요한 경우를 위해 6장에서 데이터 스트리밍을 설명하겠다.

파일

일회성으로 동기화를 수행하는 가장 간단한 방법은 파일 가져오기다. 대부분의 데이터 시스템은 데이터를 파일로 내보내는 기능이 있는데 이 방법은 대부분의 비즈니스 사용자가 이해하는 프로세스다. 현재 데이터베이스 시스템이 Microsoft Excel인 경우에 적합하다. 추가로 이미 사용 중인 기존 BI 도구에서도 데이터를 가져올 수 있다.

많은 조직에서 FTP/SFTP를 사용해 파일을 공유한다. 이미 이런 방식으로 정기적인 데이터 덤프를 받는 경우 파일 가져오기 사용이 적합하다. Google Cloud Functions와 같은 서버리스 기술을 사용하면 이 프로세스를 자동화하고 반복할 수 있다. 11장에서 Cloud Functions를 사용해 이런 작업을 관리하는 파이프라인을 구축하는 방법을 자세히 설명한다.

파일 가져오기는 자주 변경하지 않는 데이터 소스이지만 차원 메타데이터가 필요한 경우에 유용하다. 예를 들어 HR 부서는 정규직, 파트타임, 시간제 직원 등에 대한 코드를 웨어하우스에 로드해 파일 코드를 제공하는 방법으로 사용할 수 있다. 이와 같이 자주 변경되지 않는 데이터는 로드 후 그대로 두는 것이 가장 효율적이다.

개인적으로 파이프라인 없이 BigQuery 분석 기능을 사용하려는 소규모 데이터 세트에 이 방법을 사용한다. 스프레드시트 프로그램(예: Microsoft Excel)도 CSV로 내보낼 수 있으며 BigQuery에 로드해 임시로 분석한다. 예전에는 분석하려고 Microsoft SQL 서버 또는 MySQL을 사용했지만 BigQuery는 갖고 있는 모든 데이터에 연결할 수 있어 더 매력적이다. 예를 들어 소매 구매 내역과 관련된 데이터 세트를 작업하는 경우 과거 날씨 데이터와 쉽게 결합하고, 제품 카탈로그에 직접 접근해 모든 세부정보를 즉시 연결한다. 데이터 분석을 위한 환경을 쉽게 설정할 수 있는 BigQuery의 유용성을 과소평가하지 말자.

여전히 데이터 전략을 구축하고 있다면 업무관계자로부터 받는 요청과 비례해 파일 로드 작업이 증가할 수 있다. 이런 워크플로는 문제는 없지만 자동화가 왜 필요한지를 알 수 있다. 파일을 이메일로 보내는 대신 Google Storage 버킷에 올리게 하거나 Google Drive 폴더를 공유하고 자동으로 로드할 수도 있다. 수동적인 플랫 파일로 시작하더라도 의미 있는 파이프라인을 빌드하는 것이 바람직하다. 1부에서 이미 올바른 구조를 구축했기 때문에 조직의 데이터 문화가 발전함에 따라 발전시키자.

파일 업로드 준비

BigQuery UI에서 최대 10MB의 파일을 로드할 수 있다. 가장 기본적인 경우에는 파일을 로드해 수동으로 스키마를 정의하고 데이터를 확인할 수 있다. 그러나 매우 많은 시간을 소요한다.

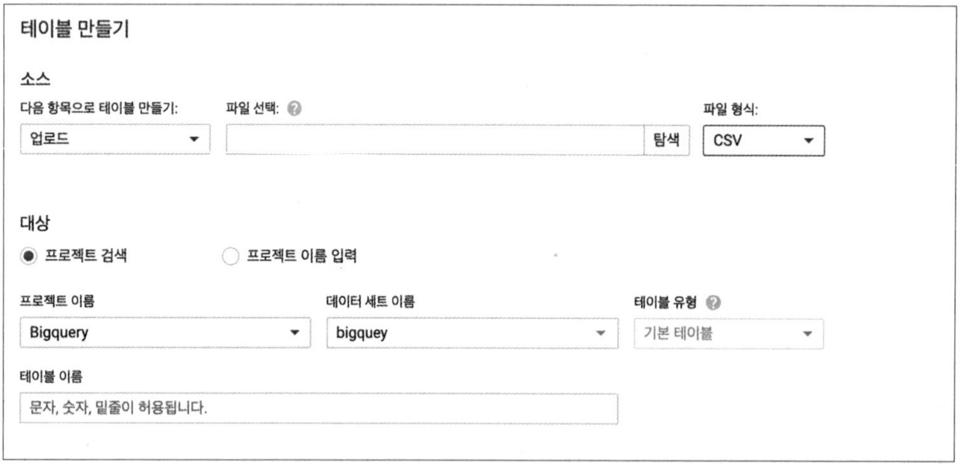

▲ 그림 5-1 파일 로드

소스

로컬 파일 업로드와 Google Cloud Storage의 두 가지 옵션으로 플랫 파일을 로드할 수 있다. 10MB의 크기 제한과 GCP로의 네트워크 연결을 감안했을 때 가급적 Cloud Storage를 사용하는 것이 좋다. 물론 파일을 보관할 때 Cloud Storage의 비용이 발생한다.[1]

Google Cloud Storage UI에서 직접 버킷을 만들고 파일을 로드하는 것이 직관적이지만 지금은 파일을 버킷에 복사하는 명령줄 구문을 사용한다.

```
gsutil -m cp {source} gs://{bucket}/{location}
```

---

1   5GB의 무료 티어를 초과하면 비용이 발생한다.

-m 스위치는 복사를 병렬로 실행할 수 있게 해준다. GCP로의 네트워크 연결이 양호한 경우 향상된 성능으로 복사할 수 있다. 몇 가지 주의 사항이 있다. 느린 연결에서는 포화 상태가 돼 추가 대역폭을 활용할 수 없기 때문에 오히려 성능을 저하시킨다. 병렬 프로세스도 실패하면 처음부터 다시 시작해야 한다(CLI 설치에 대한 자세한 내용은 부록 A를 참고하자). BigQuery는 와일드카드를 지원하므로 동일한 포맷의 모든 파일을 동시에 업로드할 수 있다.

포맷

입력 파일 형식을 고를 수 있는 경우 다음을 고려해서 선택한다. 가장 중요한 고려사항은 파일 크기다. 크기에 따라 데이터 압축 가능 여부를 결정한다. 두 번째 고려사항은 소스 시스템이 내보낼 수 있는 형식을 지원해야 한다. 세 번째 고려사항은 플랫 파일을 사람이 읽을 수 있는지다.

CSV 및 JSON 라인JSONL은 대규모 데이터 세트용으로 설계하지 않은 시스템에서 가장 쉽게 얻을 수 있다. 그러나 표현력이 떨어지고 전처리가 필요할 수 있다. BigQuery는 gzip으로 압축된 파일을 직접 로드할 수 있다. 그러나 CSV및 JSON의 경우 gzip 파일을 병렬로 로드할 수 없어서 로드 시간이 느리다. 파일 크기와 처리 시간 사이의 균형을 맞춰야 한다. 대부분의 경우 BigQuery는 비압축 대용량 파일을 업로드하는 것보다 압축된 파일을 더 빠르게 처리할 수 있으며 언제나 압축이 더 좋은 선택이다.

JSONL은 일반 JSON이 아니다. 파일의 각 줄이 독립적인 JSON 객체여야 한다. 스트리밍의 이점을 위해 파서가 전체 파일을 탐색하는 것을 방지하기 위해서다. Python에는 JSON 객체를 JSONL로 변환할 수 있는 라이브러리가 있다.[2] 필요한 경우 다른 언어로 된 라이브러리도 찾을 수 있다.[3]

BigQuery는 Avro 형식을 선호한다. Avro는 기본적으로 압축을 지원해 BigQuery가 압축된 데이터를 처리하고 병렬화할 수 있다. 하지만 단점도 있다. 첫째, 대부분의 빅데이터용이

---

2 https://jsonlines.readthedocs.io/en/latest/
3 경우에 따라 JSON 배열에서 [와]를 제거하고 각 객체 뒤에 쉼표를 추가할 수 있다. 하지만 JSON과 CSV는 미처 고려하지 못한 속성을 포함하고 있어 성급한 전처리는 잠재적인 문제를 내포할 수 있다.

아닌 시스템은 Avro를 지원하지 않는다. 둘째, 이 형식은 사람이 읽을 수 없다. Parquet 및 ORC는 Apache Hadoop열 데이터 형식이다. 여러 파일 형식을 사용할 수 있는 경우 위 결정 프로세스를 따라 어떤 포맷을 사용할지 결정하자.

Avro, Parquet, ORC는 내장 스키마가 있어 바로 더 높은 품질의 데이터를 보장한다.

스키마

일반적으로 전처리 데이터 랭글링wrangling의 대부분의 작업은 데이터 스키마를 정의하고 사용한다. Avro, Parquet, ORC와 같은 압축된 직렬화 형식을 사용하는 경우 파일 내에 정의된 스키마를 그대로 사용한다. BigQuery는 파일의 포맷을 기본 형식으로 자동 매핑한다.

CSV 및 JSONL을 사용하면 자동 감지와 스키마 가져오기를 사용해 BigQuery 테이블 스키마를 정의한다.

자동 감지 Auto-detection

```
스키마
자동 감지
☑ 스키마 및 입력 매개변수

ⓘ 스키마가 자동으로 생성됩니다.
```

▲ 그림 5-2 스키마 자동 감지

자동 감지 체크박스를 선택하거나 bq load 명령어에 --autodetect 플래그를 사용해 BigQuery가 자체적으로 스키마를 정의하도록 할 수 있다. 다음 조건이 일치할 때 사용한다.

- 데이터의 품질을 잘 모르기 때문에 데이터를 살펴본 후 SQL을 사용해 더 적절한 스키마로 처리하는 것을 선호한다.
- 데이터의 품질이 높으며 열이 적절한 값으로 채워져 있다. BigQuery는 파일에서 샘플을 가져와 유형을 감지하므로 열에 비어 있는 행이 많으면 성공 가능성이 낮다.
- 데이터를 전처리할 시간이 없고 데이터 분석을 바로 해야 한다. SAFE_CAST 함수를 사용해 데이터의 유형을 강제로 변경하는 방법에 익숙하다. 운이 좋다면 이 방법만으로도 충분하다.

BigQuery의 자동 감지가 나쁜 편은 아니다. 여러 유형의 구분 기호, 헤더 행 및 타임스탬프를 감지할 수 있다. 그러나 숫자 또는 날짜에 대한 특정 데이터 형식을 지정해야 하거나 예비 데이터 세트가 있는 경우 스키마를 정의하도록 한다.

스키마 정의

BigQuery 스키마 형식은 행 이름, 설명, 유형을 정의하는 배열을 가진 JSON 파일이다.

```
[
  {
    "mode": "NULLABLE",
    "name": "Author",
    "type": "STRING"
  }, {
    "mode": "NULLABLE",
    "name": "Title",
    "type": "STRING"
  }, {
    "mode": "NULLABLE",
    "name": "LexicalDiversity",
    "type": "FLOAT"
  }
]
```

더 나은 예시를 위해 다음 명령줄을 사용하면 접근할 수 있는 BigQuery 테이블의 스키마를 볼 수 있다.

```
bq show --format=prettyjson {dataset.table}
```

schema.fields 속성을 살펴보자.

```
{
  "creationTime": "1492026281021",
  "etag": "wCpY0aBmqdQHj0A6+ZNHfA==",
  "id": "biqquery-public-data:new_york_trees.tree_census_2015",
  "kind": "biqquery#table",
  "lastModifiedTime": "1569134842650",
  "location": "US",
  "numBytes": "233527031",
  "numLongTermBytes": "233527031",
  "numRows": "683788",
  "schema": {
    "fields": [
      {
        "description": "Unique identification number for each tree point",
        "mode": "REQUIRED",
        "name": "tree_id",
        "type": "INTEGER"
      },
      {
        "description": "Identifier linking each tree to the block in the blockface table/shapefile that it is mapped on.",
        "mode": "NULLABLE",
        "name": "block_id",
        "type": "INTEGER"
      },
      {
        "description": "The date tree points were collected in the census software",
        "mode": "NULLABLE",
        "name": "created_at",
        "type": "DATE"
      },
      {
        "description": "Diameter of the tree, measured at approximately 54\" / 137cm above the ground.",
        "mode": "NULLABLE",
        "name": "tree_dbh",
        "type": "INTEGER"
      },
```

▲ 그림 5-3 bq show --format=prettyjson new_york_trees.tree_census_2015

위 명령어를 사용해 기존 테이블에서 스키마를 가져오거나 UI에 필드를 추가해 스키마 파일을 수동으로 생성할 수 있다. BigQuery의 자동 감지와는 다르게 처음 100개가 아닌 모든 파일 레코드를 참고해 스키마를 생성하는 Python 패키지가 있다.[4] 이 패키지가 가진 기능은 파일의 모든 행에 있는 데이터의 존재 여부에 따라 열이 NULLABLE 또는 REQUIRED인지의 여부를 결정한다. BigQuery 스키마 감지기는 이 작업을 수행하지 않는다.

재사용을 위해 스키마를 파일에 저장할 수 있다. Python 패키지 또는 bq show 명령어를 사용해(예: bq show --format=prettyjson {dataset.table} > schema.json) 파일로 저장하자. 이 파일은 다음 절에서 사용한다.

파일 전처리

파일의 품질을 알 수 없거나 품질이 좋지 않은 경우 BigQuery가 처리할 수 있도록 전처리를 한다. 직접 읽을 수 있고 작업할 수 있는 작은 파일의 경우에는 직접 수정해도 좋다. 이외의 경우에는 먼저 BigQuery의 스테이징 테이블에 로드한 다음 다른 테이블로 처리한다. 다음

---

4 https://pypi.org/project/bigquery-schema-generator/

형식의 표가 있다고 가정한다.

```
Frank,Megan,3,2005-01-03
Wu,Derek,4,2009-09-04
Stebbins,Jeff,,2008-07-12
Myerson,Kate,2,2013-09-03
```

이 데이터는 정리가 필요하다. 헤더 행이 없어서 필드의 의미가 명확하지 않고 날짜 형식이 YYYY-MM-DD인지 YYYY-DD-MM인지 불분명하다. 명확한 설명 없이는 정확한 내용을 파악하기 힘들다. 맥락을 추가하자면 이 테이블은 이름, 학점 및 등록 날짜로 구성돼 있다.

자동 감지로 BigQuery에 로드해 스키마를 확인해 보겠다.

```
bq load --project_id="{YOUR_PROJECT}" --autodetect "dataset.gpa_table" ./gpa.csv

bq show --format=prettyjson {dataset.table}
  "schema": {
    "fields": [
      {
        "mode": "NULLABLE",
        "name": "Author",
        "type": "STRING"
      }, {
        "mode": "NULLABLE",
        "name": "Title",
        "type": "STRING"
      }, {
        "mode": "NULLABLE",
        "name": "LexicalDiversity,
        "type": "FLOAT"
      }
    ]
  }
```

일단 날짜는 제대로 파악했다. 기본값이 YYYY-MM-DD라서 데이터 변경은 없다. 하지만 GPA가 Null 허용이고 NUMERIC이어야 한다. 이제 두 가지 선택지가 있다. 명령줄에서 위

스키마 출력을 파일에 저장한 다음(명령어 끝에 "〉schema.json" 추가) 새 스키마와 헤더 행으로 데이터를 다시 로드하거나 BigQuery UI에서 열 이름과 스키마로 새 테이블을 만든 다음 동일한 명령어를 다시 실행하는 방법이다.

이미 수천 또는 수백만 개의 행을 BigQuery에 로드했다면 BigQuery 내에서 수정해야 할 수도 있다. 데이터가 존재하는 테이블의 열은 수정이 불가능하다. 새 테이블에 데이터를 복사한 다음 이전 테이블을 삭제해야 한다. 필요에 따라 열 이름을 추가하고 데이터 유형을 수정하는 쿼리를 작성하거나 계산된 열이나 나중에 필요한 항목을 추가해야 할 경우도 생긴다. 명령줄 대신 DDL(데이터 정의 언어)을 사용해 이 작업을 수행한다.

```
CREATE TABLE
  dataset.gpa_table_temp ( LastName STRING NOT NULL,
    FirstName STRING NOT NULL,
    GPA NUMERIC,
    EnrollmentDate DATE NOT NULL,
    ExpectedGraduationYear INT64 NOT NULL ) AS
SELECT
  string_field_0,
  string_field_1,
  SAFE_CAST(int64_field_2 AS NUMERIC),
  date_field_3,
  EXTRACT(YEAR
  FROM
    date_field_3) + 4
FROM
  dataset.gpa_table
```

JSON 스키마 형식 대신 SQL을 사용해 새 테이블을 만든다. 그런 다음 SAFE_CAST를 사용해 null 값을 무시하고 숫자 GPA를 FLOAT64로 캐스트한다. 마지막으로 날짜 필드에서 연도를 가져오고 4를 더해 예상 졸업 날짜를 계산한다.

SELECT와 CREATE를 사용할 때 열 이름을 지정할 필요는 없지만 혼동을 피하려면 열 이름을 지정하는 것이 좋다. 위 SQL을 실행하면 테이블이 생성된다.

Field name	Type	Mode
LastName	STRING	REQUIRED
FirstName	STRING	REQUIRED
GPA	FLOAT	NULLABLE
EnrollmentDate	DATE	REQUIRED
ExpectedGraduationYear	NUMERIC	REQUIRED

▲ 그림 5-4 GPA 테이블 스키마

마지막 단계로 이전 테이블을 삭제하고 임시 테이블을 다시 복사한다. 이 역시 명령줄에서 쉽게 실행할 수 있다.

```
bq rm {my-project}:dataset.gpa_table
bq cp --project_id="{my-project}" dataset.gpa_table_temp dataset.gpa_table
bq rm {my-project}:dataset.gpa_table_temp
```

BigQuery UI에서 같은 작업을 수행할 수 있다. 간단하지는 않지만 직관적인 방법이다. 덧붙이자면 사람들이 사용 중인 테이블의 스키마를 변경하는 것은 좋은 비즈니스 관행이 아니다.

파일 로드

이제 형식과 스키마가 준비됐으니 데이터를 로드한다. bq load를 사용한다. 이 명령은 유형에 따라 다양한 플래그를 사용하지만 기본 구조는 다음과 같다. 다음 명령줄은 이전 단계에서 생성한 스키마와 CSV 파일을 로드한다.

```
bq load --source_format=CSV dataset.table gs://data-bucket/file.csv ./schema.json
```

로컬 파일에서 로드하는 것도 비슷하다. Google Cloud URI를 로컬 파일 이름으로 바꾼다. 제한된 형식으로 스키마를 인라인으로 지정할 수도 있다. 인라인 스키마는 모든 열을 null 허용으로 기본 설정하고 RECORD 유형을 지원하지 않는다.

```
Author:STRING,Title:STRING,LexicalDiversity:FLOAT
```

Avro, Parquet, ORC의 경우 스키마를 따로 제공할 필요가 없다. 몇 가지 일반적인 시나리오는 다음 명령줄 방법을 사용해 처리할 수 있다.

Wildcards

다행히 파일 이름에 와일드카드를 사용할 수 있으며 UI에서도 사용할 수 있고 로컬 파일 또는 Google Cloud Storage에서 적용할 수 있다.

```
bq load --source_format=CSV dataset.table gs://data-bucket/file*.csv ./schema.json
```

file*.csv 패턴에 맞는 모든 파일을 해당 테이블에 로드한다. 당연하지만 모두 같은 스키마를 공유하고 동일한 테이블에 속해야 한다. 쉼표로 구분된 파일 목록을 제공해 여러 디렉터리(또는 GCS URI)에서 일치하는 모든 파일을 가져올 수 있다.

CLI 작업 시 스크립팅을 활용해 명령줄을 처리할 수 있다. 다음 예제는 MacOS 및 Linux의 Bash에서 사용할 수 있다.[5]

```
ls **/*.csv | sed "s/.*/"&"/" | tr "\n" ","
```

위 예제는 현재 작업 디렉터리의 모든 하위 디렉터리에서 모든 CSV 파일을 찾아 따옴표를 적용한 후 한 줄로 연결한다. 이 결과를 BigQuery에 파일을 로드하는 인수로 직접 사용할 수 있다.

---

5 Windows 10을 사용하는 경우 Linux용 Windows 서브 시스템(WSL, Windows Subsystem for Linux)을 참고한다.

앞선 예제는 일회성으로 마이그레이션하거나 로드하는 시나리오를 다뤘다. 만약 반복적으로 작업한다면 어떻게 해야 할까? Google Cloud Storage를 사용해 이 책에서 다루는 여러 가지 방법으로 파일을 스테이징할 수 있다.

- 7장: Dataflow
- 10장: Google Cloud Scheduler, Cloud Composer 또는 BigQuery Transfer Service
- 11장: Google Cloud Functions

물론 SDK를 사용해 직접 파이프라인을 구성할 수 있다. 다른 Python 예제를 참고하거나 googleapi 문서에서 코드를 참고할 수 있다.[6] 다음은 참고용으로 주석이 추가된 버전이다.

```
# Load BigQuery from the Python GCP Library
from google.cloud import bigquery
# Load a performance timer (optional or comment out)
from timeit import default_timer as timer
# Specify your fully-qualified table name as you would in the UI
import_table = "{YOUR-DATASET}.bortdata.bookdata"
# Choose the GCS bucket and file, or override it with a full gs:// URI
gcs_bucket = "{YOUR-BUCKET}"
gcs_file = "book-data.csv"
# gs://mybucket/book-data.csv OR local file ./book-data.csv
location = ""
# location = "gs://{YOUR-BUCKET}/book-data.csv"
# location = "./book-data.csv"
# Load the references to the table for import
[project_name, dataset_name, table_name] = import_table.split(".")
client = bigquery.Client(project_name)
dataset = client.dataset(dataset_name)
table = dataset.table(table_name)
# Create the configuration and specify the schema
config = bigquery.LoadJobConfig()
config.schema = [
  bigquery.SchemaField("Author", "STRING"),
```

---

6 https://gist.github.com/kokospapa8/44af1fc6b52eda6ba71764922f6539e3 – 옮긴이

```
    bigquery.SchemaField("Title", "STRING"),
    bigquery.SchemaField("LexicalDiversity", "FLOAT")
]
# If you have a header row
config.skip_leading_rows = 1
# Uncomment to change import file type
# config.source_format = bigquery.SourceFormat.CSV
# Uncomment and remove config.schema to autodetect schema
# config.autodetect = True

# Default to GCS
local = False
gcs_uri = ""
# Format the GCS URI or use the pre-supplied one above
if (len(location) == 0):
    gcs_uri = "gs://{}/{} ".format(gcs_bucket, gcs_file)
elif not (location.startswith("gs:// ")):
    local = True
else:
    gcs_uri = location
# Create the job definition
if (local):
    with open(location, "rb") as file:
        job = client.load_table_from_file(file, table, job_config=config)
else:
    job = client.load_table_from_uri(gcs_uri, table, job_config=config)
    print ("Loading {} file {} into dataset {} as table {}...".format (("local" if local else "GCS"),(location if local else gcs_uri), dataset_name, table_name))
# See if we have a timer
try:
    timer
    use_timer = True
except NameError:
    use_timer = False
if (use_timer):
    start = timer()
# Performs the load and waits for result
job.result()
if (use_timer):
    end = timer()
    result_time = " in {0:.4f}s".format(end-start)
```

```
else:
    result_time = ""
# Prints results
print("{} rows were loaded{}.".format(job.output_rows, result_time))
```

이 스크립트를 실행하면 GCS 또는 로컬에서 동일한 파일을 로드할 수 있고 스키마 자동 감지를 테스트하거나 다른 형식을 로드하는 시간을 비교할 수 있다. 로드 작업은 삭제 없이 자동으로 테이블을 생성하거나 추가하므로 이 스크립트를 연속해서 여러 번 실행해 결과를 비교해 보도록 하자. 스크립트를 실행하는 것은 무료이지만 테이블에 있는 데이터 저장소 비용을 청구한다.[7]

라이브 데이터베이스

대부분의 회사가 데이터 관리를 시작할 때 프로덕션의 관계형 데이터베이스를 오프라인으로 복제하고 분석을 수행한다. 이런 방법은 시간이 지남에 따라 소스, 성능, 스키마, 통합 등 여러 가지 이유 때문에 유지하기 힘들다. 하지만 초기 단계에서는 이 방법으로 많은 시간을 절약할 수 있다.

물론 데이터베이스를 파일로 내보내는 데 익숙한 경우 cron 작업을 설정하고 파일을 내보내 앞서 설명한 파일 기반 방법을 사용할 수 있다. 이미 존재하는 파이프라인을 통합하는 것이 결과를 가장 빨리 확인할 수 있는 방법이다.

어떤 경우에도 라이브 데이터베이스를 상대로 값비싼 쿼리를 수행해 부하를 주는 경우를 피한다. 그렇기 때문에 단순한 방법을 실행하려면 복제본이 필요할 수 있다.

Cloud SQL

데이터베이스를 논의하려면 구글의 관리형 서비스인 Cloud SQL을 언급하지 않을 수 없다. Cloud SQL은 MySQL, PostgreSQL 및 Microsoft SQL 서버를 지원한다. 여러 면에서 아마존의 관계형 데이터베이스 서비스[RDS, Relational Database Service]와 유사하게 동작하지만

---

7   무료 등급 할당량 10GB를 넘으면 비용을 청구한다.

BigQuery와 관련해 한 가지 중요한 이점이 있다. BigQuery에서 Cloud SQL에 직접 연결해 데이터를 쿼리할 수 있다는 것이다.

또 다른 방법으로는 Cloud SQL을 OLTP 솔루션의 중간 복제본으로 사용해 데이터를 로드할 수 있다. MySQL 또는 PostgreSQL 인스턴스로 실행하는 기존 ELT(추출, 로드, 변환) 프로세스를 최소한의 가동 중단으로 진행할 수 있다. 이 방법으로 Cloud SQL이 중간에 가공된 데이터를 제공해 기존의 트랜잭션 시스템과 BigQuery 간의 워크플로를 투명하게 실행할 수 있다.

Cloud SQL의 데이터에 액세스하려면 BigQuery Cloud SQL 통합 쿼리를 사용한다. 우선 **리소스** 메뉴 옆에 있는 **+ 데이터 추가**를 클릭한 다음 **외부 데이터 소스**를 클릭한다. 먼저 BigQuery Connection API 사용 설정을 하자. 그 후에 다시 외부 데이터 소스를 클릭하면 Cloud SQL 데이터베이스에 대한 외부 연결을 만들 수 있는 설정 사이드 바가 열린다.

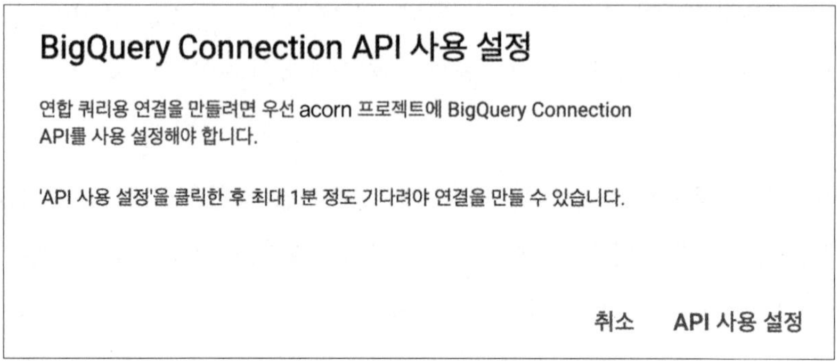

▲ 그림 5-5 BigQuery Connection API 사용 설정

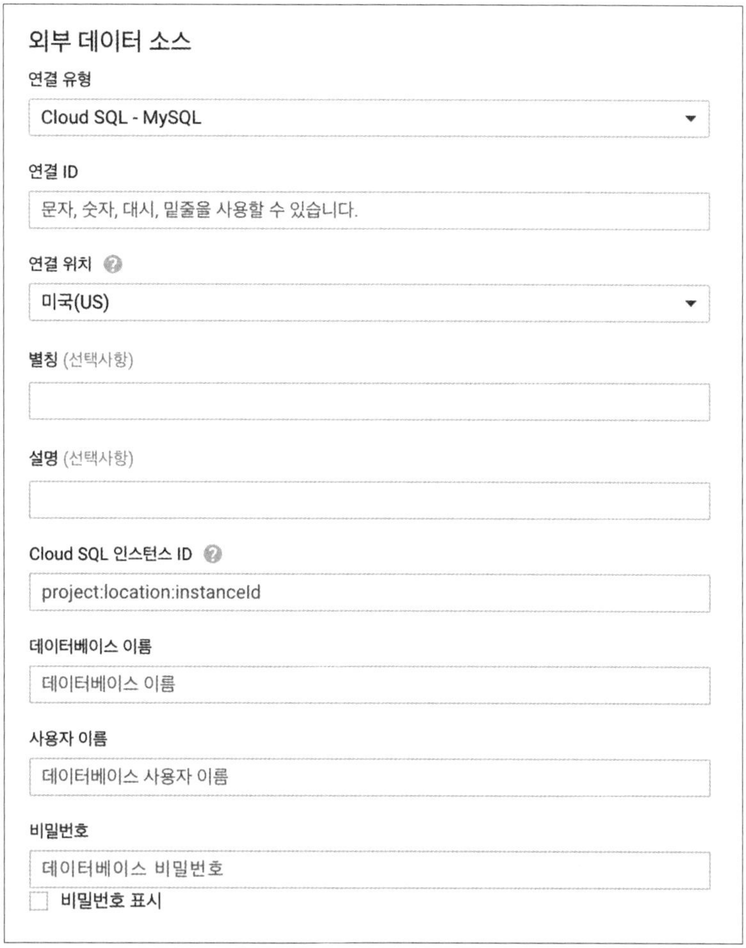

▲ 그림 5-6 외부 데이터 설정

연결 유형

MySQL 또는 PostgreSQL에 대한 연결을 선택한다. 엔진에 맞춰 고유한 SQL 언어를 적용하므로 BigQuery 운영 시 큰 문제가 되지 않는다.

연결 ID

연결의 목적을 명확하게 설명하는 이름을 짓는다. 연결은 특정 데이터베이스 이름으로 설정한다. "생산 사용자", "생산 주문" 등과 같은 명확한 이름으로 정하자.

연결 위치

연결 자체를 저장할 위치를 정한다. 이것은 나중에 변경할 수 없다. 유럽연합 일반 데이터 보호 규칙GDPR 또는 이와 유사한 규정을 준수해야 하는 특정 제약이 없다면 기본값으로 둔다.

별칭

공식 식별자와 별도로 친숙한 이름으로 설정한다.

Cloud SQL 인스턴스 ID

특정 Cloud SQL 데이터베이스의 GCP 인스턴스를 나타낸다. 대부분의 GCP 서비스와는 달리 드롭 다운으로 자동 감지를 지원하지 않고 직접 입력해야 한다. Cloud SQL 콘솔에서 인스턴스를 클릭하고 "인스턴스 연결 이름" 상자에서 복사해 가져올 수 있다. project:location:instanceId 형식이다.

데이터베이스 이름/사용자 이름/비밀번호

연결 문자열을 만들려면 데이터베이스 이름, 사용자 이름 및 인스턴스에 연결하기 위한 암호를 제공해야 한다. 연결 문자열을 사용해 데이터베이스 연결 시 필요한 권한을 지정할 수 있다.

이 데이터를 모두 입력했다면 연결을 만든다. 현재 연결을 실제로 확인하거나 테스트하지 않았으므로 잘못 입력했더라도 아직 알 수 없다. 연결을 테스트하려면 리소스 계층 구조의 "외부 연결"에서 연결을 찾아 클릭해 쿼리창을 연다. "Query Connection"을 클릭하면 창에 다음 쿼리문이 나타난다.

```
SELECT * FROM EXTERNAL_QUERY("projectID.US.connectionID", "SELECT * FROM INFORMATION_SCHEMA.TABLES;");
```

▲ 그림 5-7 외부 쿼리문

이 쿼리문을 실행해 연결이 제대로 동작하는지 확인한다. 그렇지 않은 경우 MySQL/PostgreSQL 데이터베이스에 로그인해서 데이터베이스의 존재를 확인하고 사용 중인 사용자 이름/비밀번호에 필요한 액세스 권한이 있는지 확인해야 한다.

제대로 접속됐다면 이제 여러 가지 쿼리를 실행할 수 있다. EXTERNAL_QUERY 함수를 사용해 실제로 쿼리를 실행하고 결과를 반환하는 테이블을 가져올 수 있다. INSERT INTO (SELECT * FROM EXTERNAL_QUERY (...))와 같은 쿼리로 개별 테이블을 마이그레이션하거나 뷰를 데이터 웨어하우스 테이블로 가져올 수 있다.

통합 쿼리를 사용해 분석에 사용할 데이터를 최신 상태로 유지할 수 있지만 다음과 같은 이유로 반대한다. 첫째, Cloud SQL측의 스키마를 제어하지 못하며 쉽게 유효성을 검사할 방법이 없다. 정보 스키마를 쿼리할 수 있어서 소스 테이블의 스키마를 먼저 확인한 후 쿼리를 작성할 수 있지만 오류가 발생할 경우 훨씬 더 많은 작업이 필요할 수 있다. 둘째, 통합 쿼리는 기본 BigQuery 호출보다 느릴 수 있다. 그리고 소스 데이터베이스는 서비스를 위한 쿼리여야 하지만 이 경우에는 실제 프로덕션 사용자의 부하와 경쟁한다. 이런 문제는 처음부터 데이터 웨어하우스를 구축해 피하려고 했던 상황이다. 셋째, 외부 SQL 쿼리는 문자열에 숨겨진 코드가 있어 본질적으로 검증할 수 없다.

운영하고 있는 저장소에서 데이터를 마이그레이션하거나 액세스해야 하는 빠른 방법이 필요한 경우에 이 방법을 사용한다.

데이터 유형

통합 쿼리 방법을 사용할 때 주의해야 할 부분이 하나 더 있다. 데이터 로드 시 스키마를 지정하더라도 데이터베이스 시스템 간의 데이터 유형이 완전히 일치하지 않을 수 있다. BigQuery는 지원하지 않는 데이터 유형을 발견하는 즉시 EXTERNAL_QUERY에 실패한다.

Microsoft SQL 서버

앞서 언급했듯이 Microsoft SQL 서버 연결은 Cloud SQL에서 호스팅하고 있더라도 추가할 수 없다. 여러 회사가 이런 문제를 해결하려고 데이터 마이그레이션 파이프라인을 제공한다. 대개 실시간 복제 및 스트리밍도 지원한다. 특히 2019년 초 구글이 인수한 Alooma는 Microsoft SQL 서버를 BigQuery에 로드/스트리밍하는 제품을 보유하고 있다. 스트림^{Striim}과 같은 다른 여러 회사도 비슷한 제품을 보유하고 있다. 다른 공급 업체를 혼합하는 데 관심이 없다면 마이크로소프트^{Microsoft}의 JDBC$^{Java\ Database\ Connectivity}$ 드라이버를 사용해 복잡한 경로를 직접 실행할 수 있다.

MySQL(비Cloud SQL)

MySQL 인스턴스를 Cloud SQL에서 호스팅하지 않고 Google Compute Engine(GCE), 아마존 Web Services 관계형 데이터베이스 서비스(RDS) 또는 데이터 센터의 독립형 인스턴스로 호스팅한 경우 앞의 연결을 사용할 수 없다. 한두 번 로드를 수행하는 경우라면 전체 데이터베이스를 BigQuery로 마이그레이션하고 작업하는 것을 선호할 수 있다.

가장 쉬운 방법은 MySQL이 제공하는 mysqldump 명령어를 사용해 데이터베이스에서 정적 파일을 생성하고 Google Cloud Storage에 업로드한 다음 GCS에서 로드하는 방법이다. (GCS를 사용해 BigQuery에 로드하는 방법은 다음에 설명한다.) 이 방법에는 몇 가지 주의 사항이 있다.

첫째, 기존 구조를 마이그레이션하는 경우 실제로는 일회성 로드만 한다. MySQL의 덤프는 몇 시간이 걸릴 수 있다. 다른 MySQL 인스턴스로 복원하는 경우에도 시간이 오래 걸릴 수 있다. (이 프로세스를 사용해 VM에서 Cloud SQL로 전송한 다음 외부 연결을 설정해 Cloud SQL 마이그레이션과 결합할 수도 있다.)

둘째, mysqldump의 CSV 파일은 BigQuery와 호환되지 않는다. BigQuery에서 파일을 수락하도록 하려면 파일에 몇 가지 추가 작업을 해야 한다. MySQL의 덤프를 CSV로 변환하는 James Mishra의 스크립트를 사용하자.[8] 하지만 MySQL 설치 유형에 따라 추가 수정이 필요할 수 있다.

셋째, BigQuery는 모든 데이터를 UTF-8로 인코딩해서 로드하는 것으로 가정한다. UTF-8을 사용하거나 데이터 형식과 일치하도록 BigQuery의 기본 인코딩을 재정의해야 한다.

끝으로, 반복할 수 있는 프로세스로 만들고 싶다면 업데이트 유지를 위해 일련의 스크립트와 cron 스케줄러(Scheduler) 작업을 작성한다. 운영 데이터베이스와 데이터 웨어하우스 간의 직접 연결과 마찬가지로 스키마 또는 테이블 구조의 변경 때문에 가져오기를 실패할 수 있다. 사용자 지정 스크립트보다 공식적인 솔루션을 사용하면 견고성, 오류 검사 및 로깅을 사용할 수 있다. 따라서 도구 비용과 개발 비용 간의 균형을 고려할 가치가 있다.

---

8 https://github.com/jamesmishra/mysqldump-to-csv

탭으로 구분된 값(TSV) 파일을 생성해 BigQuery로 가져오는 방법도 있다. 이 방법을 사용하려는 경우 앞의 몇 단계는 이전과 동일하다. 아래에 각 단계의 주의점을 나열했다. (GitHub에서 이런 작업에 필요한 여러 가지 언어로 작성된 스크립트를 찾을 수 있다.)

MySQL 내보내기

다음 중 하나를 선택한다.

- mysqldump 명령어를 사용해 하나의 테이블 또는 전체 데이터베이스를 CSV, TSV 또는 MySQL의 CSV 형식으로 내보낸다.
- SELECT … INTO OUTFILE을 작성해 위와 동일한 작업을 수행한다.

데이터 정제

- MySQL CSV로 내보내기를 선택한 경우 James Mishra가 작성한 스크립트와 같은 스크립트를 실행해 BigQuery가 허용하는 CSV 형식으로 변환한다.
- 다른 방법으로는 데이터베이스 덤프를 Cloud SQL 인스턴스에 로드하고 앞에서 설명한 EXTERNAL_DATA 메서드를 사용한다. (나머지 단계는 수행할 필요가 없다.)

Google Cloud Storage 데이터 로드

- "gsutil cp table.csv gs://bucket-name/path"와 같은 명령어를 사용한다. 전체 폴더를 복사하려면 "gsutil cp -r foldername gs://bucket-name/path"를 사용한다.
- GCS 웹 콘솔에서 버킷을 만들고 파일 또는 폴더를 이 위치에 업로드한다.
- Bucket을 외부 공개하지 않도록 주의한다.

BigQuery 데이터 로드

- GCS에 업로드한 파일의 형식을 참고하고 bq 명령줄 도구를 사용해 파일을 데이터베이스에 로드한다.
- 여러 테이블에 이 프로세스를 반복하려면 버킷의 모든 파일을 열거하고 한 번에 하나씩 로드하는 스크립트를 작성한다. 셸 스크립팅 또는 아무 프로그램 언어로든 수행할 수 있다.

Google Cloud Storage에서 BigQuery로 파일을 로드하는 방법은 다음절에서 설명한다.

마지막으로 스키마를 설정하는 방법을 설명한다. MySQL과 BigQuery 간의 데이터 유형은 완전히 일치하지 않는다. 비호환성 때문에 데이터를 로드할 때 추가적인 문제가 발생할 수 있다. 스키마를 자동 감지할 수 있지만 원하지 않는 결과가 생길 수 있다. 다른 방법으로는 데이터를 입력하지 않고 BigQuery에 스키마를 스테이징(모든 것을 STRING으로 설정)한 다음 BigQuery측에서 변환을 수행하는 방법이 있다.

BigQuery에는 열 길이, 기본 및 외래 키, 색인이 없다. BigQuery에 깔끔하게 매핑할 수 있도록 소스 시스템에서 올바른 데이터 유형을 가져오는 것이 중요하다. 데이터가 OLTP 소스와 거의 일치하는 형식이라면 중첩 또는 반복 필드를 지정할 수 있다.

ANSI SQL 표준은 INFORMATION_SCHEMA 뷰를 지원하므로 SQL 객체의 메타데이터를 프로그래밍 방식으로 조사할 수 있다. BigQuery도 INFORMATION_SCHEMA를 지원하지만 이 경우 외부 OLTP 소스에서 스키마를 추출하는 데 사용한다. 다음 SQL 트릭은 MySQL 테이블에서 BigQuery JSON 스키마를 추출한다. GEOGRAPHY와 같은 고급 데이터 유형 변환을 처리하지 않지만 확장할 수 있는 쿼리는 다음과 같다.[9]

```
SELECT
  CONCAT("[", GROUP_CONCAT(field SEPARATOR ", "), "]")
FROM (
  SELECT
    JSON_UNQUOTE(JSON_OBJECT("name",
      COLUMN_NAME,
      "mode",
      CASE IS_NULLABLE
        WHEN "YES" THEN "NULLABLE"
      ELSE
      "REQUIRED"
      END
      ,
      "type",
```

---

[9] 정확한 명령은 SQL 유형 및 버전에 따라 다르다. 다음 SQL은 내가 생각할 때 가장 낮은 버전인 MySQL 5.7에서 동작했다. 또한 Cloud SQL(gcloud sql connect)에서 동작하도록 여기서 의도적으로 JSON_ARRAYAGG를 피했다.

```
        CASE DATA_TYPE
          WHEN "TINYINT" THEN "INT64"
          WHEN "SMALLINT" THEN "INT64"
          WHEN "MEDIUMINT" THEN "INT64"
          WHEN "LARGEINT" THEN "INT64"
          WHEN "BIGINT" THEN "INT64"
          WHEN "DECIMAL" THEN "NUMERIC"
          WHEN "FLOAT" THEN "FLOAT64"WHEN "DOUBLE" THEN "FLOAT64"
          WHEN "CHAR" THEN "STRING"
          WHEN "VARCHAR" THEN "STRING"
          WHEN "TINYTEXT" THEN "STRING"
          WHEN "TEXT" THEN "STRING"
          WHEN "MEDIUMTEXT" THEN "STRING"
          WHEN "LONGTEXT" THEN "STRING"
          WHEN "BINARY" THEN "BYTES"
          WHEN "VARBINARY" THEN "BYTES"
          WHEN "DATE" THEN "DATE"
          WHEN "TIME" THEN "TIME"
          WHEN "DATETIME" THEN "DATETIME"
          WHEN "TIMESTAMP" THEN "TIMESTAMP"
        ELSE
          "!!UNKNOWN!!"
      END
        )) field
FROM
  INFORMATION_SCHEMA.COLUMNS
WHERE
  TABLE_NAME="gpa"
ORDER BY
  ORDINAL_POSITION) R;
```

해당 SQL문에는 몇 가지 제약사항이 있다. datetime 유형을 BigQuery의 해당 유형에 매핑할 때 기본 문자열 형식이 동일하지 않다. 로드 시 필드를 조정해야 할 수 있다.

여러 온라인 소스에서 BIT 타입은 BigQuery의 BOOLEAN 유형으로 변경해야 한다고 제안하기도 하지만 불행히도 MySQL의 BIT는 Microsoft SQL Server의 비트 필드와 다르다. 비트 필드를 별도의 BOOLEAN열로 파싱할지, 아니면 다른 작업을 수행할지 결정하는 것은 생략했다. BLOB 필드의 경우 BYTES로 저장할 수도 있지만 Google Cloud Storage 파일로 저장하고 해당 열을 URI 문자열로 저장하는 것을 추천한다.

위 쿼리를 JSON 파일로 저장해 BigQuery 로드 시 입력으로 사용할 수도 있다.

이 과정은 외부 솔루션을 사용하는 대신 선택할 수 있는 차선책이다. 스트리밍 및 Dataflow를 사용해 데이터를 지속적으로 BigQuery로 가져오는 방법을 살펴보겠지만 때로는 데이터를 한두 번만 웨어하우스로 가져오는 빠르고 저렴한 방법이 필요할 때가 있다. 이전에 논의했듯이 어떤 방식으로든 데이터를 Google Cloud Storage로 가져올 수 있는 경우 정기적인 로드를 자동화하는 방법이 있다. 11장에서 일일 로드 프로세스를 다룬다.

Google Cloud Storage

앞서 나열된 여러 소스는 Google Cloud Storage(GCS)로 내보낼 수 있다. 어떤 파일 형식이라도 일단은 GCS로 업로드하고 BigQuery가 해당 파일에 접근할 수 있다. 또한 Dataflow에서 GCS를 지원할 때 중간 파일이 필요한 경우 중간 저장소로 사용할 수 있다. GCS의 객체를 사용해 다른 Google Cloud 서비스를 구동하는 것은 일반적인 패턴이므로 자주 접할 수 있다.

지금까지는 대부분 콘솔을 사용했지만 다음 작업은 Cloud Shell을 사용해 명령줄에서 실행한다.

```
bq --location=US load --source_format=CSV {dataset.table} gs://{bucket}/{datafile.csv} [schema.json]
```

▲ 그림 5-8 GCS에서 BigQuery로 데이터 로드

하나씩 살피며 분석해 보자. bq는 BigQuery용 명령줄 도구다. 소스 형식, 파일을 넣을 데이터 세트 및 테이블, Cloud Storage에서 파일을 찾을 위치를 지정한다. 테이블에 대한 스키마를 지정할 수도 있다.

몇 가지 옵션을 살펴보면

- --autodetect 스키마 자동 감지를 시도한다. 인풋 파일에 따라 성공 여부가 갈린다.
- --replace 기존 테이블이 있다면 덮어쓴다.
- --noreplace 기존 테이블이 있다면 데이터를 추가한다.

- --field_delimiter=tab 인풋 파일을 TSV로 처리한다.
- --skip_leading_rows=1 처음 행을 헤더로 생각하고 스킵한다.
- --encoding ISO-8859-1 또는 UTF-8로 설정할 수 있다. UTF-8이 기본값이다.

데이터 유형

통합 쿼리 접근 방식과 마찬가지로 데이터와 스키마가 일치해야 로드가 실패하지 않는다. 스키마를 자동 감지해 방지할 수 있지만 지원하지 않는 유형은 예측할 수 없는 형식으로 표시된다. 근본적으로 호환되지 않는 유형을 사용하는 테이블이 많은 경우(geometry 기반 필드와 일부 datetime 필드) 검증된 솔루션이나 타사 커넥터 사용을 고려해야 한다.

타사 이전 솔루션

구글은 모든 종류의 외부 커넥터 제공 업체를 권장하지만 안정성은 보장하지 않는다. 파이브트랜Fivetran 및 슈퍼메트릭스Supermetrics와 같은 회사는 다른 시스템에 다양한 통합을 지원한다. 기존 MySQL 또는 PostgreSQL 인스턴스에서 마이그레이션을 수행하는 경우 타사 커넥터를 사용해 시간을 절약할 수 있다.

관계형 데이터베이스를 기본 구조로 사용하면서 추가적으로 추상화된 레이어를 가진 솔루션을 위한 커넥터도 있다. 마젠토Magento와 같은 전자 상거래 플랫폼에 많은 데이터가 연결돼 있는 경우에는 솔루션을 사용하는 것이 플랫폼에서 사용하는 기본 스키마를 이해하거나 API를 사용해 데이터 동기화를 파악하는 것보다 더 쉬운 방법이다. 그러나 이런 방법을 사용하면 추가 비용이 발생하며 데이터 볼륨에 따라 비용 부담이 커진다.

커넥터에서 발생하는 문제는 솔루션을 제공하는 회사 또는 개발자의 몫이라는 것이 장점이자 단점일 수 있다. 순수하게 마이그레이션을 수행하는 경우 커넥터는 한 번만 사용하지만 실시간에 가까운 접근 방식을 수행하는 경우에는 서비스에 문제가 생겨도 중단 없이 신속하게 해결할 수 있는지의 여부를 확인해야 한다. 이런 종류의 커넥터 호환성 문제는 자체 시스템을 유지하는 경우에도 발생한다. 타사 제공 업체의 서비스 수준 계약SLA의 수준과 내부 리소스를 사용하는 서비스 수준 계약을 비교해 봐야 한다.

이런 커넥터 중 상당수가 타사 플랫폼에 의존한다. 때문에 소스 데이터로 흥미로운 작업을 수행할 수 있다. GCP는 Amazon Web Services S3에서 가져오기를 허용해 클라우드 간 지원을 개선하고 있고, AWS Relational Database Service^{RDS} 또는 Aurora에서 데이터 동기화를 지원해 클라우드 간에 데이터를 자동으로 가져올 수 있게 한다. 아마존에서 인프라를 호스팅하지만 BigQuery 및 머신러닝에만 GCP를 사용하려는 경우 고려해 볼 만하다.

Java Database Connectivity

구글은 Dataflow 템플릿을 제공해 자체 파이프라인을 코딩하는 수고를 덜어준다. 이 중 하나는 BigQuery에 대한 JDBC$^{Java\ Database\ Connectivity}$ 템플릿이다. 이 템플릿을 사용하면 JDBC 드라이버를 사용해 BigQuery에 데이터를 로드할 수 있다. Microsoft는 SQL Server용 공식 JDBC 드라이버를 배포한다. 비관계형 시스템을 위한 맞춤형 JDBC 드라이버를 생산하는 회사도 있다. 예를 들어 Simba Technologies는 Excel, Salesforce, Amazon DynamoDB 및 PayPal과 같은 항목에 대한 JDBC 드라이버를 배포한다. 구글에서 사용하는 템플릿은 오픈소스이므로 행이 들어오는 방식을 수정하는 커스텀 커넥터를 코딩할 수도 있다.

이 기능을 사용해 보고 싶다면 Google Dataflow 콘솔로 이동해 **+ 템플릿에서 작업 만들기**를 클릭한다. 작업 이름과 지역을 선택하고 **Jdbc to BigQuery** 템플릿을 선택하면 여러 가지 매개변수가 나온다. 이들 중 대부분은 7장에 자세히 설명돼 있지만 이 템플릿에서 사용하는 고유한 항목을 설명한다.

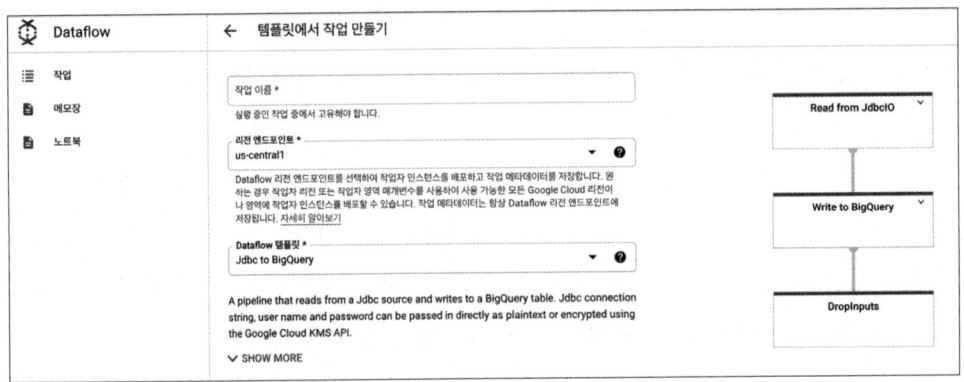

▲ 그림 5-9 JDBC Dataflow 템플릿 작성

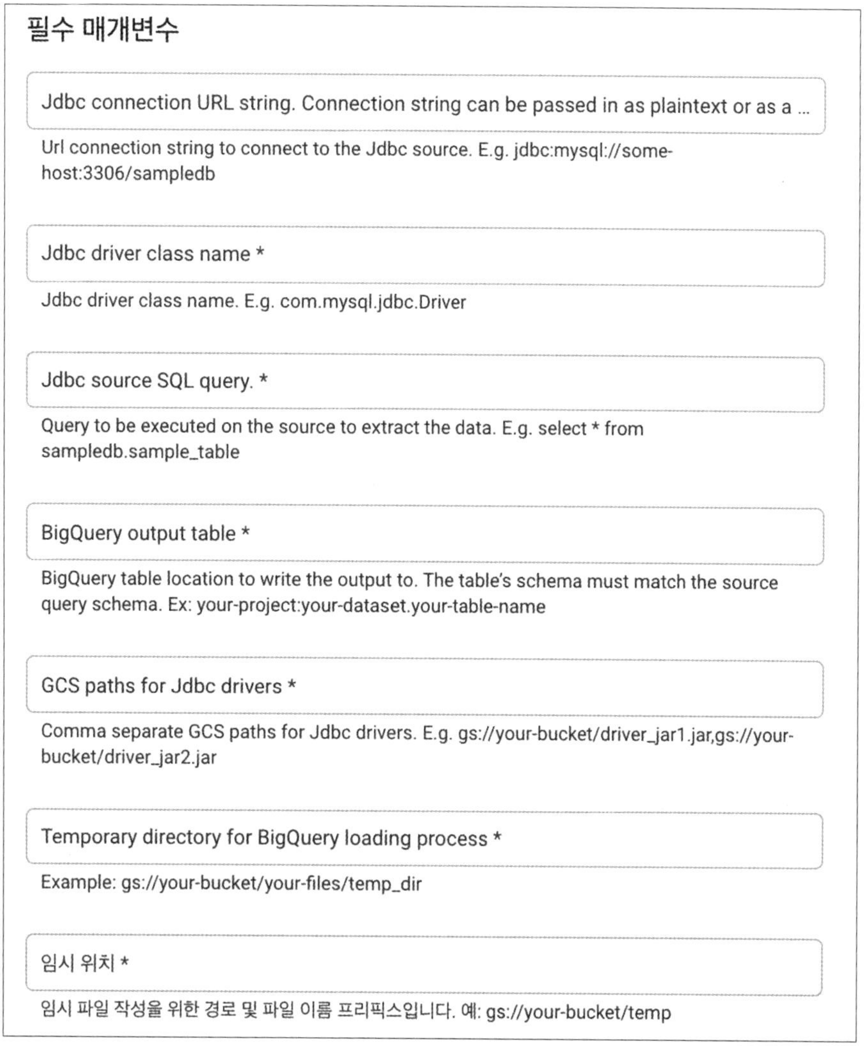

필수 매개변수

Jdbc connection URL string. Connection string can be passed in as plaintext or as a ...

Url connection string to connect to the Jdbc source. E.g. jdbc:mysql://some-host:3306/sampledb

Jdbc driver class name *

Jdbc driver class name. E.g. com.mysql.jdbc.Driver

Jdbc source SQL query. *

Query to be executed on the source to extract the data. E.g. select * from sampledb.sample_table

BigQuery output table *

BigQuery table location to write the output to. The table's schema must match the source query schema. Ex: your-project:your-dataset.your-table-name

GCS paths for Jdbc drivers *

Comma separate GCS paths for Jdbc drivers. E.g. gs://your-bucket/driver_jar1.jar,gs://your-bucket/driver_jar2.jar

Temporary directory for BigQuery loading process *

Example: gs://your-bucket/your-files/temp_dir

임시 위치 *

임시 파일 작성을 위한 경로 및 파일 이름 프리픽스입니다. 예: gs://your-bucket/temp

▲ 그림 5-10 Dataflow 매개변수

JDBC Connection URL String

JDBC 형식의 연결 URL이다. Microsoft SQL Server의 경우 다음과 같이 표시한다.

```
jdbc:microsoft:sqlserver://HOSTNAME:1433;DatabaseName=DATABASE
```

JDBC Driver Class Name

커넥터를 동작하는 데 필요한 Java 클래스 이름이다. Microsoft SQL Server의 경우 com.microsoft.jdbc.sqlserver.SQLServerDriver와 같이 표기한다.

JDBC Source SQL Query

대상 데이터베이스에서 고유의 SQL 언어를 사용하는 쿼리다. 해당 서버에서 직접 실행한다.

BigQuery Output Table

결과가 들어갈 BigQuery 프로젝트, 데이터 세트, 테이블 이름이다. 원본 테이블의 스키마를 대상 테이블의 스키마와 일치시켜야 한다. 좀 더 특이한 JDBC 드라이버 중 하나를 사용하는 경우 문서에서 스키마를 찾아 대상 테이블을 구성하는 방법을 찾아야 한다.

GCS Paths for JDBC Drivers

Dataflow 서비스 계정이 접근할 수 있는 GCS 내의 JAR(Java ARchive) 파일 경로를 입력해야 한다. JAR 파일은 Dataflow와 호환성을 가진 Java 버전이어야 한다. 이 글을 쓰는 시점에서 Java 8을 지원한다.

Other

나머지 필드는 7장에서 자세히 설명하겠다. 위 설정만으로도 Dataflow 작업을 생성할 수 있으며 원격 쿼리를 실행하고 원하는 BigQuery 테이블로 연결할 수 있다. 다소 복잡하지만 BigQuery가 다른 유형의 외부 연결에 대한 기본 지원을 추가하기 전까지는 효율적인 방법이다.

Document-Based Storage/NoSQL

CSV 파일 가져오기를 사용해 BigQuery가 지원하는 형식으로 변환했으며, bq load 또는 UI 콘솔을 사용해 로드하는 방법을 다뤘다. 대부분의 로딩 기반 방법은 비슷하다. NoSQL도 크게 다르지 않다. 큰 차이점으로는 NoSQL 시스템은 일반적으로 JSON으로 파일 내보내기를 지원한다. 그리고 대부분 데이터에 대한 강력한 타입을 지원하지 않는다. 데이터가 BigQuery에 도착할 때 데이터에 적용할 스키마가 설정돼 있어야 한다.

JSON을 BigQuery에 로드하려면 줄로 구분된 JSON 형식이어야 한다. 스트리밍 및 매우 큰 데이터 세트를 지원하려면 파일의 각 줄이 자체 JSON 객체여야 하기 때문이다. 전체 파일이 하나의 객체인 경우 파서는 전체 파일을 로드할 때까지 작업할 수 없다. 대용량 파일에는 적합하지 않다. 따라서 파일의 각 요소가 자체적으로 JSON 객체인지 확인해야 한다.

JSONL을 위한 bq load 명령은 다음과 같다.

```
--source_format=NEWLINE_DELIMITED_JSON
```

MongoDB와 같은 NoSQL 시스템에는 테이블에서 JSON으로 내보내기를 지원한다(예를 들어 MongoDB에서는 mongoexport를 사용한다). 이 모든 것을 다루기에는 힘드니 이미 살펴본 기술을 결합하면 실행할 수 있는 방법을 찾을 수 있다. 마땅한 솔루션을 찾지 못한다면 스트리밍 기법을 살펴보자.

Google Firestore

Google Firestore는 서버리스 NoSQL 데이터베이스다. 원래는 구글의 자회사인 파이어베이스Firebase의 제품으로 Firebase 실시간 데이터베이스의 후속 제품으로 GCP에 통합됐다. BigQuery에서 직접 읽을 수 있는 DATASTORE_BACKUP 형식으로 내보내기를 생성할 수 있다. (Firestore와 Cloud Datastore는 이 백업 형식을 공유한다.)

Firestore는 규모에 있어 성능이 매우 좋고 개발하기가 아주 쉽지만 직접 쿼리하는 것은 거의 불가능하며 데이터를 다른 형식으로 저장할 수 없고 분석하기도 매우 어렵다. Firestore로 대량의 데이터를 처리하는 가장 좋은 방법은 로드 또는 스트리밍이다.

bq load 명령어는 다음과 같다.

```
--source_format=DATASTORE_BACKUP
```

외부 데이터 소스

BigQuery 내부에서 데이터에 액세스하는 또 다른 방법은 실제로 데이터를 전혀 로드하지 않는 것이다. 앞서 언급했듯이 통합 데이터 소스는 기본 BigQuery 테이블보다 느리다. 외부 소스에서 테이블을 만든 다음 BigQuery가 외부에서 가져오지 않도록 할 수도 있다. 3장에서 이런 사용 사례를 이미 설명했다. 여기서 절충점은 속도와 정확성이다. 데이터를 최신 상태로 유지하면서 잠재적으로 더 느릴 것을 감안한다면 외부 소스에 그대로 둘 수 있다. 기본적으로 BigQuery에 데이터를 저장하고 주기적으로 수정하는 프로세스를 개발하려는 경우 데이터를 가져온다. Cloud SQL 외에 외부 데이터 소스로 Google Cloud Storage, Google Bigtable 및 Google Drive를 설정할 수 있다.

이 방법에는 몇 가지 제한사항이 있다. 느린 속도 외에도 BigQuery는 외부 소스의 데이터 일관성을 보장하지 않는다. 최종 사용자가 직접 편집할 수 있는 문서에 트랜잭션 범위를 적용할 방법이 없다. 이런 제한 때문에 BigQuery가 액세스를 시도하는 동안 데이터 소스를 수정하는 경우 예상치 못한 결과가 발생할 수 있다.

Google Cloud Storage

이미 논의했던 "bq load" 방법과 달리 데이터를 Cloud Storage에 저장한다. BigQuery에서 테이블을 설정한 후에도 "bq load"를 사용하지 않고 내부 테이블에 복사할 수 있다.

이 방법으로 외부 테이블을 준비된 데이터 소스로 사용해 BigQuery 내에서 변환한다. (이미 데이터를 로드했으며 이제 대상 내부에서 변환하는 ELT 파이프라인을 구성한 셈이다.)

Google Bigtable

Google Bigtable은 구글의 고가용성 NoSQL 데이터베이스로 실제로 구글이 검색 인덱스를 유지하려고 발명한 시스템이다. 구글의 다른 두 데이터베이스 기술인 Datastore와 Spanner는 Bigtable를 사용한다(Spanner는 구글이 현재 검색을 실행하는 방식이다). 또한 OLTP 시스템이 아니라 빅데이터 실시간 분석 시스템으로 설계됐다. SQL을 지원하지 않으므로 BigQuery는 여전히 SQL 데이터 웨어하우스를 위한 최선의 선택이다. 이미 Bigtable에 데이터가 있는 경우 BigQuery 외부 데이터 소스로 사용해 두 가지 장점을 모두 활용할 수 있다.

Google Drive

Google Drive에 있는 소스에서 테이블을 설정할 수 있다. 이 방법은 CSV, JSON(다른 소스와 마찬가지로 줄바꿈으로 구분), Avro 또는 흥미롭게도 Google 스프레드시트를 지원한다. 또한 BigQuery의 계정 권한으로 사용할 수 있는 공유 문서에서도 동작한다.

몇 가지 흥미로운 처리 방법에 대한 가능성을 고려할 수 있다. 조직에서 G Suite를 사용하고 직원이 스프레드시트에 데이터를 수동으로 입력하는 경우 해당 데이터를 가져와서 통합할 수 있다. 시스템에서 생성된 BigQuery 데이터와 결합하기 전에 데이터를 적절히 정리하고 필터링할 수 있도록 하는 것이 좋다.

요약

데이터 웨어하우스를 설계하고 구축한 후에는 조직의 축적된 데이터를 가져올 경로를 만들어야 한다. BigQuery에 데이터를 한 번에 로드하는 것이 가장 간단한 방법이며 로드 작업은 무료다. 5장에서는 로드를 사용할 수 있는 스크립트, 커넥터 등의 방대한 기능을 살펴봤다. 올바른 제품을 선택하려면 비용, 속도, 신뢰성 및 미래 보장성을 고려해야 한다. 이런 사항을 바탕으로 데이터 웨어하우스는 조직의 모든 데이터와 데이터를 최신 상태로 유지하는 프로세스를 보유할 수 있다.

6장에서는 데이터 웨어하우스가 거의 실시간으로 업데이트할 수 있는 스트리밍을 살펴본다. 스트리밍을 사용해 실시간 사용자 활동을 신속하게 분석하고 저장할 수 있다.

6장

데이터 웨어하우스 스트리밍

스트리밍은 데이터를 BigQuery로 가져오는 또 다른 방법이다. 6장에서는 데이터 스트리밍의 장단점, 사용 시기 및 사용 방법 등을 설명한다.

스트리밍과 로드는 다른 점이 많다. 대표적으로 BigQuery의 콘솔 UI는 스트리밍을 지원하지 않는다. 이 책에서는 Python 예제로 만든 코드를 Google Compute Engine[GCE] 또는 Google Cloud Functions에서 실행한다. 현재 사용하고 있는 아키텍처의 파이프라인의 마지막 단계에서 예제 코드를 실행할 수도 있고, 데이터의 스트리밍 파이프라인의 싱크 대상으로 BigQuery를 추가할 수도 있다.

6장에서는 Google Dataflow 없이도 사용할 수 있는 데이터 스트리밍을 설명한다. Dataflow는 BigQuery는 물론 외부 시스템, Pub/Sub, Cloud Functions 등과 밀접하게 통합할 수 있는 구글 서비스로 데이터를 스트리밍하고 일괄적으로 처리할 수 있다. 그러나 6장에서 다루는 기술과는 완전히 다른 개념이므로 다른 서비스가 필요하다. Dataflow는 7장에서 다룰 예정이다.

BigQuery의 스트리밍은 무료가 아니다. GCP 서비스 대부분은 특정 사용량까지 결제정보를 제공하지 않아도 사용할 수 있지만 BigQuery의 스트리밍은 처음부터 비용을 청구한다. 이 책에서 제공하는 예제를 사용하려면 스트리밍을 활성화해야 하며 결제정보를 제공해야 한다. 예제 사용에 많은 비용이 청구되지는 않는다. (이 글을 쓰는 시점의 스트리밍 비용은 기가바이트 당 10센트다.)

위 내용을 염두에 두면서 스트리밍을 알아본다.

장점과 단점

로드 시 데이터에 액세스하려면 작업이 완료될 때까지 기다려야 하지만 스트리밍 데이터는 바로 액세스할 수 있다. 따라서 가능한 한 빨리 데이터를 쿼리하려는 클릭 스트림, 사용자 이벤트 추적, 로그 또는 원격 측정과 같은 시나리오에 이상적이다. 이런 것들이 대표적인 스트리밍의 특징이자 장점이다. 데이터는 수집이 시작된 후 몇 초 이내에 쿼리에 사용할 수 있다. 데이터를 집계하거나 변환하거나 분석하기 위해 기계학습 모델에 전달할 수 있다. 트래픽이 많은 시나리오에서 스트리밍을 사용해 비즈니스 및 애플리케이션에서 일어나는 일에 대한 빠른 통찰력을 얻을 수 있다.

한 예로 다수의 모바일 사용자를 대상으로 애플리케이션을 배포한다고 가정해 보자. 애플리케이션은 사용자의 이벤트를 수집해 BigQuery로 스트리밍한다. 미처 감지하지 못한 오류가 발생해 이벤트 중 하나의 비율이 급격히 떨어져도 실시간 분석을 통해 사용자가 해당 페이지에 도달하지 못하는 이유에 대한 단서를 찾을 수 있다.

적응형 학습 알고리즘을 위한 훌륭한 사용 사례도 있다. 전자 상거래 사이트의 경우 고객이 제품을 바구니에 추가할 때마다 이벤트를 기록하고 발생하는 모든 이벤트를 스트리밍하는 경우에 판매 추세의 변화를 모니터링할 수 있다. 또한 특정 제품 보기에 대한 참고 URL을 사용하면 어떤 사이트를 경유해 방문하는지 몇 분 내에 알 수 있으며 새로운 잠재 고객에게 다른 제품 기회를 제공할 수 있다. 새벽 3시에도 이 모든 작업을 자동화할 수 있다.

스트리밍의 장점인 집계, 트렌드 분석 및 속도를 강조하는 이유는 단점도 무시할 수 없기 때문이다. 스트리밍의 단점을 감안한다면 위 상황에서의 사용이 가장 적절하다.

이런 시나리오의 대부분은 Dataflow 파이프라인으로 적용할 수 있다. Dataflow를 사용할 때는 상당한 양의 코드가 필요하며 스트리밍보다 높은 비용이 청구된다. 스트리밍과

Dataflow에 대한 확실한 이해가 있어야 각 기술에 가장 적합한 사용 사례를 결정할 수 있다. 앞으로도 여러 가지 사용 사례를 접하게 될 것이다. 모든 사례를 이해해야 한다는 것이 데이터 아키텍트의 장점이자 단점이다. 스트리밍과 관련된 몇 가지 고려사항을 알아보겠다.

데이터 일관성

스트리밍을 사용하면 이벤트가 도착하거나 한 번만 도착한다는 보장을 할 수 없다. 애플리케이션 또는 BigQuery 자체의 오류 때문에 데이터가 삽입되지 않거나 여러 번 삽입될 수 있다.

구글은 각 행에 insertId라는 필드를 추가해 이 문제를 해결한다. 이 필드는 동일한 데이터를 두 번 삽입하려는 경우 (또는 삽입을 반복하는 경우) 중복 행을 식별하려고 사용한다. BigQuery는 최소 1분 동안 insertId를 유지한다. 스트림 오류 또는 삽입 상태를 알 수 없는 경우 동일한 insertId로 삽입을 다시 실행할 수 있으며 BigQuery는 중복 항목을 자동으로 제거하려고 시도한다. 불행히도 BigQuery가 실제로 insertId를 기억하는 시간은 정의돼 있지 않다. 오류 발생 후 재시도를 위해 백오프 전략을 구현하는 경우 60초 미만으로 제한해야 한다.

insertId에도 제한이 있다. insertId를 이용하면 처리 할당량이 줄어든다. BigQuery는 insertId 없이 초당 1기가바이트를 수집할 수 있다. insertId를 사용하면 이 숫자는 초당 100,000개로 떨어진다. 그래도 초당 100,000행은 여전히 높은 숫자다. 수천 명의 동시 사용자가 초당 여러 이벤트를 생성하더라도 여전히 할당량을 초과하지 않는다.[1]

데이터 집계를 보거나 패턴을 식별하는 시나리오에서 손실되거나 추가된 몇 개의 이벤트는 큰 문제가 아니다. 트랜잭션 보장이 필요한 시나리오에서 스트리밍은 적절하지 않다. 나는 스트리밍 시 이벤트의 중복이나 드롭을 경험하지 못했지만 그렇다고 무결성을 보장하는 것은 아니다(Google Dataflow는 insertId를 자동으로 구현하므로 "정확히 1회" 처리를 보장한다).

---

1 us 및 eu 멀티 리전의 프로젝트에서는 insertId를 사용해 초당 500,000개의 행을 삽입할 수 있다. 자세한 사항은 https://cloud.google.com/bigquery/quotas#streaming_inserts의 할당량 문서를 참고하자. – 옮긴이

데이터 가용성

앞서 언급했듯이 BigQuery로 스트리밍된 데이터는 몇 초 안에 사용할 수 있다. 그러나 해당 데이터는 최대 90분까지 복사 또는 내보내기에 사용할 수 없다. 매 분마다 새로운 스트리밍 데이터를 가져와 중복을 제거하고 다른 곳에 푸시하는 방식으로 자체 집계 구간을 구현하는 것이 불가능하기 때문이다.

스트리밍하는 테이블에 _PARTITIONTIME이라는 열이 NULL로 설정돼 있다면 데이터를 내보내거나 복사할 수 없다. 복사나 파티션을 사용해 데이터를 집계하고 추가로 변환하는 파이프라인은 실행까지 시간이 걸릴 수 있다.

구글은 데이터 삽입 또는 가용성에 있는 지연 요소를 명시적으로 알려주지 않는다. 인접 트래픽, GCP 데이터 센터 간의 지연 시간, 스트림이 실행 중인 데이터 센터에서 사용할 수 있는 무료 I/O양에 따른 요인일 가능성이 높다. BigQuery가 처리하는 데이터가 데이터 세트 외부의 머신을 사용해 처리될 수 있다고 말하는 것으로 봐 다른 위치에서 데이터 세트로 로드하는 경우 추가 지연 시간이 발생한다는 것을 짐작할 수 있는 것이다.

스트리밍 사용 조건

데이터가 다음 특성을 준수하는 경우 스트리밍을 선택한다.

- 매우 높은 볼륨(초당 수천 개의 이벤트)이다.
- 트랜잭션 데이터가 아니다.
- 데이터는 집계에 쓰인다.
- 거의 실시간으로 쿼리해야 한다.
- 가끔 중복되거나 누락된 데이터도 용인할 수 있다.
- 비용에 민감하지 않다.

즉각적인 분석을 위해서 너무 많은 제약사항을 검토해야 한다고 생각할 수 있다. 하지만 빠른 속도로 효율적인 데이터를 처리하려면 이 정도 제약은 감수해야 한다. 무한한 예산과 리소스가 있다면 신중하게 검토할 필요도 없다. 궁극적으로 스트리밍 사용은 돈과 시간 모두를 고려해 얻을 수 있는 이익이 비용을 능가하는지에 따라 결정한다.

스트리밍 코드 작성

스트리밍 데이터를 삽입하려면 코드를 작성해야 한다. 아래 예제 코드는 로컬 머신 또는 Cloud Shell에서 실행하거나 Google App Engine을 사용해 배포할 수 있다.

Google App Engine

Google App Engine^{GAE}은 서버의 관리 없이 최소한의 구성으로 코드를 쉽게 작성하고 배포할 수 있는 서비스다. 구글에서 코드를 호스팅하고 실행하는 여러 가지 방법들이 있지만 Google App Engine은 이해하기 쉽고 대부분의 일상적인 작업을 처리하는 데 충분하다.

GAE는 다양한 런타임을 지원한다. 나는 클라우드 또는 GCP를 막 시작한 사람들을 위해 Google Cloud Platform을 소개하는 강연을 한다. 강연에서는 지원하는 모든 언어(Java, Ruby, Python, Node.js, Go, C #, PHP)를 사용해 Google App Engine에 배포하는 것을 시연한다. 애플리케이션이 실행되면 어떻게 빌드하든지 외부에서는 똑같이 보인다.

GAE는 Google Kubernetes Engine^{GKE}, Cloud Run, Cloud Functions 등과 같은 기술로 서서히 대체되고 있지만 쉬운 배포를 위해 GAE를 예시로 사용하겠다. (GAE를 사용해 계속 진행하려면 결제를 활성화해야 한다. 스트리밍을 위해 이미 활성화를 했다면 바로 동작한다. 이왕이면 결제가 활성화된 프로젝트에서 작업하자. 프로젝트를 마치면서 BigQuery 인스턴스, GAE 등을 모두 같이 삭제할 수 있으며 실수로 요금이 발생하는 것을 방지할 수 있다.)

Cloud SDK 설정 및 CLI를 사용해 프로젝트를 생성하는 방법에 대한 안내는 부록 A를 확인한다. 다음 명령어를 사용해 새 GAE 앱을 만들 수 있다.

```
gcloud app create --project={YOUR_PROJECT_ID}
```

지역을 선택하라는 메시지가 표시되면 BigQuery 데이터 세트가 있는 지역을 선택한다.

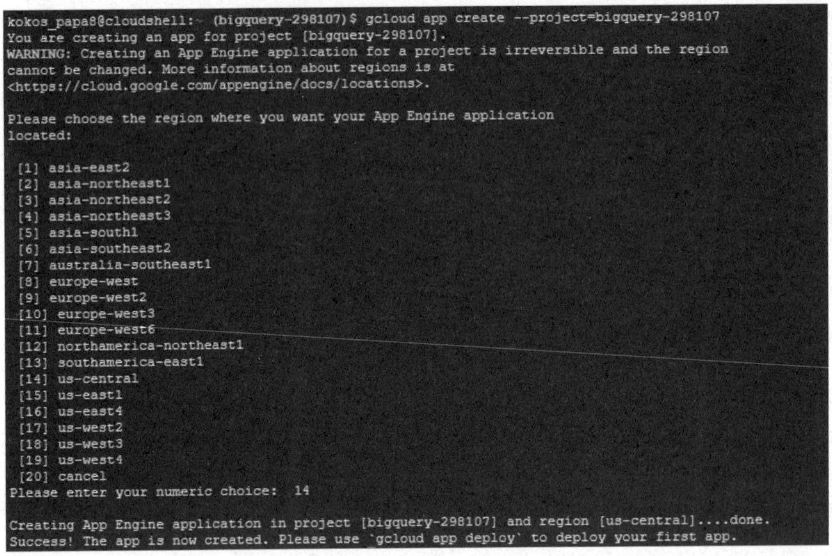

▲ 그림 6-1 GAE 지역 선택

로컬 컴퓨터에서 실행 중인 경우에만 Python App Engine 구성요소를 설치한다. Cloud Shell은 이미 App Engine을 지원하며 권한이 없다면 "sudo"를 사용한다.

```
gcloud components install app-engine-python
```

이제 샘플을 코딩할 준비가 됐다. python3 및 pip3 패키지 관리자를 최신 버전으로 업데이트한다. Google App Engine에서 애플리케이션을 사용하려면 app.yaml 파일을 작성한다. 이 파일은 배포할 때 패키지로 수행할 작업을 구글에 알리는 역할을 한다. 다음 한 줄만 작성한다.

```
runtime: python37
```

GAE는 yaml 파일을 사용해 Python 3.7 런타임에 애플리케이션을 배포한다. 샘플은 다음 두 가지 패키지를 사용한다. 웹 서버인 Flask와 Google BigQuery SDK를 설치해야 한다.

```
pip3 install google-bigquery
pip3 install flask
```

Cloud Shell에서 실행 중인 경우 사용자의 권한 레벨로 설치하려면 "--user" 플래그를 추가하자.

이제 main.py라는 파일을 만들고 샘플을 코딩한다. 그림 6-1의 샘플을 수동으로 입력하거나 이 책에서 제공하는 소스코드에서 다운로드할 수 있다.[2]

BigQuery API와 Cloud Build가 활성화돼 있어야 한다.

```
/static/index.html
<html>
<body>
  <p>Enter your string for streaming here</p>
  <form action="stream" method="post">
  <label for="str">String</label>
  <input type="text" id="s" name="s"/>
  <button type="submit">Go</button>
  </form>
</body>
</html>

app.yaml
runtime: python37
handlers:
  - url: /static
    static_dir: static

requirements.txt
Flask==1.1.2
google-api-core==1.17.0
google-api-python-client==1.9.1
google-bigquery==0.14
google-cloud==0.34.0
```

---

[2] Cloud Shell 편집기를 사용해 작성하면 쉽게 생성할 수 있다. – 옮긴이

google-cloud-bigquery==1.24.0

main.py
```
from flask import Flask
from flask import request
from google.cloud import bigquery

app = Flask(__name__)

# define your project.dataset.table here

table_id = "bort-qaliwo.wbq.stream"

# define number of reptitions you want
count = 1000

# you can modify the schema if you wish
schema = [
 bigquery.SchemaField("streamed_data", "STRING", mode="REQUIRED")
]

# define the root page
@app.route("/form")
def index():
  return app.send_static_file("index.html")

# define the behavior for loading the stream
@app.route("/stream", methods = ["POST"])
def stream():
  if "s" in request.form:
    s = request.form.get("s")
  else:
    return "No string passed!"

  client = bigquery.Client()

  table = bigquery.Table(table_id, schema=schema)

  # the true ensures you will not get errors on subsequent runs of the script
  # when the tagble already exists
  table = client.create_table(table, True)
```

```
    rows_to_insert = [{"streamed_data" : s+str(i)} for i in range(count)]

    errors = client.insert_rows(table, rows_to_insert)
    if errors == []:
        return "Successfully streamed! Check your table."
    else:
        return errors

if __name__ == "__main__":
    app.run(debug=True)
```

마지막으로 requirements.txt에서 Flask 및 BigQuery의 필수 버전을 확인한 후 최신 버전을 사용하자.

이제 Google App Engine에 애플리케이션을 배포한다. 다음 명령을 실행한다

```
gcloud app deploy
```

App Engine은 대상 프로젝트, 소스 및 URL을 확인한다.[3] 기본값으로 진행하려면 Enter 또는 Y를 누르면 서비스 배포를 시작한다. 1~2분 정도 걸리며 그림 6-3과 유사한 내용을 표시한다.

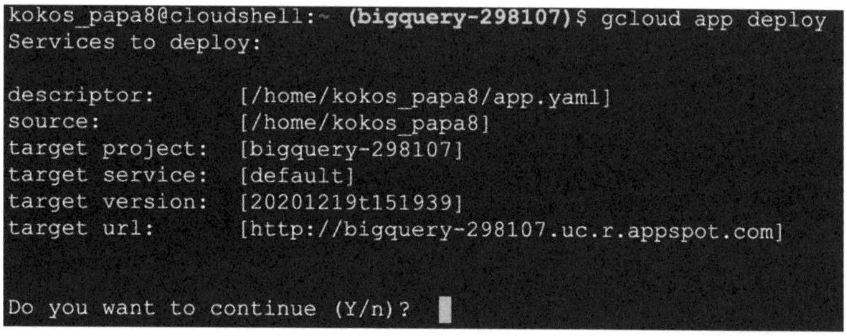

▲ 그림 6-2 GAE 배포 확인

---

3   그림 6-2 참고 – 옮긴이

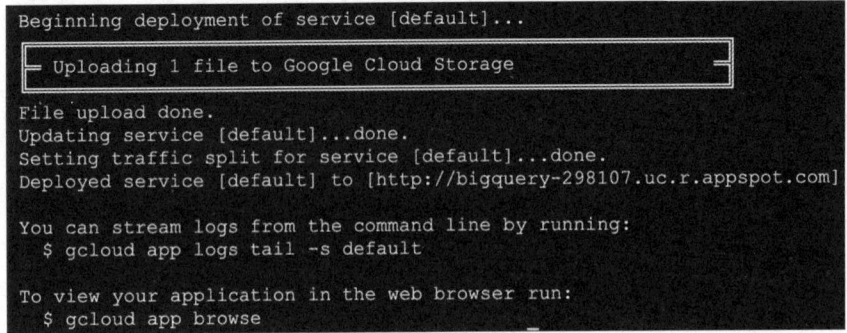

▲ 그림 6-3 성공한 배포 스크린샷

배포가 완료되면 "gcloud app browse"를 사용하거나 브라우저로 이동해 제공된 URL을 입력한다. 간단한 텍스트 상자와 폼을 표시한 후 텍스트 상자에 문자열을 입력하고 Go를 클릭한다.

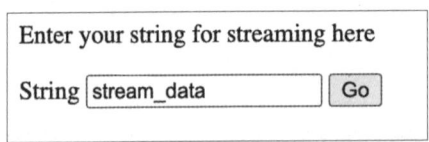

▲ 그림 6-4 샘플의 UI 화면

이제 샘플 코드가 돌아가면서 데이터를 만들어 내고 지정한 BigQuery 데이터 세트와 테이블로 스트리밍한다. BigQuery 콘솔창을 열고 해당 테이블을 선택한 후 스트리밍한 데이터를 확인할 수 있다.

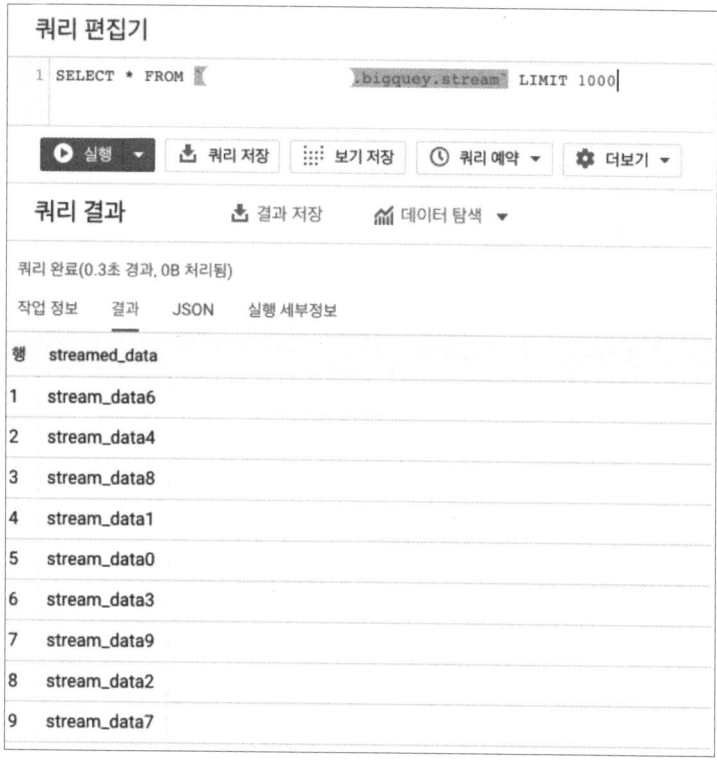

▲ 그림 6-5 스트림 데이터 확인

발생할 수 있는 문제

BigQuery에서 스트리밍은 완벽하지 않다. 때때로 스트리밍의 장점에 가려졌던 오류를 접할 수 있으며 모든 상황에 대한 보완책은 있지만 직접적인 관리가 필요하다. 발생할 수 있는 몇 가지 문제와 보완할 수 있는 해결책은 다음과 같다.

삽입 오류

작업을 완료하면 "insertErrors" 속성을 검사해 실패한 행이 있는지 확인해야 한다.

insertErrors 속성은 일반적으로 문제가 없을 때는 빈 리스트로 나온다. 리스트에 뭔가 있을 때 복구하려면 프로그래밍 방식으로 확인하고 무엇이 잘못됐는지 확인해야 한다.

일부 행의 스키마가 일치하지 않을 경우 아예 데이터를 삽입하지 않는다. 아래 '스키마 문제' 절을 참고하자. 이 경우 스트리밍을 시도한 모든 행이 insertErrors 목록에 들어가 있다.

insertErrors 목록에 일부 행만 들어가 있을 경우 실패 메시지를 확인해 재시도할 수 있는지 또는 먼저 복구를 수행해야 하는지 확인해야 한다.

처리 중인 데이터 복사

스트리밍된 테이블의 데이터 처리 도중에 복사 또는 내보내기 작업을 시도하면 작업 요청은 자동으로 무시된다. 기존 데이터와 수집 중인 스트리밍 데이터가 같이 존재하는 테이블에서 확인 없이 복사하는 경우 문제가 될 수 있다.

앞서 언급했듯이 복사 또는 내보내기 작업을 수행하기 전에 테이블에 있는 모든 행의 _PARTITIONTIME열을 확인해 스트리밍 버퍼에 남은 행이 없는지 확인해야 한다.

테이블에서 예약 쿼리나 주기적인 프로세스를 실행하는 경우에는 처리된 데이터만 선택한다. 늦게 도착하는 데이터에 약간의 허용 오차를 갖고 프로세스를 구축해야 한다. 이 프로세스를 중복 제거 전략과 결합해 동일한 행을 두 번 복사하거나 내보내지 않도록 한다.

중복 데이터

같은 데이터를 여러 번 스트리밍으로 재시도하는 경우 insertId 필드를 사용하면 BigQuery는 중복을 자동으로 처리해야 하는 모든 시나리오를 감지할 수 있다.

하지만 이런 방법만으론 부족하다. 예를 들어 insertId를 사용했지만 재시도하기 전에 너무 오랜 시간이 지났다면 BigQuery가 이런 특정 insertId를 추적하지 못해 중복된 데이터가 들어간다. 구글은 드물게 구글 데이터 센터 연결이 끊어지는 경우 중복 제거가 모두 실패할 수 있다고 한다. BigQuery 스트리밍은 트랜잭션이 아니라는 점을 명심하자.

따라서 데이터가 중복인지를 확인하려면 스트림이 완료될 때까지 기다린 다음 중복 ID_COLUMN을 검색해 추가 항목을 지울 수 있다. 데이터 유효성이 중요한 요소라면 직접 데이터를 스트리밍하는 것은 피하고 대안으로 Dataflow를 사용한다.

스키마 문제

스트림 실행 중에 테이블의 스키마를 수정한다면 어떻게 될까? 결론적으로 말하자면 나쁜 결과를 초래한다. 이전 스키마로 작업을 시작하기 전에 스키마를 변경하거나 테이블을 삭제한 경우에는 완전히 실패한다. 작업을 진행하는 동안 스키마를 변경하는 경우에는 BigQuery가 변경 시의 해당 행의 삽입을 거부하고 문제가 있는 행에 대한 정보를 알려준다. 삽입하지 못한 나머지 행은 재시도해서 넣을 수 있다.

간단히 말해 작업을 완료하고 스트리밍 버퍼가 지워질 때까지 스트리밍 대상 테이블의 스키마를 변경하면 안 된다.

에러 코드

스트리밍은 때때로 실패한다. 대부분의 경우 스트리밍을 시작하는 머신과 BigQuery API 간의 네트워크 오류 때문에 발생하며 작업은 "unknown" 상태로 보인다.

대응하는 두 가지 방법은 아무것도 하지 않고 불확실성을 받아들이거나 모든 스트리밍 데이터에 insertId를 제공해 BigQuery가 중복 제거를 시도할 수 있게 하는 것이다. 첫 번째 접근 방식보다는 초당 100,000행의 할당량을 초과하지 않는 이상 후자를 택해 insertId를 사용한다. 연결할 수 없거나 인증이 잘못됐거나 이미 할당량을 초과했다면 스트림이 즉시 실패한다. 실패 시 작업을 시작하지 않으며 행을 전혀 삽입하지 않았다고 가정할 수 있다.

할당량

BigQuery는 할당량 문제가 발생하는 경우 HTTP 상태 코드 429: "Too Many Requests"를 반환한다. 일반적으로 429 오류를 처리하려고 지수 백오프 전략을 사용한다. 이 전략을 구현할 때 정확한 속도 제한이나 남은 요청 수를 모르는 경우가 많다. 이 경우 "지터", 즉 백오프 간격에 추가된 임의 간격을 사용해 전략을 구현한다. 지터는 동일한 시스템에서 연결이 끊긴 여러 작업이 할당량을 공유할 때 좋은 방법이다. BigQuery는 스트리밍 할당량을 전체 프로젝트에 걸쳐 설정한다. 즉, 초당 하나의 행만 스트리밍하더라도 다른 작업이 현재 할당량을 독점하고 있다면 해당 작업은 429 코드를 수신한다. 지터[jitter]는 연결이 끊긴 작업들이 동시에 재시도하는 것을 방지할 때 도움을 줄 수 있다.

1초로 시작해 매번 두 배로 증가시키는 방법이 백오프를 구현하는 가장 일반적인 방식이다. 위 방법은 할당량 확인에 1초 정도 걸리므로 스트리밍에 적합하다. 따라서 0초에서 1초 사이의 지터를 추가한다고 가정하면 샘플 패턴은 다음과 같다.

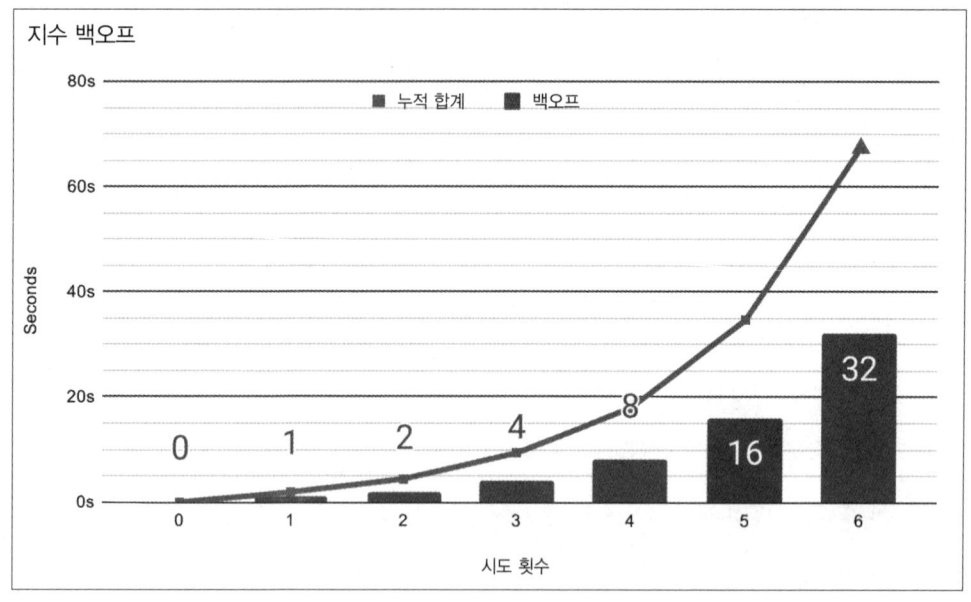

▲ 그림 6-6 지터가 내재된 지수 백오프

간격 시간을 누적해야 한다. 실패한 후 1, 2, 4초에 시도하는 것이 아니라 각 시도 후 다음 간격을 기다린다. 호출에 성공하면 재시도를 중지한다.

이 전략은 여러 스트리밍 작업의 균형을 맞출 때 도움을 준다. 모든 작업이 지터 없이 동시에 429 코드를 수신하면 모두 실패한 후 1초에 다시 시도하고 동일한 오류가 계속 발생할 가능성이 있다.

마지막으로 insertId를 사용하는 경우 지수 백오프 속도를 최대 32초 또는 64초로 제한한다. BigQuery는 ID를 1분 동안만 기억하므로 이 간격을 초과하면 데이터가 추가로 중복될 위험이 있다.

다른 이유 때문에 할당량에 도달하고 있다면 팀 내의 다른 데이터 분석가들이 할당량을 사용하고 있는지 확인한다.

고급 스트리밍 기능

BigQuery 스트리밍의 삽입 성능의 우선순위를 높일 수 있는 방법이 몇 가지 있다. 삽입 데이터를 날짜 또는 특정 접미사로 나누는 방법을 사용하면 데이터 분석 시 접근성을 극대화할 수 있다.

시간순으로 분할

스트리밍 애플리케이션에 날짜별 파티셔닝을 사용할 수 있다. 데이터를 추가로 변환할 계획이 없다면 분할 기반으로 쿼리할 때 유용하다. 삽입 (및 대상 테이블)에 DATE 또는 TIMESTAMP열이 있다면 스트리밍 버퍼가 데이터를 올바른 테이블로 자동 분할한다.

다음의 제약사항이 있다.

- **18개월 윈도우**: 현재 날짜 시간 기준(UTC 기준)으로 12개월 전부터 6개월 이후 시간까지의 기간이 스트리밍 최대 분할 범위다. 이 범위 밖에서 데이터를 분할하려면 삽입에 실패한다.
- **10일 윈도우**: 현재 날짜 시간 기준(UTC 기준)으로 7일 전부터 3일 이후의 날짜 기간을 직접 분할할 수 있다. 이 범위의 데이터는 스트리밍 버퍼에서 올바른 파티션으로 직접 이동하고 이 범위를 벗어난(18개월 범위 내에 있는) 데이터를 먼저 분할하지 않은 임시 테이블로 이동한 후 어느 정도 누적되면 적절한 테이블로 스왑한다.

위에서 논의한 시계열 데이터에 대한 사용 사례를 보면 데이터가 시간적으로 관련이 있어야 즉각적인 분할이 가능함을 알 수 있다.

사물 인터넷IoT을 예를 들어 설명해 보겠다. 데이터를 BigQuery로 스트리밍하는 많은 센서 기기가 있다고 가정하자. 센서는 매일 데이터를 파티셔닝된 테이블에 수집하고 일일 추세를 계산한다. 어떤 시점에서 일부 센서가 오프라인 상태가 되면 데이터 보고를 중지한다. 나머지 센서가 계속해서 데이터를 보고하다가 몇 주 후 고장 난 센서를 고쳤을 때 대기열에 있던 몇 주 분량의 샘플이 다시 전송되기 시작한다. BigQuery는 관련된 최신 정보의 우선순위를 알아서 지정한다. 오래된 데이터도 수집하면서 적절한 테이블로 분할되기 전에 잠시 누적한다.

수집순으로 분할

기본적으로 파티션은 현재 UTC를 기준으로 날짜를 기반으로 한 파티션에 데이터를 삽입한다. 이벤트 소스와 데이터 삽입 사이의 지연 시간이 짧거나 이벤트 발생 시간보다 BigQuery에서 데이터가 수신되는 시기를 더 중요하게 생각할 때 가능한 방법이다.

앞의 센서의 예에서 수집하는 순으로 파티셔닝하는 방법은 적절한 방법이 아니다. 이벤트 타임스탬프 자체가 더 중요하며 갑자기 예전 데이터가 수집되면 문제가 생긴다. 하지만 라이브 웹사이트에서 사용자 활동, 로그 또는 시스템 모니터링과 같은 대부분의 샘플링 사용 사례에 적합하다.

Cloud Logging에서 이벤트 싱크를 설정하면 내부적인 데이터화로 테이블을 자동으로 분할하며 대규모 임시 데이터를 쿼리할 때 적절한 성능을 얻을 수 있다.

템플릿 테이블

날짜가 아닌 다른 항목으로 테이블을 파티셔닝하려는 경우 BigQuery 스트리밍에서 템플릿 테이블이라는 개념을 지원한다. BigQuery에서 스트리밍 시 날짜 파티셔닝을 지원하기 전에 이 방법을 지원했었다. 이전 사용자들은 템플릿 테이블을 사용해 날짜 파티셔닝을 했다.

이 방법을 사용하려면 일반적인 방식으로 스트림 작업을 허용하는 대상 테이블을 만들고 템플릿의 모든 곳에서 공유될 스키마를 지정한다. 그런 다음 분할할 항목을 결정한다.

앞의 IoT 센서의 예에서 날짜 대신 센서 ID로 분할하도록 선택할 수 있다. 또는 두 개의 스트리밍 작업을 수행하고 하나는 날짜별로, 하나는 템플릿 테이블을 사용해 센서 ID별로 삽입을 분할할 수 있다. 실시간 분석이 필요한 테이블로 먼저 분할한 다음 나중에 데이터를 다른 형식으로 복사하는 방법도 있다.

일반적으로 데이터의 기본 키를 선택한다. 주문 내역에 관련된 모든 행동을 추적하려면 해당 주문 ID로 분할하거나 계정 또는 세션 ID로 분할할 수 있다.

API 호출 시 분할 키로 결정한 식별자를 templateSuffix로 추가한다. BigQuery는 사용자가 테이블 이름, templateSuffix를 모두 제공하면 스키마에 대한 테이블을 참고해 tableName

+ templateSuffix 형식으로 새로운 테이블을 자동으로 생성해 데이터를 삽입한다.

앞의 센서의 예에서 센서 ID를 templateSuffix로 사용하면 각 센서는 자체 센서 ID와 함께 insertAll 명령을 실행해 데이터를 보내고, BigQuery는 자동으로 SensorData000, SensorData001 형태의 테이블을 생성한다.

요약

스트리밍은 대기 시간을 최소화하면서 매우 빠른 속도로 BigQuery에 데이터를 삽입하는 기술이다. 그러나 속도를 위해 희생해야 하는 부분도 있다. 가능한 한 빠른 분석을 위해 데이터의 일관성과 가용성이 모두 저하될 수 있다. 이 방법은 로드 및 Dataflow 파이프라인과 달리 개별 행보다는 집계 및 트렌드에 더 의미 있는 데이터 세트에 사용하기 적합하다. 스트리밍 단점을 최소화하려면 데이터 삽입 시 날짜 또는 선택한 필드로 분할해 많은 수의 작은 테이블을 만들고 쿼리한다.

6장에서는 BigQuery에 데이터를 로드할 때 사용할 수 있는 두 가지 방법을 살펴봤다. 7장에서는 Google Cloud Platform의 Dataflow 서비스를 사용해 로드, 마이그레이션, 스트리밍과 지속적인 데이터 처리에 사용할 수 있는 기술을 다룬다.

7장

Dataflow

6장에서는 데이터 웨어하우스를 구축하고 스키마를 정의한 다음 외부 및 내부 데이터를 BigQuery로 마이그레이션했다. 이제 데이터 파이프라인 아키텍처를 고려하며 스트리밍 및 일괄 처리 방법을 생각해 보자.

애플리케이션에서 관계형 또는 NoSQL 데이터베이스를 사용하고 있다면 분석을 위한 데이터를 최대한 효율적으로 가져와야 한다. 이미 빅데이터 파이프라인이 존재하거나 필요할 경우 특정 시점에 이르면 규모 또는 시간에 따른 문제에 봉착하게 된다.

이 문제는 여러 가지 방법으로 해결할 수 있다. 서비스로서의 함수$^{FaaS, Functions-as-a-Service}$를 사용하는 커스텀 아키텍처를 사용하거나 SQL 또는 NoSQL 플랫폼의 기본 기능을 사용해 전송 메커니즘을 구현할 수도 있다. 읽기 전용 복제본을 사용하거나 6장에서 설명한 방법을 사용해 소스에서 직접 데이터를 스트리밍할 수 있다.

그러나 이런 방법도 대규모 확장 시에는 각 설정을 관리하기 어렵다. 분석을 위해 다양한 데이터 소스를 변환해야 하는데 원시 데이터를 사전 처리하는 작업량이 물밀듯이 쏟아질 수 있다. 데이터를 BigQuery 스키마에 일단 덤프하고 나중에 처리하는 것은 모든 더러운 세탁물을 옷장에 밀어넣는 것과 같다. 처음에는 문제를 효율적으로 처리할 수 있겠지만 나중에는 데이터를 검색하고 구성하는 비용을 감당해야 한다. 이런 방법은 이상적인 대규모 데이터 처리 방법이 아니다.

다행히 Google Dataflow를 사용해 문제를 해결할 수 있다. Dataflow는 처리 및 변환을 위한 구글의 관리형 서비스다. 이 책에 있는 대부분의 다른 GCP 제품과 마찬가지로 서버리스 모델을 사용하며 동시성 및 병렬화의 까다로운 관리를 추상화하도록 설계돼 데이터 작업에만 집중할 수 있게 해준다.

Google Dataflow는 원래 구글("Dataflow Model")에서 개발했는데 Apache Hadoop MapReduce 및 Apache Spark와의 후속 기술로 개발했다. 2016년 Google은 Apache Software Foundation 인큐베이터 프로젝트에 Dataflow Java SDK를 오픈소스로 제공하며 합류했다. SDK는 "Batch"와 "strEAM"을 합쳐 Beam이라는 이름을 사용했다. 구글의 Java Dataflow SDK는 Beam과의 호환성을 유지한다. 2016년에 구글은 Python 지원을 추가했으며 가장 최근에는 Dataflow SQL을 출시해 Dataflow SDK를 지원 중단하고 오픈소스 Beam SDK를 사용한다. 7장에서는 Dataflow와 Beam 두 가지 모두 다룬다. 둘은 동일하지는 않지만 밀접한 관련이 있다.

지금은 Dataflow SQL과 Apache Beam을 사용하는 것이 당연히 더 효율적이지만 이전에는 Java와 Python(및 Go)를 먼저 지원했다. 이 책의 기술 컨설턴트인 Björn Rost의 추측에 따르면 SQL이 원래 스트리밍 데이터 세트가 아닌 고정 스토리지용으로 설계됐기 때문이라고 한다. 약간의 역사 얘기를 해보자면 빅데이터의 초창기에는 Hadoop 및 기타 맵리듀스 기술이 대중화됐었다. 많은 기업들은 스트리밍을 몇 가지 특정 사용 사례에서만 사용했다. 당시 RDBMS의 쿼리 엔진의 구성 방법을 고려한다면 절차적 언어를 사용해 특정 데이터 처리를 수행하는 것이 더 합리적이었다. SQL과 쿼리 최적화를 어렵게 생각하는 소프트웨어 엔지니어에게도 편리한 방법이었다. 최근 들어 Kafka가 KSQL(ksqlDB)을 출시할 때를 기점으로 이 두 기술의 병합이 자연스러워지게 됐다. ksqlDB와 Dataflow는 오랫동안 SQL이 스트리밍 작업용이 아니라는 주장과 맞서 싸우며 보완하려고 계속 확장성에 노력을 기울였다.

지난 몇 년 동안 Google BigQuery, Amazon Redshift 및 Azure Synapse Analytics와 같은 기술에서 사용된 SQL은 테라바이트 및 페타바이트 규모의 환경에서도 그 위상을 지킬 수 있게 됐다. 오랫동안 SQL을 써왔고 지지하는 나는 너무나도 기쁘다. SQL로 전체 데이터 에코 시스템을 확장하는 것은 처음부터 자연스러운 선택이라고 생각하며 결국에는 기술이 이 생각을 따라잡고 있다.

노트 제품 관리자 및 세일즈 아키텍트와 같이 엔지니어와 인접한 전문가들은 종종 코딩을 배워야 하는지 물어본다. 결론적으로 나는 SQL을 배우라고 권장한다. SQL을 알고 나면 세상의 정보가 어떻게 구성돼 있는지에 대한 인식을 바꿀 수 있다고 생각한다.

주요 개념

Dataflow는 맵리듀스를 기반으로 개발됐기 때문에 Dataflow 모델은 단계적 워크플로와 비슷하다. 모델 및 실행 단계를 이해하면 가장 적합한 파이프라인을 설계하는 데 도움이 된다.

Driver Program

드라이버^{driver} 프로그램 또는 드라이버는 파이프라인을 구성하는 실행 단위다. Java 및 Python에서 파이프라인을 인스턴스화하고 필요한 모든 단계를 제공하며 Apache Beam 실행기(이 경우 Google Dataflow)를 구동하는 실제 실행 프로그램이다. 나중에 설명하겠지만 Dataflow SQL을 사용해 모든 단계를 추상화할 수 있다. 기본적으로 Java 또는 Python과 같은 절차적 SDK로 작업하는 경우 작업^{job}을 포함하는 프로그램을 작성할 수 있다.

파이프라인

파이프라인은 Dataflow의 기본 객체이며 작업을 관리하는 최종 배포 단위다. 작업의 모든 측면의 제어를 위해 실행한다. Beam 드라이버로 작업을 수행하려면 파이프라인의 구현이 필수다. 파이프라인은 작업 수명 동안 로드 및 변환할 데이터 세트^{PCollection}를 생성하는 역할을 한다.

작업은 단일 워크플로를 나타내며 반복이 가능한 단위다. 따라서 Google Dataflow와 같은 Beam 호환 프레임워크 내에서 병렬화해서 지속적으로 실행할 수 있다. 내부적으로 Beam 파이프라인은 Apache Spark 또는 다른 워크플로 도구인 DAG$^{\text{Directed-Acyclic Graph, 방향성 비순환 그래프}}$와 매우 유사하다.

Directed-Acyclic Graph

그래프 이론에 익숙하다면 이 절은 건너뛰어도 상관없다.

방향성 비순환 그래프^{DAG}는 이론적으로 다양한 수학 및 컴퓨터과학 하위 영역에서 인터뷰 질문으로 접할 수 있다. 컴파일러 등에서 실행 흐름의 정적 그래프를 이해하거나 생성을 위해 필요하다.

"파이프라인"은 대규모 작업을 연상시킨다. 입력에서 출력까지의 동선을 의미하며 어떤 면에서는 프로세스 내에서 데이터 변환을 실제로 다루지 않는다. 실제로 워크플로 기반 구조는 더 복잡하다. 비즈니스 소유자의 관점에서는 데이터 처리를 일련의 튜브로 이해해도 충분하지만 기술을 직접 사용한다면 한 단계 더 깊이 이해해야 한다.

현재 맥락에서 그래프는 막대나 선 그래프가 아닌 수학적인 의미의 그래프다. 그래프는 변edge과 꼭짓점^{vertex}으로 횡단할 수 있는 경로^{path}를 생성하는 구조다. 많은 그래프 이론 문제는 그래프를 물리적 공간의 표현으로 사용한다. 외판원 순회 문제$^{\text{Traveling Salesman Problem}}$와 같이 도시 간의 거리를 변의 무게로 사용해 가장 효율적인 경로를 계산하려고 시도한다. Dijkstra의 최단 경로 알고리즘은 주어진 정점에서 다른 정점으로 이동하는 데 필요한 최단 홉 수를 결정하는 알고리즘이다.

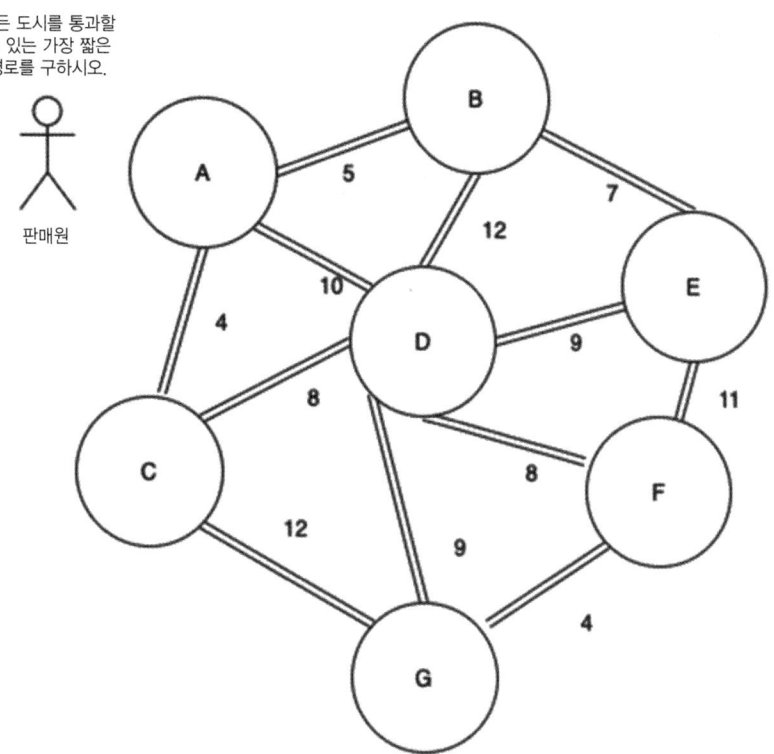

▲ 그림 7-1 외판원 순회 문제에서 예시로 사용하는 그래프

DAG는 그래프에 "방향 지정directed"과 "비순환acyclic"으로 두 가지 추가 제약 조건을 적용한다. 다음과 같이 정의한다

- **방향 지정**: 노드node 사이의 변에 화살표로 표시하는 방향이 있음을 의미한다. 유효한 방향으로만 변을 따라 진행할 수 있다.
- **비순환**: 그래프에 "순환"이 없음을 의미한다. 즉, 한 노드에서 시작해 화살표를 따라 동일한 노드에서 끝날 수 없다. 순환은 무한 루프를 의미하며 이미 알고 있겠지만 완료해야 하는 작업이 있다면 무한 루프는 피해야 한다.

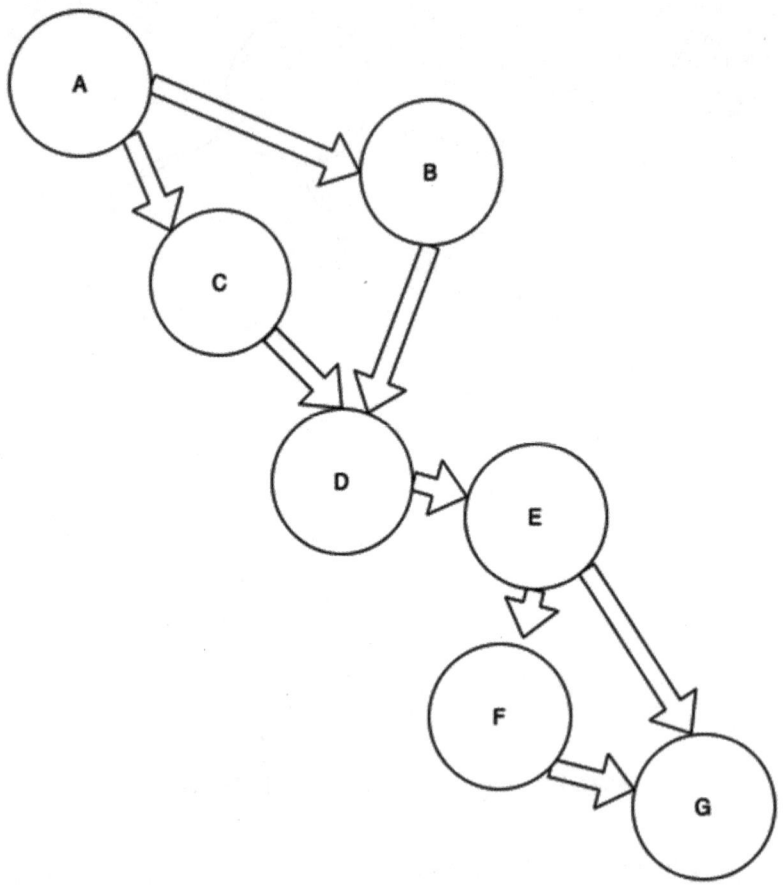

▲ 그림 7-2 방향성 비순환 그래프

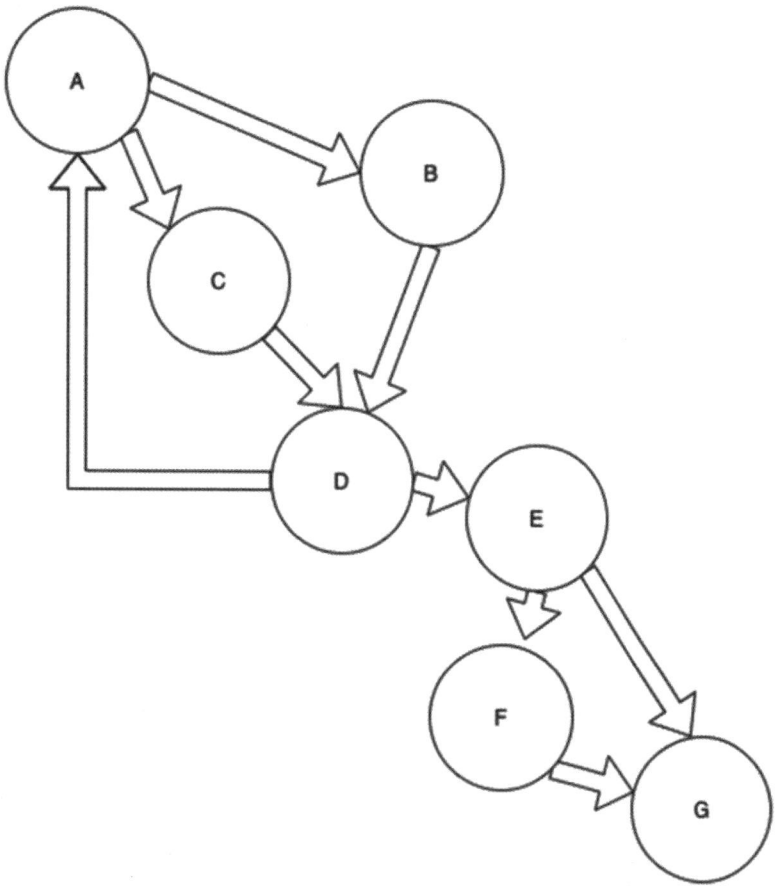

▲ 그림 7-3 방향성 순환 그래프

DAG를 사용해 동작하는 워크플로는 일반적으로 연결이 끊어진 노드를 허용하지 않는다. 즉, 워크플로의 모든 단계에 도달할 수 있어야 한다. 실행할 수 없는 단계를 작성하는 것은 불가능하다. 파이프라인과 방향성 비순환 그래프의 차이를 인지하고 그래프 이론 측면에서 이 차이를 고려하면 워크플로의 유효성을 빠르게 구분할 수 있다.

PCollection

PCollection은 파이프라인 단계(그래프 꼭짓점)에 대한 입력 및 출력 객체다. 파이프라인은 PCollection을 초기화하는 것으로 시작한다. 해당 PCollection은 제한된 데이터(파일) 또는 제한되지 않은 데이터(스트림) 세트를 나타낸다. PCollection은 유한한 입력 파일에서 실행하는 작업 또는 대기열에 지속적으로 연결하는 작업의 기반이다. 이 데이터 소스는 일반적으로 파이프라인의 시작점 외부 위치에서도 제공될 수 있다.

드라이버 프로그램 내부의 값으로 시작 PCollection을 초기화할 수도 있다. 외부 소스에서 보조 데이터를 수집해 고정된 데이터 목록에 조인할 경우에 유용하다.

일반적으로 파이프라인은 입력 데이터로 제어하는 것을 추천한다.

작은 데이터 세트를 반복해 더 큰 세트로 결합하려고 하기보단 넓은 파이프라인에서 좁은 파이프라인으로 구현하는 것이 가장 높은 수준의 병렬화를 이루고 병목 현상을 피할 수 있게 해준다.

(파이프라인 내부 데이터만 보는 작업은 빠르고 반복이 가능하지만 유용한 작업은 수행하지 못한다. 이런 작업은 BigQuery를 단독으로 실행해 동일한 결과를 얻을 수 있다. 데이터 흐름과 프로세스 처리에 드는 비용과 노력이 없어도 이전 장들의 설명으로 충분히 가능하다.)

각 PCollection의 요소에 소스의 타임스탬프를 할당한다(제한된 컬렉션을 지속적으로 스트리밍하지 않으므로 모두 동일한 타임스탬프를 받는다). 타임스탬프는 Dataflow가 데이터 세트에 모든 데이터를 명확하게 포함하지 않을 때 데이터 세트를 결합할 수 있게 해주는 윈도우 개념과 연관이 있다.

PCollection은 변경이 불가능하다. Beam 모델은 처리 중인 PCollection의 요소를 수정할 수 없다. 함수형 프로그래밍 모델에서는 익숙한 개념이다. 객체가 예기치 않게 변경되면 병렬화를 할 수 없다는 것이 근본적인 이유다. PCollection은 비결정적 실행 순서로 여러 변환을 수행한다. 변환 중 하나가 오브젝트를 수정하면 다른 모든 변환은 서로 다른 사본을 참고하게 돼 다른 결과를 생성할 수 있다.

다른 목적으로 동일한 PCollection을 여러 PTransform으로 보내는 분기 변환에서 쉽게 발생할 수 있다. 숫자가 1~100인 제한된 데이터 세트가 있다고 가정하자. 변환 F는 3으로 나눌 수 있는 모든 숫자를 필터링하고, 변환 B는 5로 나눌 수 있는 모든 숫자를 필터링해야 한다. 이런 변환 중 하나가 PCollection에서 숫자 15를 제거한다고 가정해 보자. 변환은 두 필터 모두에 적용한다. 즉, 실행 순서에 따라 변환 중 하나가 동작하는 방식을 결정한다. 한 변환에는 숫자 15를 표시하고, 다른 변환에는 표시하지 않는다. 향후 PTransform이 분리된 데이터 세트에서 동작하려고 할 때 예측할 수 없는 왜곡된 결과로 나타난다. Java SDK에서는 PCollection을 수정하는 변환을 미리 감지하고 거부한다. 문제가 발생하는 경우 병렬화는 일관된 데이터에 의존한다는 점을 기억하자.

PTransform

PTransform은 파이프라인의 실제 단계로 하나 이상의 PCollection을 입력으로 사용하고, 0개 또는 하나의 PCollection을 출력으로 반환한다.

그래프 관점에서 생각해 보면 PTransform 객체의 인스턴스가 각각 PCollection을 전달받아 처음부터 끝까지 작업을 수행한다. PTransform 객체는 여러 PCollection을 조인하거나 필터링해야 하므로 다수의 PCollection을 입력으로 사용할 수 있다. 반대로 최종 양식에 약간 더 가까운 데이터 세트를 찾으려면 단 하나의 PCollection을 출력한다.

PTransform이 PCollection을 출력하지 않으면 워크플로를 종료한다. 다른 위치에 출력하거나 다른 종류의 데이터를 출력하는 경우에는 파이프라인에 PCollection 출력이 없는 다수의 노드가 있을 수 있다. (단일 종료 지점은 DAG의 요구사항이 아니다.)

변환 적용

변환을 적용하려면 PTransform을 사용해 PCollection에서 "적용" 작업을 수행한다. Java에서는 "apply" 메서드를 사용하고, Python에서는 파이프 연산자 "|"를 사용한다.

```
p = beam.Pipeline()
#apply a series of transforms for the pipeline
(p
  | "LoadFile" >> beam.io.ReadFromText(input)
  | "DoSomething" >> beam.FlatMap(lambda line: doSomething(line) )
  | "WriteFile" >> beam.io.WriteToText(output)
)

p.run().wait_until_finish()
```

기본 변환

Beam은 Google Dataflow에서 사용할 수 있는 다양한 범용 변환을 제공한다. 파이프라인의 동작 방식을 개념적으로 이해하기 쉽게 여기서 일부를 다루겠다. 공식 문서와 비교할 경우를 대비해 공식 Apache Beam 문서와 동일한 순서를 사용한다.

- **ParDo**: "parallel do"에서 따왔다. 일반적인 병렬화 방법이다. 사용하려면 DoFn의 하위 클래스를 만들고 ParDo에 전달한다.
- **GroupByKey**: 이 변환은 키-값 쌍에서 동작한다. SQL GROUP BY와 마찬가지로 키가 반복되는 요소 목록을 가져와 각 키가 한 번만 나타나는 PCollection으로 축소한다.
- **CoGroupByKey**: 이 변환은 두 개 이상의 키-값 쌍 집합에서 동작해 데이터 집합의 각 키가 한 번만 나타나는 요소 목록을 반환한다. 여러 테이블에서 동일한 기본 키의 UNION을 수행한 다음 모든 테이블에서 LEFT OUTER JOIN을 사용해 각 키에 대한 고유한 데이터를 검색하는 것과 비슷하다. 키는 단일 입력 데이터 세트에만 나타나야지 출력을 표시한다.
- **Combine**: 실제로 여러 개의 변환으로 구성된 변환이다. PCollection의 모든 요소를 결합하거나 키-값 쌍이 있는 PCollection 세트의 각 키를 결합한다. CombineFn의 하위 클래스를 만들고 Combine에 전달해 고급 작업을 수행할 수도 있다.

- **Flatten**: 여러 PCollection을 입력받아 컬렉션에 있는 모든 요소를 단일 PCollection으로 반환한다는 점에서 SQL의 UNION ALL 작업과 매우 유사하다. 데이터가 별도의 변환을 여러 번 거쳐 파이프라인 마지막에 저장 준비를 할 때 사용한다.
- **Partition**: 이 변환은 하나의 PCollection을 입력받아 사용자가 정의한 PartitionFn의 서브 클래스를 사용해 여러 PCollection으로 분할하고 PCollectionList<> 형식으로 저장한다. 바로 아래서 다루겠지만 Partition은 동적 분할이 아니다.

변환을 알아가면서 Dataflow가 실제로 동작하는 방식과 관련해 몇 가지 의문이 생길 수 있다. 파이프라인 구축의 실제 기본 사항에 들어가기 전에 몇 가지 문제를 짚어 보자.

첫째, 이런 작업 중 일부는 조인 또는 집계처럼 동작하는 것으로 보인다. 그러나 데이터 세트의 전체 내용을 알 수 없는 경우 이런 작업은 어떻게 동작할 수 있을까? 정답은 윈도우를 적용하는 것이다. Dataflow는 데이터 세트가 전달된 시기를 추정할 수 있거나 데이터 세트를 시간 기반으로 분할해야 한다. 앞서 PCollection의 요소가 모두 타임스탬프를 받는다고 말했던 것이 그 이유다. 고급 윈도우 전략은 매우 복잡할 수 있다. Dataflow SQL에서 논의하겠지만 지금은 여기서 완전히 구체화한 데이터 세트로 동작하지 않는다는 점을 기억하자. 각 데이터 세트를 분할해야 한다. 겹치는 윈도우가 없는 두 데이터 세트에서 결합 작업을 수행하려고 하면 파이프라인을 빌드할 수 없다. Java/Python과 Dataflow SQL에서 매우 중요한 요소다.

둘째, 앞서 언급한 대로 워크플로 그래프를 런타임에서 구성해야 하기 때문에 동적으로 분할할 수 없다. 워크플로가 실행된 후에는 단계 수나 순서를 변경할 수 없다. 종종 Apache Beam 모델의 약점으로 이 제약을 언급하며 몇몇 시나리오에서는 문제가 될 수 있다. 이 부분들은 앞으로 진행할 때 시스템의 한계로 명심해야 한다.

파이프라인 구축

파이프라인의 기본 요소와 가능한 작업 종류를 다뤘다. 지금까지는 Apache Beam과의 공통적인 부분을 다뤘으며 이제 Google Dataflow로 이동해 실용적인 예제를 살펴본다.

파이프라인은 하나 이상의 PCollection이 PTransform을 통과해 다른 PCollection을 내보내거나 파이프라인을 종료하는 일련의 단계로 구성할 수 있다.

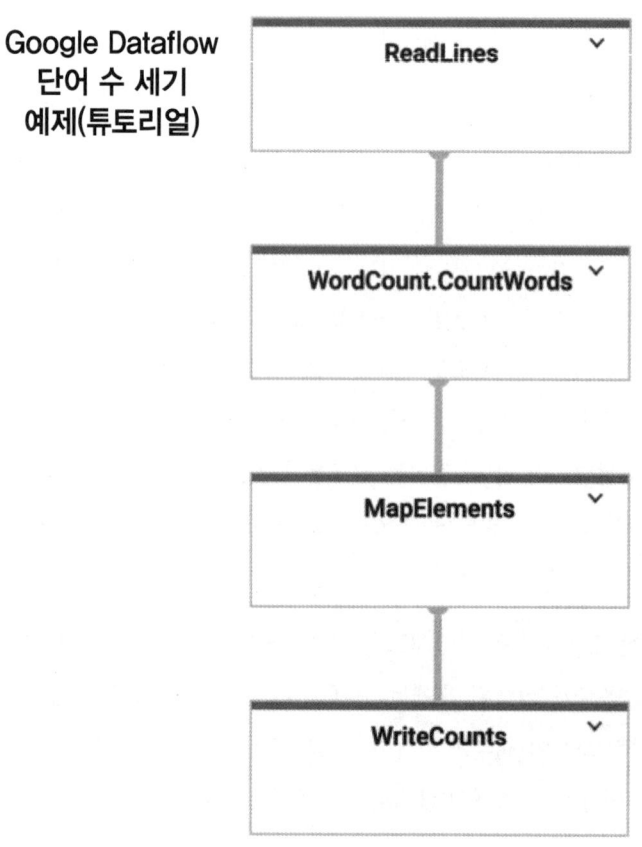

▲ 그림 7-4 간단한 파이프라인의 예시

각 단계에서 하나의 PCollection을 입력받아 하나의 PCollection을 출력하는 간단한 그래프를 보면 파이프라인처럼 보인다. 그러나 변환과 스트리밍 PCollection으로 분기하기 시작하면 더 넓은 범위의 작업을 수행할 수 있다.

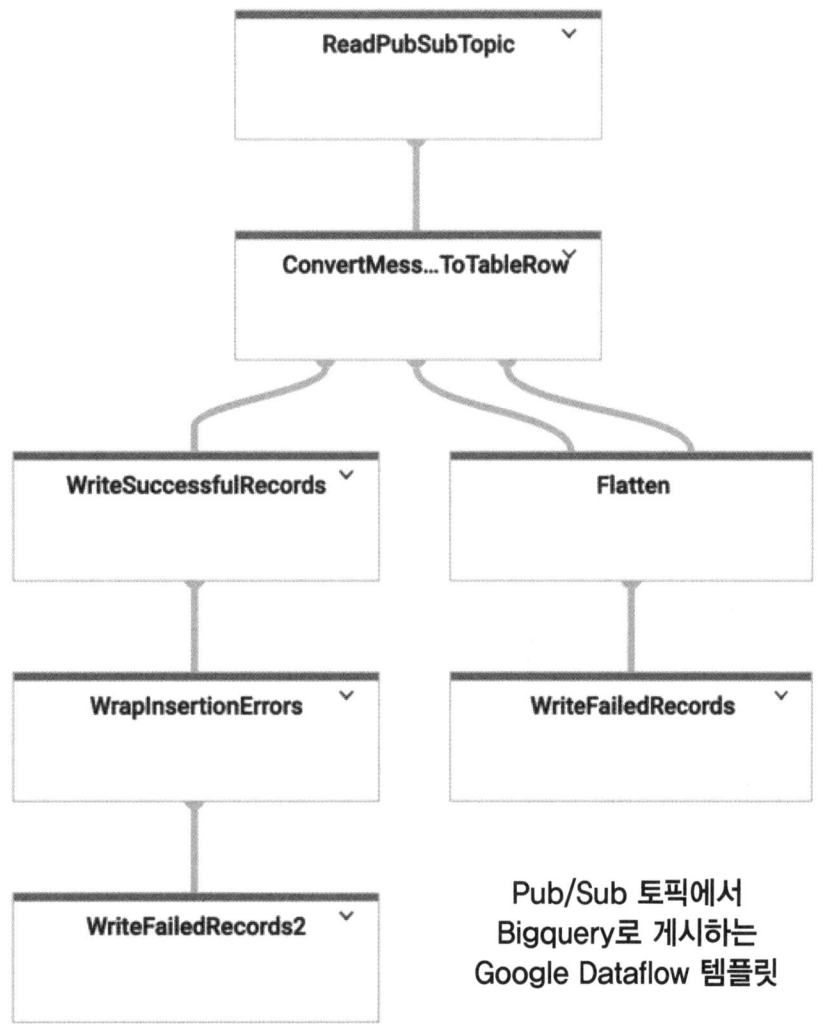

▲ 그림 7-5 복잡한 파이프라인의 예시

이 패러다임을 따르는 방식으로 데이터를 개념화할 수 있다면 무궁무진한 가능성이 있다. Dataflow 작업을 사용해 초당 수십만 개의 요소를 쉽게 실행할 수 있다.

Dataflow 파이프라인은 ELT(추출, 로드, 변환) 프로세스에 해당한다. 입력 PCollection으로 추출하고 PTransform으로 변환하며 출력 PCollection으로 로드한다. 결과를 로드할 필요는 없지만 아무것도 출력하지 않는다면 유용한 파이프라인이 아니다.

준비

Dataflow 페이지로 이동해 **빠른 시작 사용**을 클릭한다. 오른쪽 사이드 바로 가이드창이 나타난다.

> **노트** Dataflow와 같이 테스트를 위해 작업을 수행하는 경우 완전히 새로운 GCP 프로젝트를 만드는 것이 좋다. 테스트를 마쳤을 때 프로젝트 전체를 삭제할 수 있다. Dataflow에서 사용하는 종속 서비스 중 하나를 삭제하는 것을 잊어버려도 프로젝트를 삭제하면 나중에 요금을 걱정할 필요가 없어진다.

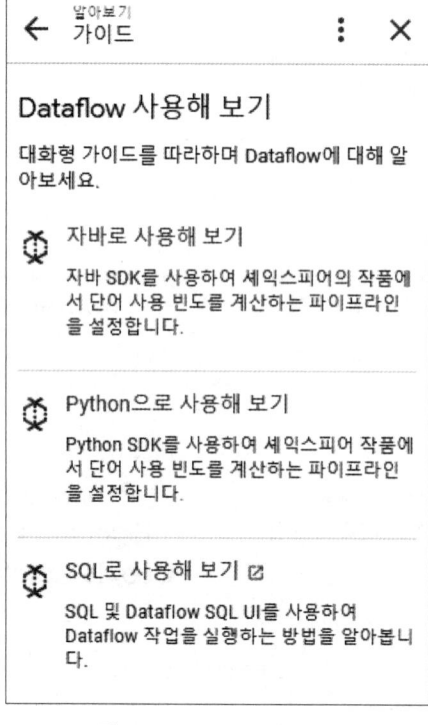

▲ 그림 7-6-1 Dataflow 실습 가이드 1

튜토리얼을 시작하면 SDK를 선택하라는 메시지를 표시한다. 나는 Python을 선택했지만 Java와 SQL도 선택할 수 있다. 설치할 프로젝트를 선택하라는 메시지를 표시한다. 기존 프로젝트 또는 테스트를 위해 방금 만든 프로젝트를 선택하자. 그 후에는 Dataflow가 사용하는 전체 Google Cloud 서비스를 사용하도록 요청한다.

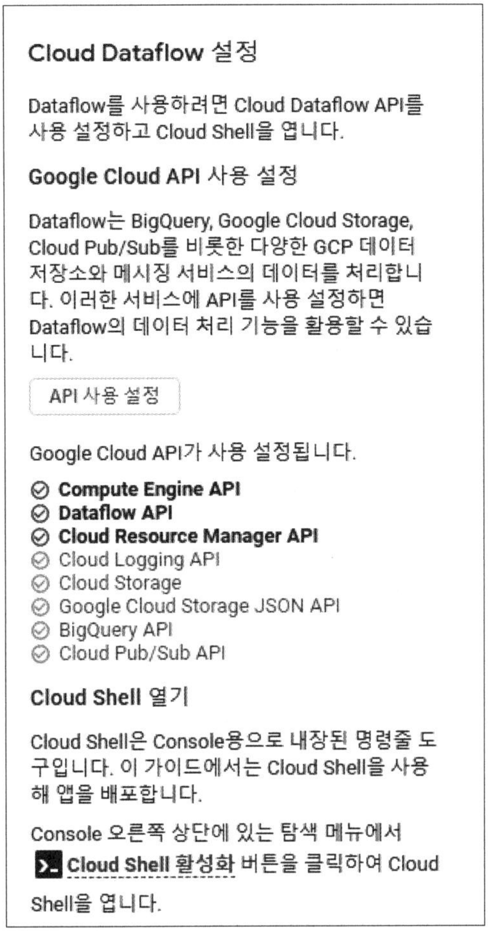

▲ 그림 7-6-2 Dataflow 실습 가이드 2

이들 중 일부 또는 전부가 이미 켜져 있을 수 있다. **API 사용 설정**을 클릭하면 알아서 API 활성화를 수행한다. 이 가이드에서는 Cloud Shell을 사용해 샘플 작업을 배포할 것을 권장한다. Python 3.x 환경이 로컬 머신에 설치돼 있는 경우 로컬 머신을 사용할 수 있겠지만 Cloud Shell에는 이미 Python과 pip(Python 패키지 관리자)가 설치, 사전 인증돼 있다. 다만 모든 데이터를 유지하지는 않으므로 지우면 안 되는 스크립트가 있다면 만료 규칙(부록 A 참고)을 숙지한다.

Java에 더 익숙하다면 다행히 참고할 수 있는 많은 양의 문서가 존재한다. 공식 Apache Beam 문서는 Java와 Python을 지원하지만 Go는 지원하지 않는다. 구글 문서에는 Go의 샘플도 있다. 역사적으로 Java SDK는 Python보다 우수했다. 최근에 그 격차가 좁혀지고 있으며 앞서 말했듯이 책의 기본 언어 선택을 일관성 있게 유지하려고 Python을 사용한다.

튜토리얼

튜토리얼 단계를 따라가며 맥락을 제공하겠다. GCP 가이드는 놀라울 정도로 실행하기 쉽다. 비판하려는 것은 아니지만 때로는 너무 쉬워서 방금 수행한 작업이나 그 중요성을 확신할 수 없다. "Hello World"를 보려고 운영체제 및 패키지 종속성과 씨름하는 데 시간을 허비하고 싶은 사람은 없다. 하지만 이론적으로 배운 것을 짚어보려 한다면 허비하는 시간은 아니다.

Python3 가상 환경을 만든 후에는 Apache Beam SDK를 설치한다.

Cloud Shell에서 Cloud Dataflow 샘플 설치

Dataflow는 Apache Beam SDK를 사용하여 작성한 작업을 실행합니다. Python을 사용하여 Dataflow 서비스에 작업을 제출하려면 개발 환경에 Python, Google Cloud SDK, Python용 Apache Beam SDK가 있어야 합니다. 또한 Cloud Dataflow는 Python의 패키지 관리자인 pip를 사용하여 SDK 종속 항목을 관리하고 virtualenv를 사용하여 격리된 Python 환경을 만듭니다.

이 가이드에서는 Python과 pip가 이미 설치된 Cloud Shell을 사용합니다. 이 가이드를 로컬 머신에서 진행할 수도 있습니다.

virtualenv 설치 및 Python 가상 환경 활성화

virtualenv 버전 13.1.0 이상이 아직 설치되어 있지 않으면 지금 설치합니다.

```
$ pip3 install --upgrade virtua
    --user
```

Python 가상 환경을 만듭니다.

```
$ python3 -m virtualenv env
```

그런 다음 활성화합니다.

```
$ source env/bin/activate
```

pip3 명령어를 사용하여 샘플 및 Python용 Apache Beam SDK 다운로드

Python Dataflow 작업을 작성하려면 우선 저장소에서 SDK를 다운로드해야 합니다.

다음과 같이 pip3 명령어를 실행하면 적절한 버전의 Apache Beam SDK가 다운로드되어 설치됩니다.

```
$ pip3 install --quiet \
    apache-beam[gcp]
```

Cloud Shell에서 pip3 명령어를 실행합니다.

▲ 그림 7-6-3 Dataflow 실습 가이드 3

이 모든 것을 어디서 실행하는지 볼 수 없어 혼란스러울 수 있다. 다음 다이어그램은 모든 구성요소의 위치와 실행 위치를 보여준다.

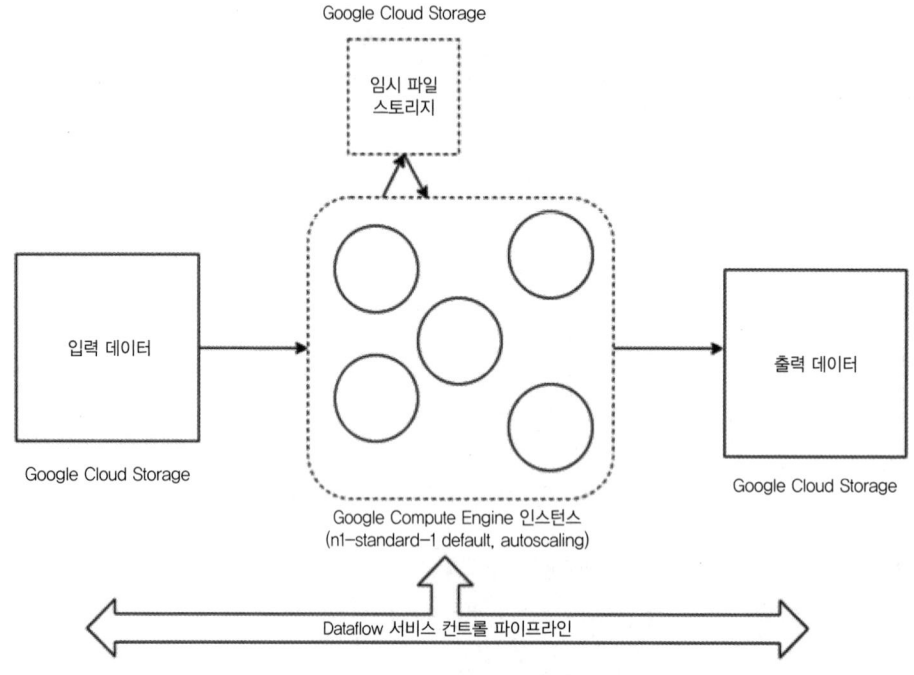

▲ 그림 7-7 GCP 내의 Dataflow 작업 인프라

GCP 실행기가 사용하는 입력 및 출력 그리고 임시 저장을 위한 공간은 그림에 없다. GCP 실행기는 Google Cloud Storage를 해당 용도로 사용한다. 어떤 실행기를 사용하든지 파일을 보관할 위치가 필요하며 샘플에서 사용할 버킷을 만들어야 한다. 가이드는 Cloud Shell을 사용하지만 Cloud Storage UI로 이동해 직접 버킷을 만들 수도 있다.

▲ 그림 7-8-1 버킷 설정

이제 파이프라인, 샘플 파일, 파일을 저장할 위치가 준비됐으니 다음 그림을 참고해 Cloud Dataflow 서비스에 배포한다. 이 모듈은 Beam의 DataflowRunner를 사용해 GCP에서 작업을 실행하도록 지정하는 Apache Beam 샘플이다. 또한 임시 저장 위치와 출력 위치를 지정하고 모든 작업을 수행할 GCP 프로젝트를 설정한다. 명령어를 실행하면 Python의 INFO 메시지를 셸에 표시하고 작업의 현재 상태에 대한 내용을 볼 수 있다. 작업이 완료되면 결과 파일이 생성된 것을 확인할 수 있다.

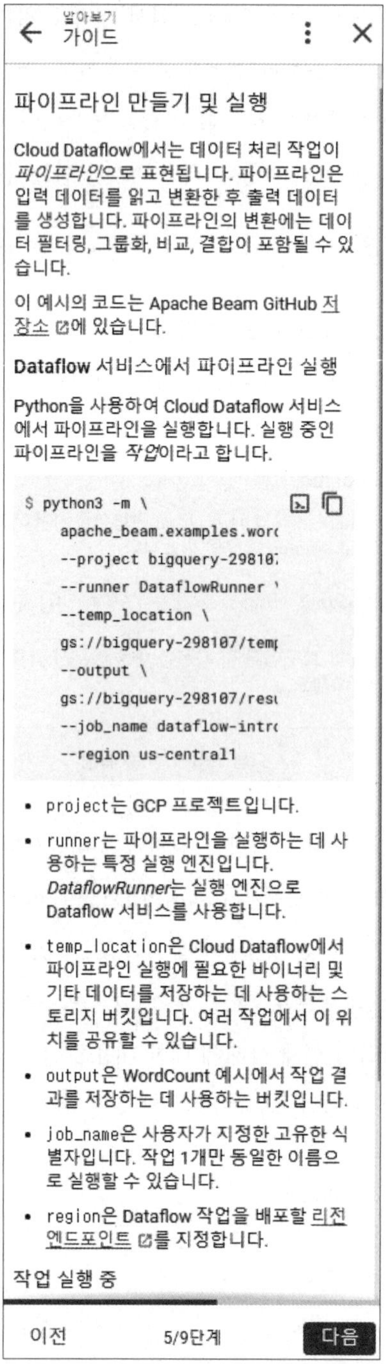

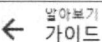

▲ 그림 7-8-2 Dataflow 파이프라인 실행

▲ 그림 7-8-3 Dataflow 파이프라인 실행 결과

이 튜토리얼은 셰익스피어의 "King Lear"의 텍스트를 인풋으로 받아 각 단어의 출현 빈도를 계산한다. 파이프라인의 UI 페이지를 살펴보기 전에 이 작업을 수행하는 데 필요한 PTransform이 무엇인지 생각해 보자.

Google Dataflow Runner

Google Dataflow는 현재 진행 중인 작업에 대한 유용한 그래픽 뷰를 제공한다. 나는 콘솔 로그를 선호하지만 그래픽 뷰에서 무슨 일이 일어나고 있는지 확인하고 동료와 공유할 수 있다는 것은 매우 가치 있는 일이다.

실행 중이거나 완료된 Dataflow 작업을 클릭하면 작업 그래프 탭에서 DAG를 확인할 수 있다. Google Dataflow는 사용한 언어에 관계없이 작업 단계를 시각화한다. 또한 각 단계를 클릭해 처리한 요소 수, 처리량 및 각 단계의 총 소비 시간을 확인할 수 있다.

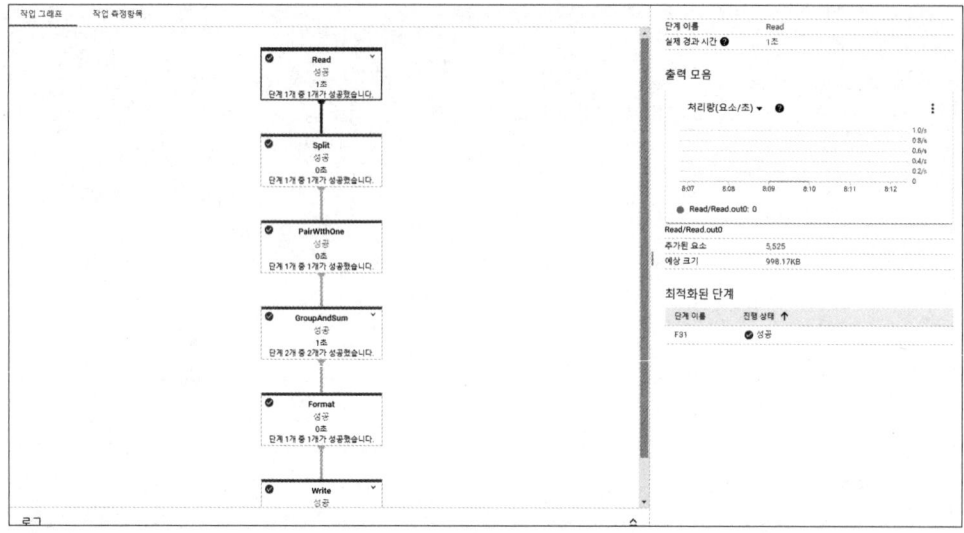

▲ 그림 7-9 Dataflow 작업 그래프

전체 작업에 대한 측정항목을 확인해 느리거나 효과적으로 병렬화하지 못한 작업 문제를 파악할 수 있고 작업 비용을 합리적인 선에서 유지할 수 있도록 도움을 준다.

마지막으로 작업을 처리한 모든 작업자의 로그를 확인할 수 있으며 예상대로 동작하지 않는 작업의 문제를 해결하는 데 사용할 수 있다. 모든 로그와 측정항목을 Cloud Logging 및 Monitoring에 기록한다.

Dataflow Templates

대부분의 작업은 직접 빌드하는 대신 사전 정의된 Dataflow 템플릿을 사용한다. Dataflow 콘솔 상단의 표시줄에서 **템플릿에서 작업 만들기**를 클릭하면 페이지가 열린다.

현재 사용할 수 있는 템플릿은 여러 유용한 파이프라인을 지원한다. BigQuery와 관련된 몇 가지 예를 살펴보겠다.

- **Google Cloud Storage to BigQuery with data loss prevention**: GCS와 BigQuery 간의 파이프라인에서 Cloud DLP를 사용해 업로드된 파일에서 민감한 데이터를 로드하기 전에 자동으로 난독화한다.
- **Kafka to BigQuery**: Kafka 토픽 및 부트스트랩 서버 목록을 가져와 지속적으로 BigQuery 테이블로 스트림을 연결한다.
- **JDBC to BigQuery**: 5장에서 논의했던 JDBC 호환 드라이버로 임의 데이터 소스에서 BigQuery 테이블에 로드하는 작업을 자동화한다.

대부분의 템플릿을 기본 파이프라인을 복제할 때 사용할 수 있는 관련 문서와 함께 제공한다. 이런 템플릿은 모두 Java 기반이지만 기본값을 실행할 때 코드를 입력할 필요가 없다.

Dataflow SQL

Dataflow의 유용함을 확인했다. 이제 BigQuery에서 쿼리 및 조인을 사용하는 것과 동일하게 순수한 SQL로 파이프라인을 실행할 수 있다. Dataflow SQL은 2020년 5월에 정식 출시됐으며 이미 데이터 처리 파이프라인을 구성하는 새로운 방법을 예고했다(Google Cloud Dataflow는 Apache Beam SQL의 공동 개발 덕분에 가능했다).

Beam SQL은 Beam Java 상위 계층에서 SQL 쿼리를 Java 실행기의 PTransform으로 변환한다. Apache Beam Java를 직접 사용하는 경우 SQL PTransform과 일반 PTransform을 서로 바꿔서 사용할 수 있다. 적절한 경우 SQL을 사용해 기존 파이프라인 중 일부를 업그레이드할 수 있음을 의미한다.

주요 개념 확장

Beam SQL은 두 가지 SQL 방언을 지원한다. CalciteSQL은 Apache Calcite 방언의 변형이다. Beam의 기본은 SQL 언어이지만 우리는 BigQuery에 집중해야 하므로 여기서는 사용하지 않겠다. ZetaSQL은 2019년에 구글과 협업으로 만든 오픈소스 언어다. 실제로 BigQuery에서 사용하는 SQL 방언과 동일하며 이 책에서는 ZetaSQL을 사용한다.

초창기에 BigQuery를 사용했다면 지금은 Legacy SQL이라고 불리는 다른 SQL 방언을 기억하고 있을 수 있다. BigQuery Legacy SQL은 더 이상 구글에서 권장하지 않는다. 향후 몇 년 후에도 ZetaSQL은 주요 확장 언어로 자리 잡지 못할 것이라고 예상한다. 데이터 처리 영역 분야는 빠르게 변화하고 있으며 많은 사람들이 표준화를 위해 오픈소스에 기여하고 있기 때문이다. 이런 이유로 기본 개념과 비즈니스에 대한 실제 적용에 초점을 맞추겠다. 개념은 변하지 않는다. 구글은 표준 지원을 유지하는 데 상당한 역사를 보유하고 있으며[1] 사용하는 SQL 언어를 ZetaSQL과 통합하려는 목표가 있기 때문에 해당 언어의 수명을 길게 볼 수 있다.

이제 Beam SQL을 이해하는 데 필요한 몇 가지 추가 용어를 살펴본다.

SqlTransform

SqlTransform은 PTransform 클래스를 확장하고 SQL 쿼리에서 생성하는 변환을 정의한다. (Beam은 기본적으로 CalciteSQL 또는 ZetaSQL을 사용해 runner를 시작하게 해준다. 앞서 언급했듯이 ZetaSQL을 사용한다.)

Row

Row는 SQL 특정 요소, 즉 테이블의 행을 나타내는 객체다. 테이블 명명법을 사용하는 대신 Java 구현에서는 PCollection⟨Row⟩의 컬렉션을 적절하게 사용해 데이터베이스 테이블을 표시한다.

Dataflow SQL 확장

Dataflow SQL이 외부 데이터 소스 및 파이프라인을 처리할 때 필요한 표현력을 갖기 위해서는 표준 SQL에 대한 몇 가지 확장을 해야 한다. 여기서 ZetaSQL 언어가 등장한다.

분석기와 파서는 추가 SQL 키워드를 활용해 Apache Beam의 PTransform으로 변환한다.

---

1 제품이 아닌 표준임을 강조한다.

입력과 출력

현재 Dataflow SQL은 BigQuery, Cloud Storage, Pub/Sub의 세 가지 GCP 서비스에서 입력받고, BigQuery와 Pub/Sub 두 곳으로 출력한다. Dataflow SQL에서 작업하면 몇 가지 커스터마이제이션에 제한이 있다. 그러나 Pub/Sub는 데이터 처리 외부의 비동기 메커니즘으로 널리 사용되고 있고 Google Cloud Storage는 파일 기반 시스템과 통합하기 쉬운 대상이므로 데이터 정렬의 부담을 파이프라인 외부로 분리할 수 있다. (11장에서는 Google Cloud Functions를 사용해 데이터 변환을 수행하는 방법을 설명한다. Cloud Functions가 결과를 Pub/Sub 대기열로 연결한 다음 쉽게 Dataflow 작업에 연결하도록 할 수 있다.)

형식

Dataflow SQL에서 파이프라인을 구성하려면 몇 가지 특정 형식에 대한 제한이 있다. 현재 Pub/Sub 대기열에서 도착하는 메시지는 JSON 형식이어야 한다. 이 책을 읽는 시점에는 Avro 형식도 지원할 예정이다. 또한 BigQuery에서 데이터 소스로 구성해야 하고, BigQuery와 호환성을 가진 스키마가 있어야 한다.

어차피 데이터를 삽입하려면 Java 또는 Python으로 자체 파이프라인을 작성하는 경우에도 BigQuery 스키마를 일치시켜야 하므로 당연한 제한사항이다.

윈도우

Dataflow는 스트리밍(제한되지 않은) 소스와 마찬가지로 제한된 데이터 소스에서 쉽게 동작하도록 설계됐다. Pub/Sub 대기열과 같이 제한되지 않은 데이터 소스를 사용하는 경우 단순히 키를 사용할 수 없다. 해당 키가 수신 데이터 세트에서 계속 반복될 수 있으며 작업을 해야 할 "테이블"을 완전히 구체화하지 않았을 수 있기 때문에 윈도우를 적용해 이 문제를 해결해야 한다. 윈도우는 들어오는 데이터의 타임스탬프를 키로 사용해 데이터를 논리적으로 다른 기간으로 나눈다. 이런 데이터 윈도우의 요소는 파이프라인에 대한 PCollection 입력으로 사용하는 집계를 구성한다. 작업 수명 동안은 이 메커니즘을 계속 수행한다.

제한되지 않은 데이터 세트는 워터마크watermark와 트리거trigger 두 가지 방법으로 나눌 수 있다. 다만 현재 Dataflow SQL에서는 둘 다 지원하지 않는다. 스트리밍 파이프라인에 대한 자세한 내용은 https://cloud.google.com/dataflow/docs/concepts/streaming-pipelines에서 알아보자.

윈도우 유형

Google Dataflow에서는 텀블링tumbling, 홉핑hopping, 세션session 윈도우를 사용한다(Beam에서는 고정, 슬라이딩, 세션 윈도우라고 한다). SQL 기반 파이프라인의 집계 동작을 제어하기 위해 이 윈도우 유형을 알아보겠다.

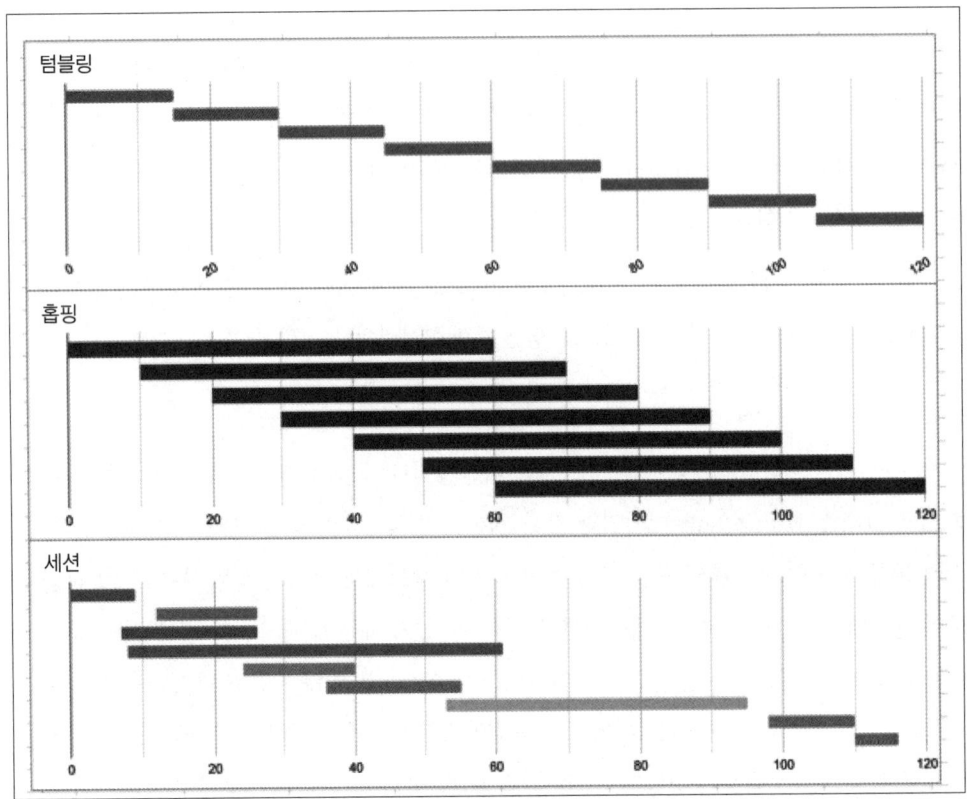

▲ 그림 7-10 윈도우 유형

텀블링

텀블링은 다른 창과 겹치지 않는 고정된 간격이다. 텀블링을 15초로 지정하면 데이터를 15초마다 15초 단위로 집계한다.

지연 시간과 비용 간에 최상의 절충안을 제공하는 간격을 선택한다. 사용자가 1시간 단위로만 데이터를 보는 경우 2단계 빈도로 데이터를 실행할 필요가 없다. 반면에 데이터를 지속적으로 수신하고 즉시 처리하고 전달해야 하는 경우 짧은 간격을 설정해야 한다.

호핑

호핑은 고정된 간격을 정의하지만 다른 창과 겹칠 수 있다. 예를 들어 1분 분량의 데이터를 보고 싶지만 10초마다 새로운 1분 윈도우를 표시할 때 사용한다(예: 0:00-1:00, 0:10-1:10, 0:20-1:20).

시간 경과에 따라 롤링 평균을 생성하려는 경우에 유용하다. 1분 분량의 데이터가 필요하지만 10초마다 업데이트를 확인할 때 사용한다.

세션

세션은 일정 시간 동안 데이터를 수신하지 않을 때까지 데이터를 수집한다. 텀블링이나 호핑과 달리 세션은 각 데이터 키에 새 윈도우를 할당한다.

세션에 대한 가장 좋은 사용 사례는 당연히 사용자 세션 데이터다. 실시간으로 사용자 활동을 캡처하는 경우 사용자가 활동을 중지할 때까지 해당 키(세션 또는 사용자 ID)를 계속 집계한다. 그런 다음 전체 활동 데이터를 하나의 창으로 처리할 수 있다. 키의 활동이 해제되기 전까지의 유휴 상태인 시간으로 정의한다.

테이블을 조인하는 경우 해당 윈도우가 호환되는지 확인해야 한다. 데이터는 동일한 빈도와 타이밍으로 모든 스트리밍 데이터 소스에서 집계해야 한다.

Dataflow SQL 파이프라인 작성

이제 재밌는 부분이다. 한 줄의 코드도 작성할 필요가 없다. PTransforms 또는 DoFns를 알지 못해도 SQL 파이프라인을 만들 수 있다.

실제로 Dataflow SQL 파이프라인을 만들려고 Dataflow 콘솔로 이동할 필요도 없다. Dataflow SQL은 BigQuery UI를 사용해 실행한다. 작업을 생성하면 Cloud Dataflow UI에서 배포 및 진행 상황을 볼 수 있다.

BigQuery 콘솔로 돌아간다. 여기서 새 쿼리를 열고 **더 보기 > 쿼리 설정**을 클릭한다. 쿼리 엔진을 선택하는 옵션을 표시한다.[2]

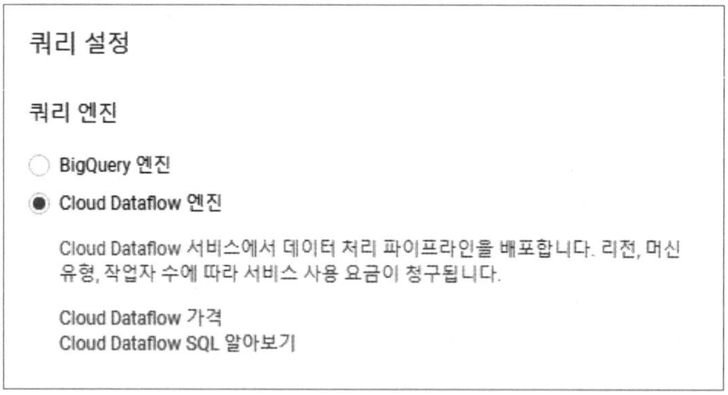

▲ 그림 7-11 쿼리 엔진 설정

Cloud Dataflow 엔진을 선택하고 저장을 클릭한다. 이제 BigQuery에서 실행하는 대신 "Cloud Dataflow 엔진" 태그를 표시하고 쿼리 실행이 "Cloud Dataflow 작업 만들기"로 대체된 것을 확인하자.

Dataflow에서 소스를 추가하려면 리소스 옆에 있는 **+ 데이터 추가**를 클릭하고 **Cloud Dataflow 소스**를 클릭한다. 그러면 프로젝트에서 유효한 Pub/Sub 주제 또는 Cloud Storage 파일 세트를 검색할 수 있는 창이 나타난다. (실제로는 "구독 만들기"를 사용해 Pub/Sub 콘솔에서 Dataflow 작업을 구성할 수 있다. Google Cloud 작업 목록에서 지원하는 템플릿을 선택할 수 있다.)[3]

---

2 BigQuery UI Preview 기능에서는 보이지 않는다.
3 예를 들어 Cloud Shell에서 "gcloud pubsub topics create transactions" 명령으로 transactions라는 토픽을 만든다.
 - 옮긴이

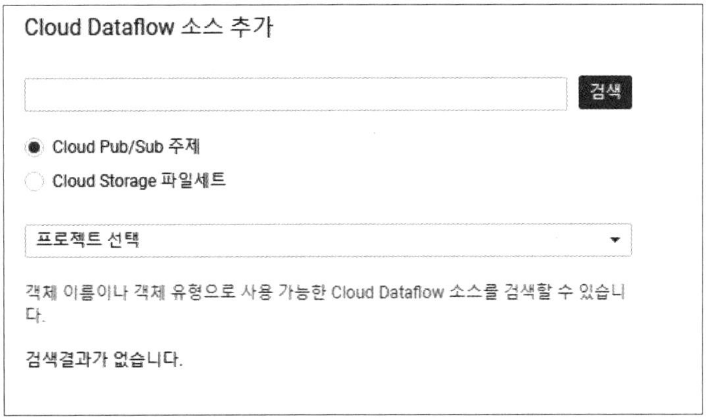

▲ 그림 7-12 Cloud Dataflow 소스 추가

원하는 소스를 선택하면 아래 주제와 함께 "Cloud Dataflow 소스" 섹션을 리소스 계층 구조에 표시한다. 마지막으로 들어오는 메시지에 대한 스키마를 구성해야 한다. 현재 JSON만 지원하며 JSON에는 TIMESTAMP 유형의 "event_timestamp" 필드를 포함해야 한다. (실제로 UI에서 event_timestamp 필드를 삭제할 수 있지만 추천하지 않는다.)

토픽에서 메시지가 도착할 것으로 예상하는 스키마를 제공한다. 해당 스키마 정의는 BigQuery 테이블과 동일하므로 "텍스트로 편집"을 사용해 기존 테이블의 스키마를 사용할 수 있다.

이제 이 스트리밍 데이터 소스를 BigQuery의 일반 테이블처럼 자유롭게 사용할 수 있으며 원하는 경우 윈도우 집계를 추가할 수 있다. Java, Python, PCollections 또는 PTransforms 를 전혀 사용하지 않는다.

▲ 그림 7-13 테이블 스키마

새 데이터 소스 설정을 마치고 스트리밍 Pub/Sub 및 기존 BigQuery 테이블을 사용해 쿼리를 작성한다.

```
SELECT
  TUMBLE_START("INTERVAL 1 MINUTE"),
  t.Name,
  SUM(Price) TotalSales
FROM
  bigquery.TABLE.`{PROJECT}`.{DATASET}.Products t
INNER JOIN
  pubsub.topic.`{PROJECT}`.`NewSales` d
USING
  (SKU)
GROUP BY
  TUMBLE(d.event_timestamp,
    "INTERVAL 1 MINUTE"),
  Name
```

이 쿼리는 Dataflow 작업으로 변환 시 Pub/Sub에서 실시간 판매를 수집한 다음 기존 BigQuery 테이블에 조인해 해당 항목의 이름과 총 판매 금액을 자동으로 가져온 후 원하는 대상으로 결과를 연결한다.

Dataflow에서 "bigquery.table"의 접두사를 사용해 BigQuery 테이블에 접근할 수 있다. BigQuery UI를 사용하더라도 Dataflow SQL 엔진을 사용하고 있으며 구문이 약간 다르다. ("tumble"은 BigQuery SQL에서 동작하지 않는다.)

Dataflow SQL 작업 배포

쿼리를 작성했으니 이제 Dataflow 파이프라인으로 변환할 차례다. GCP는 기본 Java 실행기를 처리하고 쿼리에서 sqlTransform 객체를 만들고 파이프라인을 생성하고 Cloud Dataflow 실행기에 배포해야 한다. 이 작업을 수동으로 수행할 필요가 없다는 것만으로도 기쁘지 않은가?

Cloud Dataflow 작업 만들기를 클릭하면 몇 가지 옵션을 입력을 해야 한다. (매개변수는 Java 또는 Python 작업에서도 동일하게 사용한다.)

▲ 그림 7-14 Dataflow SQL 작업 시 옵션 설정

작업 이름과 리전 엔드포인트

실행 중인 작업들을 분간할 수 있게 고유한 이름을 선택하자. Dataflow 콘솔에 보이는 작업 이름이므로 알아볼 수 있는 이름을 입력하자.

기본적으로 us-central1 리전에서 Dataflow 파이프라인을 실행한다. 기본 작업자 인스턴스가 실행될 영역을 수정할 수 있다. 규정 준수를 위해 리전을 제어해야 할 수도 있지만 그렇지 않으면 그대로 둔다.

최대 작업자/작업자 수

파이프라인이 사용할 Google Compute Engine의 수다. 이 숫자를 변경해 시간에 대한 비용의 우선순위를 지정한다.

작업자 리전/작업자 영역

앞서 언급했듯이 실제로 Google Compute Engine VM이 다른 지역을 사용하도록 지정할 수 있다. 해당 지역 내에서 동작할 영역을 추가로 지정할 수 있다. 구글은 보다 효율적으로 최적화 자동 선택을 추천한다.

서비스 계정 이메일

서비스 계정은 작업 실행 시 사용하는 보안 주체다(로봇의 유저 네임이라고 생각하자). GCP는 일반적으로 필요할 때 새 서비스 계정을 생성하지만 필요한 권한이나 보안이 필요한 계정이 이미 있는 경우 직접 지정할 수 있다.

머신 유형

Dataflow 작업은 가상 머신을 즉시 빌드하고 해체하므로 작업자로 사용할 가상 머신의 종류를 지정할 수 있다.

네트워크 설정

네트워크 구성을 사용해 가상 머신을 배포할 네트워크 및 하위 네트워크를 할당할 수 있다. 작업을 실행하는 데 필요한 특정 네트워크에서 보호된 리소스가 있는 경우 해당 네트워크에서 VM을 실행해야 한다. 가상 머신에 공용 또는 내부 IP가 있는지 지정할 수도 있다. 일부

러너(예: Python)는 스핀업 시 패키지 리포지토리에 도달하려면 인터넷 액세스가 필요하므로 따로 설정을 해줘야 한다. 머신이 내부 IP와 제한된 인터넷 액세스를 모두 갖기를 원하는 경우 모든 NAT를 직접 설정해야 한다. 이 부분은 숙련된 클라우드 엔지니어에게 문의하자.

Destination

이 설정은 작업 결과를 어디로 보낼지 지정하는 것으로 앞서 언급했듯이 Pub/Sub 또는 BigQuery다. 이들 중 하나를 선택하면 Pub/Sub 토픽 또는 BigQuery 데이터 세트 테이블을 선택 또는 생성하는 데 필요한 옵션이 열린다.

"추가 출력"으로 표시된 상자를 선택하고 작업에 대한 두 번째 출력을 지정할 수도 있다. 이 방법을 사용해 결과를 BigQuery 테이블에 저장하고 결과를 Pub/Sub로 전송할 수 있다. 그러면 다른 파이프라인이나 Cloud 함수 또는 다른 서비스에 연결할 수 있다.

작업 생성

만들기를 클릭하면 파이프라인이 동작하기 시작한다. 몇 분 정도 걸릴 수 있지만 BigQuery UI, Dataflow UI, Pub/Sub UI에서 작업을 확인할 수 있다. Dataflow는 Python 파이프라인을 배포할 때와 동일한 단계를 따른다. 이 작업이 완료되면 워크플로 그래프를 UI에 표시하고 측정항목 및 CPU 사용률을 추적할 수 있다. 수동으로 중지할 때까지 이 작업을 실행한다.

이제 수동 관리 없이 방대하고 제한되지 않은 데이터 세트에서 실시간 처리를 위한 모든 것을 배웠다. 조직의 남은 데이터를 BigQuery로 가져오자.

노트 이 작업을 시작하면 비용이 발생한다. Pub/Sub에서 BigQuery로 스트리밍 작업을 실행하려면 Google Compute Engine VM을 지속적으로 실행해야 하며 BigQuery, Pub/Sub, Dataflow 자체 비용도 추가될 수 있다. 배치 작업은 상대적으로 저렴할 수 있지만 스트리밍은 지속적으로 파이프라인을 가동하고 실행하므로 요금이 발생한다. 대량의 데이터를 집중적으로 처리하는 경우 비용에 신경을 써야 한다.

요약

Google Dataflow는 원래 구글에서 시작한 오픈소스 프로젝트인 Apache Beam을 기반으로 구축된 강력한 데이터 처리 기술이다. Dataflow를 사용해 대규모로 병렬화가 된 로드 및 변환 작업을 쉽게 작성하고 GCP로 확장해 배포할 수 있다. 초기에는 Dataflow 및 Beam은 Java, Python, Go와 같은 절차적 언어만 지원했지만 최근에는 순수한 SQL로 변환을 작성할 수 있는 Dataflow SQL을 도입했다. 선택한 방법에 관계없이 자체 Dataflow 작업을 구현하면 대량의 데이터를 BigQuery로 빠르고 안정적으로 처리할 수 있다.

3부

웨어하우스 사용

8장
웨어하우스 관리

1부에서는 데이터 성숙도를 높이려고 조직과 데이터가 준비해야 할 부분을 다뤘고, 2부에서는 데이터를 데이터 웨어하우스로 마이그레이션, 로드 또는 스트리밍하는 방법을 논의했다. 3부에서는 데이터 웨어하우스를 사용해 조직의 데이터 성숙도를 높이는 방법을 설명한다.

웨어하우스 프로젝트의 성공 여부는 솔루션의 비용, 속도 및 복원력을 얼마나 이해하는지가 좌우한다. BigQuery 및 다른 최신 기술은 프로젝트를 빠르게 시작할 수 있지만 데이터 문화의 구축이나 업무관계자들 간의 합의를 이루는 작업을 대신하지는 않는다. 프로젝트의 기간이 길면 다른 것들을 할 수 있는 여유가 생긴다. IT 부서에 하드웨어를 요청하고 보안 규정을 검토하며 완벽한 데이터 프로젝트 품의서를 만들려면 몇 주 또는 몇 달 동안 많은 회의를 거칠 수 있다. 하지만 비용에 민감한 경영진은 프로젝트의 우선순위에 의문을 가질 수 있다. 긴 타임라인은 잘못된 계획 때문에 발생하는 모든 종류의 문제를 직시할 수 없게 만들며 이 같은 프로젝트는 실패한다. 결과가 나오지 않는 프로젝트에 일정량의 시간과 돈을 소비한다면 누군가가 언젠가는 브레이크를 걸 수 있다.

공식적인 "출시"가 없어도 시작할 수 있는 것이 BigQuery의 장점이자 단점이다. 작은 데이터를 축적하고 분석하기 시작하면서 점진적인 웨어하우스를 구축할 수 있지만 업무에 곧바로 큰 영향을 주지는 않는다. 이런 조용한 출시는 프로젝트에 대한 정보가 조직 전체에 고르지 않게 분산돼 일관성이 없거나 불완전한 인사이트를 제공하는 일종의 데이터 회색시장을 만든다. 프로젝트의 가치를 이해하는 사람들은 모여들고 이해하지 못하는 사람들은 또다시 문제를 고치려 한다고 단정짓는다.

이런 사태를 방지하려면 프로젝트 계획의 단계를 따르면서 공식적으로 지원하는 항목과 현재 사용할 수 있는 데이터 세트를 자주 알려야 한다. 아직 수집하지 않은 데이터를 요청하는 경우에 대한 대응도 할 수 있어야 한다. 데이터 온보딩을 처음부터 제대로 하지 못한다면 결과는 치명적일 수 있다. 프로젝트가 초기 단계일 때 데이터를 잘못 해석하거나 잘못 보고해 발생하는 정확성과 관련된 오해는 복구가 어렵다. 프로젝트의 장점을 잘 포장해서 모두에게 알리고 정기적으로 업무관계자의 피드백을 받아야 한다.

Google BigQuery로 잘못된 계획을 미리 예방할 수는 없다. 따라서 신중한 준비 없이 큰 규모의 프로젝트를 시작해서는 안 된다. 가장 어려운 단계는 품의서를 만들고 승인을 받아 웨어하우스를 시작하는 일이다. 데이터 웨어하우스는 일단 굴러가기 시작하면 모든 데이터의 자연스러운 목적지로 자리 잡는다.

엔지니어들은 모든 개발 프로젝트에 커스텀 로깅 및 스토리지를 따로 고려할 필요가 없다는 데 감사해야 한다. 업무관계자가 데이터를 신뢰하기 시작한다면 "해답"을 얻으려고 개발자들을 괴롭히지 않는다. 웨어하우스에서 얻을 수 있는 인사이트를 반복적으로 입증한다면 조직은 인사이트에 응답하기 시작하며 정보를 바로바로 확인할 수 있고 적은 논쟁으로 더 나은 결정을 내릴 수 있다. 회사는 데이터 과학자를 원하고 데이터 과학자도 데이터가 잘 갖춰져 있는 회사에서 일하고 싶어 한다.

질문과 계획

먼저 데이터 웨어하우스의 출시의 성공 기준을 검토한다.

- 프로젝트 품의서 생성 및 승인
- 주요 이해관계자와의 회의 종료 후 핵심 데이터 모델 구축
- 과거 데이터 로드

- BigQuery 로드를 위한 지속적인 데이터 파이프라인 생성
- 수동적인 비즈니스 프로세스에 대한 자동화 가능성
- 업무관계자에게 출시

기준을 모두 통과했다면 데이터 웨어하우스 프로젝트 구축은 성공했다. 이제 데이터 관리자는 프로젝트를 지속적으로 유용하게 만들고 사용자의 요구를 이해하는 과제를 해결해야 한다.

여기서 핵심은 웨어하우스를 구축했을 때의 추진력이다. "완료"된 프로젝트로 분류하는 것을 피해야 한다. 건강한 데이터 웨어하우스는 지속적인 조직의 지원이 필요한 진화하는 프로그램이라고 생각해야 한다. 나중에 BigQuery를 뛰어넘는 새로운 기술이 등장해도 프로젝트를 꾸준히 개선해 왔다면 웨어하우스 변경은 어렵지 않다.

매일 수행하는 작업을 자세히 살펴보면 앞으로 무엇을 구축해야 하는지에 대한 단서를 찾을 수 있다. 리포트, 데이터 또는 기타 요청을 받았을 때 다음 질문을 검토한다.

- 직접 처리해야 하는 요청인가, 아니면 셀프서비스가 가능한 요청인가?
- 셀프서비스가 불가능하다면 그 이유는 지식 격차인가, 기술적 격차인가?
- 기술적인 차이라면 웨어하우스를 설계할 때 합리적으로 예상할 수 있었는가?
- 지식 격차인 경우 요청자가 해당 지식을 수용할 수 있는가?
- 일회성인가, 아니면 반복적인 요청인가?
- 다시 요청을 받는다면 완전히 동일하거나 비슷한 요청인가?
- 이와 같은 요청을 받은 방법은 몇 가지나 될까? 같은 사람이나 그룹에서 같은 요청을 받은 방법은 몇 가지인가?
- 요청자는 이 요청이 완수됐는지 어떻게 알 수 있는가?
- 요청자는 결과를 어떤 방식으로 받는가?

일상적인 일과에 얽매이기 시작하면 패턴을 체계화할 수 있는 방법이 있는지 확인하기가 쉽지 않다. 이런 질문은 웨어하우스에 근본적인 문제가 있는지 확인하거나 사용자가 데이터 웨어하우스에 적응하는 방법을 결정하는 데 도움이 될 수 있다.

이미 존재하는 웨어하우스의 개선된 버전을 출시한 경우 다음의 추가적인 질문을 검토한다.

- 이전과 동일한 요청을 받고 있는가?
- 이전에 받은 요청 중 그때는 할 수 없었지만 지금은 할 수 있는 것이 무엇인가? (처리 속도, 데이터의 수명, 프레젠테이션 방법 등)
- 새로운 요청은 사람들이 새로운 시스템에서 원하는 것을 특정하고 있는가? 아니면 이전 시스템에서 원하는 것으로 특정하고 있는가?
- 두 시스템을 비교하는 이야기를 들었는가? 어떤 종류의 얘기인가?

위 질문으로 사용자가 얼마나 새 시스템을 이해하고 사용하기를 원하는지 알 수 있다. 그렇지 않다고 해서 반드시 문제가 있는 것은 아니다. 교육을 하거나 프로젝트의 목표를 다시 전달해야 할 가능성을 내포한다.

회고

데이터 웨어하우스를 구축하는 프로젝트를 수행하면서 주요 비즈니스 이해관계자와 계속 의사소통하겠지만 특별히 프로젝트가 끝났을 때 공식적인 회고를 진행한다. 회고를 진행해 프로젝트의 큰 단계(구축 및 로드)가 끝났음을 조직에 공식적으로 알린다. 앞으로 나아가려면 어떤 종류의 자원과 시간을 할당해야 하는지에 대한 대화를 시작하고 현재 상황을 재고할 시간을 가질 수 있다.

나는 조직이 다음 단계를 진행하려고 여러 가지 이유를 대며 회고를 포기하는 것을 많이 봤다. 하지만 과거에서 배우고 그 교훈을 사용해 다음 이터레이션을 개선하는 것은 가치 있는 일이다.

웨어하우스를 출시하고 2주 이내에 최대한 여러 사람들을 초대해 회고를 진행해야 한다. 스키마 설계에 대한 피드백을 제공한 사람과 웨어하우스 자동화 프로세스에 도움을 준 비즈니스 이해관계자도 초대한다. 주로 부정적인 피드백을 할 수 있다고 생각되는 사람들도 초대해야 한다. 기대와 달리 긍정적인 피드백을 받을 수도 있으며, 그렇지 않더라도 다른 사람들에게 개선을 위한 당신의 의지를 알릴 수 있다.

회고 형식에 익숙하지 않다면 다른 방법도 많이 있다. 애자일 실무자로 나는 세 가지 간단한 질문으로 회고를 수행하기도 한다.

- 무엇이 잘 됐는가?
- 무엇이 잘 되지 않았는가?
- 다음에 무엇을 개선해야 하는가?

앞선 질문에서 여러 이해관계자들로부터 공통된 영역에 대한 피드백을 얻을 수 있다. 익명으로 진행할 수도 있지만 논쟁이 많거나 말수가 적지 않는 한 그럴 필요가 없다.

2장에서 호의적인 프로젝트 관리자나 임원에게서 도움을 얻었다면 회고 프로세스를 어떻게 제대로 수행할 수 있는지 피드백을 요청해 보자.

앞서 문제 파악을 위해 인터뷰한 업무관계자들은 이제 프로젝트의 사용자다. 그들은 당신의 프로젝트가 출시할 수 있게 중요한 역할을 했고, 이제는 지속적인 성공을 위한 열쇠 역할을 할 것이다.

로드맵

회고를 진행해 프로젝트에 대한 일반적인 인식을 파악했고 피드백에서 개선해야 하는 영역을 발견했다면 어떤 방향으로 커뮤니케이션을 개선할 수 있는지 알 수 있다.

프로젝트를 계속 진행하려면 데이터 웨어하우스의 운영과 개선을 같이 진행해야 한다. 업무 우선순위 지정 및 프로젝트 관리에 대한 글은 많이 찾아볼 수 있기 때문에 그 부분에 대한 설명 대신 계획해야 하는 일의 유형을 살펴보겠다.

데이터 관리의 전략은 대부분 사업 목표와 목적에 따라 정해진다. 5부에서 장기적인 변화, 비즈니스에 도움을 주는 전략 및 피드백 루프가 데이터 관리에 어떻게 도움을 주는지 설명한다. 웨어하우스 출시 첫날에 위와 같은 인사이트를 얻기는 힘들다. 자연스럽게 비즈니스의 진화와 조직의 변화에 맞춰 적절한 영역에 로드맵을 설정해야 한다.

모든 것을 순조롭게 진행하면 웨어하우스가 조직적 사고를 변화시키고 새로운 인사이트를 제공하는 것을 발견할 수 있다.

제품 결함

출시 전 웨어하우스의 주요 문제, 특히 데이터 무결성에 영향을 미치는 문제를 미리 발견했기를 바란다. 그렇지 않은 경우 문제 해결에 대한 우선순위를 정해야 한다. 이는 로드맵에 들어갈 내용이 아니며 일상적인 작업의 일부다. 새로운 요청과 마찬가지로 결함에 앞선 질문을 적용한다. 동일한 영역에서 반복되는 결함이나 근본적인 설계 문제를 암시하는 결함은 실제로 추가적인 시스템화가 필요하다는 신호일 수 있다. 특정 패턴의 결함은 숨겨진 기술 부채 또는 추가 시스템 작업이 필요하다는 것을 나타낸다.

이런 결함이 구축 시에 예방할 수 있었는지 질문하자. 만약 그렇다면 문제는 시스템이 아니다. 프로세스 어딘가에 존재하는 품질 관리의 문제일 수 있다. 이런 문제는 다른 해결 방법이 필요하다.

품질 문제인지 예기치 않은 상황인지에 관계없이 가능한 한 빨리 결함을 수정해야 한다. 결함에 대응하는 방식에 따라 당신, 당신 팀, 프로젝트 및 기술에 대한 사용자의 반응이 달라진다.

나는 여러 번 맥락을 모른 채 디자인 회의에 참석해 '제품'이 문제를 쉽게 해결할 수 있을 것 같다고 말한 적이 있다. 그 시점에서 '제품'이 쓸모없다는 피드백을 받은 적이 있다. 내키지 않더라도 누군가 맹목적으로 기술을 비난하는 것은 심각한 상황이라고 생각해야 한다. BigQuery가 단지 "나쁜" 기술이라고 맹목적으로 주장하는 것을 받아치기는 어렵다. 안타깝게도 비전문 사용자는 어떤 문제를 자세히 들여다보지 않는다. 결함을 빠르게 수정하지 않으면 이런 상황과 자주 마주칠 수 있다.

기술 부채

대부분의 프로젝트에는 기술 부채가 발생한다. 일반적으로 이 부채는 프로젝트가 마감일에 가까워짐에 따라 비율적으로 증가한다. 기술 부채는 가치 중립적인 용어다. 최소 기능 제품 MVP을 적시에 출시하려고 의도적으로 부채를 갖는 것은 본질적으로 나쁜 것이 아니다. 그러나 부채를 완화하거나 해결하려면 기록하고 출시 후 타임라인에 여유 공간을 남겨 둬야 한다. 첫 출시에는 전략적으로 중요하지 않은 영역을 기술 부채로 처리한다. 매일 밤 보고서를 만드는 데 4시간이 걸리는 작업을 30분으로 줄였다면 20분으로 줄일 수 있더라도 그 노력을 다른 중요한 기능에 투자하는 것이 좋다.

제품 결함과 기술 부채의 차이는 무엇일까? 모든 사람이 동의하는 것은 아니지만 기술 부채는 선택의 결과라고 믿는다. 프로젝트를 제시간 및/또는 예산에 맞게 시작하려면 하나 이상의 비기능적 특성에서 약간의 비효율성을 받아들여야 한다. 더 정확하게 말하면 버그를 알고 일부러 남겨 두면 버그는 기술적 부채다. 어떻게 그것이 가능한가? 버그를 인지하고 그 버그를 재현하지 못하게 처리한다면 부채로 분류할 수 있다. 프로젝트 범위를 줄이고 특정 유형의 이벤트를 기록하지 않기로 결정했다고 가정해 보자. 로그 코드에 버그가 있는 경우 해당 버그를 부채의 일부로 분류한다. 앞서 말한 버그와 부채의 차이는 명확하다. 로드맵을 짜면서 기술 부채 청산에 대한 계획을 세울 수 있지만 버그는 계획할 수 없다. 버그에 대한 여유를 남겨 둘 수 있지만 특정 버그가 무엇인지 미리 알 수 없다.

유지보수

이전에는 유지보수를 하려면 서버의 하드 용량과 메모리를 신경 쓰고 OS 및 데이터베이스 패치와 조각 모음을 주기적으로 수행했다. 정기적인 유지 관리와 관련된 일부 작업은 이제 구글에서 자동으로 처리하지만 여전히 고려해야 할 사항들이 있다.

외부 통합을 한다면 API 프레임워크가 업데이트되거나 더 이상 지원하지 않을 가능성이 있다. 비즈니스는 회계 공급 업체를 다른 공급 업체로 대체할 수 있다. 볼륨의 갑작스러운 증가를 설명하려고 특정 테이블을 분할하는 방식을 변경해야 할 수 있다. 이런 사항들이 로드맵을 바꿔야 하는 수준은 아니지만 계획에는 포함시켜야 한다.

범위 축소

부채로 설정한 비기능적 부분 외에도 기간 내에 달성하지 못한 기능적 부분이 있을 수 있다. 업무관계자가 특별히 신경 쓰지 않는 사용 사례나 다른 팀 또는 문제가 있어 더 이상 필요 없어진 기능들이다. 데이터를 구글 스프레드시트로 변환해 로드하려고 했지만 어떤 사유 때문에 데이터를 변환하지 못해 우선순위가 낮아졌을 수도 있다. 또는 특정 부서에서 특정 데이터 세트를 요구했지만 중간에 우선순위가 변경돼 더 이상 필요하지 않게 됐을 수도 있다.

첫 번째 릴리스에서 미뤄 뒀던 기능들을 살펴보자. 다음 로드맵에 자동으로 올리지 말고 필요한 기능인지를 다시 평가해야 한다. 더 나은 방법으로 해결할 수도 있으니 필요한 경우 다시 범위를 지정해야 한다.

출시 날짜가 다가오면 "2단계" 또는 "다음 이터레이션iteration"과 같은 단어를 듣기 시작한다. 출시 자체를 위험에 빠뜨리거나 출시했지만 프로젝트를 완료하지 않았다는 착각을 불러일으키는 효과가 있다. 물론 프로젝트는 아직 완료되지 않았다. 데이터 웨어하우스는 영구적으로 운영하는 프로그램이다. 모든 사람이 프로젝트 구성에 동의하는 것이 품의서를 작성하고 광범위한 합의를 얻는 목적이다. 2단계가 1단계의 아쉬웠던 점에 대한 위시리스트가 되는 것을 피한다. 동일한 우선순위 시스템을 적용해야 가장 필요한 곳에 적절한 리소스가 분배될 수 있다.

시스템화

훌륭한 건축가는 시스템을 완성하는 즉시 더 나은 구축 방법을 깨닫는다. 두 번이나 같은 시스템을 진행할 수 있는 리소스를 자주 얻지는 못한다. 운영 중에 시스템의 주요 부분을 재구성할 수 있는 것이 건물 설계자에 비해 한 가지 나은 점이다. 앞서 검토했던 요청에 대한 질문을 이용하자. 요청 패턴에서 시스템화에 대한 힌트를 엿볼 수 있다.

낙관적인 확장성

나는 개선 가능성을 합리적으로 예측하고 큰 그림을 짜는 프로세스를 "낙관적인 확장성 Optimistic Extensibility"이라고 칭한다. 지속적인 성공을 위해 아직 존재하지 않는 것을 예상하고 새로운 확장 지점을 만들어야 한다. 이것은 다음 단계로 도약할 수 있게 해주는 준비 작업이다. BigQuery의 후속 제품이 나오고 확장성을 기준으로 주목할 만한 가치를 발견하면 바로 전환할 수 있게 해준다.

추상화 작업은 확장성을 준비하는 프로세스 중 하나다. 목적지가 있는 데이터 파이프라인을 구축했고 동일한 데이터를 향후 두 번째 목적지로 연결할 필요성이 있다면 시간을 들여 여러 목적지로 데이터가 흐를 수 있도록 추상화 계층을 추가하자. 처음 목적지를 불가피하게 사용할 수 없을 때 다른 목적지를 위해 완전히 새로운 파이프라인을 작성하는 것은 존재하지 않는 사용 사례를 위해 복잡성을 추가하는 일이다. 불필요한 결합을 조심하며 다음 단계로 가는 길을 매끄럽게 만들자.

덧붙이자면 이 작업은 앞서 말한 "범위 축소"에 해당하는 기능이다. R&D도 낙관적인 확장에 포함될 수 있다. BigQuery에서 아직 정식 출시하지 않은 알파 기능을 준비하는 것이 하나의 예다. 기능의 세부사항은 변경될 수 있지만 개념만 잡혀 있다면 정식 출시 후 바로 사용할 수 있다.

설명했듯이 반드시 기능을 구축해야 한다는 의미가 아니다. 물리적 건축을 비유로 삼아 방금 집을 지었다고 가정하자. 집에 인접한 땅이 매물로 나와 매입한다. 수영장을 지을 수 있는지 확인하려고 도면을 만들 수 있다. 하지만 도면을 만드는 것이 수영장을 짓는 것을 의미하는 것은 아니다. 토지는 확장 포인트이며 미래에 그곳에 뭔가를 지을 것이라고 낙관적으로 예상할 수 있다. 준비가 됐을 때 해당 토지를 사용할 수 있는 확장성을 고려한다.

도널드 커누스Donald Knuth가 말했듯이 조기 최적화는 모든 악의 근원이 될 수 있지만 준비하는 것은 최적화와 거리가 멀다. 미래를 바라보는 것과 결코 사용할 수 없는 일을 하는 것 사이의 균형을 찾아야 한다.

우선순위

우선순위는 당신에게 달려 있다. 모든 영역에서 데이터를 수집하는 데 몇 주 또는 몇 달이 소요될 수 있지만 그 후에 진행하는 방법에는 여러 가지 선택지가 있다. 우선순위를 지정하는 것은 쉬운 일이 아니지만 우선순위를 정해야 할 기능들이 일단 존재해야 한다.

비즈니스가 성장하고 변화함에 따라 로드맵은 비즈니스 중심으로 돌아간다. 혼자 진행할 때와는 다르게 비즈니스 담당자들이 더 많은 가치를 더하려고 제안하기 시작한다. 이런 요청을 체계화해 요구사항을 더 쉽게 이해할 수 있도록 해야 한다. 이 정보를 사용해 낙관적 확장성을 준비할 수 있다. 마지막으로 이런 관계를 사용해 피드백 루프를 개발할 수 있다. 전략이 데이터 수집을 주도하는 만큼 데이터는 전략을 개선한다.

푸시-풀 전략

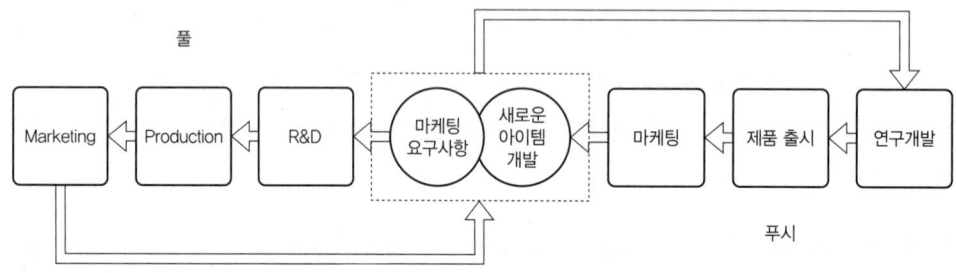

▲ 그림 8-1 기술 푸시와 마켓 풀의 관계도
(https://commons.wikimedia.org/wiki/File:Technology-Push_Market-Pull.png,
크리에이티브 커먼스 라이선스 참고 CC BY-SA 3.0)

푸시-풀 전략은 수요 대비 생산을 계획하는 방법으로 공급망 관리에서 시작된 개념이다. 판매하는 상품의 유형에 따라 푸시나 풀 또는 두 가지 조합을 사용해 상품에 대한 시장 요구를 충족할 수 있다. 간략히 설명하면

- 푸시 기반 공급망은 예측을 사용해 상품에 대한 수요를 근사치로 계산한 다음 해당 제품을 생산하고 시장에 출시한다. 칫솔이나 화장지와 같이 상대적으로 정적인 수요 변동이 있고 규모의 경제성이 높은 상품에 적용한다. 항상 거의 같은 양을 구매하는

것을 알면서 주문 시에 칫솔 제작하는 것은 효율이 낮다.

- 풀 기반 공급망은 제품을 만들거나 제공하기 전에 소비자의 요청을 기다린다. 다양한 수요 변동이 있는 보석과 같은 지연 시간에 대한 합리적인 허용 오차가 있는 상품에 적용한다.
- 푸시-풀 공급망은 두 기술의 조합을 사용한다. 요청에 따라 상품이 만들어질 때 동작하지만 원자재 또는 구성 부품을 미리 준비(푸시)할 수 있다. 풀 서비스 레스토랑을 생각해 보자. 샐러드는 주문할 때까지 만들어지지 않지만 상추는 이미 준비돼 있다.

소프트웨어 엔지니어는 애자일 개발 프로세스의 일부로 비슷한 전략을 다룬다. 풀 프로세스의 한 예는 공급망 물류에서도 시작된 Kanban 방법론이다. 진행 중인 작업량에 제한이 있는 각 엔지니어가 사용할 수 있는 티켓 스택에서 티켓을 가져온다.

데이터 웨어하우스에서 이 방법론을 의식적으로 사용하는 사람은 아무도 없겠지만 여기서도 동일하게 적용할 수 있다.

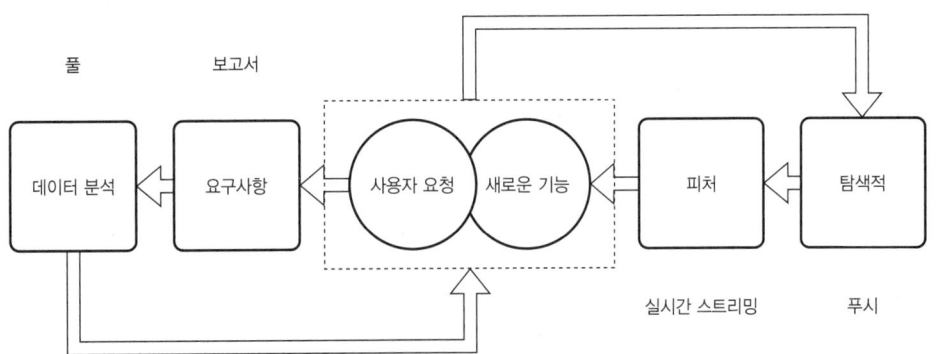

▲ 그림 8-2 푸시-풀 전략을 데이터 웨어하우스 계획에 적용하기 위한 제안
(웨어하우스 사용자 ▶ 데이터 웨어하우스 ▶ 데이터 분석가)

그림 8-2를 보고 추론하자면 다음과 같다. 사용자는 웨어하우스에서 가져와 "주문 제작"할 수 있는 데이터 및 보고서가 있다. 보고서 기능들이 해당 역할을 수행한다. 반대로 대시보드, 실시간 분석, 기계학습 및 사용자가 아직 요청하지 않은 기타 항목에 대한 정보를 푸시한다. 모델의 각 측면은 다른 측면을 보완하고 지속적으로 개선되는 인사이트의 피드백 루프를 형성한다.

비록 동일한 용어를 사용하지 않더라도 이미 많은 조직에서 유사한 모델을 사용하고 있다. 이 모델을 사용해 역할과 책임을 형식화할 수 있다. 데이터 기능의 소유자는 결과 및 기능을 요청하는 사용자만큼 소유권에 기여할 수 있다.

요약하자면 들어오는 요청을 받고 패턴으로 체계화해 개선된 시스템을 소비자에게 다시 푸시해 더 나은 패턴을 도출할 수 있다.

데이터 고객 유형

조직은 데이터 웨어하우스의 비기술적 측면의 중심이다. 데이터 웨어하우스는 조직의 제품이며 모든 제품은 마케팅이 필요하다.

플랫폼을 사용하는 사용자 수, 절약한 비용 또는 특정 비즈니스의 핵심 성과 지표^{KPI}가 보이는 통계를 인용하는 기술 회사의 광고를 자주 접한다. 광고판에 대한 정보의 출처가 어디라고 생각하는가?

제품 관리의 또 다른 일반적인 기술은 "페르소나^{persona}"의 개발 및 연구다. 페르소나는 제품의 평균 고객의 프로필이다. 목표 시장을 여러 페르소나로 나눌 수 있으며 각 페르소나는 잠재 고객 세그먼트의 특성과 동기를 나타낸다.

데이터 웨어하우스의 잠재적인 데이터 "고객"을 이런 방식으로 프레이밍하는 것은 관계를 구축하고 진정으로 가치를 추가하는 유용한 방법이다.

페르소나를 잘 만들기보다 제품 제작자와 사용자 간의 공생이 성공의 열쇠라는 것을 염두에 두자. 데이터 웨어하우스와 같은 추상적인 프로젝트에서는 이런 점을 간과하기 쉽다.

조직의 데이터 기능에 관련된 일반적인 사용자들이 BigQuery 웨어하우스에 어떻게 반응하는지를 살펴보겠다.

데이터 분석가

데이터 분석가들은 인사이트를 찾는다. 그들은 업무를 효과적으로 수행하기를 희망한다. 고급 도구 및 통계에 액세스 할 수 있으며 각자 선호하는 방법으로 데이터를 가져올 방법을 원한다. BigQuery는 SQL에서 동작한다는 이점이 있다. 가능한 한 쉽게 자신의 데이터 세트를 BigQuery로 이전하고 API, SDK 또는 파일을 사용해 자신의 분석 패키지에서 사용할 수 있도록 해야 한다.

R을 선호하는 데이터 분석가의 경우 Jupyter Notebook을 사용해 BigQuery를 연결할 수 있다. bigrquery라는 CRAN 패키지도 있다. RStudio는 BigQuery와 직접 통합돼 있고 Google Compute Engine 인스턴스에서 RStudio를 실행할 수도 있다.

가능한 한 셀프서비스를 할 수 있게 도와주는 것이 좋다.

엔지니어

엔지니어는 성능 손실이나 추가 작업 없이 애플리케이션에서 BigQuery 데이터를 사용할 수 있는 방법을 알고 싶어 한다. 로그를 저장할 위치, 로그 보관 방법 또는 분석에 필요한 이벤트 보고 방법과 같은 까다로운 문제 해결을 원한다.

엔지니어는 코드에 삽입하는 방법이 쉬우면 쉬울수록 실행 중인 애플리케이션에서 더 많은 데이터를 얻을 수 있다. 12장에서 설명하겠지만 BigQuery를 사용해 애플리케이션 성능 모니터링 및 근본 원인 분석을 지원할 수 있다. 엔지니어가 애플리케이션 데이터를 BigQuery에 저장하게 유도하는 것이 가장 이상적이다.

임원 및 경영진

일반화는 힘들겠지만 몇 가지 공통점을 짚어보자. 시간 관리는 경영진의 최우선 과제이며 언제든지 운영 중단 없이 중요한 보고서와 데이터에 액세스할 수 있어야 한다. 많은 준비 없이 갑자기 방법을 변경하지 않도록 주의하자.

고위 경영진이 새로운 방법에 적응하는 것도 바람직하지만 새로운 방법을 배우는 러닝 커브를 신중하게 계산해야 한다. 일일 보고서의 왼쪽 상단에 수익 수치를 표시하는 데 익숙하다면 변경하지 않는 것이 좋다. 그들이 새로운 방식에 대한 가치를 인식하더라도 그들을 행복하게 할 것이라고 생각하면 그들에게는 기술 세트보단 시간 관리가 더 중요하다.

경영진이 데이터를 기반으로 내리는 많은 결정은 시간에 매우 민감하며 모든 데이터를 보고 평가하고 결정을 내릴 수 있는 창은 하나뿐이다.

이런 상황에서 대부분의 리더는 데이터를 갖고 최선의 결정을 내릴 것이며 설령 품질이 좋지 않거나 잘못됐어도 최선의 판단을 내린다. 대부분의 리더는 혁신을 소중히 여기고 환영하며 당신의 노력에 대한 평가를 폄하하지 않는다. 프로젝트 품의서를 작성하고 임원과 합의를 이뤘다면 이런 과정이 더 쉬울 수 있다.

영업직

영업직의 모든 촉각은 잠재 고객과 고객에게 집중돼 있다. 제공할 수 있는 데이터가 많을수록 더 좋다. 그들은 셀프서비스와 리포트 제품 모두를 원한다.

필요할 때마다 언제든지 데이터를 사용할 수 있도록 하는 것이 데이터 문화의 목표 중 하나다. 데이터를 가까이에 두고 사용할 수 있게 해준다면 손쉽게 요구사항을 타기팅하고 고객에게 깊은 인상을 남길 수 있는 기회를 제공할 수 있다.

영업 담당자를 위해서라도 업무 시간 동안은 유지 관리를 위해서라도 시스템을 중단하는 것을 피한다. 하지만 BigQuery를 사용하면 그런 걱정은 할 필요가 없다.

요약

데이터 웨어하우스의 출시는 중요한 성과이지만 이제 본 게임의 시작이다. 이 시점까지의 진행 상황은 프로세스를 이용해 문서화한다. 그런 다음 우선순위를 포함하는 로드맵을 구성한다. 우선순위는 조직에 따라 다를 수 있지만 몇 가지 일반적인 유형으로 나눌 수 있다. 데이터 웨어하우스가 가진 위치의 특성상 공유하는 제품 소유권 체계는 비즈니스 전략을 수행함에 있어 사용자에게 가장 큰 가치를 제공할 수 있다. 시스템에 포함하는 사용자 유형도 조직에 따라 매우 구체적이지만 여러 공통된 역할이 존재하며 사용자 페르소나를 구성하는 데 도움이 될 수 있다.

9장에서는 SQL로 돌아가 일반적인 쿼리 패턴과 웨어하우스에서 얻을 수 있는 BigQuery SQL 사용 방법을 설명한다.

9장

웨어하우스 쿼리

지금까지 웨어하우스 구축 후 데이터 로드/스트리밍을 위한 워크플로를 설정하고 로드맵을 정의했다. 이제 엄청나게 쏟아져 나오는 데이터를 처리해야 한다.

3부에서는 데이터 처리 방법, 사용자 접근과 자동화 작업을 위해 스케줄링, 서비스로서의 기능, 로깅 및 모니터링에 유용한 구글 서비스를 설명한다. 기존 작업에 이 도구들을 적용하면 데이터 분석에 더 집중할 수 있다.

우선 BigQuery에서 사용할 수 있는 기능을 살펴본다. 데이터 프로그램의 궁극적인 목표는 원시 데이터를 정보로 변환하고 해당 정보를 사용해 인사이트를 찾는 것이다. 데이터를 한곳에 모으는 가장 어려운 작업은 지나갔다.

BigQuery를 효과적으로 이용하려면 SQL에 대한 이해가 필요하다. ANSI SQL과 BigQuery의 특수한 개념을 모두 알아야 한다. 9장에서는 SQL을 사용해 중첩 열, 파티션 및 다양한 기본 데이터 유형을 쿼리하는 방법을 배운다.

SQL이 익숙하다면 9장은 빠르게 보자. BigQuery에서는 특히 중첩 데이터와 파티션이 중요하다.

BigQuery SQL

1장에서 분석했던 SQL 쿼리를 다시 살펴본다.

```
SELECT
  spc_common AS species,
  COUNT(*) number_of_trees,
FROM
  `bigquery-public-data.new_york.tree_census_2015`
WHERE
  spc_common != ""
  AND health = "Good"
GROUP BY
  spc_common,
  health
ORDER BY
  number_of_trees DESC
LIMIT
  10
```

이 쿼리를 이해하면 SQL 동작 방식에 대한 기본 원칙을 알 수 있다. 하지만 복잡한 기능은 다루지 않았고 매우 큰 데이터 세트에서 사용할 수 있는 요령도 다루지 않을 것이다. BigQuery는 페타바이트 범위에서 동작하도록 설계됐다. 데이터가 점점 더 커짐에 따라 쿼리 성능을 최적화하려면 이면에서 일어나는 일을 이해해야 한다.

기본 문법

데이터베이스에서 정보를 검색하는 쿼리는 항상 동일한 구조를 갖는다. 특정 조건(WHERE)이 참인 테이블에서 FROM 데이터를 선택 SELECT 한다.

앞선 쿼리를 이용해 SQL의 기본 개념을 살펴보겠다. 9장에서는 기본 문법을 다룬 후 집계 함수와 그룹 함수를 살펴본다.

LIMIT

LIMIT 및 OFFSET을 사용해 반환하는 행 수를 제한하거나 페이지를 적용한다. 테이블에 수십억 개의 행이 있는 경우 반환하는 데이터에 대한 제한을 지정하지 않으면 엄청난 양의 결과를 생성하며 무시할 수 없는 비용과 시간을 사용한다. 일반적으로 예상할 수 있는 작은 크기의 정적 데이터를 반환할 때가 아니라면 항상 LIMIT를 사용하도록 한다.

LIMIT와 OFFSET은 모두 양수를 사용한다. ORDER 키워드 없이 반환하는 결과는 비결정적이다. 쿼리 프로세서는 첫 번째 n행의 결과를 반환한다.

정렬

ORDER BY는 결과의 정렬 순서를 지정한다. LIMIT와 함께 사용하면 데이터를 정렬 후 상위 n개의 행으로 제한한다.

오름차순(기본값) 또는 내림차순으로 정렬할 수 있으며 여러 열을 기준으로 정렬할 수 있다.

이해를 돕기 위해 그림 9-1을 참고한다.

SELECT firstName, lastName FROM Names

firstName	lastName
Ray	Deltoro
Tina	Chan
Cristina	Estefania
Mario	Tonberry
Tim	Kachowski
Arik	Apple
Rahel	Zweikrank
NULL	Morales
Genevieve	NULL
NULL	NULL

→ ORDER BY lastName (or) ORDER BY lastName ASC (or) ORDER BY 2 (or) ORDER BY lastName NULLS FIRST

firstName	lastName
NULL	NULL
Genevieve	NULL
Arik	Apple
Tina	Chan
Ray	Deltoro
Cristina	Estefania
Tim	Kachowski
NULL	NULL
Mario	Tonberry
Rahel	Zweikrank

→ ORDER BY firstName DESC (or) ORDER BY 1 DESC

firstName	lastName
Tina	Chan
Tim	Kachowski
Ray	Deltoro
Rahel	Zweikrank
Mario	Tonberry
Genevieve	NULL
Cristina	Estefania
Arik	Apple
NULL	NULL
NULL	Morales

→ ORDER BY 2,1 NULLS LAST (or) ORDER BY lastName, FirstName NULLS LAST

firstName	lastName
Genevieve	NULL
NULL	NULL
Arik	Apple
Tina	Chan
Ray	Deltoro
Cristina	Estefania
Tim	Kachowski
NULL	Morales
Mario	Tonberry
Rahel	Zweikrank

▲ 그림 9-1 ORDER BY 예제

마지막 예를 보면 열 이름을 사용하는 대신 숫자를 사용했다. 1은 첫 번째 결과 열을 나타내고, 2는 두 번째 열을 기준으로 정렬한다. SELECT문에서 열의 수나 순서를 변경하면 의도하지 않게 정렬되기 때문에 숫자보단 열 이름을 사용하는 것이 좋다. (하지만 별칭이나 조인 또는 * 쿼리를 사용해 열 이름을 특정할 수 없는 경우에는 유용하다.)

BigQuery는 "NULLS FIRST" 또는 "NULLS LAST" 매개변수를 사용해 NULL 값을 먼저 정렬하거나 나중에 정렬할 수 있다. 기본적으로 ASC의 경우 NULL이 먼저 나오고, DESC의 경우 NULL이 마지막에 정렬한다.

BigQuery에서 STRUCT, ARRAY 및 GEOGRAPHY 데이터 유형은 정렬할 수 없다. ORDER BY에 이런 유형의 열을 포함하면 오류가 발생한다. 처음 두 유형은 다중 값이라서 정렬 기준이 되는 최상위 값을 특정할 수 없기 때문이다. GEOGRAPHY의 경우 공간 데이터 유형에 대한 표준 순서가 없다. 뉴욕, 시카고 및 로스앤젤레스의 위치별로 정렬할 수 있는 정의는 존재하지 않는다(물론 특정 지점과의 거리를 기준으로 정렬할 수 있으며 이 부분은 나중에 다룬다).

그룹핑

그룹핑(그룹화)을 사용해 일치하는 데이터를 집계할 수 있다. 앞선 예제 쿼리에서 그룹을 사용해 이름당 하나의 결과를 가져왔다. 가장 인기 있는 이름을 찾으려면 각 이름을 살펴볼 때 데이터 세트에서 가장 많은 수를 가진 이름을 찾으면 된다.

다른 집계 함수와 함께 다수의 항목에서 계산된 하나의 행을 가져올 때 GROUP BY를 사용한다. 이 패턴은 거의 모든 웨어하우스 쿼리에서 동일하다. 일반적으로 수백만 개의 후보 행에서 최대, 최소 또는 평균을 찾는다. 다음 쿼리는 페이지당 웹사이트의 평균 응답 시간을 반환하는 예제다.

```
SELECT PageName, AVG(ResponseTime)
FROM PageLoads
GROUP BY PageName
```

위 쿼리는 테이블의 모든 페이지의 응답 시간을 살펴보고 PageName으로 그룹핑한 다음 ResponseTime열 값의 평균을 계산한다. 다음 쿼리로 사이트에서 가장 느린 페이지를 찾을 수 있다.

```
ORDER BY AVG(ResponseTime) DESC
```

집계 분석을 사용하면 거대한 데이터 세트를 사용할 수 있는 정보로 만들 수 있다. Big Query의 다양한 집계 함수는 다음 절에서 더 자세히 검토한다. 대부분의 SQL 쿼리에서 일반적으로 사용하는 집계 분석 몇 가지를 나열해 보면 다음과 같다.

- MAX: 그룹의 최댓값을 반환한다.
- MIN: 그룹의 최솟값을 반환한다.
- SUM: 그룹에 있는 모든 값의 합계를 반환한다.
- AVG: 그룹에 있는 모든 값의 평균을 반환한다.
- COUNT: 그룹에 속한 아이템 개수를 반환한다.

추가 구문

이 절에서는 SELECT에서 사용할 수 있는 추가적인 구문을 설명한다.

* 쿼리

SELECT * FROM Table과 같은 단일 테이블 쿼리를 사용하면 해당 테이블의 모든 열을 가져온다. 조인 또는 하위 쿼리가 있을 때는 결합된 집합의 모든 열을 가져온다. SELECT * FROM Table JOIN Table2... JOIN Table3... JOIN TableN은 모든 테이블의 모든 열을 반환한다.

다중 테이블을 쿼리할 때 다음과 같이 테이블 이름으로 *를 한정해 해당 테이블에 대한 모든 열을 가져올 수 있다.

```
SELECT A.*, B.Name
FROM A
JOIN B
USING (Key)
```

위 쿼리는 테이블 A의 모든 열과 테이블 B의 Name열을 가져온다. 앞서 살펴본 것처럼 모든 열을 선택하는 것은 프로덕션 쿼리에서는 피해야 한다. 열을 제한하는 것은 불필요한 데이터에 대한 액세스 (및 비용)을 방지하는 가장 기본적인 방법이다. 그리고 열 순서나 열 이름을 변경하면 쿼리가 동작하지 않을 위험이 있다. 모든 열의 이름이 기억나지 않거나 탐색적 데이터 분석에서 데이터를 파악하려 할 때는 유용하다.

BigQuery에서 큰 테이블을 상대로 한정된 열 이름을 사용한 쿼리와 *를 사용한 쿼리를 비교해 보자. 데이터 추정치가 급증하는 것을 확인할 수 있다. 예를 들어 앞선 나무에 대한 쿼리를 실행하면 12.5MB의 데이터 처리를 예상한다. *를 사용한 동일한 쿼리는 223.1MB를 예상한다.

EXCEPT

EXCEPT를 사용하면 SELECT *를 사용해 특정 열을 제외할 수 있다. 최소한 BigQuery에서는 읽기 어려운 중첩 열을 제외해 보다 간결한 방식으로 쿼리 결과를 보는 데 유용하다.

REPLACE

REPLACE 키워드를 사용해 일종의 일괄적인 별칭 지정을 할 수 있다. SELECT문에서 별칭을 사용하지 않아도 특정 열의 이름을 바꿀 수 있다.

특히 BigQuery에서 열의 이름을 모두 지정하지 않아도 수백 개의 열 이름 중 몇 개만 바꿀 수 있다는 것은 좋은 기능이다.

DISTINCT

SELECT 쿼리의 기본 동작은 SELECT ALL이다. 즉, 중복을 포함해 집합의 모든 행을 반환한다. DISTINCT는 결과 집합에서 중복 행을 필터링하고 각각의 복사본을 하나만 반환한다.

BigQuery에서는 STRUCT나 ARRAY는 비교가 불가능해 DISTINCT를 사용할 수 없다.

WITH

WITH는 임시로 명명된 쿼리 결과를 만들기 위해 SELECT 앞에 배치할 수 있는 접두사다. 중간 결과가 필요한 경우 하위 쿼리보다 가독성이 좋다.

표준 SQL에서는 WITH를 사용해 테이블을 자체 조인해 재귀를 생성할 수 있다. 하지만 BigQuery는 이 방법을 지원하지 않으며 페타바이트 크기의 테이블에 재귀적으로 자체 조인하는 것은 생각하기만 해도 끔찍하다.

WITH 바로 뒤에는 SELECT문이 붙는다. 다음 쿼리는 테이블의 "Kinds" 수를 계산하고 가장 많은 수를 가진 행을 반환한다. 물론 하위 쿼리로도 작성할 수 있다.

```
WITH
  Result AS ( SELECT Kind, COUNT(*) C FROM T GROUP BY Kind)
SELECT MAX(C) FROM TableQuery
```

이전 데이터 액세스

FROM의 기능 중 하나를 사용해 이전 버전의 테이블을 쿼리할 수 있다. 이 기능은 SQL 표준이며 Microsoft SQL Server는 2016년부터 같은 기능을 지원했다. 여러 다른 데이터베이스 시스템에서도 이런 종류의 시계열 기반 쿼리를 지원한다.

이 기능은 테이블의 모든 버전에 대한 무제한 액세스를 제공하지는 않는다. 테이블을 수정할 때 예상대로 변경됐는지 이전과 이후를 비교할 때 큰 도움이 되며 현재 시간에서 최대 일주일 전에 조회된 테이블의 상태를 검색할 수 있다. 다음 구문을 참고하자.

```
FROM TABLE FOR SYSTEM_TIME AS OF [Timestamp]
```

[Timestamp]는 BigQuery 타임스탬프 표현식이다. 제한사항을 살펴본다.

- 타임스탬프는 상수다(ARRAY 평면화, UNNESTing, WITH절, 하위 쿼리, 사용자 정의 함수 등을 사용할 수 없다).
- 타임스탬프는 현재를 기준으로 미래가 되거나 7일 전보다 더 과거일 수는 없다.
- 쿼리에서 여러 타임스탬프를 혼합할 수 없다. 한 시간 전의 테이블을 어제의 테이블과 조인할 수 없으며, 현재 테이블을 한 시간 전의 테이블과 조인할 수 없다.

이 기능을 사용해 데이터와 스키마의 변경사항을 추적할 수 있다. 오전 9시 30분에 예약된 작업이 테이블의 모든 행을 삭제한다고 가정해 보자. 하지만 오전 9시 45분에 테이블의 데이터가 삭제돼 있는지, 이미 빈 테이블이었는지를 알 수는 없다. 이 기능을 사용하면 오전 9시 29분의 테이블을 확인해 삭제된 행이 있는지 확인할 수 있다.

또한 이 기능을 사용해 WHERE절을 지정하지 않고 행을 삭제하거나 덮어쓰는 등의 실수를 복구할 수 있다. 일주일 이내에 문제를 발견하는 한 오류가 발생하기 전의 테이블 상태를 가져와서 현재 테이블을 덮어쓸 수 있다.

집합과 교차

SQL에서 유니언union은 집합 이론의 합집합과 동일한 의미를 갖는다. BigQuery가 지원하는 세 가지 유형의 집합 작업이 있다. 순수한 집합 이론에서는 요소가 집합 내에서 복제될 수 없기 때문에 데이터베이스는 실제로 집합 이론과 동일한 작업을 하지는 않는다.

집합 연산자를 사용해 반환하는 요소는 모든 열의 값이다. 이런 작업을 수행하려면 모든 하위 집합에 동일한 수의 열이 있어야 한다. 이 절에서는 단순화하는 데 단일 정수 열을 사용하겠다.

UNION ALL/DISTINCT

두 세트의 합집합은 둘 중 하나의 모든 요소를 포함하는 세트로 정의한다. ALL 또는 DISTINCT 키워드의 사용은 공용체에서 중복을 원하는지 여부를 결정한다. 주어진 요소의 유무를 봐야 한다면 DISTINCT를 사용하고, 해당 요소가 나타나는 횟수를 봐야 한다면 ALL을 사용한다.

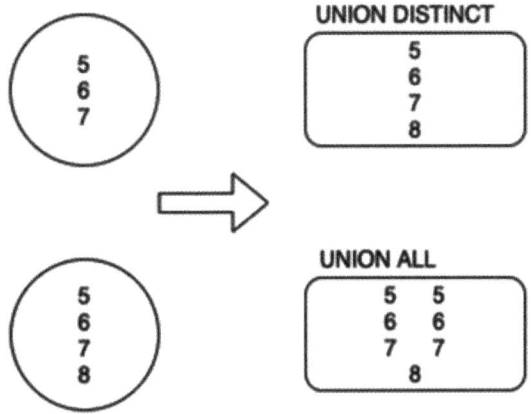

▲ 그림 9-2 UNION DISTINCT와 UNION ALL

INTERSECT

INTERSECT 연산자는 DISTINCT 모드만 지원한다. 두 세트의 교차에 나타나는 요소가 필요할 때 사용한다.

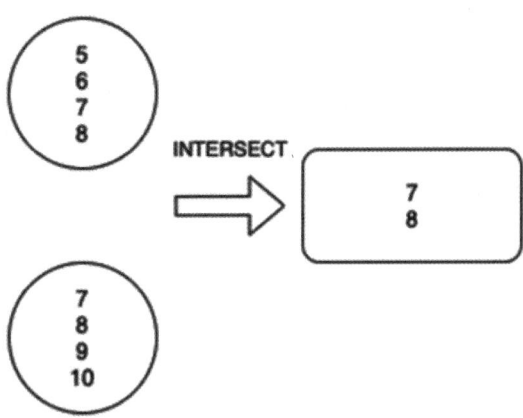

▲ 그림 9-3 INTERSECT

EXCEPT

EXCEPT 연산자는 첫 번째 집합에서 두 번째 집합에 있는 요소를 제외한 비교환 연산이다. 비교환적이므로 집합을 지정하는 순서가 중요하다.

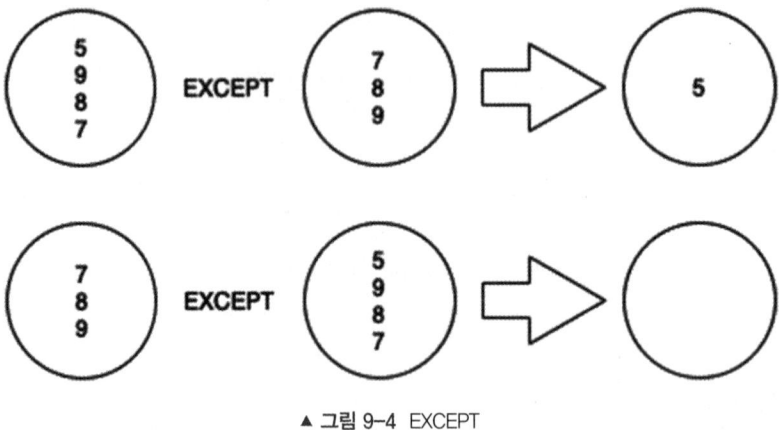

▲ 그림 9-4 EXCEPT

조인

조인은 공통 값을 사용해 두 테이블을 함께 연결하는 프로세스다. 데이터 웨어하우스에서 비정규화란 주어진 작업을 수행하는 데 필요한 조인 수를 제한하는 것을 의미한다. BigQuery에서 중첩된 열을 사용하면 비정규화된 테이블 구조 내에서도 원하는 데이터를 추출하려고 조인 수를 제한할 수 있다.

BigQuery도 다른 일반적인 데이터베이스와 마찬가지로 JOIN은 비정규화된 테이블 구조만큼 성능이 나쁘다. 당연히 대규모 데이터 세트의 조인 성능을 저하하는 경우 설계에 조정이 필요하다. (이 절에서는 조인의 정의와 동작 방식만 다룬다.)

조인에는 CROSS, INNER, OUTER의 세 가지 기본 유형이 있다.

CROSS JOIN

CROSS JOIN은 단순히 두 테이블의 데카르트 곱을 계산하고 모든 것을 반환하기 때문에 매우 조심해야 한다. 엄청나게 비싼 작업일 수 있으며 WHERE절 없이 실행하면 엄청난 비용을 초래할 수 있다(단일 BigQuery 쿼리 중 가장 비싼 쿼리는 거의 확실하게 CROSS JOIN을 사용한다).

CROSS JOIN은 쉼표로 구분된 여러 테이블에서 선택해 사용한다. 공통 키도 필요 없다. 즉, 테이블 A, 테이블 B, 테이블 C가 있고 각각 100개의 행이 있는 경우 다음 쿼리는 100*100*100, 즉 백만 행을 반환한다.

```
SELECT * FROM A, B, C
```

CROSS JOIN을 다음과 같이 명시적으로 선언할 수 있다.

```
SELECT A CROSS JOIN B CROSS JOIN C
```

특정 변수의 모든 조합 데이터를 반환해야 하는 경우 CROSS JOIN을 사용해 간단하게 작업을 수행할 수 있다. 예를 들어 10명의 데이터 작업자가 있고 각 한 시간 동안 작업한 레코드 수를 확인하려면 작업자 목록을 숫자가 포함된 테이블에 CROSS JOIN한다. BigQuery에서는 UNNESTing을 사용해 다음과 같은 쿼리로 동일한 작업을 수행할 수 있다.

```
SELECT * FROM UNNEST(GENERATE_TIMESTAMP_ARRAY(...))
```

INNER JOIN

INNER JOIN은 공통 값으로 두 테이블을 결합한다(A CROSS JOIN B WHERE A.column = B.column과 동일하다). 같은 키가 두 테이블에 존재하는 행만 반환할 때 사용한다.

CROSS JOIN (또는 UNNEST)를 수행하지 않는 한 항상 조인 조건이 있어야 한다. 다음과 같이 Users와 Pets의 정규화된 테이블이 있다고 가정해 보자. INNER JOIN을 사용해 다음과 같은 쿼리로 시스템의 모든 사용자의 반려동물의 이름을 반환할 수 있다.

UserID	UserName
1	Matteom
2	Nicom
3	Chrisd

PetName	OwnerID
Pepper	1
Sparky	2
Sir Bunnsington Parsley	3

```
SELECT
  UserID, UserName, PetName
FROM
  Users
INNER JOIN
  UserPets
ON
  Users.UserID = UserPets.OwnerID
```

조인 조건을 정하는 ON절은 필수다. Users 테이블의 UserID와 UserPets 테이블의 OwnerID가 같은 행을 찾는다. Users 테이블에 중복된 user가 없다고 가정하면 다음과 같은 결과가 나온다.

UserID	(Users.)UserName	(UserPets.)PetName
1	Matteom	Pepper
2	Nicom	Sparky
3	Chrisd	Sir Bunnsington Parsley

▲ 그림 9-5 Inner Join 결과 다이어그램

추후에 중첩된 열을 사용한 쿼리에서 같은 구조를 다시 접한다.

OUTER JOIN

OUTER JOIN을 처음 접하면 당황스러울 수 있다. 어떤 옵션을 선택하더라도 테이블 중 하나 이상은 그대로 유지한다고 생각하면 편하다. 그런 다음 다른 테이블로 조인 조건에서 일치하는 데이터가 있다면 데이터가 해당 열에 나타나고, 실패하면 행을 유지하지만 해당 열은 NULL로 보인다.

LEFT OUTER JOIN의 경우는 첫 번째 테이블을 그대로 유지하고, RIGHT OUTER JOIN의 경우는 두 번째 테이블을 그대로 유지한다. FULL OUTER JOIN의 경우는 두 테이블 모두 그대로 유지한다.

LEFT OUTER JOIN

LEFT OUTER JOIN에서는 조인 조건과 일치하는 두 번째 테이블에 데이터가 없는 경우에도 첫 번째 테이블의 행을 항상 유지한다.

RIGHT OUTER JOIN

위와는 반대로 두 번째 테이블의 행은 조인 조건과 일치하는 첫 번째 테이블에서 데이터를 발견하지 못한 경우에도 행을 항상 유지한다.

FULL OUTER JOIN

FULL OUTER JOIN은 기본적으로 LEFT 및 RIGHT 외부 조인을 동시에 수행한다. 조인 조건과 일치하는 행이 없더라도 두 테이블의 모든 행을 보존한다. CROSS JOIN과는 다르다. CROSS JOIN은 직접적인 데카르트 곱을 수행하므로 CROSS JOIN의 테이블 중 하나가 0행이면 0행의 결과가 나온다. FULL OUTER JOIN에서는 두 테이블의 스키마를 반환하지만 비어 있는 쪽의 모든 데이터는 NULL이다.

USING

USING은 조인된 두 테이블의 열이 동일한 이름을 가질 때 사용하는 구문이다. 앞서 사용했던 INNER JOIN 예제의 ON UsersID.UserID = UserPets.UserID를 USING(UserID)으로 치환할 수 있다.

그러나 SELECT * 쿼리에서 USING은 INNER/ON과는 다르게 동작한다. 다음 쿼리를 살펴보자.

```
SELECT *
FROM A
INNER JOIN B
ON A.x = B.x
```

위 쿼리는 동일한 값을 가진 A.x와 B.x를 둘 다 반환한다. INNER JOIN 쿼리를 작성할 때 SELECT x를 시도하면 모호성 오류가 발생한다. 따라서 A.x 또는 B.x를 명시적으로 사용해야 한다.

USING을 사용해 다음과 같은 쿼리를 작성하면 문제 없이 동작한다. 가독성을 높이고 모호한 열 오류를 피할 수 있는 좋은 테크닉이다.

```
SELECT x
FROM A
INNER JOIN B
USING (x)
```

셀프 조인

하나의 테이블을 같은 테이블에 조인할 수 있다. 일반적으로 계층 구조를 탐색해야 할 때 이 작업을 한다. 조직도 또는 카테고리 트리에서와 같이 동일한 테이블 내에 모델링된 관계가 있을 때 사용한다. 원래 레코드와 관련 레코드를 동일한 행에서 보고 싶을 때에도 사용한다.

중첩 및 반복 열도 자체 조인을 사용해 모델링할 수 있다. 이런 모델링은 중복된 열을 만들지만 비정규화 형태 중 하나이며 특정 상황에서 고려해 볼 만하다.

하위 쿼리

하위 쿼리subquery는 복잡한 쿼리의 중간 결과를 구성하는 데 사용한다. 동일한 쿼리 내에서 여러 단계의 집계 또는 변환 시에 유용하다. Dataflow SQL 또는 예약된 쿼리와 같이 단일 쿼리만 허용하는 곳에서 더 다양한 작업을 할 수 있게 해준다.

하지만 하위 쿼리를 사용하면 쿼리가 매우 복잡해지기 때문에 가독성에 주의해야 한다. 중간 단계를 나타내는 하위 쿼리 테이블을 Alias를 사용해 별칭을 제공하면 가독성을 높일 수 있다.

하위 쿼리는 괄호 안에 쿼리를 작성해 선언하며 하위 쿼리를 테이블로 취급해 추가 작업을 수행할 수 있다. 예를 들어 앞선 예제를 다음과 같이 하위 쿼리로 만들 수 있다.

```
(SELECT UserID, COUNT(*)
FROM UserPets
GROUP BY UserID)
```

각 사용자와 보유한 애완동물 수를 반환하는 쿼리를 하위 쿼리로 별칭을 지정하고 JOIN해서 사용할 수 있다.

```
SELECT Username, PhoneNumber, NumberOfPets
FROM Users
JOIN (SELECT UserID, COUNT(*) NumberOfPets
FROM UserPets
GROUP BY UserID) PetCount
USING (UserID)
```

위 쿼리에서는 하위 쿼리를 사용해 PetCount라는 별칭을 주고 실제 테이블인 것처럼 Users 테이블에 조인해 Username, PhoneNumber, NumberOfPets를 반환한다.

하위 쿼리는 매우 유용하지만 여러 개의 하위 쿼리를 중첩하기 시작하면 가독성이 떨어지고 BigQuery의 중첩 및 배열 구문과 함께 사용하기 시작하면 감당할 수 없게 된다.

WITH절

하위 쿼리를 WITH절로 선언해 가독성 문제를 해결할 수 있다. WITH의 주요 목적은 가독성을 개선하는 데 있다. WITH를 사용해 이전 쿼리를 다시 작성해 보자.

```
WITH PetCount AS (
  SELECT UserID, COUNT(*) NumberOfPets
  FROM UserPets
  GROUP BY UserID
)
SELECT Username, PhoneNumber, NumberOfPets
FROM Users
JOIN PetCount
  USING (UserID)
```

각 쿼리의 맨 위에 동일한 WITH절을 반복해서 작성하는 경우 비정규화된 테이블이나 뷰를 사용하는 것이 더 나을 수 있다.

중첩 데이터

지금까지는 온라인 트랜잭션 처리^{OLTP} 데이터베이스에 동일하게 적용되는 개념만을 짚어봤다. 앞서 언급한 대로 작은 데이터 작업을 처리하는 경우에는 일반적인 정규화 및 조인 구문을 사용해도 문제가 없다(BigQuery에서는 10GB 미만의 데이터까지는 정규화 상태로 사용해도 성능에 문제가 없다).

쿼리 규모가 커지면 성능을 위해 조인 및 하위 쿼리를 최소화해야 한다. 구글은 BigQuery에서 최대한 많은 중첩 및 반복 열을 사용하도록 권장한다. 성능에 문제가 생기기 전까지는 미리 최적화할 필요는 없다. 대부분의 데이터 세트는 BigQuery에서 변환 없이도 제대로 된 성능을 발휘한다.

UNNEST

UNNEST 연산자는 ARRAY 유형의 열을 테이블로 변환한다. 앞선 예제에서 반려동물과 유저의 구조를 단일 BigQuery 테이블로 비정규화했다면 UserID, PhoneNumber 및 모든 반려동물 데이터를 다음과 같은 ARRAY 형식으로 저장할 수 있다.

행	UserID	PhoneNumber	UserPets.PetName	UserName
1	1	12312341234	Pepper	Matteom
			Pepper Jr.	
2	2	12312341234	Sparky	Nicom
3	3	12312341234	Sir Bunnsington Parsley	Chrisd

▲ 그림 9-6 중첩 테이블의 예시

이제 JOIN 없이 이전의 동일한 쿼리를 실행할 수 있다.

```
SELECT UserID, PhoneNumber,
(SELECT COUNT(*) FROM UNNEST(UserPets)) PetCount
FROM DW_Users
```

다음 쿼리는 JOIN을 사용하지만 다른 테이블에 액세스하지 않고 원래 쿼리를 복제해 작업을 실행한다.

```
SELECT UserID, P.PetName
FROM DW_Users
JOIN UNNEST(DW_Users.UserPets) P
```

위 쿼리는 두 번째 테이블을 전혀 스캔할 필요가 없기 때문에 더 빠르게 실행할 수 있고 훨씬 적은 데이터를 사용한다. 중첩된 열이 이미 테이블에 "조인"됐으므로 조인 조건도 없다.

BigQuery에서 중첩 필드를 볼 때마다 다음과 같은 방법으로 직접 쿼리를 해봐도 동작하지 않는다.

```
SELECT UserPets.PetName FROM DW_Users
```

어떤 방식으로든 병합하거나 집계하지 않고는 테이블 내의 중첩 및 반복 필드에 액세스할 수 없다.

이 개념이 여전히 혼란스럽다면 콘솔에서 중첩 필드를 다루는 충분한 시간을 가져야 한다. BigQuery를 제대로 사용하려면 중첩 열에 대한 이해는 필수다.

파티션

대부분의 로드 및 스트리밍 옵션은 파티션을 나눈 테이블 사용을 권장하거나 자동으로 생성한다. 파티션의 주된 목적은 쿼리에서 확인해야 하는 파티션 수의 축소다. 이 방법을 파티션 프루닝Partition Pruning이라고 한다. BigQuery로 파티션을 나눈 테이블을 쿼리할 때 가능한 한 가장 적은 수의 파티션을 확인해 결과를 검색하는 것이 목표다.

이전 장에서 세 가지 유형의 분할된 테이블을 다뤘다.

- 수집 시간 파티션
- 날짜/타임스탬프 파티션
- 정수 범위 파티션

각각의 유형은 쿼리를 사용하는 방식이 다르다.

수집 시간 파티션 테이블

6장에서 데이터를 웨어하우스로 스트리밍 시 만든 테이블의 경우 실제로 파티션 열을 지정하지 않아도 테이블에 삽입될 때 자동으로 파티션을 추론하고 생성한다.

BigQuery는 _PARTITIONDATE 및 _PARTITIONTIME이라는 두 개의 예약된 가상 열을 생성한다. 파티션 프루닝을 효과적으로 사용하기 위해 이 열을 필터링해 쿼리한다.

```
SELECT *
FROM IngestionTimePartitionedTable
WHERE _PARTITIONDATE = "2020-01-01"
```

위 쿼리는 해당 날짜의 파티션만을 검색한다. 하위 쿼리 또는 함수를 사용하면 BigQuery 파서가 파티션을 사용하지 못하니 주의해야 한다.

날짜/타임스탬프 파티션 테이블

TIMESTAMP 또는 DATE로 파티션한 테이블의 경우 테이블을 생성할 때 파티션 키를 지정한다. WHERE절에서 해당 열을 필터하면 파티션 프루닝을 적용한다. 다음 쿼리와 같이 사용한다.

```
SELECT * FROM
`bigquery-public-data.ethereum_blockchain.blocks`
WHERE timestamp BETWEEN "2018-07-07T07:00:00Z" AND "2018-07-07T08:00:00Z"
```

BigQuery의 쿼리 예측으로 파티션을 제대로 사용하고 있는지에 대한 여부를 파악할 수 있다. 앞선 쿼리 예제에서는 6.1MB만 액세스하지만 파티션 필터 없이 쿼리한다면 무려 9.5GB를 액세스한다.

필터링 시 하위 쿼리 또는 복잡한 WHERE 조건을 피해야 한다. 쿼리의 WHERE절 내에서 파티션 외부에 접근할 경우 파티션 프루닝을 사용할 수 없다.

테이블을 쿼리할 때 파티션 필터를 사용하게 강제하는 규칙을 설정할 수 있다. 테이블 생성 시 "파티션 필터 필요" 옵션을 활성화하면 쓸데없는 비용 지출을 막을 수 있다.

이미 알고 있는 단일 파티션에만 액세스하려면 $ 구문을 사용해 액세스한다. 예를 들어 날짜로 파티션된 테이블의 특정 파티션은 "DatePartitionedTable$20200101"로 액세스할 수 있다.

정수 범위 파티션 테이블

정수로 파티션을 나눈 테이블은 해당 쿼리가 숫자라는 점을 제외하면 기본적으로 날짜로 파티션된 테이블과 동일한 방식으로 동작한다.

날짜 파티션 테이블과 마찬가지로 $ 구문을 이용해 "IntegerPartitionedTable$100"과 같이 직접적으로 해당 파티션으로 접근할 수 있다.

날짜 함수

데이터는 일반적으로 시간 데이터와 밀접한 관련이 있다. 시간과 간격을 분할하고 유형을 변환하는 방법을 아는 것은 BigQuery 활용에 중요한 열쇠다. 시간 관련 데이터에는 4가지 유형이 있다.

- DATE
- DATETIME
- TIME
- TIMESTAMP

이 중 TIMESTAMP만 유일하게 절대 시점을 나타낸다. 나머지 세 개는 시간대와는 독립적인 논리적 날짜 및/또는 시간인 "현지 시간localtime"을 나타낸다.

시간 관련 데이터는 이벤트를 처리할 때 파악이 매우 어려울 수 있다. 기록 또는 절대 시간의 맥락과 연관지어 생각하면 좀 더 쉽게 이해할 수 있다. 2001년 1월 1일 자정을 예로 들어보겠다. 지역을 지정하지 않았기 때문에 일단 로컬 시간대로 생각한다. UTC(협정 세계시)의 타임스탬프로는 2001-01-01T00:00:00Z가 되겠지만 각자 본인의 시간대의 자정을 생각한다.

런던처럼 UTC와 같은 시간대를 공유하는 도시들은 실제로 새 밀레니엄을 맞이하고 있겠지만 시카고는 아직 12월 31일 오후 6시일 수 있다. 그렇다면 어느 시간이 중요한가? TIMESTAMP, DATE, DATETIME, TIME 중에 어떤 맥락이 중요한지를 파악해야 한다. TIMESTAMP는 모든 곳에서 동일한 마이크로 초에 발생한다. DATE는 달력이 특정 날짜에 해당 값을 갖는 임의의 기간을 나타낸다.

협정 세계시

스토리지에 저장할 때는 가능한 한 협정 세계시UTC를 사용한다. 시간대를 고려하지 않고 날짜 계산을 할 수 있으며 특정 시간대의 사용자가 결과를 현지 시간으로 변경할 수 있다. UTC 타임스탬프로 이벤트를 저장하면 오류 없이 변환을 수행할 수 있다.

글로벌 시스템을 관리하기 전까지 시간 데이터 관리는 어려운 일이 아니다. 윤초가 발생할 수 있으므로 현재 시간과 UTC 타임스탬프 사이의 차이를 계산하기란 매우 까다롭다. 궁극적으로 시간은 인간이 만든 구조이고 우리는 물리적 과정, 즉 지구의 자전과 궤도를 모델링하고 있기 때문에 항상 불연속성이 있다. 운 좋게도 UTC를 고수하는 한 대부분의 것들이 우리가 신경 쓰는 것보다 더 높은 수준의 정밀도를 유지할 수 있다.

일반 사용 사례

각 데이터 유형과 그 정밀도를 간략히 살펴본 후에 몇 가지 기능과 일반적인 용도를 살펴보겠다. 대부분의 함수에는 각 데이터 유형에 대한 접미사가 있다. CURRENT_TIMESTAMP, CURRENT_DATE, CURRENT_ TIME, CURRENT_DATETIME이 그 예다. BigQuery에서 지원하는 표준 SQL 날짜 함수는 다음을 참고하자.[1]

DATE

DATE는 YYYY-[M]M-[D]D 형식을 취하므로 최대 정밀도는 1일이다. 유효한 범위는 0000-01-01에서 9999-12-31까지다.

TIME

TIME은 마이크로 초의 정밀도와 [H]H:[M]M:[S]S[.DDDDDD] 형식이다. 00:00:00.000000에서 23:59:59.999999까지가 유효한 범위다.

---

1 https://cloud.google.com/bigquery/docs/reference/standard-sql/datetime_functions

DATETIME

앞의 두 유형을 논리적으로 조합한 DATETIME의 범위는 0000-01-01 00:00:00.000000 에서 9999-12-31 23:59.999999까지다. 연도에서 마이크로 초까지 모든 범위의 정밀도를 제공한다. 표준 형식으로 DATE와 TIME 사이에 "T" 또는 공백이 있어야 한다.

TIMESTAMP

앞서 언급했듯이 TIMESTAMP는 고정된 절대 시점을 나타내는 유일한 데이터 유형이다. 다만 시간대라는 값이 하나 더 필요하다. 기본값은 UTC이지만 다른 시간대의 타임스탬프를 나타낼 수도 있다. TIMESTAMP는 동일한 표준 형식의 DATETIME을 사용할 수 있지만 끝에 시간대 코드를 추가할 수 있다. BigQuery는 실제로 시간대를 저장하지 않으며 그럴 필요가 없다. 각 시간대에는 UTC 고정 시간의 고유한 표현이 있다. 시간대를 사용해 검색 또는 삽입하고 표시할 값의 형식을 지정할 수 있으며 내부 데이터는 변하지 않는다. "Z^{Zulu}"를 사용해 UTC를 명시적으로 나타내거나 이름 또는 오프셋을 지정해 시간대를 나타낼 수 있다.[2]

Date Parts

이런 데이터 유형으로 작업할 때는 임의의 정밀도 수준에서 작업해야 하는 경우가 많다. 모든 날짜 및 시간 유형에서 BigQuery는 다음 날짜 부분을 인식한다.

- MICROSECOND
- MILLISECOND
- SECOND
- MINUTE
- HOUR
- DAY
- WEEK
- WEEK([SUNDAY, MONDAY, TUESDAY… SATURDAY])
- MONTH

---

2   이 주제에 관심이 있다면 https://data.iana.org/time-zones/tz-link.html을 참고한다.

- QUARTER
- YEAR

시간 간격

간격interval 키워드로 시간의 기간을 정의할 수 있다. 간격은 (INTERVAL 5 MINUTES) 또는 (INTERVAL 13 DAY)와 같이 date_part와 결합된 정수로 구성한다. 독립적으로 사용하는 것은 불가능하므로 날짜 함수 중 하나와 함께 사용해야 한다. 숫자 부분은 정수를 사용한다. 1.5년 또는 0.25시간은 추가할 수 없다.

CURRENT

CURRENT_(TIMESTAMP/TIME/DATE/DATETIME)은 현재 날짜 및/또는 시간을 반환한다.

_ADD, _SUB, _DIFF

이 세 가지 함수는 네 가지 Date 유형(예: DATE_ADD, TIMESTAMP_DIFF, TIME_SUB 등)에서 사용할 수 있다. 이 함수를 사용해 날짜 시간과의 간격을 더하고 빼거나 주어진 날짜 부분을 사용해 두 날짜 시간 사이의 거리를 찾을 수 있다.

_TRUNC

DATE_TRUNC, TIME_TRUNC, DATETIME_TRUNC, TIMESTAMP_TRUNC를 사용하면 객체를 더 낮은 정밀도 수준으로 쪼갤 수 있다. 예를 들어 DATE_TRUNC(DATE'2001-01-13', MONTH)를 사용하면 월 단위의 정밀도인 2001-01-01로 계산한다.

EXTRACT

date_part를 사용해 날짜/시간 값에서 해당 부분만 추출할 수 있다. 다음 쿼리는 현재 시간의 YEAR 값을 반환한다.

```
SELECT EXTRACT(YEAR FROM CURRENT_DATETIME())
```

포맷과 파싱

문자열과 DATE/TIME 객체 간에 변환을 지원하는 시간 함수는 많다. 외부 데이터 소스의 데이터를 처리할 때 다른 시스템의 데이터 형식을 처리하려면 종종 변환이 필요할 수 있다. 시간대를 유의하며 ISO 날짜 사양을 공통적으로 사용하도록 하자.

UNIX Epoch 변환

UNIX 기반 외부 시스템 또는 그전의 타임스탬프 시스템을 다룰 때 종종 epoch의 개념을 접한다. 1970-01-01T00:00:00Z부터의 경과 시간을 초로 환산해 정수로 나타냈다. UNIX_SECONDS, UNIX_MILLIS, UNIX_MICROS를 사용해 주어진 TIMESTAMP를 현재 epoch 날짜로 변환할 수 있다. 이와 반대로 TIMESTAMP_SECONDS, TIMESTAMP_MILLIS, TIMESTAMP_MICROS를 사용해 현재 epoch 시간을 TIMESTAMP로 변환할 수 있다.

epoch 형식은 사용 사례에 따라 세 가지 수준의 정밀도가 있다. 원래 UNIX 버전은 2단계 정밀도만 사용했다. JavaScript는 기본적으로 밀리 초 수준의 정밀도를 사용한다. 시스템 분석, 성능 카운터 및 GPS^{Global Positioning System}는 마이크로 초의 정밀도를 사용한다.

그룹핑

9장의 앞부분에서 그룹핑의 기본 기능을 살펴봤다. 그룹핑 작업은 훨씬 더 복잡하며 대규모 데이터 세트에서 데이터 처리를 위해 필수적으로 알아야 할 개념이다.

정렬과 마찬가지로 ARRAY, STRUCT 및 GEOGRAPHY와 같은 데이터 유형은 그룹핑을 지원하지 않는다. GROUP BY 1과 같이 정수를 위치로 사용할 수도 있지만 이전의 ORDER BY 1과 비슷한 이유로 사용을 권장하지 않는다.

ROLLUP

ROLLUP은 GROUP BY절과 같이 사용하며 GROUP BY절로 그룹 지어진 집합 결과에 좀 더 상세한 정보를 반환할 수 있다. "롤업"을 나타내는 행의 키는 null이다.

이 개념은 처음에는 이해하기 힘들 수 있으니 예시를 들어 설명한다. 회계, HR 및 임원의 세 부서가 있다고 가정하자. 각 부서에는 개별 지출이 있다. GROUP BY를 사용해 각 부서에서 지출한 금액을 확인한다.

```
SELECT Department, SUM(Cost) TotalCost
FROM Expenses
GROUP BY Department
ORDER BY TotalCost DESC
```

위 쿼리는 비용이 큰 순서로 각 부서의 총 비용 목록을 반환한다.

Row	Department	TotalCost
1	Execution	500.0
2	Executive	400.0
3	HR	125.0
4	Accounting	120.0

▲ 그림 9-7 Group by 쿼리

다음과 같이 ROLLUP을 사용하면 회사 전체 합계를 위해 부서를 함께 "말아 올리는" 추가적인 그룹을 얻을 수 있다.

GROUP BY ROLLUP(Department)

Row	Department	TotalCost
1	null	1145.0
2	Execution	500.0
3	Executive	400.0
4	HR	125.0
5	Accounting	120.0

▲ 그림 9-8 Rollup이 추가된 쿼리

HAVING

HAVING 키워드는 GROUP BY 다음에 있는 것을 제외하면 WHERE절과 유사하다. 이 키워드를 사용하면 GROUP BY 결과를 추가적으로 필터링할 수 있다.

HAVING을 사용하려면 쿼리 어딘가에서 집계 함수를 사용해야 한다. 그렇지 않으면 HAVING은 동작하지 않는다. 앞의 예제에서 1,000달러 이상을 지출한 부서를 표시할 경우 HAVING절을 추가하려면 다음과 같은 쿼리를 사용한다.

```
SELECT Department, SUM(Cost) TotalCost
FROM Expenses
GROUP BY Department
HAVING SUM(Cost) > 1000
```

HAVING절은 GROUP BY가 적용된 행만 필터링한다. SELECT 및 HAVING 모두 집계를 사용했다는 것을 참고하자.

집계 함수

그룹핑과 함께 몇 가지 일반적인 집계 함수(MAX, MIN, SUM, AVG 및 COUNT)를 살펴봤다. 이 외에도 BigQuery 문서에서 모든 유형의 집계 함수를 찾아볼 수 있다.[3]

ANY_VALUE

때로는 테이블의 대푯값이 필요하며 어떤 값이든 상관없을 때 ANY_VALUE를 사용한다. 이 함수는 비결정적이며 해당 그룹에서 임의의(무작위가 아니다) 값을 사용자에게 반환한다. 이 경우 MIN 또는 MAX를 사용할 수도 있지만 ANY_VALUE는 정렬이 필요 없기 때문에 더 빠르다.

---

[3] https://cloud.google.com/bigquery/docs/reference/standard-sql/aggregate_functions – 옮긴이

```
SELECT ANY_VALUE(fruit) as any_value
FROM UNNEST(["apple", "banana", "pear"]) as fruit;
```

ARRAY_AGG

ARRAY_AGG는 임의의 값(ARRAY 제외)을 가져와서 배열로 변환한다. 다수의 열도 함께 처리할 수 있다. 즉, UNNEST와 반대로 사용할 수 있다.

```
SELECT FORMAT("%T", ARRAY_AGG(x)) AS array_agg
FROM UNNEST([2, 1, -2, 3, -2, 1, 2]) AS x;
```

추후에 설명할 사용자 정의 함수와 ARRAY_AGG를 결합해 원하는 방식으로 요소를 필터링하는 자체 집계 함수를 정의할 수 있다.

ARRAY_CONCAT_AGG

이 집계는 ARRAY를 입력받아 모든 하위 요소를 연결해 단일 배열을 만든다. 예를 들어 {[1, 2, 3], [4, 5], [6]}의 세 행이 있는 경우 이런 값에 ARRAY_CONCAT_AGG를 실행하면 [1, 2, 3, 4, 5, 6] 단일 배열을 생성한다. ORDER BY를 사용할 수 있으며 LIMIT를 사용해 배열의 수를 제한할 수 있다.

```
SELECT FORMAT("%T", ARRAY_CONCAT_AGG(x)) AS array_concat_agg
FROM (
 SELECT [1, 2, 3] AS x
 UNION ALL SELECT [4, 5]
 UNION ALL SELECT [6]
)
```

AVG

그룹의 모든 행에 대한 평균 값을 반환한다. 숫자 유형에서만 동작한다. ({ "A", "B", "C"}의 평균이 "B"로 반환하는 특수한 함수가 필요하다면 ARRAY_AGG를 사용해 직접 집계 함수를 작성한다.)

COUNT

그룹의 행 수를 반환한다.

COUNTIF

특정 불리언 표현과 일치하는 그룹의 행 수를 반환한다. 하위 쿼리나 추가 WHERE절 없이 단순하게 집계 결과를 계산하는 좋은 방법이다.

```
SELECT Department, COUNTIF(Cost > 25)
FROM Expenses
GROUP BY Department
```

위 쿼리는 비용이 25 달러를 초과하는 부서의 개수를 반환한다.

MAX/MIN

해당 그룹의 최댓값 또는 최솟값을 반환한다.

STRING_AGG

STRING_AGG는 일련의 값을 단일 STRING (또는 BYTES) 값으로 연결한다. 개별 값에 대한 작업을 이후 읽을 수 있는 형식으로 반환할 때 자주 사용한다.

```
SELECT Department, COUNTIF(Cost > 25)
FROM Expenses
GROUP BY Department

SELECT STRING_AGG(fruit) AS string_agg
FROM UNNEST(["apple", NULL, "pear", "banana", "pear"]) AS fruit
```

SUM

그룹당 모든 행의 누적된 합을 계산한다. Microsoft Excel 및 기타 데이터베이스 시스템에서 지원하는 SUMIF 함수는 다음과 같은 형태로 사용할 수 있다.

```
SELECT Department, SUM(IF(Cost > 150, Cost, 0))
```

IF 함수는 첫 번째 인수의 표현식을 평가해 참이면 두 번째 표현식을 사용하고, 거짓이면 세 번째 표현식을 사용한다. (프로그래머들에겐 sum〉150? cost : 0과 같은 삼항 연산자 표현식이 더 친숙하다.)

비트 연산 집합

INT64 유형을 사용해 BIT_AND, BIT_OR 및 BIT_XOR의 비트 연산을 수행할 수 있다. (BigQuery에서 16진수 값을 사용하려면 0x0000 형식을 사용한다.) LOGICAL_AND 및 LOGICAL_OR 함수는 부울 값을 받는다. 공간에 제약이 있는 데이터베이스에서 데이터 엔지니어는 압축된 필드를 사용해 여러 값을 단일 열 안에 패킹한다. 예를 들어 INT64를 사용하면 64개의 개별 데이터 비트, 즉 64개의 부울 열을 저장한다. 개별 값을 검색하려면 먼저 원하는 플래그를 보유한 비트를 알아야 하며 그런 다음 비트 마스크를 적용해 값을 가져온다. 비트 연산자는 특히 로드 시 이런 방식으로 저장된 열을 조작해 적절한 열이나 배열로 변환할 때 유용하다.

```
SELECT BIT_AND(x) as bit_and
FROM UNNEST([0xF001, 0x00A1]) as x;

SELECT BIT_OR(x) as bit_or
FROM UNNEST([0xF001, 0x00A1]) as x;

SELECT BIT_XOR(x) AS bit_xor
FROM UNNEST([5678, 1234]) AS x;

SELECT LOGICAL_AND(x) AS logical_and
FROM UNNEST([true, false, true]) AS x;

SELECT LOGICAL_OR(x) AS logical_or
FROM UNNEST([true, false, true]) AS x;
```

BigQuery GIS

지리 공간 계산은 대부분의 데이터 웨어하우스에서 기본적으로 지원한다. 대부분의 기업은 소비재, 차량, 상점 위치 등 물건이 있는 위치를 추적한다. 시간과 공간을 기반으로 뭔가를 정확히 찾는 분석 기능은 데이터 분석의 기본 사항이다.

지리 정보 데이터를 지원하는 BigQuery 기능을 BigQuery GIS 또는 GIS$^{\text{Geographic Information System}}$라고 한다. BigQuery는 대부분의 SQL의 지리 패키지와 마찬가지로 삼각법 없이 공간 좌표 및 경계 상자 작업을 쉽게 수행할 수 있도록 설계된 공통 함수 및 연산자를 제공한다.

BigQuery는 지구를 편원 스페로이드 6378.1로 사용하는 WGS84 좌표 참고 시스템을 사용한다. 경도와 위도 시스템을 사용해 지구상의 위치를 설정한다.

위도는 +90도(90°N, 북극)에서 -90도(90°S, 남극)까지 허용하고, 경도는 -180도(180°W)에서 +180도(180°E)까지 허용한다. 경도 -180도 및 +180도는 동일한 자오선을 나타내는데 경도 0도에서 가장 멀리 떨어져 있으며 영국 런던의 그리니치 왕립 천문대 부지에 위치한다. 이 시스템을 사용하면 지구상의 모든 위치를 임의의 정밀도로 지정할 수 있다.

모든 테이블에서 별도의 위도 및 경도를 관리하지 않아도 GEOGRAPHY 유형으로 간단하게 지리정보를 사용할 수 있다. GEOGRAPHY 유형으로 작업하는 데 익숙해지면 다양한 분석이 가능해진다.

데이터 유형은 GEOGRAPHY 한 가지뿐이지만 GEOGRAPHY 유형은 매우 복잡하므로 자세히 살펴본다.

GEOGRAPHY의 개념

Point

가장 간단한 위치 단위는 꼭짓점^{Point}이다. 꼭짓점은 위도와 경도로만 구성되고 ST_GEOGPOINT 함수를 사용해 GEOGRAPHY 유형을 생성한다.

Line

선Line은 두 꼭짓점 사이의 최단 거리다. ST_MAKELINE을 사용해 두 개 이상의 점 (또는 선)을 결합해 LINESTRING이라고 하는 단일 경로를 만들 수 있다.

Polygon

다각형Polygon은 여러 LINESTRING으로 구성된 지리 단위다. 다각형을 형성하려면 첫 번째 LINESTRING의 첫 번째 점과 마지막 LINESTRING의 마지막 점이 정확히 같은 점을 유지하는 세 개 이상의 LINESTRING이 있어야 한다. 즉, 유효한 다각형을 형성하려면 시작한 지점에서 끝나야 한다. 그런 다음 ST_MAKEPOLYGON 함수를 사용해 표면적을 포함하는 GEOGRAPHY를 생성한다.

지구는 둥글고 좌표계가 연속적이기 때문에 POLYGON은 내부와 외부 두 표면 영역이 있다. ST_MAKEPOLYGON 함수는 둘 중 작은 공간을 정의한다. 따라서 와이오밍 주를 따라 다각형을 그리면 MAKEPOLYGON은 주 외부의 모든 지리가 아닌 주 내부의 지리를 생성한다. ST_MAKEPOLYGONORIENTED 함수를 사용하면 이 기본 동작을 임의로 변경할 수 있다.

GIS 함수

GEOGRAPHY 데이터를 어디에선가 로드했다고 가정해 보자. GEOGRAPHY 데이터를 직접 정의하는 경우는 드물다. 일반적으로 다른 데이터 라이브러리에서 패키지로 제공한다. 예를 들어 www.arcgis.com에서 주, 강, 하천 등과 같은 일반적인 지리적 객체의 경계를 나타내는 데이터 세트를 다운로드할 수 있다.

GEOGRAPHY 객체와 함께 사용할 수 있는 함수를 살펴본다. GEOGRAPHY는 하나 이상의 다각형, 선 또는 점을 포함할 수 있으므로 다음 함수가 주어진 데이터 유형 값에 항상 적용되는 것이 아님에 유의한다.

ST_DIMENSION

처음 GEOGRAPHY 객체를 살펴볼 때 단위를 파악할 수 있도록 이 함수를 사용한다. ST_

DIMENSION (GEOGRAPHY)를 사용해 가장 고차원인 요소의 차원 수를 반환한다. 점, 선 또는 다각형인지를 0, 1 또는 2로 반환한다. (GEOGRAPHY가 비어 있다면 -1을 반환한다.)

ST_AREA

이 함수는 하나 이상의 다각형에서 동작해 제곱미터로 표시된 총 표면적을 알려준다. 선 또는 점의 면적은 0이다.

ST_CENTROID

이 함수는 사용할 수 있는 가장 높은 차원의 해당 GEOGRAPHY의 모든 요소의 중심을 반환한다. 중심centroid은 점, 선 또는 다각형 그룹의 "중심"을 정의한다. 수학적인 의미에서 더 높은 차원에서 계산은 상당히 복잡하지만 실제적으로 내부의 모든 값을 시각화하려고 지도의 중앙 위치를 알려준다. (그런 다음 ST_MAXDISTANCE를 적용해 해당 지도의 확대/축소 수준을 알아낼 수도 있다.)

ST_DISTANCE

ST_DISTANCE는 두 GEOGRAPHY 객체 사이의 가능한 한 최단 거리를 미터 단위로 계산한다.

ST_LENGTH

ST_LENGTH는 GEOGRAPHY에 있는 모든 LINE의 총 길이를 미터 단위로 반환한다. GEOGRAPHY가 점 또는 다각형만 포함할 경우 0을 반환한다.

ST_X/ST_Y

ST_X 및 ST_Y는 단일 꼭짓점을 경도(ST_X)와 위도(ST_Y)로 반환한다. 외부 시스템의 맵에 점을 표시하려면 이 작업은 필수다. 예를 들어 특정 GEOGRAPHY 지점에 ST_X 및 ST_Y를 사용해 Google Map(www.google.com/maps/place/)에 바로 표시할 수 있다.

Other Functions

여러 가지 함수를 사용해 GEOGRAPHY 객체가 서로의 영역을 덮고 있는지, 교차하는지, 서로 닿고 있는지의 여부, 둘레, 경계 및 기타 일반적인 지리 데이터 표현을 확인할 수 있다.

Joins

이런 함수 중 일부를 조인해서 사용할 수 있다. 예를 들어 주 지역 목록과 서비스 지역 목록을 결합해 특정 지역이 교차하는지에 대한 쿼리를 작성할 수 있다. 이 쿼리를 사용해 서비스 지역이 있는 주를 알 수 있다. 그런 다음 GROUP BY를 사용해 각 서비스 지역의 ST_AREA를 합산하고 적용 범위를 계산할 수 있다.

다음 쿼리는 지리적 교차점을 사용해 미국 대도시 지역의 모든 우편 번호를 찾은 다음 결과를 토지 면적의 내림차순으로 반환한다. ratio열은 특정 우편 번호가 포함하는 특정 대도시의 비율을 알려준다.

```
SELECT
  zip_code,
  zipcodes.area_land_meters zip_area,
  urban_area_code,
  name,
  cities.area_land_meters metro_area,
  (zipcodes.area_land_meters / cities.area_land_meters) ratio
FROM
  `bigquery-public-data.geo_us_boundaries.zip_codes` AS zipcodes
INNER JOIN
  `bigquery-public-data.utility_us.us_cities_area` cities
ON
  ST_INTERSECTS(zipcodes.zip_code_geom,
    cities.city_geom)
WHERE
  urban_area_code = "51445"
ORDER BY
  6 DESC
```

시각화

위치를 숫자 형태로 다루는 것은 바로 이해하기 힘들다. 때때로 지도에서 데이터를 봐야 할 때가 있다.

Google Earth 엔진을 포함해 여러 가지 방법으로 시각화가 가능하지만 BigQuery Geo Viz(https://bigquerygeoviz.appspot.com)를 사용하면 간단하게 시각화할 수 있다.

BigQuery에 액세스할 수 있도록 승인한 후 프로젝트를 선택하고 GEOGRAPHY 결과를 반환하는 쿼리를 입력하면 자동으로 모든 포인트를 시각화한다. 각 지점을 클릭하면 해당 위치에 대한 정보를 확인할 수 있다.

그림 9-9는 BigQuery 퍼블릭 데이터 세트 중 미국의 주 지리정보를 쿼리한 정보를 시각화한 것이다. 클릭 시 각 행에 대한 정보를 볼 수 있다.

▲ 그림 9-9 Geography 정보 시각화

기타 함수들

SQL 표준은 방대하다. 이미 많은 함수를 살펴봤지만 문자열 조작, 수학 함수, 네트워킹 및 암호화를 위한 수백 가지 다른 기능을 구글의 문서(https://cloud.google.com/bigquery/docs/reference/standard-sql/functions-and-operators)에서 찾아보자.

SQL문만 사용해 데이터 변환을 수행하는 것도 충분히 가능한 일이다.

요약

SQL은 방대한 문법을 가진 언어이며 효과적인 쿼리 작성을 다룬 수천 권의 책이 출간됐다. BigQuery는 SQL과 호환되므로 데이터 웨어하우스에서도 모든 기능을 사용할 수 있다. 데이터베이스에서 데이터를 검색하는 것은 항상 SELECT/FROM/WHERE 패턴을 따른다. 테이블을 함께 조인하거나 반대로 중첩 및 반복 열을 사용해 조인을 피할 수도 있다. SQL은 날짜, 수학, 집계, 모든 종류의 필드 조작 및 지리 공간 지원을 위한 다양한 기능을 제공한다.

다음의 몇 장에서는 일반적인 문제 해결을 위해 BigQuery와 함께 사용하는 다른 GCP 서비스를 살펴본 후 다시 고급 SQL을 살펴볼 예정이다. 먼저 BigQuery에서 쿼리 작업을 예약하는 방법을 알아본다.

10장

예약 작업

예약된 시간에 실행 또는 반복적인 작업을 구성하는 것은 간단한 개념이다. Ken Thompson 은 1970년대 중반 벨 연구소에서 cron을 작성했는데 오늘날에도 거의 동일한 방식으로 사용한다. 구글은 놀랍게도 이 부분에 대한 지원이 늦어 2019년 3월에 정식 출시됐다(Microsoft Azure는 2015년에 출시됐고 Amazon Web Services는 초기에 Lambda에서 지원해 2016년에 Batch 서비스를 출시했다).

스케줄링의 사용 사례는 다양하다. 기존 시스템의 데이터를 주기적으로 폴링polling해 BigQuery로 옮기거나 매일 밤 유지 관리 및 규정 준수를 위한 작업을 실행할 때 사용한다. 원활한 리포트 생성을 위해 주기적으로 SQL 뷰를 미리 생성해 놔야 할 수도 있다.

BigQuery는 예약된 쿼리라는 개념을 제공한다. 하지만 BigQuery에서만 동작하므로 다른 기능과 연결하거나 더 큰 작업의 일부로 실행하는 것은 불가능하다.

Cloud Scheduler는 우리가 구축해 사용하고 있는 다른 모든 인프라 서비스를 서버리스로 지원하는 서비스다. 직접 관리하는 VM의 수를 낮추거나 없애는 데 성공하면 남은 VM은 짐이 될 뿐이다. 대부분의 애플리케이션은 수동적인 관리가 필요하지 않게 되면 가능한 한 빨리 나머지를 제거할 방법을 찾아야 한다.

10장에서는 BigQuery 예약 기능과 Cloud Scheduler를 살펴본다. 더불어 Cloud Tasks의 예약 기능을 설명한다. 이 도구들을 사용해 정기적으로 또는 특정 시간에 작업을 수행해 BigQuery 작업을 자동화할 수 있다.

BigQuery의 예약 쿼리

먼저 BigQuery에 내장된 예약 기능을 살펴보자. 만약 BigQuery 및 연결된 서비스 내에서 동작하는 기능이 필요하다면 별도의 서비스를 사용하지 않아도 스케줄링이 가능하다.

BigQuery 예약 쿼리는 BigQuery Data Transfer 서비스를 이용해 동작한다. BigQuery 콘솔에서 예약된 쿼리 메뉴를 클릭해 서비스를 활성화하고 기본 UI 화면으로 이동한다. 예약된 쿼리가 없다면 쿼리 생성을 위해 기본 콘솔 화면으로 이동한다.

쿼리 예약하기

쿼리를 예약하려면 콘솔창에 원하는 데이터를 반환하도록 쿼리를 입력한다. 해당 쿼리가 시간이 변경됨에 따라 원하는 결과를 반환하는 것을 확인해야 한다. WHERE절에 날짜 필터를 적용하거나 쿼리가 아직 처리하지 못한 모든 행을 선택할 수 있다. ProcessedTime이라는 열은 수집된 타임스탬프를 기록한다. ProcessedTime이 NULL인 모든 행을 선택하면 Insert 쿼리를 따로 실행할 필요 없이 SELECT만으로 해당 쿼리의 결과를 테이블에 삽입할 수 있다.

쿼리가 만족스러우면 **일정** 버튼을 클릭한 다음 **새로 예약된 쿼리 만들기**를 클릭한다. 사이드바에서 다음 매개변수를 지정할 수 있다.

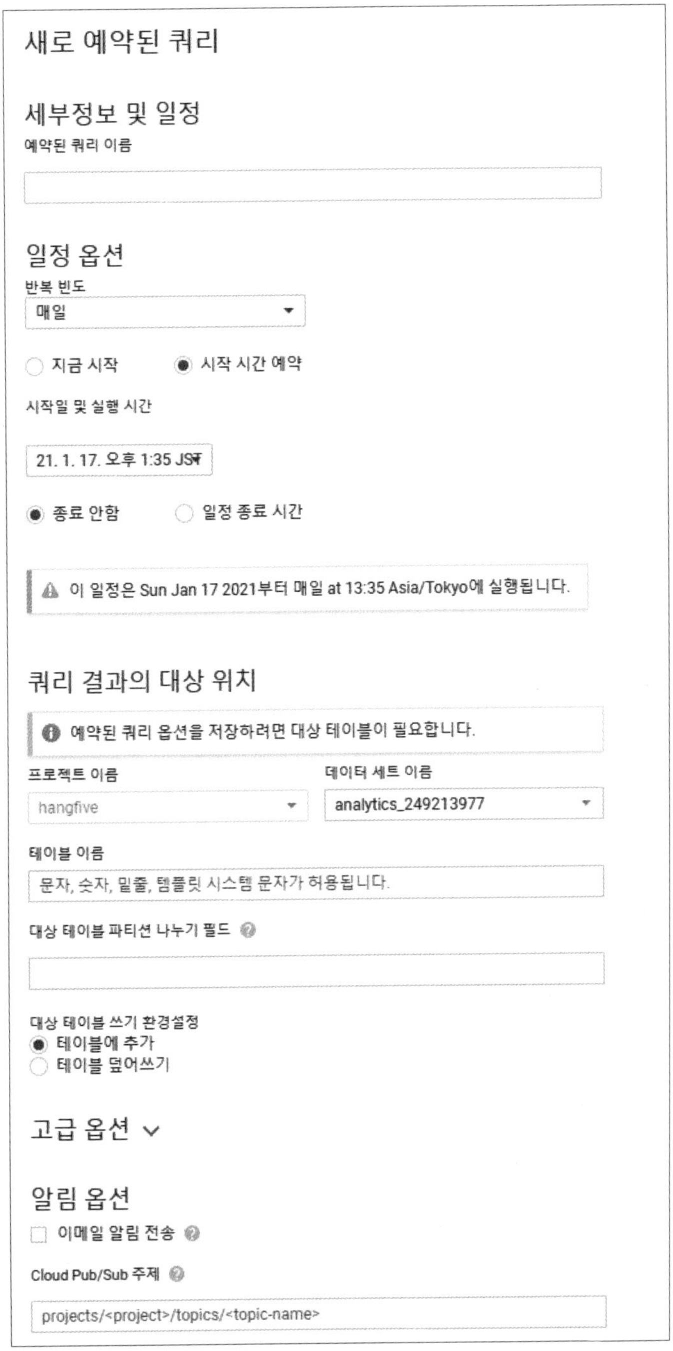

새로 예약된 쿼리

세부정보 및 일정

예약된 쿼리 이름

일정 옵션

반복 빈도

매일

○ 지금 시작 ● 시작 시간 예약

시작일 및 실행 시간

21. 1. 17. 오후 1:35 JST

● 종료 안함 ○ 일정 종료 시간

⚠ 이 일정은 Sun Jan 17 2021부터 매일 at 13:35 Asia/Tokyo에 실행됩니다.

쿼리 결과의 대상 위치

ⓘ 예약된 쿼리 옵션을 저장하려면 대상 테이블이 필요합니다.

프로젝트 이름

hangfive

데이터 세트 이름

analytics_249213977

테이블 이름

문자, 숫자, 밑줄, 템플릿 시스템 문자가 허용됩니다.

대상 테이블 파티션 나누기 필드 ⓘ

대상 테이블 쓰기 환경설정
● 테이블에 추가
○ 테이블 덮어쓰기

고급 옵션 ⌄

알림 옵션

☐ 이메일 알림 전송 ⓘ

Cloud Pub/Sub 주제 ⓘ

projects/<project>/topics/<topic-name>

▲ 그림 10-1 예약 쿼리 설정

예약된 쿼리 이름

알아보기 쉬운 이름 형식을 만들어 유지해야 한다. source-destination-action과 같은 이름 형식을 사용하도록 하자. 일정은 유연해야 하고 시간이 지남에 따라 변경될 수 있으니 작업 이름에 시간을 사용하는 것을 피해야 한다. 예를 들어 BigQuery에서 판매정보를 가져와 이메일로 보고하는 예약 작업의 이름은 "bigquery-email-reporting-sales"와 같이 지정하면 나중에 해당 예약 쿼리를 중단할 때 한번에 찾을 수 있다.

여러 번 언급하지만 이름을 올바르게 지정하는 것이 정말 중요하다. 이상적인 상황이라면 모든 작업에 보충 문서가 포함되겠지만, 실제 상황에서는 여러 사람을 거치며 다수의 문제가 생긴다. 많은 사람들이 한 프로젝트에서 작업하고 있다면 각 애플리케이션의 명명 규칙을 표준화하는 것이 중요하다.

일정 옵션

드롭 다운을 사용해 일반적인 옵션을 선택할 수 있다. 시간별, 매일, 매주 또는 매월 간격을 선택할 수 있다. 커스텀 또는 요청 시 실행되는 주문형 예약을 선택할 수도 있다.

커스텀

커스텀 일정으로 고유한 문자열을 사용해 쿼리를 실행할 시기를 결정할 수 있다. 안타깝게도 커스텀 일정의 문자열에 대한 유효성 검사는 하지 않는다.

설정창에서 커스텀 문자열의 유효성은 확인하기 어렵다. 커스텀 문자열을 저장한 다음 쿼리를 편집해 드롭 다운 형식으로 표시하고 이 방법을 사용해 원하는 일정인지 확인할 수 있다.

최소 간격은 15분이고, 최대 간격은 1년이다. "1 of January 00:00"이라는 문자열은 매년 1월 1일에 수행하는 일정을 설정한다.

다음 예시를 통해 일반적인 사용 사례를 참고하자. 파서는 jan 또는 Jan을 January로 해석하는 유연성은 있지만 다른 구문에 대한 해석은 제한적인 것 같다.

every day 09:00
every monday at 04:30
every thu, wednesday at 09:00
every 8 hours
every 2 hours from 08:00 to 18:00
1st tuesday of month 10:00
1,4,7,10,15,20,24,28 of jul at 09:45

▲ 그림 10-2 예약된 쿼리에 사용하는 커스텀 일정 문자열

요청 시

스케줄링하지 않은 예약 쿼리를 만들 수 있다. API를 통하거나 세부정보 페이지에서 수동으로 실행할 수 있다. 아직 일정을 결정하지 않은 일부 쿼리를 미리 저장할 때 유용하다.

외부에서 스케줄링 코드를 실행할 때 BigQuery 관련 쿼리를 이곳에 저장하고 API를 사용해 예약된 쿼리를 호출하면 모든 BigQuery 관련 코드를 격리할 수 있다.

시작일 및 실행 시간

시작 및 종료 시간을 지정해 일정을 활성화할 시기를 지정한다.

여기서 주의해야 할 점은 시간대 지정이다. 대부분의 일정 옵션은 사용자 지정 시간 문자열을 사용하지 않는 한 기본값은 UTC다. 그러나 시작 및 종료 시간을 설정할 때는 시간대를 정확히 지정해야 한다. 기본값으로 현지 시간대로 설정하지만 실수로 시작 시간과 종료 시간을 다른 시간대로 설정하게 되면 예약된 쿼리가 세 가지 시간대를 사용하는 혼란스러운 상황을 맞게 될 수 있다.

마지막으로 스케줄러는 종료 시간을 시작 시간 이전으로 지정하는 것을 허용한다. 스케줄러는 종료 시간을 자동으로 제거해 종료 시간이 없는 작업으로 예약한다.

유효성 검사가 없는 이유는 아마도 Transfer Service API를 위한 기능이기 때문이고 해당 API 호출을 구성하는 별도의 알고리즘이 있을 것이라고 추정된다. Google은 종종 이와 같은 작업을 수행할 때 API 호출에 대한 문서를 제공하지만 공교롭게도 해당 API는 그 문서를 찾을 수 없다.

비직관적인 동작과 조악한 유효성 처리를 고려했을 때 예약 쿼리를 저장한 후 생성된 일정을 검토하고 예상한 대로 동작하는지 직접 확인해야 한다. (이 글을 쓰는 시점에서 이 기능은 아직 베타 버전이므로 정식 출시 후 모든 문제가 해결되기를 바란다.)

쿼리 결과의 대상 위치

쿼리 결과를 저장할 위치를 지정한다. 지정된 시간에 쿼리를 실행하고 그 결과를 테이블에 삽입한다. 첫 번째 예약된 쿼리가 실행될 때 테이블을 생성한다. 그 후에 추가append 또는 덮어쓰기를 선택할 수 있다. append는 테이블 하단에 새 행을 추가하고, 덮어쓰기는 테이블을 지우고 새 데이터로 바꾼다.

알림 옵션

작업 상태를 추적하는 두 가지 알림 옵션이 있다.

이메일 알림 전송

이 체크박스를 선택하면 작업이 실패했을 때 쿼리 소유자의 이메일로 알림을 전송한다. 이는 쿼리 소유자가 예약된 쿼리를 만들려고 로그인한 계정이다. 아마도 개인 이메일 주소일 것이므로 메일 그룹 등을 사용할 수 없으니 우선순위가 낮은 작업에 사용한다.

Cloud Pub/Sub 주제

작업 결과를 Pub/Sub에 게시할 수 있다. 이메일은 실패만 전송하지만 Pub/Sub는 모든 작업 실행에 대한 결과를 수신한다. Cloud Scheduler에 유사한 메커니즘이 있으므로 예약된 모든 작업의 상태를 수집하고 문제가 발생하면 조치를 취하는 단일 함수를 작성할 수 있다. BigQuery Scheduler와 Cloud Scheduler에서 작업이 실패하면 알림을 받을 수 있다(기존의 cron 방식을 사용했다면 작업을 호출하지 않았기 때문에 결과를 바로 알기가 힘들다).

쿼리 검토

쿼리를 저장하면 사이드 바에 예약된 항목 목록을 표시한다. 여기서 예약된 항목을 삭제하거나 비활성화할 수도 있다.

개별 작업을 클릭하면 실행 기록과 현재 구성을 볼 수 있다. 앞서 언급했듯이 작업 구성, 특히 일정 문자열, 시작 날짜 및 종료 날짜를 확인해 예상과 일치하는지 확인하자. 모든 시간이 UTC 기준이므로 간단히 비교할 수 있다.

다음 절에서 설명할 Cloud Scheduler보단 강력하진 않지만 BigQuery Scheduler는 BigQuery에 한정된 작업에 사용하기에 적합하다. 여러 종류의 일상적인 유지 관리 및 데이터 준비를 할 수 있다. 예약된 쿼리와 Cloud Scheduler를 모두 습득한 다음 필요한 기능을 같이 사용할 수 있다.

Cloud Scheduler

왼쪽 상단의 햄버거 메뉴를 클릭해 Cloud Scheduler를 선택한다. 처음으로 콘솔을 접하면 새 작업을 만들어야 한다. **작업 만들기**를 클릭하자.

▲ 그림 10-3 Cloud Scheduler 만들기

이름

작업을 설명하는 이름으로 짓는다. 이름 작성은 앞선 'BigQuery의 예약 쿼리' 절의 설명을 참고한다. 이름, 대상 및 마지막으로 실행된 시간을 필터를 사용해 검색할 수 있다.

빈도

cron에 익숙하다면 이 섹션을 건너뛸 수 있다. Google Cloud Scheduler는 기본 cron 구문을 사용해 작업 빈도를 설정한다. cron을 처음 사용하거나 복습이 필요하다면 계속 읽자.

cron은 수십 년 동안 확립된 단축어를 사용한다. 비교적 유연하고 지정하기 쉬우며 거의 모든 Unix 또는 Linux 스케줄러 도구에서 동작한다.

"cron"과 "crontab" 용어의 차이를 설명하자면 cron은 원하는 시간에 예약된 작업을 실제로 실행하는 데몬 또는 백그라운드 실행 프로세스이고, crontab은 cron이 작업을 실행하는 데 사용하는 입력 파일인 crontab 파일의 구문을 편집할 수 있는 프로그램이다.

형식

그림 10-4를 보면 cron 형식은 5개 값의 공백으로 구분한 목록이며 반복에 대한 표현식을 나타낸다.

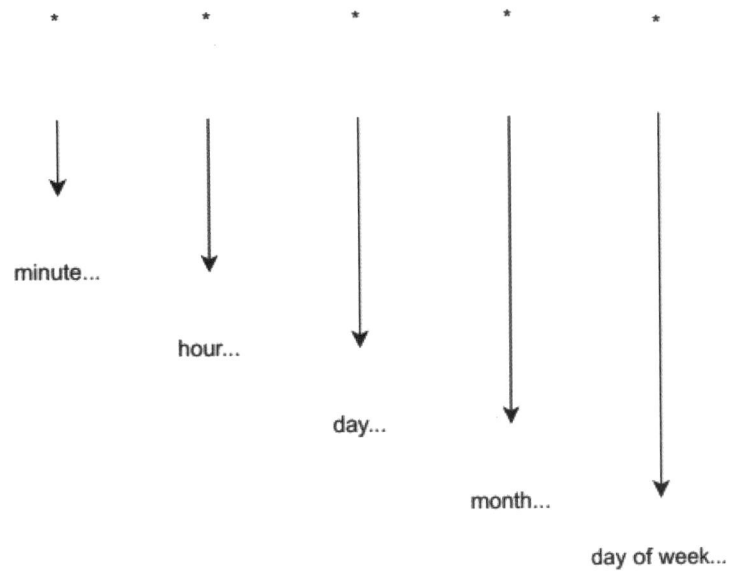

▲ 그림 10-4 * * * * * (분, 시, 일, 월, 요일)

각 값에 따라 0 또는 1 기반으로 설정한다. 따라서 분은 0-59, 시간은 0-23, 일은 1-31, 달은 1-12 그리고 요일은 0-7의 요일로 표현한다. 여기서 0은 일요일이고 6은 토요일이다(7은 다시 일요일이며 한 주의 시작을 일요일과 월요일을 모두 지원하기 위함이다).

cron의 잘못된 구문을 처리하는 방법은 각각 다르다. Cloud Scheduler는 잘못된 날짜(예: 2월 30일)는 바로 걸러낼 수 있지만 매월 29일과 같이 모호하게 해석될 수 있는 일정은 잘못 해석할 확률이 높다. 대부분의 시스템은 윤년마다 2월 29일에만 실행한다.

표 10-1은 일반적인 cron 표현식이다.

▼ **표 10-1** 다양한 cron 구문

표현식	의미
* * * * *	매분마다
*/30 * * * *	매시간의 30분마다
0 9 * * *	매일 오전 9시마다
0 */1 1 1,4,7,10 *	각 분기의 첫날의 매시간마다(1월 1일, 4월 1일, 7월 1일, 10월 1일)
*/15 9-18 * * 1-5	평일의 오전 9시에서 오후 6시까지 매15분마다

cron 형식을 사용해 일반적이지 않은 일정을 구현하려는 경우 조건이 충족됐는지 확인하려면 몇 가지 추가적인 검사를 한다. 예를 들어 보름달이 뜨는 매월 1일에 작업을 실행하려면 매월 1일에 실행하게 cron 표현식을 설정한 다음 실행되는 코드에서 직접 보름달인지 확인해야 한다.

이 방법은 작업 일정을 작업에 직접 연결하게 되므로 작업의 이식성이 떨어지고 문서화하기 어렵기 때문에 권장하지 않는다. 이런 작업을 수행해야 하는 경우 다른 사람이 작업을 재사용할 때 문제가 생기지 않도록 주석과 로깅을 철저히 해야 한다.

BigQuery 스케줄 형식

BigQuery 예약에서 사용한 "영어로 표현한 일정" 형식을 사용할 수 있다. 이 형식을 사용해 단일 cron 표현식으로 구현하지 못하는 일정에 약간의 유연성을 제공할 수 있다. 하지만 가능한 한 cron 형식을 사용하자.

도구

cron 형식을 테스트 및 변환하는 수많은 도구가 있다. 예를 들어 crontab.guru(http://crontab.guru)를 이용해 표현식을 생성하거나 유효성을 검증할 수 있다. Cloud Scheduler가 지원하지 않는 @yearly 및 @daily와 같은 비표준 구문을 사용하니 주의하자. 원하는 스택 또는 운영체제에 맞는 유효성 검증 도구는 많이 있으니 구미에 맞는 도구를 사용하자.

대상

Cloud Scheduler는 3개의 대상을 트리거할 수 있다. BigQuery 자체는 대상이 아니므로 다른 기술과 함께 작업을 예약해 BigQuery에 직접 도달하게 해야 한다. 예를 들어 주어진 시간에 데이터를 BigQuery로 스트리밍하려고 App Engine 스트림과 함께 사용할 수 있다.

HTTP

HTTP는 가장 일반적인 옵션이다. 필요한 경우 모든 메서드 및 요청 본문을 사용해 HTTP 또는 HTTPS 엔드포인트에 요청을 보낼 수 있다.

다만 UI 콘솔에서는 커스텀 헤더를 지정할 수 없다. HTTP 헤더를 사용해야 하는 경우 명령줄 호출을 사용해 요청할 수 있다.

스케줄러는 PATCH 및 OPTIONS를 포함한 모든 HTTP 메서드를 지원한다. 반복적으로 HTTP 엔드포인트에 OPTIONS를 호출하는 이유 중 하나는 특정 엔드포인트가 현재 CORS Cross-Origin Sharing Request 형식을 지원하고 있는지 확인하려는 경우를 생각할 수 있다. BigQuery를 사용할 때는 OPTIONS 메서드는 필요 없다.

POST, PUT 또는 PATCH를 지정해 요청 본문을 제공할 수 있는 옵션이 있다. 일정에 따라 API 호출을 트리거하고 여러 동작을 구분해야 하는 경우 유용할 수 있다.

Auth Header

외부 인터넷에서 실행 중인 엔드포인트가 있는 경우 모든 엔드포인트를 보호하는 것이 좋다. 권한이 없는 사용자가 예약된 엔드포인트를 인지하고 반복적으로 공격해 서비스 거부 공격을 실행하는 것은 피해야 한다. 설상가상으로 이런 작업에 대한 응답에는 애플리케이션 아키텍처에 대한 민감한 정보가 포함돼 있어 다른 공격에 취약할 수 있다.

구글 스케줄러는 OAuth 및 OIDC OpenId Connect의 두 가지 기본 인증 방법을 지원한다. 둘 다 추가 구성이 필요하며 몇 가지 제한사항이 있다.

첫 번째는 HTTPS를 사용해야 한다. HTTPS는 모든 권한 부여 체계 및 구글의 기본적인 제약사항이다. HTTP 헤더는 악의적인 객체가 가로채서 사용할 수 없도록 안전하게 전송해야 한다.

두 번째는 올바른 권한을 가진 서비스 계정이 있어야 한다. OAuth 토큰을 사용하는 경우 googleapis.com 도메인에서만 엔드포인트를 사용할 수 있음을 의미한다. 해당 서비스 계정에는 최소한 Cloud Scheduler Service Agent 역할이 부여돼 있어야 하며 추가적으로 대상 서비스에 대한 실행 권한이 있어야 한다.

Pub/Sub

이 방법을 사용하면 프로젝트의 모든 Pub/Sub 엔드포인트에 메시지를 게시할 수 있다. 주제와 페이로드 두 가지만 설정한다.

주제topic는 게시 대상이고, 페이로드는 해당 주제로 보내려는 문자열이다. 페이로드는 해당 대기열queue의 구독자가 찾고 있는 형식으로 지정해야 한다. 매개변수가 필요하지 않더라도 페이로드를 설정해야 한다.

이 방법은 일정에 따라 외부 워크플로를 트리거해야 할 때 가장 적합하다. Dataflow와 같은 서비스는 Pub/Sub 트리거를 지원하므로 이 방법을 사용해 정의된 일정에 따라 Dataflow 파이프라인을 시작할 수 있다. 일정에 따라 Pub/Sub를 트리거하도록 Cloud Scheduler를 설정하고 Dataflow가 작업 트리거로 해당 Pub/Sub를 구독하도록 한다. 그런 다음 해당 파이프라인은 BigQuery 및 기타 대상에 대한 삽입, 커스텀 로깅 등 데이터에 대한 여러 작업을 처리할 수 있다.

Pub/Sub 패턴을 사용하면 예약된 작업과 실행될 작업의 연결을 끊을 수 있다. 완전히 비동기식으로 실행하며 Cloud Scheduler가 메시지를 대기열에 푸시하면 작업이 성공한 것으로 간주한다. 다른 쪽에서 수신하지 않더라도 작업을 계속 성공적으로 실행하지만 아무 일도 일어나지 않을 수 있다.

Pub/Sub를 사용하는 경우 작업이 실패 조건에서도 동작하도록 이 패턴을 방어적으로 설계해야 한다.

App Engine HTTP

Cloud Scheduler가 존재하기 전에는 App Engine에서 기본으로 제공하는 cron 서비스가 있었다. 하지만 이 스케줄러에는 여러 가지 제약이 있었다(일례로 GET 메소드만 지원했다. 이제 Cloud Scheduler를 사용해 기존 App Engine Cron을 스케줄러 작업으로 다시 만들 수 있다).

App Engine 설정은 매우 간단하다. URL과 서비스를 지정하면 된다. URL은 프로젝트에서 사용할 수 있는 App Engine URL을 나타내므로 /로 시작하며, 서비스는 호출하려는 App Engine 애플리케이션의 API다.

여기서 엔드포인트가 수신할 일반적인 HTTP 메서드(PATCH 및 OPTIONS 제외)를 지정한다. HTTP 방법과 마찬가지로 POST 또는 PUT을 지정하면 본문도 제공해야 한다.

App Engine HTTP는 이전 App Engine 스케줄러의 제약사항을 해결하는 두 가지 추가 기능을 제공한다. 이전에는 App Engine 스케줄러가 사용 중인 버전에 고정됐지만 이젠 특정 인스턴스 또는 버전을 타기팅할 수 있다. BigQuery와의 통합에 매우 유용한 기능은 아니겠지만 완전성을 위해 이런 기능을 언급한다.

App Engine을 사용하면 구글이 기본 제공하는 보안 모델을 사용해 동일한 프로젝트 내의 API 호출을 자동으로 인증한다. GCP가 꾸준히 개선돼 ID 및 액세스 관리^{IAM} 시스템에서 보안 매개변수를 직접 처리할 수 있게 된 결과다.

사례

지원하는 세 가지 대상 모두 여러 가지 중복된 사례를 지원한다. 다음을 참고해 결정하도록 하자.

- **HTTP/HTTP**: App Engine을 제외하고 GCP 내부 또는 외부의 엔드포인트에 대한 동기식 호출에 사용
    - GCP 내부 서비스에 OAuth 사용
    - GCP 외부 서비스에 OIDC 사용
- **Pub/Sub**: GCP 내의 워크플로에 대한 비동기 호출에 사용 (메시지의 딜레이나 지연 허용)
- **App Engine HTTP**: App Engine 내부의 모든 엔드포인트에 사용

모든 옵션을 정했다면 작업을 저장하자. 이제 콘솔에서 예약된 작업을 확인할 수 있다.

상태

상태열을 참고해 작업의 진행 상황과 결과를 확인할 수 있다. 작업이 마지막으로 실행된 시간 (또는 실행된 적이 있는지), 작업 결과(실패 또는 성공) 및 로그를 볼 수 있다. 테스트 또는 누락된 작업의 재실행을 위해 직접 트리거할 수 있다.

예약된 작업은 Cloud Logging에 이벤트를 생성한다. Cloud Scheduler의 로그를 BigQuery에 저장하고 작업 성공 및 실패 빈도에 대한 자세한 보고서를 생성할 수 있다.

또한 아주 정확한 방법은 아니지만 로그 또는 콘솔에서 스케줄러로 작업이 실행됐는지 파악할 수 있다. "AttemptStarted" 이벤트는 스케줄러가 기록하는 첫 번째 이벤트다. 이 로그에서는 수신된 타임스탬프와 작업의 예약된 시간을 확인할 수 있다. 작업을 수동으로 실행하면 예약된 시간은 작업이 실행된 다음의 예약 시간으로 설정하며 타임스탬프는 현재 시간으로 기록한다.

Cloud Scheduler의 로그는 다른 서비스에 비해 상대적으로 단순하며 12장에서 설명할 이벤트 싱크를 사용하면 해당 프로세스를 이해할 수 있다.

명령줄 사용

Google Cloud 명령줄 도구gcloud를 사용해 작업을 예약할 수 있다. 스케줄러는 명령줄 기반으로 개발됐기 때문에 자연스러운 흐름이다. 또한 구글은 UI에서 사용할 수 없거나 아직 사용할 수 없는 새로운 기능을 명령줄 도구에 릴리스하는 경향이 있다. Cloud Scheduler는 비교적 새로운 서비스라서 유용한 기능 중 일부는 UI에서 지원하지 않는다.

다음 명령어는 Cloud Scheduler에 예약된 모든 작업을 표시한다.

```
gcloud scheduler jobs list
```

문서(https://cloud.google.com/sdk/gcloud/reference/scheduler/jobs)를 보면 앞서 UI에서 살펴본 작업들을 명령줄로 변환할 수 있다. 다음은 UI에서 지원하지 않는 몇 가지 작업을 나열한 것이다.

--attempt-deadline

--attempt-deadline 플래그를 사용해 엔드포인트의 초기 응답에 대한 시간 제한을 설정한다. 이 기한 내에 요청이 응답하지 않으면 작업이 실패한다.

--headers

--headers 플래그를 사용해 HTTP 헤더를 지정할 수 있다. HTTP 및 App Engine을 대상으로 선택했을 때 동작한다(Pub/Sub에는 HTTP 인터페이스가 없다). 대상 엔드포인트에서 특정 헤더를 설정해야 하는 경우 유일한 방법이다.

헤더를 사용해 기본 인증Basic Authorization이 활성화된 엔드포인트를 사용할 수 있지만 스케줄러 읽기 권한이 있는 모든 사람이 볼 수 있기 때문에 가능한 한 이 방법은 피해야 한다.

--message-body-from-file

POST/PUT/PATCH의 본문을 파일로 설정한다. Insomnia 또는 Postman과 같은 도구를 사용하고 있다면 유용하다.

재시도와 백오프

재시도 및 백오프 시스템 제어는 명령줄에서만 설정할 수 있다. 이 명령어를 사용해서 Cloud Scheduler에 자동적으로 재시도하는 스케줄을 설정할 수 있다.

재시도 구성을 위해 다음 5개의 플래그 조합을 사용한다.

- --max-backoff: 지수 백오프와 재시도 중 가장 긴 시간을 설정
- --max-doublings: 재시도 사이의 대기 시간을 두 배로 늘리는 횟수, 즉 지수 백오프의 반복 횟수
- --max-retry-attempts: 재시도 횟수
- --max-retry-duration: 첫 번째 시도부터 총 재시도 시간

- ---min-backoff: 첫 번째 재시도 전 대기 시간

지수 백오프가 동작하는 방식에 대한 자세한 설명은 6장의 BigQuery 스트리밍에서 이미 설명했다.

스케줄링 모범 사례

예약 작업에 대한 설정과 유지 관리 시의 주의 사항들을 살펴보자.

활성화/비활성화

작업을 비활성화/활성화할 때의 동작 방식은 시스템에 따라 다르지만 Cloud Scheduler의 경우 비활성화 상태에서 예약 작업이 실행돼야 할 경우에 해당 작업을 다시 활성화하면 곧바로 실행된다.

잠재적으로 부정적인 영향을 미칠 수 있기 때문에 작업을 비활성화했을 경우 주의한다. 예를 들어 매월 5일에 모든 커미션 값을 지우는 작업이 있어 4일에 작업을 비활성화하더라도 6일에 다시 활성화하면 다음 달 5일에 해당 작업을 수행하지 않고 즉시 작업을 실행한다. 이런 방법은 잠재적으로 치명적인 결과를 초래할 수 있다.

멱등성

멱등성idempotency은 함수가 호출된 횟수에 관계없이 동일한 결과를 갖는 조건을 나타내는 성질이다. 함수형 프로그래밍에서는 불변성과 관련된 중요한 원칙으로 사용한다. 멱등성을 준수하는 가장 쉬운 방법은 첫 번째 호출이 조치를 취하고 후속 호출이 조치가 이미 취해졌음을 인식하고 아무것도 하지 않도록 하는 것이다.

Cloud Scheduler는 최소 한 번 제공 모델로 동작한다. 이 모델은 어떻게든 작업을 실행한다는 것을 의미한다. 경우에 따라 두 번 이상 실행될 수 있다. 같은 엔드포인트를 여러 번 요청하는 반복 작업이라도 외부 환경에 의존하는 작업을 수행하는 경우 이런 상황에서 보호해야 한다.

시간대

UTC를 사용하지 않는 경우 동일한 UTC 오프셋을 갖더라도 올바른 시간대를 선택해야 한다. 예를 들어 여름철 태평양 일광 절약 시간과 산지 표준시(예: 애리조나)는 모두 UTC −7이지만 일광 절약 시간이 10월에 끝나 서부 해안 시간이 한 시간 일찍 돌아오면 다른 시간으로 처리한다.

현지 시간이 몇 시간을 반복하거나 건너뛸 수 있어서 멱등성과도 관련이 있다. 미국에서는 일광 절약 시간 때문에 오전 1:59:59에서 오전 3:00:00으로 바뀐다. 매일 밤 오전 2시에 실행하도록 예약된 작업이 있는 경우 이 작업은 그날 밤 미국 현지 시간으로는 실행하지 않는다. UTC는 고정 시간으로 실행하므로 현지 시간으로 한 시간 늦게 실행하지만 건너뛰지는 않는다.

테스트

처음 작업을 만들었다면 **지금 실행**을 클릭한 후 몇 분 안에 실행되도록 예약해 테스트한다.

처음 몇 번 실행된 작업의 로그를 확인해 안정적으로 실행됐는지 확인해야 한다. 앞서 언급했듯이 더 자세한 정보가 필요한 경우 BigQuery 싱크에 스케줄러 로그를 실행할 수 있다.

해상도

Cloud Scheduler(및 대부분의 표준 cron 구현 프로그램)의 최대 해상도는 1분이다. 전 세계적으로 분산된 타이밍 시스템을 실행하는 서버리스 메커니즘 때문에 더 짧은 간격으로 타이밍을 보장하기 어렵다. 또한 작업을 지정한 분 내에 실행하지만 해당 분의 0초에 정확하게 시작한다는 보장은 없다. 어쨌든 더 정확하게 예약해야 하는 작업에는 Cloud Scheduler 사용을 피한다.

중복 호출

Cloud Scheduler에서는 동일한 작업을 동시에 두 번 실행할 수 없다. 작업이 계속 실행 중이면 두 번째 호출을 지연한다.

이 문제를 처리하는 몇 가지 방법이 있다. 작업이 너무 오래 걸리면 일정을 더 멀리 설정하자. 작업량이 많아 실행 기간이 길어질 경우 Pub/Sub 아키텍처를 사용해 비동기적으로 실행한다. 트래픽이 급증해 호출이 누적되더라도 프로세스가 계속 실행될 수 있고 트래픽이 다시 떨어지면 정상적인 페이스로 프로세스를 실행한다.

비용 및 유지보수

이 글을 쓰는 시점에서 3개의 스케줄러 작업까지는 무료 등급을 적용한다. 추가 작업 비용은 매월 0.10USD다. 적은 비용이라도 작업을 사용하지 않는 경우 작업을 일시 중지하거나 제거하자.

작업을 계속 실행하고 대상 리소스를 계속 사용하는 경우에도 계속해서 비용을 청구한다. 빈번한 일정으로 동작하는 악성 Dataflow 파이프라인은 비용이 많이 들 수 있다(Cloud Billing 보고서를 BigQuery로 내보내 비용이 어디서 새는지 분석할 수 있다).

가벼운 작업에만 Cloud Scheduler를 사용하는 경우 거의 확실하게 무료 등급을 유지할 수 있다. Pub/Sub 무료 등급은 한 달에 10GB의 무료 데이터를 허용한다. 매분 메시지당 3kb의 페이로드를 보낼 수 있는 용량이다.

다른 예약 방법

Cloud Scheduler 외에도 BigQuery 작업을 예약할 수 있는 몇 가지 다른 옵션을 살펴보자.

Cloud Tasks

Cloud Tasks는 비동기 워크플로를 허용하도록 설계된 GCP 분산 실행 큐 서비스다. Cloud Tasks를 사용자와 장기 실행 데이터베이스 업데이트의 중간 계층으로 사용할 수 있다.

예를 들어 BigQuery의 데이터를 보고서 포털에 보이는 애플리케이션이 있다고 가정하자. 사용자가 보고서를 요청하려고 요청 버튼을 클릭하면 BigQuery는 몇 분 또는 몇 시간이 걸릴 수 있는 프로세스를 시작한다. 애플리케이션이 동기식으로 요청이 처리될 때까지 기다리는 대신 Cloud Tasks 대기열에 작업을 생성한 다음 즉시 사용자에게 보고서가 나중에 준비될 것임을 알릴 수 있다. 보고서를 대기열에 추가하고 실행하는 동안 사용자는 애플리케이션을 중단 없이 사용할 수 있다.

Cloud Tasks는 향후 작업 실행도 지원한다. 그러나 반복 작업은 지원하지 않는다.

Cloud Tasks에는 작업을 만들고 관리하기 위한 UI가 없으며 반복 스케줄러가 아니므로 여기서 더 자세히 설명하지 않겠다. Cloud Tasks는 BigQuery를 워크플로의 다운스트림에 빌드할 수 있는 애플리케이션을 작성하는 엔지니어에게 더 흥미로운 주제인데 복잡한 BigQuery 분석 워크플로를 비롯해 장기 실행 프로세스와 애플리케이션의 사용자 인터페이스를 분리할 때 사용할 수 있는 강력한 도구다.

Cloud Composer

Cloud Composer는 범용 워크플로 스케줄러인 Apache Airflow를 GCP에서 구현한 서비스다. 표면적으로는 DAG(Directed-Acyclic Graph)를 사용하며 Apache Beam(7장 참고)과 다소 비슷하지만 데이터 처리 솔루션은 아니다. Composer를 사용해 Dataflow를 트리거할 수는 있지만 Airflow 패러다임에 "스트리밍"이라는 개념은 없다.

GCP에서 서버를 프로비저닝하고 기본 Google Kubernetes Engine(GKE) 클러스터의 특성을 지정한 후 Airflow를 배포한다. 환경설정에 시간이 좀 걸리지만 DAG 빌드를 시작할 수 있다. Airflow는 Python 기반이지만 다른 언어도 사용할 수 있다. 연산자(operator)를 사용해 다른 시스템에 연결하고 워크플로의 일부로 작업을 호출할 수 있다. 물론 BigQuery 연산자[1] 도 있다.

Airflow DAG는 cron 구문을 사용해 예약할 수 있다. 시작 날짜, 종료 날짜 및 cron 일정을 지정하면 지정된 시간에 워크플로 인스턴스를 자동으로 생성한다.

Python을 사용해 더 복잡한 워크플로를 구축하려는 경우 Composer를 선택하는 것이 좋다. 오픈소스 도구를 사용해 워크플로를 중앙 집중화하면 워크플로의 작업과 수행 방법에 더 나은 문서화를 지원하고 이식성도 덤으로 얻을 수 있다.

---

[1] https://airflow.apache.org/docs/apache-airflow-providers-google/stable/operators/cloud/bigquery.html

BigQuery Transfer Service

BigQuery Transfer Service는 BigQuery 내부 또는 Amazon S3와 같은 다른 서비스에서 데이터를 전송하는 단일 작업이 필요한 경우에 사용한다. 이 서비스를 사용하려면 BigQuery UI 왼쪽에 있는 **데이터 전송**을 클릭한다. 간단한 데이터 세트 작업의 경우 "Dataset Copy"를 소스로 선택해 동일한 지역 내 또는 다른 지역으로 데이터 세트를 전송할 수 있다.

Google Cloud Platform의 "전송" 서비스와는 다른 UI를 가진 서비스다. Cloud Scheduler와 결합해 Amazon S3 또는 Azure Storage에서 정기적으로 데이터를 가져올 수 있다.

요약

GCP는 BigQuery 프로세스를 예약하는 몇 가지 방법을 제공한다. BigQuery에는 데이터 전송 서비스를 기반으로 하는 스케줄러가 내장돼 있다. BigQuery 스케줄러는 BigQuery 내에서 실행하며 SQL 명령어로 프로세스를 제어할 때 유용하다. 더 복잡한 프로세스의 경우 Google Cloud Scheduler를 사용해 임의의 HTTP, App Engine 또는 Pub/Sub 엔드포인트를 트리거할 수 있으며 이런 트리거를 사용해 BigQuery 작업을 시작할 수 있다. Cloud Scheduler용 명령줄 애플리케이션은 UI에서 제공하지 않는 추가 기능을 제공한다. GCP에는 특정 사용 사례가 있는 경우 사용할 수 있는 여러 가지 다른 스케줄링 시스템이 있다.

11장에서는 GCP의 서비스로서의 함수 프레임워크인 Cloud Functions를 살펴본다. Cloud Functions를 사용해 완전히 서버리스 상태를 유지하면서 데이터 처리 파이프라인을 더욱 강력하게 만들 수 있다.

11장

GCP의 서버리스 함수

클라우드를 기반으로 뭔가를 만들어 봤다면 이미 당신은 FaaS[Functions-as-a-Service, 서비스로서의 함수] 패러다임을 경험한 것이다. 아마존은 2014년에 Lambda 서비스를 제공했으며 구글은 2016년에 Cloud Functions를 정식 출시했다. 다른 퍼블릭 클라우드 제공 업체도 이 기능을 보유하고 있으며 전문화 된 플랫폼에서도 이와 같은 기능을 선보이고 있다. 예를 들어 널리 사용하는 커뮤니케이션 관리 플랫폼인 트윌리오[Twilio]는 "Twilio Functions"라는 기능을 제공한다. Twilio Functions는 실제로 AWS Lambda를 사용하지만 트윌리오만의 특화된 기능과 단축 기능을 제공한다.

FaaS는 종종 "서버리스 기술"과 함께 인용한다. 서버리스 기술은 기본적으로 서버를 관리하지 않는다는 특징을 갖고 있다. 사실 서버리스라는 단어는 여전히 서버가 관련돼 있기 때문에 약간 잘못된 마케팅이라고 생각한다. 이 기술은 실제로 "서버"가 없는 P2P 패러다임과는 다르기 때문이다.

Google Cloud Functions는 여러 방면에 사용할 수 있는 훌륭한 도구다. 11장에서는 이 기능의 동작 방식, BigQuery와의 연계, 그리고 활용법을 살펴보겠다.

장점

BigQuery의 성능을 강화하는 기능을 살펴보기 전에 다른 솔루션과 비교해 어떤 차별점이 있는지 확인한다. 이런 특징들은 사용 사례에 적합할 수도 있고 그렇지 않을 수도 있다. 다음 특성은 솔루션에 적용할 때 고려할 가치가 있는 기능들이다.

관리

관리의 용이성은 이미 서버리스 기술로 구현된 BigQuery를 사용하면서 느꼈다. 하지만 BigQuery는 기본 영구 데이터 저장소가 있고 쿼리를 컴퓨팅 단위로 나누기 때문에 서비스로서의 함수는 아니다.

BigQuery와 Google Cloud Functions의 공통된 장점은 데이터 웨어하우스를 프로비저닝하고 구성할 필요가 없는 것처럼 함수 사용시 서버를 구성하고 런타임을 설정하고 애플리케이션을 확장할 필요가 없다는 점이다.

확장성

함수는 사용량에 따라 자동으로 확장한다. 서버를 직접 관리하지 않기 때문에 요청한 만큼 함수를 확장할 수 있다. 일반적으로 확장 한도를 설정해 제어할 수 있다.

비용

Cloud Functions는 호출당 사용하는 리소스 수요가 적기 때문에 호출 비용이 매우 저렴하다. 데이터베이스와 마찬가지로 자체 서버로 애플리케이션을 실행하면 단계적으로 비용이 증가하며 수요에 따라 비용을 알아서 변경하지 않는다. 서버당 한 시간에 1달러를 지불한다면 어떤 워크로드를 수행하든 일주일에 168달러의 비용이 발생한다. 한 서버에서 지원할 트래픽이 너무 많아 서버를 한 대 더 늘리면 주당 336달러의 비용이 발생한다. 적은 양의 추가 트래픽의 처리를 위해서라도 추가 비용은 일정하게 늘어난다.

서버리스 방법을 사용하면 함수 호출당 사용한 만큼만 지불하며 오랜 기간 애플리케이션을 사용하지 않아도 비용 지불 없이 가용성을 유지할 수 있다. 이 기술은 기존 프로비저닝 방식에 비해 막대한 비용 절감 효과를 얻을 수 있다.

가용성

자체 서버를 유지할 때 언제나 가용성을 고려해야 한다. 한 번의 API 호출 실패가 전체 서비스 계층을 방해하며 충돌을 초래하고 단일 서버를 사용했을 때 한 사용자 요청이 다른 모든 사용자의 경험에 영향을 미칠 수 있다. 함수를 서비스로 실행하면 큰 노력 없이 리소스를 해당 사용자에게만 할당할 수 있다.

단점

지연

FasS의 가장 큰 단점으로 사람들은 주로 "콜드 스타트$^{Cold\ Start}$"를 지목한다. 콜드 스타트는 함수 호출을 시작할 때 서버가 해당 호출을 처리할 준비가 될 때까지의 대기 시간을 말한다. 콜드 스타트 때문에 서버리스 초기에는 백엔드 실행에 적합하지 않다고 간주됐다. 클라우드 제공 업체는 콜드 스타트의 빈도와 시간을 최소화하려고 노력해 왔지만 아직까지 획기적인 발전은 없었다. 이 단점을 보완하는 방법이 몇 가지 있지만 사용자가 딜레이를 불편하게 받아들이는 사용 사례에는 서버리스를 사용하지 않는 것이 최선이다. 꼭 사용해야 할 경우 런타임을 더 빠르게 가동하거나 정기적으로 함수를 핑^{ping}해 웜^{warm} 상태를 유지해야 한다.

리소스 제한

클라우드 제공 업체는 일반적으로 개별 함수에서 사용할 수 있는 메모리, 컴퓨팅 성능 또는 시간을 제한한다. 따라서 서버리스는 본질적으로 장기 실행 프로세스에 적합하지 않다.

하지만 이벤트-드리븐 모델을 사용해 작업을 병렬화하면 장기적으로 수행할 수 있는 워크플로를 만들 수 있다. 예를 들어 대기열을 사용해 함수에 대한 트리거 작업을 수행하고 다음 프로세스의 함수를 트리거하는 대기열에 메시지를 등록하는 식으로 구현할 수 있다.

이식성

Docker 또는 컨테이너 개념을 다시 생각해 보자. 컨테이너는 응용 프로그램을 실행하는 데 필요한 모든 종속성과 코드를 포함하는 패키지를 만들 수 있기 때문에 넓은 이식성을 제공하는 것을 목표로 한다. FaaS는 이보다 한 단계 더 세분화돼 있으므로 동일한 이식성을 제공하지 않는다. 클라우드 제공 업체마다 배포 메커니즘, 지원하는 런타임, 파일 시스템 및 데이터베이스와의 인터페이스 방식이 다르다.

클라우드와 자체 데이터 센터에 같은 코드를 배포해야 한다면 문제가 될 수 있다. 이 책에서는 이미 BigQuery를 사용하고 있으므로 이식성을 크게 문제 삼지 않는다.

이런 단점을 해결할 수 있는 몇 가지 솔루션이 있다. Node.js의 "serverless"라는 패키지를 사용해 여러 클라우드 플랫폼에서 서버리스 컴퓨팅을 추상화하고 실행할 수 있는 코드를 작성할 수 있다. BigQuery에 적용할 수는 없지만 이미 다른 클라우드에서 실행 중인 워크로드에서 데이터 파이프라인을 구성해야 하는 경우 고려해 볼 만하다. 또한 Node.js의 serverless 패키지를 사용해 Python과 같은 다른 클라우드 간에 호환되는 런타임으로 작성한 함수를 패키징하고 배포하는 방법도 있다.

서버리스 영역은 빠르게 진화하고 있다. Knative를 기반으로 하는 Cloud Run은 2019년 말에 정식 출시돼 서버에 컨테이너 구성을 하지 않아도 서버리스 환경에서 컨테이너를 실행할 수 있다. Google Anthos와 같은 기술은 클라우드 간 및 온 프레미스 배포를 지원한다.

관리

관리형 클라우드 시스템을 사용하는 경우 동작 방식을 이해하기가 어렵고 새로 접하는 사람에게는 마술처럼 보일 수 있다. 퍼블릭 클라우드 제공 업체는 수백 개의 서비스를 보유했으며 클라우드 전반에 걸쳐 수많은 서비스를 구현해 왔다. 임의로 많은 수의 Cloud Functions를 관리하게 되면 구성 및 추적이 어려워진다.

클라우드 인프라의 생성 및 재구성을 자동화하는 기술을 사용해 이런 복잡성을 관리하는 조직도 있다. 아직 이런 종류의 도구가 필요하지 않더라도 장기적으로 봤을 때 협업하려면 최소한 그 도구들을 이해하고 문서화를 사용해 지금부터 준비해야 한다.

데이터 웨어하우스 관리와 DevOps를 바로 병합하기는 어렵겠지만 다른 서비스와 상호작용하는 기능 및 파이프라인을 구축하려면 어느 정도 노력이 필요하다.

BigQuery와 Cloud Functions

앞서 언급했듯이 일부 대화형 워크로드는 서버리스 기능에 적합하지 않다. 이 책에서 다루는 대부분의 프로세스는 대기 중인 사용자와의 상호작용이 없는 배치 작업, 예약 작업, ETL 또는 분석 후 처리 등이다. 이런 프로세스는 Cloud Functions에 적합한 프로세스이며 BigQuery 내에서 지원하는 기능 이상을 구현할 수 있게 해준다.

일반적으로 Cloud Functions를 사용해 BigQuery로 액세스한다. BigQuery는 Cloud Functions를 직접 실행할 수 없지만 몇 가지 복잡한 방법으로 가능하다. 12장에서 Cloud Logging을 다루면서 살펴보겠다.

함수 작성

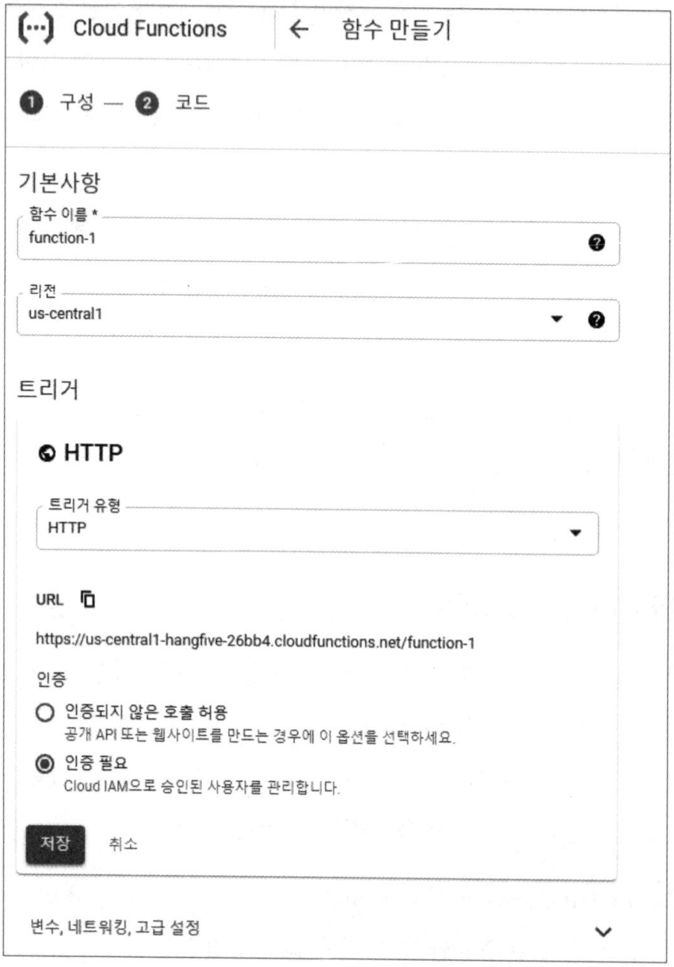

▲ 그림 11-1 함수 만들기: 구성

함수 생성은 간단하다. 이전에 AWS Lambda를 사용해 본 적이 있다면 이미 익숙할 것이다. Cloud Console의 메뉴에서 Compute 메뉴의 **Cloud Functions**를 클릭한다. **함수 만들기**를 클릭하면 매개변수를 지정할 수 있는 구성창이 열린다.

함수 이름

함수 이름에 따라 액세스하는 URL을 결정한다. application-featurefunction-activity와 같은 형식으로 이름을 생성하자(예를 들어 ramen-bq-ingest-performance-load는 "ramen" 애플리케이션의 퍼포먼스 데이터를 BigQuery로 로드하는 함수 이름이다). 각 GCP 프로젝트당 네임스페이스 하나만 제공하니 확실한 이름 구분이 필요하다. load-1, load-2, load-3 등으로 이름을 짓는다면 나중에 큰 문제를 초래한다.

리전

함수를 로드할 지역을 선택할 수 있다. 보통 사용자에게 가장 가까운 위치를 선택한다. 일부 리전은 다른 리전보다 비싸니 가격 등급을 참고하자.[1]

트리거

함수를 호출하는 방법을 선택한다. 드롭 다운에서 옵션을 변경하면 함께 제공되는 코드 예제를 변경한다. 그 이유는 함수가 출처에 따라 다른 메시지 형식을 기대하기 때문이다.

인증

인증하지 않은 호출을 허용할지 여부를 선택할 수 있다. ETL, 데이터 변환 등을 다루는 경우 대부분 비공개를 선택한다. Google Cloud Identity and Access Management[IAM]를 사용해 비공개로 BigQuery 및 기타 서비스에 액세스할 수 있다.

변수, 네트워킹, 고급 설정

할당 메모리

함수에 최대 4GiB의 RAM을 할당할 수 있다. 메모리는 함수 비용에 직접적인 영향을 미치므로 함수가 수행하는 워크로드에 적합한 수를 선택하자.

1　https://cloud.google.com/functions/docs/locations - 옮긴이

잘 알려지지 않았지만 할당된 메모리 양은 함수가 실행될 대략적인 CPU 클럭을 변경한다. 더 빠른 호출이 필요한 경우 메모리 양을 늘리자. 확실한 수치를 위해 함수 호출 시간을 테스트할 수 있지만 한 시간에 1센트 정도의 비용을 위해 조정하는 데 너무 많은 시간을 소비하지 않도록 한다.

제한 시간

함수를 주어진 제한 시간 내로 완료하지 않으면 강제로 중단된다. 기본값은 60초이고, 최댓값은 540초. 예상되는 최대 실행 시간으로 설정해야 한다.

최대 함수 인스턴스

병렬적으로 실행할 수 있는 인스턴스 수를 지정한다. 기본값은 0이며 인스턴스 수에 제한이 없다는 것을 나타낸다. DDoS가 염려되거나 시스템의 버그 때문에 동시 요청이 발생될 우려가 있다면 인스턴스 수를 제한해야 한다. (무한 루프에서 수천 개의 함수 요청을 하면 몇 분 만에 수백 달러의 비용이 청구될 수 있다.)

서비스 계정

GCP의 모든 활동은 실행할 주체가 필요하다. 비사용자 상호작용은 서비스 계정을 주체로 사용해 실행한다. 최소 권한 원칙에 따라 작업을 수행하는 데 필요한 최소 권한만 부여한 서비스 계정을 사용해야 한다.

예를 들어 함수가 Google Cloud Storage에서 파일을 읽고 BigQuery에 쓰는 경우 Cloud Functions 권한, Cloud Storage 읽기 권한, BigQuery 쓰기 권한만 부여한다.[2] 서비스 계정을 이용해 함수가 의도하지 않은 행동을 취하는 것을 막을 수 있다.

환경 변수

환경 변수를 사용해 코드를 수정하지 않아도 코드에 설정 값을 제공할 수 있다. 함수가 실행될 때 사용하는 외부 변수를 제공한다. 이런 방법으로 여러 환경에서 동일한 코드를 유지할 수 있다.

---

2 roles/storage.objectView, bigquery.dataEditor, bigquery.jobUser

BigQuery 데이터 세트 또는 Cloud Storage 버킷의 이름과 같은 변수 값을 여기에 저장한다.

인그레스ingress 설정

함수로 트래픽을 전송할 수 있는 트래픽 소스를 제어한다. 기본적으로 모든 트래픽을 허용하지만 단일 클라우드 프로젝트 또는 단일 VPC로 제한할 수 있다.

이그레스egress 설정

함수의 아웃바운드 트래픽을 라우팅하는 방식을 제어한다. 기본적으로 인터넷에 액세스할 수 있지만 단일 Virtual Private Cloud 내의 리소스에만 액세스하도록 설정할 수 있다.

최소 권한 원칙을 적용한다. 작업시 인터넷에 액세스할 필요가 없다면 인터넷 액세스를 막자.

코드

구성을 마치면 다음 버튼을 클릭해 코드를 작성한다.

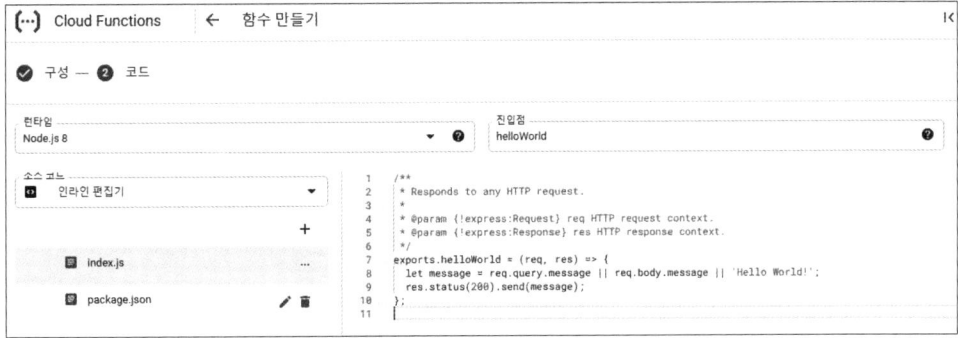

▲ 그림 11-2 함수 만들기: 코드

런타임

Google Cloud Functions는 Golang, Java, Node.js, Python, Ruby 등의 주요 런타임 유형을 지원한다. Google Cloud SDK는 이런 런타임에서 동일하게 동작하므로 가장 익숙한 언어를 선택하자.

동적 컴파일을 사용해 지원하지 않는 라이브러리를 사용하는 방법도 있지만 문서가 충분하지 않고 콜드 스타트 시간의 증가와 같은 이유가 있기 때문에 권장하는 방법은 아니다.

진입점

함수가 호출될 때 시작할 메서드를 지정한다. 메서드는 언어마다 다르며 HTTP 요청 또는 Pub/Sub 페이로드를 수락할 수 있어야 한다.

소스코드

여기서 함수의 출처를 선택한다.

인라인 편집기

아주 간단한 함수를 작성한다면 인라인 편집기를 사용한다. 소스 제어가 힘들기 때문에 어느 정도 규모의 코드를 작성할 때는 피한다. 저장할 때마다 자동으로 배포되므로 프로덕션에서는 주의가 필요하다.

무엇보다도 이 방법으론 하나의 코드 파일과 하나의 정의 파일(예: requirements.txt)만 업로드할 수 있다. 많은 외부 패키지 또는 상당한 코드 양이 필요하다면 제한적일 수밖에 없다.

ZIP 업로드

모든 코드 및 종속성 파일이 포함된 ZIP 파일을 업로드할 수 있다. 임의의 코드 편집기를 사용해 코드를 짜고 여기서 파일을 압축해 업로드한다. 코드에 직접 액세스할 수 없기 때문에 자동화한 빌드 프로세스의 일부가 아니라면 인라인보다 훨씬 다루기 어렵다.

Cloud Storage의 ZIP

로컬 머신이 아닌 Cloud Storage에서 가져온다는 점을 제외하면 이전 방법과 동일하다.

Cloud 소스 저장소

많이 알려지지 않았지만 GCP에는 Cloud Source라는 자체 git와 형상 관리 서비스가 있다. Cloud Source 브랜치에서 직접 클라우드 함수를 로드할 수 있으며 원활한 빌드 프로세스를 만들 수 있다.

Cloud Source는 GitHub에 대한 미러링 저장소도 지원하며, Cloud Build는 클라우드 기능을 배포하기 위한 자동 트리거를 지원하므로 자동 배포, 환경 및 전체 지속적 통합 솔루션을 클라우드 기능에 연결할 수도 있다.

Cloud Functions 배포

코드 작성을 완료한 후 배포를 클릭한다. Cloud Functions의 기본 화면으로 이동하면 새 함수를 배포하고 있음을 나타내는 스피너가 돌아간다.

	이름 ↓	리전	트리거	런타임	할당 메모리	실행한 함수
○	function-n	us-central1	HTTP	Node.js 8	128MiB	helloWorld

▲ 그림 11-3 함수 배포

잠시 후 함수가 성공적으로 배포됐다는 것을 나타내는 녹색 확인란이 나타난다. 함수 이름을 클릭하면 성능에 대한 정보가 표시된다.

방금 설정한 모든 구성도 확인할 수 있다. 편집을 클릭하면 이전 설정을 수정할 수 있다. 또한 내장 테스터로 함수를 테스트해 볼 수 있다.

트리거를 클릭해 함수를 어떻게 호출하는지 확인한다. HTTP 요청인 경우 실제로 링크를 직접 클릭할 수 있다.

인터넷에 액세스할 수 없도록 구성했다면 403 오류가 발생한다. 최소한의 보안은 동작하고 있다는 것을 확인할 수 있다.

Cloud Functions 호출

이제 설정을 마쳤으니 여러 가지 방법으로 함수를 호출할 수 있다. 파이프라인을 설정하려면 특정 사용 사례를 제공하기 위한 운영 아키텍처 노하우가 필요하다. 데이터 처리 워크플로에서 각 호출 방법을 어떻게 사용할 수 있는지 살펴보겠다.

HTTP 트리거

함수를 호출하는 가장 일반적인 방법이다. 외부 시스템에서 웹훅webhook 호출 또는 이벤트 데이터를 수신하거나 애플리케이션에서 직접 페이로드를 수락하는 경우에 사용한다.

(파일을 처리할 경우에는 Cloud Storage 트리거를 직접 사용해 API 호출을 건너뛸 수 있다.)

Cloud Pub/Sub 트리거

Cloud Pub/Sub는 대기열 관리를 위한 GCP의 서비스다. 서비스를 느슨하게 결합하고 처리하는 비동기 워크플로를 구성할 때 가장 좋은 방법이다. 간단한 예로 특정 이벤트를 BigQuery에 개별 행으로 삽입할 때 사용할 수 있다. BigQuery 삽입을 위해 이벤트 메시지를 Pub/Sub 대기열에 게시하면 Cloud Functions에서 해당 페이로드를 읽고 결과를 BigQuery에 삽입한다. 트리거를 사용해 이벤트 로드와 BigQuery의 로드를 효과적으로 분리할 수 있다.

대기열 기반 프로그래밍은 매우 일반적인 패러다임이므로 자주 접할 수 있다. BigQuery를 비동기 워크플로와 혼합하면 두 가지 이점이 있다. 앞서 논의했듯이 두 프로세스의 직접적인 연결을 해제할 수 있고 논리적으로도 분리할 수 있다. 원하는 프로세스를 대기열의 다른 쪽에 연결해 이벤트 자체의 코드를 변경하지 않고도 이벤트 로깅을 고도화시킬 수 있다.

Cloud Storage 트리거

Cloud Storage는 BigQuery와 가장 밀접한 관계를 갖고 있으며 모든 종류의 ETL 작업에 사용하기에 유용하다.

Cloud Storage 파이프라인을 사용하면 짧은 시간 안에 서버리스로 파일 가져오기 기능을 사용할 수 있다. 직접적으로 가져오기 기능을 구현하는 것보다 훨씬 수월하다. Cloud Storage 트리거는 내부적으로 Pub/Sub를 사용하지만 객체가 생성되거나 삭제되면 자동으로 이벤트를 시작한다. 다음 절에서 해당 기능을 자세히 설명한다.

Cloud Firestore

Cloud Firestore는 구글의 NoSQL 관리형 데이터베이스 기술이다. 사용자 데이터를 저장하기에는 최적이지만 데이터를 쿼리하거나 분석하도록 만들어지지 않았다. Firestore 인스턴스의 변경사항을 수신하고 데이터의 일부를 BigQuery에 로드하는 함수를 작성하는 것이 BigQuery와 함께 사용할 수 있는 가장 좋은 방법이다.

다만 스키마 변화를 주의 깊게 살펴봐야 한다. Firestore는 JSON 문서를 사용하며 BigQuery용 열 형식으로 변환하는 방법이 필요하다. 중첩 및 반복 필드가 많고 BigQuery로 변환하려면 많은 노력이 필요하다.

JSON을 BigQuery에 직접 덤프하고 나중에 처리할 수도 있지만 구조화하지 않은 데이터를 직접 처리하기 시작하면 성능 저하와 높은 비용을 감당해야 한다.

직접 트리거

직접 트리거는 디버깅할 때만 사용하며 프로덕션 워크로드에는 사용을 권장하지 않는다. 테스트를 위해 명령줄에서 직접 클라우드 기능을 트리거할 수 있는데 이 방법을 사용해 큐에서 직접 트리거된 것처럼 Pub/Sub 메시지에 대한 모의 페이로드를 제공해 시뮬레이션할 수 있다.

Firebase 트리거

Firebase로 Cloud Functions를 트리거할 수 있다. 모바일 백엔드를 전적으로 Firebase에서 실행하면서 BigQuery에 애플리케이션의 성능에 대한 데이터를 수집하려는 경우 유용하다. 실제로는 Cloud Functions가 트리거돼 BigQuery에 삽입하는 방식과 유사하다.

Cloud Scheduler

Cloud Scheduler가 나오기 전까지는 일정을 관리하는 서버를 직접 유지해야 했다. 이젠 Cloud Scheduler에서 Cloud Functions를 직접 호출할 수 있기 때문에 비동기 워크플로의 막대한 이점을 누릴 수 있다. 모든 변환, ETL 작업 또는 서버 유지보수를 이제 Cloud Scheduler 작업으로 실행할 수 있다. Cloud Scheduler는 cron 형식과 호환되므로 이전에 서버에서 유지하던 관리 트리거를 GCP로 직접 이동할 수 있다.

실제 애플리케이션 예제

이제 Cloud Functions가 무엇인지, 어떻게 생성하는지, 애플리케이션에서의 처리 방법을 알았으니 이 모든 기능을 실제로 어떻게 연결하는지 예제를 바탕으로 실습하자.

Clint's Ramen International은 오래된 기술을 가진 라면 레스토랑 체인이다. 레스토랑은 서로 연결돼 있지 않으며 POS 기기를 인터넷에 연결하지 않았다. 데이터 아키텍트는 매일 Microsoft Excel 및 Access를 사용해 판매 및 수익에 대한 인사이트를 얻으려고 노력한다. 월요일 아침에 CMO가 주말 동안 몇 개의 라면이 판매됐는지 묻는다면 그제서야 Access 데이터베이스에 파일 덤프를 시작하고 분석을 시작해 목요일에 답을 전달한다. 시스템을 완전히 뜯어 고치지 않고 BigQuery를 사용해 문제를 해결해 보자.

이런 문제는 소규모 기업이 정기적으로 겪는 문제다. 많은 조직이 이런 문제를 해결하려고 막대한 컨설팅 비용을 지불한다. 어떤 조직은 대규모 변경을 강행해 기술 문제를 해결하지만 비즈니스 자체를 위험에 빠뜨릴 수 있다. 최고의 솔루션은 대규모 중단 없이 모든 것이 돌아갈 수 있게 해야 한다.

각 지점은 매일 저녁 POS[Point-of-Sale] 시스템에서 데이터를 뽑아 회사로 이메일을 보낸다. 회계 부서는 데이터를 취합해 공유 폴더에 저장한다. 그런 다음 해당 폴더에서 수동으로 파일을 가져와 "데이터 웨어하우스"로 로드한다. 어떤 식으로 개선할 수 있는지 살펴보자.

제안하는 디자인

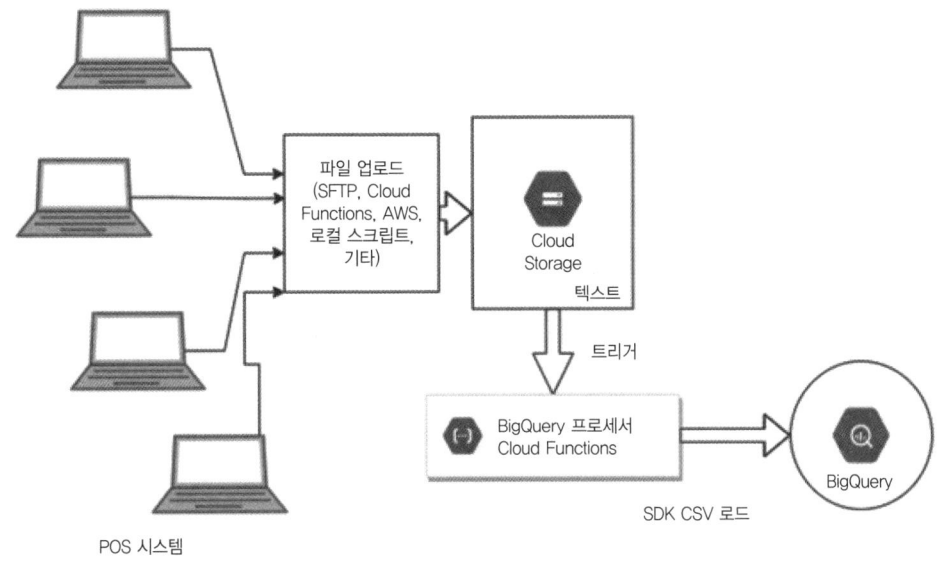

▲ 그림 11-4 Cloud Functions를 사용해 BigQuery로 데이터를 로드하는 워크플로

파일 업로드

데이터 파이프라인을 만들려면 지금까지 다뤘던 모든 것을 활용한다. POS 시스템은 CSV 파일을 내보낸다. 이 파일을 Google Cloud Storage로 업로드해야 한다. 액세스 권한에 따라 여러 가지 방법을 사용할 수 있다. 액세스 권한이 전혀 없다면 직접 이메일을 수신하는 Pub/Sub 기능을 구현해야 하지만 상당한 리소스가 들어가기 때문에 CSV를 내보낸 후 가능하면 간단한 애플리케이션을 사용해 Google Cloud Storage로 업로드한다.

Google Cloud Storage가 기본적으로 지원하지는 않지만 (S)FTP를 이용할 수 있다. (AWS S3는 관리형 SFTP 전송 서비스를 보유하고 있다.) Gcsfuse와 같은 유틸리티를 사용해 Google Cloud Storage 버킷을 파일 시스템으로 마운트하고 해당 폴더에 (S)FTP를 업로드 해야 한다. 이런 접근 방식은 서버를 설정하고 가져오기 도구 등을 직접 관리해야 하는 예전의 관행으로 돌아가야 하니 가능하면 피하도록 한다.

Pub/Sub를 트리거해 다른 클라우드 제공 업체에서 파일을 가져오는 이색적인 방식을 사용할 수 있는데 BigQuery 외의 다른 서비스를 모두 AWS에서 사용하지 않는 이상 이런 방법을 사용할 필요는 없다.

Google Cloud Functions를 사용해 AWS와 GCP 대기열을 연결할 수 있다. BigQuery Data Transfer 서비스를 사용해 예약된 일정에 따라 Amazon S3 버킷을 Google Cloud Storage로 직접 가져올 수도 있다.

POS 시스템 자체에 확장 프로그램을 작성하는 방법도 있겠지만 엔지니어가 없다면 불가능한 작업이다.

결론적으로 파이프라인의 각 단계를 수행하는 방법에는 여러 가지 유효한 방법이 있다. 설문을 바탕으로 특정 사용 사례에 가장 적합한 ROI를 제공하는 것이 무엇인지 평가해 보도록 하자.

파일 감지

파일이 Google Cloud Storage에 도달하면 객체가 생성됐음을 알리는 트리거를 실행한다. 이 트리거는 Google Cloud Functions로 수신되며 앞서 배운 CSV 파일 로드를 사용해 BigQuery에 로드할 수 있다. Google Cloud Shell이나 UI를 통하는 대신 Cloud Functions 내부에서 CSV 가져오기를 수행한다. CSV 가져오기를 수행하는 Cloud Functions를 배포하고 트리거를 지정해야 한다.

```
gcloud functions deploy {your_function_name} \
--trigger-resource {GOOGLE_CLOUD_STORAGE_BUCKET_NAME} \
--trigger-event google.storage.object.finalize
```

finalize 이벤트는 새 객체가 생성되거나 기존 객체를 덮어쓸 때 적용한다. 삭제, 보관, 메타데이터 업데이트 트리거는 이와 다른 이벤트를 사용한다.[3]

이 트리거를 이용해 변환 및 삽입 작업을 진행하는 동시에 회계 부서에 이메일을 보낼 수도 있다.

---

3 https://cloud.google.com/functions/docs/calling/storage

이 워크플로를 간단한 방식으로 구현하기 위해 상대적으로 작은 파일을 처리한다고 가정한다. 이런 파일은 모두 매우 작고 Cloud Functions의 메모리 내에서 감당할 수 있는 크기다. 매일 수백만 건의 트랜잭션을 실행하는 경우 Dataflow 파이프라인과 같은 기능을 사용해야 한다. Dataflow가 필요하다면 이미 광범위한 구조를 통합해야 하니 앞서 검토한 워크플로로는 감당하기 힘들다.

파일 처리

마지막으로 웨어하우스를 구축했을 때의 지식을 활용해 데이터를 분석할 수 있는 구조로 삽입하고 있는지 확인해야 한다. 시간 분할된 테이블로 데이터를 로드하거나 상점 기반 시스템을 사용할 수 있다. Cloud Storage 트리거로 다음과 같은 Cloud Functions를 작성한다.

```python
from google.cloud import bigquery
client = bigquery.Client()

def process_incoming_file(data, context):

    table_name = "sales"
    uri = "gs://{bucket}/{file}".format(bucket=data["bucket"], file=data["name"])
    job_config = bigquery.LoadJobConfig(
        schema=[
            bigquery.SchemaField("StoreID", "STRING"),
            bigquery.SchemaField("SKU", "STRING"),
            bigquery.SchemaField("Date", "DATE"),
            bigquery.SchemaField("Price", "NUMERIC")
        ],
        skip_leading_rows = 1,
        time_partitioning = bigquery.TimePartitioning(
            type_=bigquery.TimePartitioningType.DAY,
            field="Date"
        )
    )
    job = client.load_table_from_uri(uri, table_name, job_config=job_config)
    job.result()

    table = client.get_table(table_name)
    print("Loaded {rows} rows from file {uri}".format(rows=table.num_rows, uri=uri))
```

이 함수는 파일의 URI를 가져온 후 날짜로 파티션된 테이블에 대한 스키마를 만들고 파일을 BigQuery에 로드한다. 모든 "print"문은 Cloud Logging에 기록한다.

(명령줄에서 트리거를 설정하는 대신 Cloud Functions 생성 시 트리거를 Cloud Storage로 설정할 수 있다.)

▲ 그림 11-5 Cloud Storage 트리거 설정

데이터 확인

위에서 작성한 Cloud Functions는 버킷의 파일로 트리거돼 CSV 데이터를 날짜로 파티션된 테이블에 로드한다. 이제 다음 SQL 쿼리를 사용해 특정 SKU에 대한 총 판매량을 찾을 수 있다.

```
SELECT SKU, COUNT(*), SUM(Price) FROM `sales`
WHERE SKU = "1001" -- the green tea SKU
AND Date BETWEEN "2020-06-27" AND "2020-06-28"
GROUP BY SKU
```

완성된 파이프라인

파이프라인이 완성됐다. 이제 매일 밤 지점에서 POS 파일을 업로드하면 자동으로 Cloud Functions를 트리거하고 데이터를 BigQuery에 로드한다. BigQuery의 정보는 리포트와 대시보드를 바탕으로 인사이트를 얻을 수 있다.

이제 CMO가 불시에 데이터를 요청하더라도 새로운 파이프라인 덕분에 이미 처리하고 검증한 데이터를 바로 보고서로 전달할 수 있다.

주의 사항

앞의 데이터 파이프라인을 구축할 때 몇 가지 주의해야 할 사항이 있다.

- **중복**: 사용자는 동일한 파일을 두 번 이상 보낼 수 있다. 덮어쓰기를 허용하지 않거나 BigQuery에서 지정된 저장소/날짜를 확인한 후 해당 행이 존재하는지 확인해야 한다. 행 수준에서 중복을 방지하려면 더 복잡해진다. Cloud Storage 트리거는 Pub/Sub를 기반으로 하며 최소 한 번만 실행한다. 즉, 사용자가 파일을 한 번만 업로드하더라도 동일한 트리거가 여러 번 발생할 수 있다.
- **유효성 검사**: 이미 알고 있는 외부 소스이기 때문에 문제없다고 가정할 수 있지만 의도치 않게 또는 의도적으로 잘못된 파일을 받았을 때 처리하도록 한다.
- **확장/스트리밍**: 앞에서 언급했듯이 파일 크기를 작게 유지하는 한 확장성에 문제는 없다. Cloud Functions를 사용하기 때문에 원하는 만큼의 파일과 가져오기를 동시에 허용한다. 그러나 파일이 너무 커져서 단일 클라우드 함수의 메모리 및 CPU가 효율적으로 처리할 수 없는 경우 시스템에서 파일을 처리할 수 없다.
- **스키마**: 데이터 유형을 이미 파악하고 있을 때는 괜찮겠지만 입력 파일 형식이 다양하거나 여러 파일에 데이터가 있거나 스키마가 변화한다면 제대로 동작하지 않는다. 보다 범용적인 스키마를 설계하고 복수의 Cloud Functions를 사용해야 한다.
- **관리**: 앞서 서버리스 시스템의 단점으로 언급했었다. 구축한 인프라의 모든 부분을 문서화해 추적할 수 있도록 해야 한다. Google Deployment Manager와 같은 도구가 도움이 될 수 있겠지만 자동화 도구 없이도 구축돼 있는 시스템만으로도 작업하는 방법을 어느 정도 알 수 있어야 한다.

요약

서비스로서의 함수Functions-as-a-Service는 서버를 만들거나 운영체제를 설치하지 않고 코드를 작성하고 실행할 수 있는 강력한 패러다임이다. BigQuery가 데이터 웨어하우스를 유지하는 것처럼 Google Cloud Functions를 사용하면 API 및 기타 GCP 서비스와 상호작용해 BigQuery의 데이터를 사용할 수 있다. 함수는 셸 도구를 사용해 작성하거나 Cloud Console에서 직접 구성할 수 있다. 함수는 다양한 방식(동기식 및 비동기식)으로 트리거될 수 있으며 프로젝트의 BigQuery 데이터베이스에서 직접 데이터를 삽입하거나 선택할 때 사용한다. 사례를 바탕으로 최소한의 노력으로 확장성 있는 분석 시스템을 구축하는 것이 얼마나 간단한 것인지 확인했다.

12장

Cloud Logging

Google Cloud Logging은 모든 시스템에서 이벤트 로그를 수집해 중앙화를 가능하게 해주는 도구다. 우리가 논의한 다른 시스템과 마찬가지로 완전 관리형이며 대규모 이벤트 수집을 지원한다. 또한 지금까지 사용했던 다른 구글 서비스(BigQuery, Cloud Storage, Cloud Functions 등)와 직접 통합돼 있다.

12장에서는 Cloud Logging의 로그를 BigQuery로 가져와 분석하는 방법과 로그를 사용해 시스템 전체에서 애플리케이션 동작 방식을 이해하는 방법을 살펴본다.

BigQuery는 Cloud Logging에 로그를 생성하며 해당 로그를 다시 BigQuery로 가져올 수도 있다.

이 기능으로 4~5부에서 다룰 시각화 및 실시간 대시보드를 사용해 데이터 웨어하우스의 잠재력을 알아본다. 여기에 성능 모니터링까지 더해지면 더 높은 경쟁력을 가질 수 있다.

로그와 분석의 연관성

로그가 데이터 분석 또는 데이터 웨어하우스와 어떤 관련이 있는가? 동작 원리를 잘 아는 것이 왜 중요한가? DevOps의 현대적 패러다임 중 하나는 애플리케이션 모니터링과 사용자가 애플리케이션상의 행동을 모니터링하는 것과 밀접한 관련이 있다는 사실이다. 정상적인 사용자 활동 감지, 오류율 상승, 무단 침입 및 애플리케이션 로그 검토 모두 비슷한 특징을 갖고 있다.

BigQuery는 Cloud Logging의 방대한 양의 실시간 데이터를 사용할 수 있는 데이터의 단일 측면으로 다룰 수 있도록 분석할 수 있게 해준다. 데이터의 정보에서 인사이트를 만드는 것이 우리의 목적이다. 동시에 애플리케이션의 입력 및 출력, 전체 시스템에 미치는 영향, 시스템 상태, 비용 및 예상대로 사용 중 인지를 분석할 수 있다. 지금까지는 배운 지식으로 비즈니스에서 발생하는 모든 단일 이벤트를 실시간 단위로 다루는 것이 어려웠지만 다음 예제를 바탕으로 이 개념을 좀 더 구체적으로 설명한다.

Abigail's Flowers 예제

Abigail's Flowers는 맞춤형 꽃 부케를 배송하는 웹 서비스 제공 전자 상거래 기업이다. BigQuery로 분석 대시보드를 지원하고 현재 주문에 대한 실시간 인사이트를 제공한다. 임박한 수요를 예측할 수 있는 예측 기능도 있다. Cloud Logging이 어떻게 도움이 될 수 있는지 알아본다.

Abigail's Flowers의 데이터 팀은 애플리케이션이 신용 카드를 거부한다는 고객 피드백을 받는다. Cloud Logging의 대시보드에서 애플리케이션 상태에 문제가 없다는 것을 확인했고 트랜잭션 오류도 없었다. BigQuery의 대시보드에서 매출은 예상 값 이내인 것임을 확인했다. 시스템 레벨에서는 어떤 것도 문제가 없다는 것을 확인했다. 데이터 팀은 더 심층적인 확인을 하려고 작업 목록을 만든다.

- 애플리케이션이 결제 결과를 기록하고 있는지 확인한다. Cloud Logging 이벤트를 확인하고 해당 작업에 문제가 없다는 것을 확인한다.
- 이벤트 싱크를 이용해 몇 시간 동안 결제 결과 데이터를 BigQuery로 수집한다.
- 결제 게이트웨이 API에 대한 요청과 응답을 기록하고 있는지 확인한다. 이미 Cloud Logging에 기록하고 있다.
- 결제 API에 대한 이벤트 싱크도 만든다.

- Cloud Monitoring을 사용해 애플리케이션 성능을 더 면밀히 살펴본다. 비정상적인 급증이나 장기적으로 실행하는 호출에 따른 속도 저하 및 시간 초과는 원인에서 배제한다.
- 마지막으로 BigQuery 스키마를 검토하고 사용자 계정 및 사용자 주문에 대한 데이터를 기록하는 위치를 확인한다.

애플리케이션의 성능과 동작 데이터를 수집했으면 분석을 시작한다.

첫째, 데이터를 결합하는 공통 식별자를 확인한다. 모든 데이터의 기본 키는 UserID열이다. 몇 가지 주요 질문에 즉시 답변할 수 있다.

- 결제 실패는 언제 발생하는가? 요일 및/또는 시간별로 더 높은가?
- 결제 시 어떤 오류가 발생하는가? 애플리케이션 또는 결제 API에서 발생하는가?
- 오류율이 높을 때 얼마나 많은 주문이 이뤄지는가?
- 오류율이 높을 때 주문을 하는 개별 사용자는 몇 명인가?
- 주문 실패가 많은 사용자의 특성은 무엇인가?
- 실패한 주문의 특징은 무엇인가?

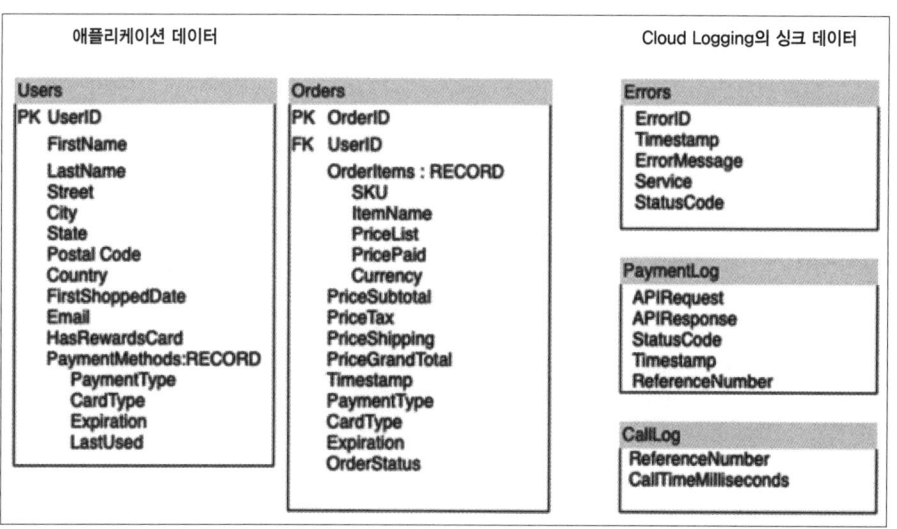

▲ 그림 12-1 Abigail's Flowers의 데이터 스키마

BigQuery에는 실제로 기본 키 및 외래 키의 개념이 없지만 논리적 데이터 관계를 설명하려고 들어갔다.

위 정보는 BigQuery에 오류정보와 계정/주문정보가 모두 있기 때문에 접근할 수 있다. 별도의 데이터 소스에 있는 경우 각 데이터 세트를 수동으로 병합해야 한다. 수동 데이터 변환은 오류 가능성이 있으며 수백만 개의 행과 기가바이트의 데이터가 있으므로 가져올 수 있는 항목의 효율성을 제한한다.

이제 위 질문에 답하는 실시간 대시보드를 만들 수 있다.

데이터 팀은 비용이 높을수록 실패율과 밀접한 관련이 있다는 것을 파악했다. 주문 실패율과 가격을 직접 확인하는 쿼리를 만든다.

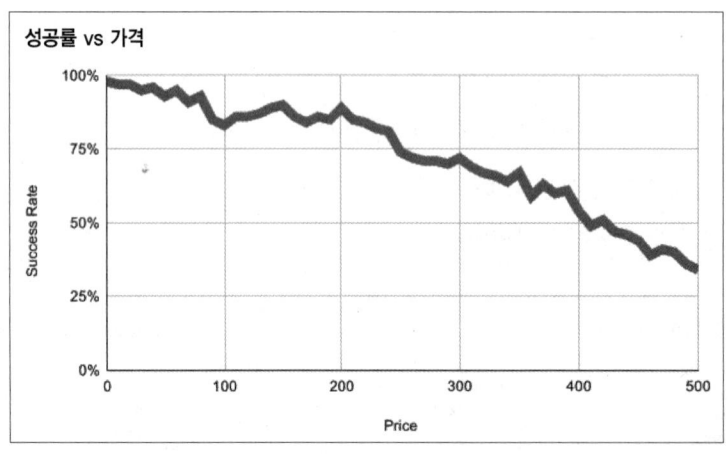

▲ 그림 12-2 가격과 성공률 관계를 보이는 그래프

200달러 이상 주문 실패율은 200달러 미만 주문 실패율보다 5배나 높다는 것을 확인했다. 실제로 주문 가격이 상승함에 따라 주문이 500달러를 초과하면 매우 높은 실패율로 이어진 것을 확인했다. 이제 결제 API 오류를 포함한 데이터로 그래프를 다시 그려본다.

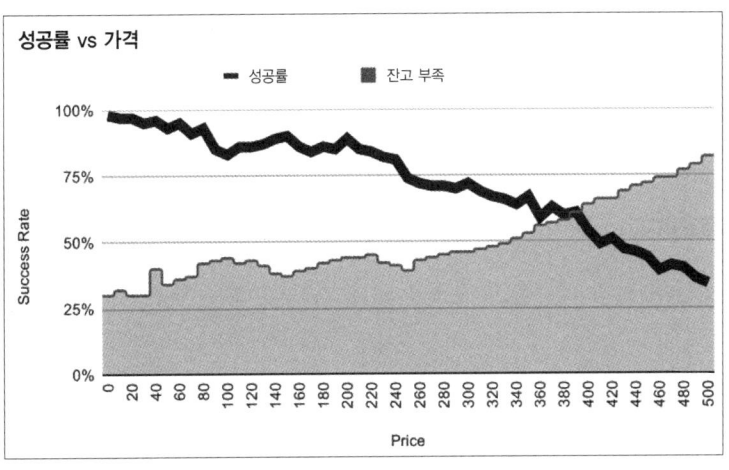

▲ 그림 12-3 에러 유형이 추가된 그래프

높은 오류율의 이유는 잔액 부족으로 카드가 거부되면서 생긴 오류라는 것을 짐작할 수 있다. 이제 애플리케이션에는 문제가 없다는 것이 밝혀졌다. 이 문제는 고객이 신용 한도를 초과했을 때 발생하는 문제라는 결론을 내린다. 이제 이 기대치를 위반할 경우 추가 알림을 설정한다.

이와 같은 분석에 대한 준비가 미흡한 조직에서는 이런 상황을 접할 때 금방 통제불능 상태에 빠지기 쉽다. 여러 시스템에서 이런 데이터 세트를 수동으로 가져와 통합하려고 할 때 단일 정적 뷰를 만드는 데만 해도 몇 시간이 걸릴 수 있다. 일관성이 없는 데이터 웨어하우스는 오류 로그와 사용자 계정 데이터를 결합하기 힘들다.

모든 비즈니스 프로세스의 핵심은 인사이트를 발견하는 피드백 루프를 단축해 관련 정보를 생성하는 즉시 발견하고 대응해야 한다. 이제 데이터 팀에서는 문제가 될 수 있는 부분을 지속적으로 모니터링할 수 있다. 고객이 같은 문제를 보고하면 근본 원인이 동일한지, 새로운 문제가 발생했는지에 대한 여부를 신속하게 확인할 수 있다.

앞선 예제를 템플릿을 사용해 보다 정교한 시나리오로 구성할 수 있다. 라이브 클릭 스트림을 통합해 사용자가 결제 중에 예상치 못한 상황에 어떻게 반응하는지 관찰하고 웹사이트 경험을 개선하는 데 사용할 수 있다. 한 고객이 여러 신용 카드에서 다수의 오류를 생성하면 잠재적인 사기 거래일 확률이 있음을 예상할 수 있다. 또한 오류가 발생한 사용자가 재구매자가 될 가능성이 어느 정도인지 확인할 수 있다. 이와 같은 인사이트는 Cloud Logging과 BigQuery를 통합한 결과다.

Cloud Logging

GCP 왼쪽 상단의 탐색 메뉴를 클릭하고 로그 기록의 하위 메뉴에서 **로그 탐색기**를 클릭한다.

지금까지 GCP를 많이 사용했다면 로그가 쌓여 있는 것을 확인할 수 있다. 기본적으로 현재 사용 중인 모든 서비스의 로그를 자동으로 수집하며 Google Cloud Platform에서 실행한 거의 모든 작업을 세부적으로 기록한다. 각 서비스의 로그에서 볼 수 있는 일부 데이터를 매우 쉽게 얻을 수 있다. 아무 로그가 없다면 BigQuery 콘솔로 이동해 몇 가지 SELECT문을 실행하고 돌아오자.

로그 탐색기

쿼리 빌더의 패널에서 **리소스**를 클릭하고 BigQuery를 선택한 후 추가하면 다음과 같은 쿼리를 생성한다.

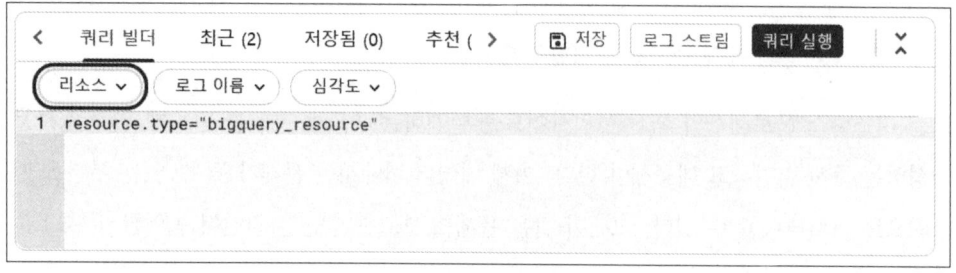

▲ 그림 12-4 로그 탐색기

쿼리 실행을 클릭하면 거의 실시간으로 BigQuery에서 생성된 이벤트만 확인할 수 있다. BigQuery가 계속 작업을 수행하고 있다면 **현재 시점으로 이동** 버튼을 클릭해 최신 내용으로 업데이트할 수 있다.

가장 먼저 눈에 띄는 것은 엄청난 양의 데이터 기록이다. 각 서비스에는 로그를 기록할 때 사용하는 페이로드 세트가 있다. 나중에 설명하겠지만 자체 서비스에서 내보내는 자체 로깅 스키마를 정의할 수도 있다.

어떤 면에서 BigQuery와 Cloud Logging은 공통점이 많다. 둘 다 1초 미만의 지연 시간으로 많은 양의 데이터를 수집하고 분석에 사용할 수 있다. 가장 큰 차이점은 Cloud Logging 데이터는 본질적으로 일시적인 데이터다. 모든 원격 텔레메트리^{Telemetry} 데이터를 수집한 후 수명이 만료되도록 설계돼 있다. BigQuery에서 날짜별로 테이블을 분할하고 최대 기간을 설정하는 것과 비슷한 정책이다.

트래픽이 매우 많다면 필요한 정보를 쿼리하는 방법이 필요하다. 보통은 특정 항목을 찾는 사례가 대부분이어서 BigQuery가 특별히 필요하진 않다.

Cloud Logging 쿼리

BigQuery 없이도 Cloud Logging에서 지원하는 고유한 쿼리 언어를 사용해 인사이트를 얻을 수 있다. 다음 네 가지 차원을 쿼리할 수 있으며 쿼리 빌더를 사용해 쉽게 선택할 수 있다.

- **리소스**^{resource}: 각 서비스에는 "bigquery_resource" 또는 "gae_app"과 같은 자체 리소스 탭이 있다. 로그 항목의 출처와 전달하는 정보를 결정한다.
- **로그 이름**^{logName}: 서비스의 로그를 선택한다. 각 서비스 (또는 사용자가 빌드한 사용자 지정 애플리케이션)에는 각 활동에 대한 여러 로그 유형이 있다. BigQuery의 경우 주요 항목은 Cloud Audit의 "activity", "data_access", "system_event"다.
- **심각도**: 로그 레벨이라고도 하며 우선순위에 따라 메시지를 분류할 수 있다. 값은 긴급^{Emergency}, 경보^{Alert}, 심각^{Critical}, 오류^{Error}, 경고^{Warning}, 디버그^{Debug}, 정보^{Info} 및 알림^{Notice}이 있다. 심각도를 적절하게 할당해서 로그를 깨끗하게 유지해야 한다.
- **타임스탬프**: 이벤트가 기록된 시간이다. 프로세스에서 발생한 활동을 기록하는 경우 이벤트 자체에 다른 타임스탬프가 있을 수 있다. 이 타임스탬프는 해당 이벤트가 Cloud Logging에 기록된 시간이다.

특정 리소스 또는 로그를 기반으로 쿼리할 수 있는 매개변수들이 있다. 다음은 BigQuery를 사용할 때 특별히 적용하는 쿼리의 예시다.

▼ 표 12-1 BigQuery 로그 예제 쿼리

쿼리	목적
resource.type="bigquery_resource"	BigQuery 리소스만 필터
resource.type="bigquery_resource" AND protoPayload.authenticationInfo.principalEmail = {email_address}	특정 {email_address}를 가진 사용자의 활동만 필터
resource.type="bigquery_resource" AND proto_payload.methodname="jobservice.insert"	모든 BigQuery 시작 활동을 필터
resource.type="bigquery_resource" AND protoPayload.serviceData.jobInsertResponse.resource.jobConfiguration.query.query={query text}	{query text}를 포함한 모든 쿼리를 필터
resource.type="bigquery_resource" AND protoPayload.requestMetadata.callerIp = {IP_ADDRESS}	{IP_ADDRESS}에서 발생한 모든 쿼리를 필터

BigQuery 로그 싱크

Cloud Logging은 일반적으로 최대 30일 분량의 데이터만 기록한다.[1] 측정항목은 8주 정도 보관한다. 보안 또는 규정 준수를 하려고 이전의 로그를 분석하거나 복제하기 어려운 성가신 애플리케이션 버그를 추적해야 할 경우 이런 제약은 걸림돌이 될 수 있다.

실제로 로깅 콘솔과 데이터의 특성을 고려할 때 이런 종류의 데이터는 대부분의 경우 짧은 시간 내에 필요하지 않으면 사용하지 않는 것들이다.

---

1 일부 데이터 클래스(관리자 활동 감사 로그, 데이터 액세스 감사 로그, 액세스 투명성 로그)는 400일 동안 보관한다.

하지만 앞선 AF 예제처럼 애플리케이션 모니터링 데이터를 장기적인 관점에서 유용하게 사용할 수 있다. Cloud Logging에서 BigQuery (또는 다른 대상)으로 연속적인 데이터 흐름을 설정하면 웨어하우스의 다른 데이터와 함께 쿼리할 수 있다.

여러 싱크 대상이 있지만 Cloud Logging 싱크의 유효한 대상은 BigQuery, Cloud Storage, Pub/Sub 세 가지다.[2] Pub/Sub를 이벤트 싱크로 사용하면 Cloud Functions를 호출해 유효한 항목을 식별하고 변환한 다음 BigQuery에 삽입할 수 있다.

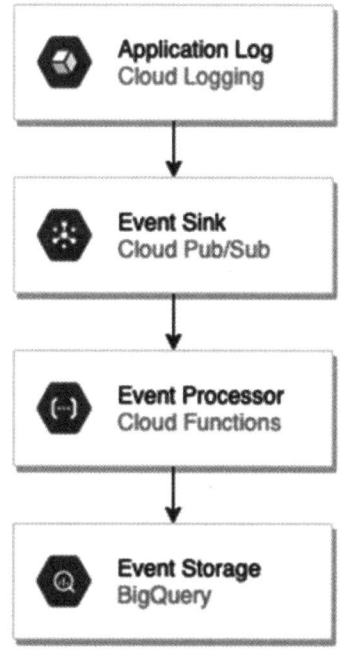

▲ 그림 12-5 로그 싱크를 사용한 파이프라인

싱크

싱크^{Sink}라는 용어는 이벤트를 받을 수 있는 객체를 의미한다. 용어의 어원은 "방열판$^{Heat\ Sink}$"이라는 전기공학에서 사용하는 방식에 영감을 받은 듯하다. 싱크는 이벤트를 생성하는

---

2 https://cloud.google.com/logging/docs/export - 옮긴이

하나 이상의 다른 객체에 대한 단방향 소비자다. 개념적으로 비슷한 점이 있지만 "동기화 sync"와는 전혀 관계가 없다. 생산자가 이벤트를 만들고 싱크가 데이터를 받는 단방향 플로만 존재한다.

싱크 생성

이벤트 싱크를 만드는 방법은 간단하다. Cloud Logging 쿼리 결과의 **작업** 드롭 다운에서 **싱크 만들기**를 클릭한다. 모든 로그 쿼리는 필터를 이용해 원하는 만큼 크기를 조절할 수 있다. 사용 사례에 필요한 모든 이벤트를 싱크할 수도 있지만 비용과 처리 시간이 너무 많이 소요될 수 있으니 적당히 조절해야 한다.

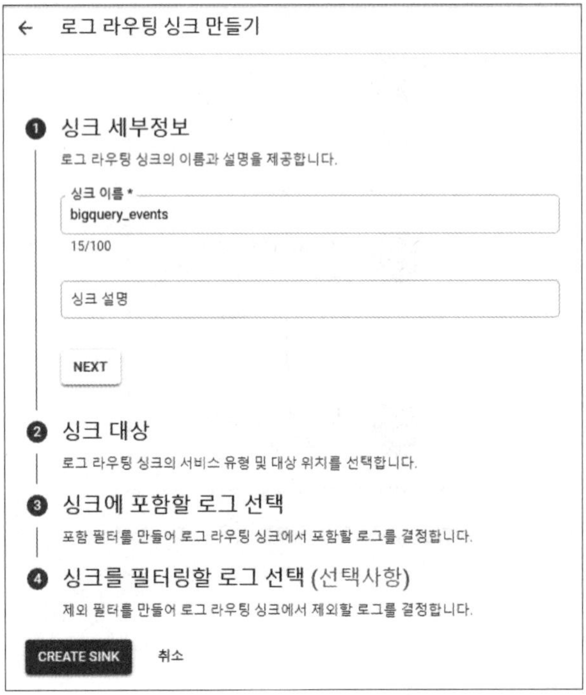

▲ 그림 12-6 BigQuery 로그 싱크

다음은 싱크를 만들 때 작성하는 옵션이다.

- **싱크 이름**: 앞서 언급했듯이 설명이 포함된 이름을 지정한다.
- **싱크 서비스**: BigQuery 데이터 세트, Cloud Storage 버킷, Pub/Sub 주제, 다른 Cloud Logging 버킷 또는 Splunk를 선택할 수 있다. (다른 프로젝트는 앞선 서비스와 같지만 다른 GCP project를 선택할 때 사용한다.) 여기서는 BigQuery를 선택한다.
  - **데이터 세트**: 새 데이터 세트를 선택하거나 이미 생성된 데이터 세트를 선택한다.
- **싱크에 포함할 로그**: Logging 쿼리 언어를 참고해 싱크에 포함할 로그를 생성한다.[3] 이 쿼리는 앞서 로그 탐색기에서 사용한 쿼리 형식을 사용한다.
- **싱크를 필터링할 로그 선택**: 다수의 제외 필터를 생성해 활성화 또는 비활성화시켜 원하지 않는 로그를 필터링할 수 있다.

모든 설정을 끝내면 이제 쿼리와 일치하는 모든 이벤트를 BigQuery 데이터 세트로 복사한다.

> **노트** 동일한 싱크에 여러 쿼리를 로깅하려는 경우 테이블의 BigQuery 스키마는 삽입된 첫 번째 행을 사용해 설정한다는 점을 기억하자. 변경사항이 있거나 쿼리에 일치하지 않는 스키마가 있는 경우 싱크는 실패한다. 물론 이런 실패를 방지하려고 각 쿼리를 별도의 테이블에 기록한다.

Cloud Logging을 BigQuery 싱크로 푸시하면 상당한 양의 필드를 단축 및 변경한다. 그리고 기본적으로 날짜 또는 타임스탬프를 사용해 테이블을 파티션한다. 즉, 싱크를 쿼리할 때 날짜로 분할된 테이블을 쿼리한다는 것을 기억해야 한다.

싱크를 수정하거나 삭제하려면 왼쪽 사이드 바의 로그 라우터 메뉴를 클릭한다. 싱크로 사용하는 데이터 세트는 BigQuery에서 직접 삭제하기 전까지 유지할 수 있다.

조직 내 로그 기준이 확립돼 있지 않다면 앞선 예제의 데이터 팀처럼 분석하기는 힘들다. 보유한 맞춤형 애플리케이션 간의 상호작용과 데이터 웨어하우스 관리 능력을 이해하는 것이 가치 창출의 핵심이다.

수많은 로깅 솔루션이 존재하며 엔지니어링 팀이 이미 사용하는 로깅 솔루션도 있다. 조직이 주로 Amazon Web Services^AWS에서 운영하는 경우 Cloudwatch를 사용하고 있을 수 있다.

---

3 https://cloud.google.com/logging/docs/view/logging-query-language

구글에서는 AWS 내부 서버에 설치할 수 있는 로깅 에이전트도 지원한다.[4] 추가적으로 Cloud Functions 기술을 사용해 BigQuery로의 데이터 흐름을 직접 만들 수 있다.

측정항목과 알림

이제 Cloud Monitoring을 살펴본다. Monitoring은 BigQuery와 직접적인 관련은 없지만 지금까지 살펴본 로깅 작업과 밀접한 관련이 있으며 나중에 논의할 구글 데이터 스튜디오와도 연결성이 있다.

측정항목 생성

이벤트 싱크를 만들려면 앞선 방법과 마찬가지로 쿼리를 작성해 측정항목metrics을 만들 수 있다. **작업**에서 **측정항목 만들기**를 클릭하자. 측정항목에 대한 세부정보를 지정할 수 있는 사이드 바가 열린다.

▲ 그림 12-7 측정항목 생성

---

[4] https://cloud.google.com/logging/docs/agent - 옮긴이

- **이름**: 측정항목의 이름이다.
- **설명**: 추적하려는 내용을 정확히 기억하는 데 도움을 준다.
- **라벨**: 측정항목 데이터에 연결해 하위 카테고리로 분류하는 데 사용할 수 있는 태그다. 라벨을 사용해 관련 로그 항목의 필드 값을 사용해 측정항목을 여러 시계열로 분할할 수 있다. https://cloud.google.com/logging/docs/logs-based-metrics/labels를 참고한다.
- **단위**: 측정항목에 특정 단위(메가바이트, 주문, 사용자, 오류, 인스턴스 등)를 부여한다.
- **유형**: 카운터 또는 분포를 설정한다. 카운터는 해당 이벤트가 발생한 횟수를 기록하며 분포 측정항목을 사용하면 통계 분포에 따라 대략적인 측정항목 범위를 캡처할 수 있다. https://cloud.google.com/logging/docs/logs-based-metrics를 참고한다.

측정항목 만들기를 클릭하면 특정 Cloud Logging 쿼리의 발생을 나타내는 새 값을 생성한다. 왼쪽 메뉴에서 "로그 기반 측정항목" 메뉴를 선택하면 방금 생성한 측정항목을 확인할 수 있다.

로그 기반 측정항목

동일한 로그 쿼리의 측정항목과 BigQuery 싱크를 생성해 측정항목은 대시보드 및 보고서에 사용하고 BigQuery에서 싱크한 데이터에 대한 심층적인 분석을 할 수 있다.

측정항목 내보내기

측정항목을 BigQuery로 내보내는 간단한 방법은 없다. 측정항목 내보내기를 구현하려면 https://cloud.google.com/solutions/stackdriver-monitoring-metric-export를 참고해 직접 솔루션을 구축해야 한다.

측정항목은 실시간 대시보드에서 그 가치가 빛을 발한다. 이와 같은 시스템을 사용해 이벤트 수 또는 비율만 원하는 경우 모든 이벤트 데이터를 내보내지 않을 수 있다. 훨씬 더 긴 기간 동안의 추세를 보고자 할 때 특히 그렇다. AF의 데이터 예제에서 싱크를 만드는 대신 유형 및 타임스탬프별로 오류 수만 측정하도록 선택했더라도 주문 데이터와 결합한 인사이트를 생성할 수 있다.

실시간 애플리케이션 모니터링, 측정항목 수집 등을 제공하는 수많은 서비스가 있다. 조직에서 클라우드 서비스를 활용하는 방식에 따라 이 문제에 대한 솔루션을 위해 BigQuery가 필요하지 않을 수 있다.

알림

알림은 측정항목을 사용해 항목의 값이 원하는 범위를 벗어날 때 알림 시스템을 제공한다. 알림은 Cloud Logging을 넘어서 애플리케이션 상태 모니터링, 성능 확인 등에 사용할 수 있다. 이런 사용 사례의 대부분은 BigQuery의 범위를 벗어나지만 몇 가지 흥미로운 사례를 소개하겠다.

비즈니스 측정항목 알림

어떤 사용자 지정 지표도 만들 수 있으므로 DevOps의 범위를 벗어나 비즈니스 항목에도 알림을 설정할 수 있다. 앞선 예시에서 높은 주문 비용 때문에 신용 카드가 신용 한도를 초과하는 것을 파악했다. 이 결과를 바탕으로 결제 실패가 특정 비율을 초과할 때마다 발생하는 알림을 만들 수 있다. 알림을 이용해 비즈니스 사용자가 보고서 또는 대시보드를 확인하거나 BigQuery 주문 데이터를 보고 원인을 파악하게 해준다.

BigQuery 로깅 알림

알림 휴리스틱heuristic이 유용하다고 판단되면 Cloud Pub/Sub를 사용해 알림 채널로 직접 전송할 수 있게 설정할 수 있다. 그리고 Cloud Functions를 사용해 BigQuery에 해당 알림을 기록하고 과거 알림 기록을 유지할 수 있다.

ChatOps

조직의 메시징 앱을 활용하는 애플리케이션을 만드는 것이 점점 더 보편화되고 있다. Cloud Monitoring은 기본적으로 Slack, 이메일, SMS 등에 대한 알림을 지원하지만 커스텀 알림의 원인을 확인하고 조사할 수 있는 애플리케이션을 빌드할 수도 있다. 예를 들어 경고는 오류 조건에 대한 세부정보가 포함된 관련 Slack 채널에 대한 메시지를 트리거할 수 있을 뿐만 아니라 알림을 트리거하는 데이터 확인을 위해 BigQuery의 뷰로 연결할 수 있다.

피드백 루프

2장에서는 조직의 데이터 성숙도를 평가하는 표를 사용해 더 높은 성숙도를 달성하기 위한 핵심 메커니즘으로 피드백 루프를 언급했었다. 이 개념은 3부를 마무리하면서 다시 검토해야 한다. 프로젝트 품의서를 성공적으로 완료하고 미래를 내다보고 있다면 어떤 형태로든 피드백 루프를 고민하고 있어야 한다. 다행히 다음 단계로 이동하기 위한 모든 것이 준비돼 있다. 이제 조직 이론에서 한 단계 더 나아가 역학 자체를 살펴보자.

시스템의 출력을 입력의 일부로 사용하는 것이 피드백 루프의 핵심이다. 시스템이 동작할 때 자체적으로 변경한다. 모든 시스템의 기능을 이해해야 실행할 수 있다.

어떤 면에서 인간의 역사는 피드백 루프의 단축과 함께 발전해 왔다. 메시지를 전달하는 데 걸린 시간을 고려해 보자. 17~18세기에는 대서양 횡단 편지가 목적지에 도착하는 데 몇 달이 걸렸다. 19세기에 이르러서 지연 시간은 며칠로 줄었고, 20세기 초에는 모스 부호 메시지를 사용해 시간, 분, 초로 감소했다. 이젠 200밀리 초도 안 되는 시간에 미국 서부 해안에서 영국으로 서버를 핑^{ping}할 수 있다.

메시지를 더 빨리 수신하고 해석할수록 더 빠른 조치를 취하고 다른 메시지를 보낼 수 있다.

비즈니스 연속성, 기록 유지, 데이터 분석 등 데이터 웨어하우스를 구축하는 이유는 여러 가지가 있지만 오늘날 구축에 있어 실질적인 추가 가치는 피드백 루프를 단축할 수 있기 때문이다. 메시지를 단축할 수 있을 뿐만 아니라 메시지의 복잡성과 시스템에 미치는 영향을 크게 증가시킬 수 있다.

최근 조직은 소비자 중심적인 제품을 위해 일대일 개인화 기술을 채택하고 있다. BigQuery와 같은 기술은 그런 경쟁성을 제공하므로 소규모 조직에서도 막대한 비용이나 타협 없이 인사이트를 구현할 수 있다.

이런 변화는 단시간 내에 발생하지 않는다. 또한 올바른 해석이나 결정을 내릴 수 있는 단일 가이드라인도 없다. 데이터 과학자와 통계학자의 중재 없이는 비즈니스 리더가 잘못된 결론에 도달하는 경우도 많다. 이런 위험은 조직이 다루는 데이터가 부정확하고 데이터 성숙도가 낮을수록 현저하게 증가한다. 피드백 루프를 사용하는 것은 전략의 기본이다.

특정 피드백 루프를 이미 단축했다면 다른 피드백 루프를 단축할 수 있는 방법을 생각해 봐야 한다. 5부에서는 보유하고 있는 데이터에 더 많은 데이터 소스를 추가해 조직 외부와 전 세계에 피드백 루프를 만들 수 있다. 더 많은 조직, 정부 기관 및 기타 그룹이 데이터 세트를 퍼블릭 도메인에 저장함에 따라 인간 행동 자체를 이해하고 이에 대응하는 피드백 루프를 만들 수 있다.

요약

Cloud Logging은 Google Cloud Platform의 모든 서비스에 연결된 로깅 솔루션이다. GCP의 서비스 및 커스텀 애플리케이션과 외부 소스에서 자동으로 이벤트를 수신한다. 로깅 콘솔에는 이벤트를 쿼리할 수 있는 강력한 검색 메커니즘이 있지만 최대 30일 동안만 유지할 수 있다. 싱크를 사용하면 데이터를 BigQuery에 무기한적으로 저장해 분석하고 다른 데이터에 연결할 수 있다. Cloud Monitoring을 사용하면 로그 정보를 실시간 대시보드 및 통계로 통합할 수 있다. 이런 도구는 피드백 루프의 길이를 단축하고 지속적으로 증가하는 비즈니스 가치를 제공한다.

13장에서는 SQL의 심화 영역을 논의한다.

4부

웨어하우스 유지 및 관리

13장

고급 BigQuery 기능

이제 고급 BigQuery 기능을 바탕으로 새로운 방법으로 데이터의 쿼리 방법을 살펴본다.

분석 함수

하위 쿼리, 조인 및 그룹화에 익숙해지고 나면 점점 더 복잡한 데이터 쿼리 방법을 생각할 수 있다. Cloud Functions 및 Dataflow SQL과 같은 BigQuery 외부의 기능을 계층화하면 여러 가지 분석 솔루션을 구상할 수 있다.

아직 살펴보지 않은 데이터 분석 기능을 살펴보자. 분석 함수는 수십 년 동안 OLAP 워크플로에서 사용됐다. 이제 한 단계 수준을 높여 분석 함수를 배우고 사용해 보겠다.

분석 함수는 윈도우 함수 또는 OLAP 함수라고 불린다. 많은 데이터 엔지니어는 익숙하지 않은 구문 때문에 사용을 기피한다. 내가 주니어 데이터베이스 개발자였을 때도 OVER, ROW_NUMBER 또는 다른 분석 함수를 볼 때마다 긴장했었다. 데이터베이스는 가장 비용이 많이 드는 리소스였으므로 성능이 좋지 않거나 메모리를 너무 많이 사용하는 쿼리를 작성하면 프로덕션 시스템 작업에 영향을 미칠 수 있기 때문이었다. 특히 프로덕션에서 실행하는 쿼리는 분석 함수를 사용하는 것보다 하위 쿼리 및 조인을 사용해 작성하는 것이 더 안전해 보였다.

분석 함수는 전체적으로 더 느리고 하위 쿼리 및 조인을 사용해 리팩토링이 가능하다. 많은 데이터 엔지니어가 분석 함수를 사용하는 대신 BigQuery API를 사용해 테이블을 Python으로 로드하고 스크립트를 통한 분석을 선호한다. 각자 선호하는 방법을 사용해 가장 효율적인 작업을 수행한다.

정의

분석 함수는 파티션을 사용한 집계 함수와 비슷하다.[1] 9장에서 집계 함수를 사용해 전체 그룹을 단일 값으로 줄이는 방법을 배웠다. 분석 함수의 목적도 동일하다. 여러 유형의 SQL 함수가 동작하는 방식을 직접 보면서 이해해 보자.

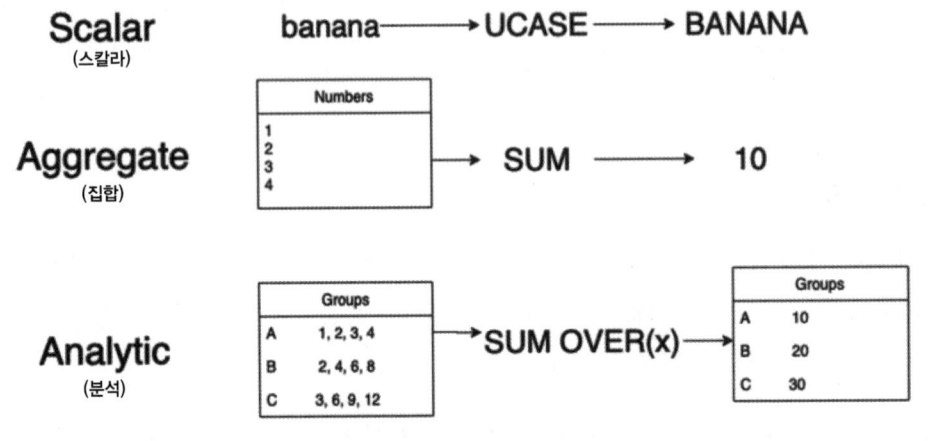

▲ 그림 13-1 스칼라, 집합, 분석

보다시피 분석 함수는 파티션 내부의 그룹핑을 유지한다. 분석 함수는 여러 행에서 집계를 실행해 각 행의 결과를 보여준다.

---

1 BigQuery 테이블에서 지원하는 파티션과는 다르다. 이 용어는 앞으로 다룰 단일 테이블 내의 파티션을 말한다.

윈도우 프레임

표가 인쇄돼 있는 종이를 상상해 보라. 테이블 중간에서 "평가"될 단일 행을 선택한다. 이제 두 장의 종이를 더 사용해 하나는 평가된 행 위의 일부 행을 덮고, 다른 하나는 아래 행의 일부를 덮는다. 종이에 가리지 않는 행이 "윈도우 프레임Window Frame"이다.

단순화한 예지만 분석 함수를 처리할 때 윈도우 프레임이 동작하는 원리다. 쿼리는 결과를 할당하려고 각 행을 평가할 때 윈도우 프레임을 사용해 입력 그룹에 포함될 행을 결정한다. 종이 조각은 평가 중인 행과 함께 이동하며 분석 함수가 진행됨에 따라 다른 행을 표시한다.

OVER절은 윈도우 프레임을 나타낸다. 전체 입력 세트를 단일 프레임으로 사용하는 것도 허용한다.

파티션

윈도우 프레임 외에도 PARTITION BY를 사용해 해당 키로 행을 그룹화할 수 있다. GROUP BY가 마지막 단계에 해당 행들을 축소하고 그룹화하는 대신 별도의 파티션에 유지한다. 파티션을 정의할 때 ORDER BY를 사용할 수도 있다. 쿼리 전체에 적용하는 ORDER BY와 달리 각 파티션 내에서 순서를 정할 수 있다.

BigQuery의 테이블 분할과 SQL 파티션은 같은 개념이 아니라는 것을 강조한다. 이 유형의 파티셔닝은 단일 쿼리 결과의 행 집합의 버킷을 나타낸다.

실행 순서

이제 분석 쿼리의 기본 용어를 이해했으니 실행 순서를 살펴보자.

모든 GROUP BY 및 일반 집계 함수를 먼저 평가한다.

- 파티션은 PARTITION BY의 표현식에 따라 생성한다.
- 각 파티션은 ORDER BY의 표현식을 사용해 정렬한다.
- 윈도우 프레임을 적용한다.
- 각 행을 프레임화하고 쿼리를 실행한다.

파티션은 윈도우 프레임보다 더 엄격한 경계다. 프레임은 각 파티션 안에서만 존재하며 여러 파티션에 걸쳐 있지 않다. 파티셔닝 단계가 발생하면 실제로 파티션별로 그룹화한 별도의 테이블로 간주하고 상호작용하지 않는다고 생각하자.

대부분의 분석 함수가 윈도우 프레임을 지원하지 않는다. 이 경우 윈도우 프레임은 전체 파티션 또는 입력 세트다.

숫자 함수

비즈니스 문제를 식별할 때 누군가가 "각 Y의 최대 또는 최소 X값"을 원한다면 분석 기능을 적용할 기회로 봐야 한다. "X"는 ORDER BY 표현식이고, "Y"는 PARTITION BY를 사용한다.

숫자 함수의 경우 항상 일종의 우선순위를 지정한다. 숫자 함수에는 윈도우 프레임을 허용하지 않으므로 분석 함수는 항상 전체 파티션에서 동작한다.

ROW_NUMBER

가장 간단한 분석 함수인 ROW_NUMBER를 살펴보자. ROW_NUMBER는 파티션 내 행의 서수를 반환한다. 매우 간단하게 쿼리의 하위 집합을 정렬할 수 있는 방법을 제공한다. ROW_NUMBER를 사용하지 않고 반환된 행에 행 번호를 할당하는 것은 놀랍게도 쉬운 일이 아니다.[2]

ROW_NUMBER 분석 함수를 사용해 "각 Y에 대한 X의 서수는 무엇인가?"라는 형식의 질문에 답할 수 있다. 다음 예제는 신발 가게에서 가장 비싼 것에서부터 가장 저렴한 것까지 각 신발 유형에 대한 색상을 알아보는 쿼리다.

```
SELECT
ShoeType, Color,
ROW_NUMBER() OVER (PARTITION BY ShoeType ORDER BY Price DESC)
FROM Products
```

---

[2] 예전에는 1부터 maxint까지의 자연수를 담은 테이블에 조인을 했다.

실행 순서는 다음과 같다.

- Products 테이블을 ShoeType별로 분할해 유형당 하나의 파티션을 만든다.
- 신발 가격으로 각 파티션을 내림차순으로 정렬한다.
- 각 ShoeType 및 Color에 하나의 행을 반환하고 가장 높은 가격대로 행 순서가 매겨진다.

ROW_NUMBER의 경우 ORDER BY를 지정하지 않아도 분할된 결과는 고유한 서수를 비결정적으로 반환한다.

RANK

RANK는 순위를 제공한다는 점을 제외하면 ROW_NUMBER와 실질적으로 유사하다. ORDER BY에서 표현식을 동일하게 평가하는 두 개의 행은 동일한 순위다.

앞선 신발의 예제에서 두 신발의 가격이 같을 때 순위도 같다. ROW_NUMBER()는 항상 파티션의 각 행에 고유한 값을 할당한다.

DENSE_RANK

DENSE_RANK는 같은 값을 만나면 그 값을 넘기지 않고 1씩 증가한다. 둘의 차이점을 위해 표 13-1을 참고하자.

▼ 표 13-1 야구 순위를 ROW_NUMBER, RANK, DENSE_RANK로 나열

		ROW_NUMBER	RANK	DENSE_RANK
한화	15-2	1	1	1
LG	14-3	2	2	2
기아	14-3	3	2	2
삼성	12-5	4	4	3

RANK는 스포츠 순위에서 많이 접할 수 있으며("LG와 기아는 공동 2위, 삼성은 4위") DENSE_RANK는 통계 보고서에서 많이 접할 수 있다.

PERCENT_RANK/CUME_DIST

이 두 함수는 둘 다 파티션에서 0과 1 사이의 분수를 반환한다.

PERCENT_RANK는 현재 행보다 적거나 많은(파티션에서 더 일찍 오는) 값의 백분율을 반환한다. 따라서 파티션의 첫 번째 행은 항상 0이며 마지막 행은 1이다. (RANK () - 1) / (Partition Row Count - 1)의 공식을 따른다.

CUME_DIST는 파티션 내 행의 백분율 또는 파티션 행 수에 대한 RANK를 바로 분할한 비율을 나타낸다. 파티션의 첫 번째 행은 항상 1/n이며 n은 파티션의 행 수다. 마지막 행은 항상 1이다.

윈도우 프레임 문법

탐색 함수를 살펴보기 전에 윈도우 프레임을 지정하는 방법을 알아본다. 이 부분은 약간 난해할 수 있으니 최대한 단순화하려고 파티션 없는 예를 만든다. 48개의 행을 순차적으로 반복하는 단일 테이블이 있다고 가정하자. 각 행을 윈도우 프레임을 사용해 원하는 집합을 지정한 후 분석 함수를 사용할 행을 결정한다. 프레임은 평가 중인 행을 기준으로 이동한다는 점을 잊지 말자. 각 프레임은 정규 집계를 수행할 작은 테이블을 구성한다. 프레임이 이동하기 때문에 동일한 행이 여러 프레임에 포함될 수 있지만 각 행에 대한 반복적인 프로세스로 생각하면 헷갈리지 않는다.

다음 48개의 행을 가진 표에 정시에 측정된 2일 동안의 온도 값이 기록된 예제를 보자.

	시간	온도
1	0:00:00	15
2	1:00:00	15
3	2:00:00	14
4	3:00:00	14
5	4:00:00	14
6	5:00:00	13
7	6:00:00	14
8	7:00:00	14
9	8:00:00	14
10	9:00:00	15
11	10:00:00	16
12	11:00:00	17
13	12:00:00	17
14	13:00:00	18
15	14:00:00	19
16	15:00:00	19
17	16:00:00	18
18	17:00:00	17
19	18:00:00	16
20	19:00:00	15
21	20:00:00	14
22	21:00:00	14
23	22:00:00	12
24	23:00:00	13
25	0:00:00	12
26	1:00:00	11
27	2:00:00	12
28	3:00:00	11
29	4:00:00	10

▲ 그림 13-2 48시간 동안 측정한 온도(섭씨)

각 행에 대한 3시간 동안의 평균을 보려면 1시간 전과 1시간 후의 행을 다음 윈도우 프레임 문법으로 정의한다.

```
ROWS BETWEEN 1 PRECEDING AND 1 FOLLOWING
```

평가 중인 행의 앞과 뒤를 포함해 3개의 행을 윈도우 프레임으로 지정했다(테이블의 제일 위와 아래는 행이 없기 때문에 2행으로 계산한다).

더 명확하게 말하면 이런 행에 1부터 48까지 번호를 매겼다면 평가 중인 각 행은 그림 13-3과 같은 프레임을 사용한다.

Row	시간	온도	
X	X	X	
1	0:00:00	15	
2	1:00:00	15	15

Row	시간	온도	
2	1:00:00	15	
3	2:00:00	14	
4	3:00:00	14	14.33333333

Row	시간	온도	
11	10:00:00	16	
12	11:00:00	17	
13	12:00:00	17	16.66666667

Row	시간	온도	
28	3:00:00	11	
29	4:00:00	10	
x	x	x	10.5

▲ 그림 13-3 각 행에 대한 윈도우 프레임 예시

각 프레임 안에 지정된 행의 온도 평균을 계산한 후 결과를 각 행에 적용한다.

프레임의 동작을 구성하는 몇 가지 다른 형식의 구문을 알아보겠다. 예를 들어 누계 또는 합계를 위해 프레임을 확장하려면 다음 구문을 사용해 윈도우 프레임을 테이블의 시작 부분에서 현재 행까지 확장한다.

ROWS BETWEEN UNBOUNDED PRECEDING AND CURRENT ROW

UNBOUNDED는 테이블의 끝을 의미하고, CURRENT ROW는 현재 평가 중인 행을 나타낸다. 다음 구문은 위와 반대로 현재 행에서 테이블 마지막 행까지를 나타낸다.

ROWS BETWEEN CURRENT ROW AND UNBOUNDED FOLLOWING

다음 구문으로는 전체 테이블을 포함하는 하나의 고정 프레임을 만들 수도 있다.

ROWS BETWEEN UNBOUNDED PRECEDING AND UNBOUNDED FOLLOWING

(위 문구는 일반적으로 다른 분석 함수와 함께 사용하며 테이블을 분할하고 각 분할에 대한 값을 계산하려는 경우 유용하다. 분석 함수를 사용하지 않는다면 바로 GROUP BY를 사용하는 것이 더 빠르다.)

Row와 Range를 사용해 두 가지 방법으로 윈도우 프레임을 만들 수 있다. ROW 키워드 대신 RANGE로 시작한다는 점을 제외하면 각각의 구문은 동일하다.

RANGE BETWEEN 2 PRECEDING AND 2 FOLLOWING

BigQuery는 행 기반 창을 "물리적 프레임", 범위 기반 창을 "논리적 프레임"으로 정의한다. ROW는 프레임을 지정하는 테이블의 글자 그대로의 행을 의미한다. RANGE는 ORDER BY 값을 사용해 프레임을 지정한다. RANGE는 ORDER BY 없이는 실제로 의미가 없다. 다음 RANGE 구문은 과거 30일과 미래 30일의 논리적 윈도우 프레임을 지정한다.

ORDER BY Date RANGE BETWEEN INTERVAL "30" DAY FOLLOWING AND "30" DAY PRECEDING

건너뛴 날짜 없이 매일 한 번의 행이 존재한다면 ROW BETWEEN 30 PRECEDING AND 30 FOLLOWING과 같은 의미다.

탐색 함수

탐색 함수는 분석 함수의 하위 집합이다. 일반적으로 현재 행의 윈도우 프레임에 있는 다른 행을 대상으로 몇 가지 계산을 할 수 있다.

주어진 윈도우 프레임 내에서 다음 키워드

- FIRST_VALUE는 프레임의 첫 번째 행에 대한 값을 반환한다.
- NTH_VALUE는 프레임에서 지정한 위치의 행 값을 반환한다.

- LAST_VALUE는 프레임의 마지막 행에 대한 값을 반환한다.
- LAG는 오프셋에 의해 프레임의 앞쪽 행에 대한 값을 반환한다.
- LEAD는 오프셋에 의해 프레임 뒷부분의 행 값을 반환한다.

프레임별로 찾으려면 함수 모델을 사용하는 것이 탐색 함수 간의 연결을 설정하는 가장 자연스러운 방법이다. 이제 모든 구성요소를 이해했으므로 탐색 함수를 포함한 실행 순서를 다시 검토해 보자.

- 테이블을 PARTITION BY로 분할한다.
- 파티션을 ORDER BY로 정렬한다.
- 각 파티션은
    - 각 행을 순서대로 평가한다.
    - 프레임 옵션에 따라 각 행의 프레임을 설정한다.
    - 현재 행을 기준으로 각 프레임에서 탐색 함수는 처리할 행을 선택한다.
- 각 파티션의 모든 행이 다시 결합돼 출력 범위를 생성한다.

탐색 함수를 사용해 "누가/무엇이 처음, 중간, 마지막, n-이전, n-후의 각 Y는 X인가?"와 같은 질문에 대답할 수 있다.

- 매월 기온이 가장 높은 날은 언제인가?
- 매월 기온이 가장 낮은 날은 언제인가?
- 부서별로 각 직원 다음으로 재직 기간이 가장 긴 직원은 누구인가?
- 프랜차이즈별로 각 시리즈에서 두 번째로 나온 영화는 무엇인가?

이런 각 질문을 PARTITION BY, ORDER BY 및 윈도우 프레임(ROW 또는 RANGE)을 사용해 구성할 수 있는지 확인해 보자. 이런 모든 예에서 PARTITION BY를 사용할 수 있지만 전체 테이블을 사용해 유용한 정보를 계산할 수도 있다. 파티셔닝을 사용해 추가적인 그룹핑을 할 수 있으므로 모든 분할된 데이터는 동일한 질문에 답할 수 있다.

이제 분석 함수를 사용하지 않고도 이와 같은 쿼리를 작성할 수 있는지 생각해 보자. 예를 들어 시리즈별로 나온 해당 영화의 2번째 이후의 영화가 무엇인가를 알아보려면 각 시리즈에 수동으로 행 번호를 첨부한 후 하위 쿼리 또는 자체 조인을 수행해 동일한 테이블의 데이터를 다른 ID로 첨부해야 한다. 다음은 분석 함수를 사용하지 않은 일반 쿼리다.

```
SELECT A.ID, A.Name, B.Name NameTwoEarlier
FROM A
JOIN A AS B
ON (A.ID - 2) = B.ID
```

한쪽에 계산이 치중된 자체 조인은 분석 함수를 사용하기에 아주 좋은 타깃이다.

```
SELECT ID, Name, LAG(Name) NameTwoEarlier
FROM A
OVER (ORDER BY ID ROW 2 PRECEDING)
```

자체 조인과 별칭을 사용하지 않고 분석 함수를 사용했다. 이름 외에 다른 열의 정보가 필요한 경우에 수정하기가 훨씬 쉽다. 이 쿼리는 단일 시리즈 입력에만 동작한다. 여러 시리즈에 대한 쿼리는 "PARTITION BY Series"를 추가한다. 일반 SQL로 쿼리하려면 복잡한 서브 쿼리 및/또는 셀프 조인 등을 사용해야 한다.

집계 분석 함수

마지막으로 일반 집계 함수 역할의 효율을 높여주는 분석 함수를 살펴본다. GROUP BY 대신 OVER절을 사용한다.

대부분의 집계 함수는 분석을 지원한다.

```
WITH
  numbers AS (
  SELECT
    *
  FROM
    UNNEST(GENERATE_ARRAY(1, 100)) AS num)
SELECT
  num,
```

```
  AVG(num) OVER (ROWS BETWEEN 2 PRECEDING AND CURRENT ROW) MovingAverage,
  SUM(num) OVER (ROWS BETWEEN UNBOUNDED PRECEDING AND CURRENT ROW) RunningTotal
FROM
  numbers
```

별개의 데이터 세트를 서로 다른 분석 함수를 사용해 테스트하는 방법을 살펴보자.

- WITH절을 사용해 1에서 100까지의 모든 숫자를 생성하고 numbers라는 테이블에 넣는다. 각 번호는 num열로 참고할 수 있다.
- 이 표를 사용해 다음을 계산한다
  - 원래 번호
  - 현재 숫자와 그 앞의 두 숫자를 사용하는 이동 평균
  - 현재 숫자까지 모든 숫자의 누적 합계(즉, 누적 총합계)

이 쿼리를 BigQuery에 복사하고 실행하면 다음과 같은 결과를 얻을 수 있다.

행	num	MovingAverage	RunningTotal
1	1	1.0	1
2	2	1.5	3
3	3	2.0	6
4	4	3.0	10
5	5	4.0	15
6	6	5.0	21
7	7	6.0	28
8	8	7.0	36
9	9	8.0	45
10	10	9.0	55
11	11	10.0	66
12	12	11.0	78
13	13	12.0	91
14	14	13.0	105
15	15	14.0	120

▲ 그림 13-4 집계 분석 함수의 실행 결과

이제 다양한 분석 함수가 어떻게 동작하는지 확인하려면 쿼리를 수정해 보자.

- GENERATE_ARRAY가 생성하는 시퀀스를 변경한다. 음수 또는 더 크거나 작은 범위로 바꿔본다. 요소 사이의 단계를 지정하는 세 번째 매개변수를 사용할 수 있다. GENERATE_ARRAY(1, 100, 2)는 시퀀스 [1,3,5,7, …, 99]를 생성한다.
- GENERATE_ARRAY에서 부동 소수점 숫자를 사용한다.
- 평균 및 합계 함수의 윈도우 프레임을 변경해 이동 평균 또는 합계를 계산한다. 프레임을 전체 테이블로 확장해 본다.
- ROW창 대신 RANGE창을 사용한다. "ROW"를 "ORDER BY num RANGE"로 바꿔 어떤 결과가 나오는지, 프레임 유형과 GENERATE_ARRAY 시퀀스를 변경하면 어떤 일이 발생하는지 확인한다.
- COUNT, COUNTIF 및 ANY_VALUE와 같은 다른 분석 함수로 새로운 열을 추가한다.
- 분석 함수의 표현식을 변경해 본다. 예를 들어 SUM (num * num) OVER (ROWS BETWEEN UNBOUNDED PRECEDING AND CURRENT ROW)를 실행해 본다.[3]
- 하나 또는 모든 열에 파티션을 추가해 본다.
- 앞서 다뤘던 탐색 및 숫자 함수를 사용해 보자. ROW_NUMBER를 사용해 무엇을 할 수 있는가? LAG와 LEAD는 어떤가?

분석 함수를 사용하면 단순히 SQL로 수행했던 작업에 완전히 새로운 차원의 분석 기능을 추가할 수 있다. 최신 OLAP 시스템에서도 분석 함수를 지원하므로 일부 구문은 단순한 변경만으로 다른 데이터 웨어하우스에서 사용할 수 있다.

BigQuery 스크립팅

BigQuery는 스크립팅 명령어 세트도 지원한다. 따라서 반복적인 관계를 분석 함수로 변환할 수 없는 경우에도 절차적 프로그래밍을 사용할 수 있다.

---

[3] 정사각형 피라미드 수열인 OEIS 수열 A000330을 생성한다.

PL/SQL, T-SQL 또는 기타 SQL의 절차적 구현을 접해본 경험이 있다면 익숙한 개념으로 받아들일 수 있다. SQL을 처음 사용하더라도 프로그래밍 언어를 다뤄 봤다면 금방 익숙해진다.

블록

BigQuery는 BEGIN과 END를 사용해 블록을 나타낸다. 블록은 선언된 변수의 범위와 그 안에서 생성하는 예외를 나타낸다. 블록 내의 모든 문은 세미콜론으로 끝나야 한다.

변수

변수는 DECLARE를 사용해 선언하며 모든 변수는 사용 전에 선언해야 한다. BigQuery에서 지원하는 모든 유형의 변수를 선언할 수 있으며 동일한 문으로 동일한 유형의 여러 변수를 선언할 수 있다. 변수에 기본값을 할당할 수 있으며 다른 값을 설정할 때까지 유지한다. 기본값을 지정하지 않으면 변수를 NULL로 초기화한다.

하위 쿼리의 결과를 DEFAULT로 설정할 수 있다. 변수 선언 바로 뒤에 SET문을 사용하지 않아도 되는 편리한 방법이다.

상수, 포인터, 객체 방향, 클래스, 개인 변수 등과 같은 고급 언어 기능은 없다.

Comments 주석

SQL의 주석은 두 개의 하이픈(--)으로 시작한다.

-- 이것은 주석이다.

C 스타일 구문을 사용해 여러 줄 주석을 사용한다.

/* 이것은 여러 줄

주석이다 */

IF/THEN/ELSEIF/ELSE/END IF

BigQuery에서는 IF문을 지원한다. IF 블록에서는 BEGIN 또는 END문을 사용하지 않는다.

다음은 두 개의 주사위를 굴려 특정 값이 나오면 특정 문자열을 보이는 예제다.

```
-- 필요한 변수를 선언한다.
DECLARE DIE1, DIE2, TOTAL INT64;

-- 결과를 넣을 문자열을 선언한다.
DECLARE RESULT STRING;

-- 두 개의 난수를 생성하고 변수를 설정한다. 둘의 합을 구한다.
SET (DIE1, DIE2) = (CAST(FLOOR(RAND() * 6) + 1 AS INT64), CAST(FLOOR(RAND() * 6) + 1 AS INT64));
SET TOTAL = DIE1 + DIE2;

-- if 블록으로 특별한 결과를 확인하고 결과를 설정한다.
IF (DIE1 = 1 AND DIE2 = 1) THEN SET RESULT = "Snake eyes.";
ELSEIF (DIE1 = 6 AND DIE2 = 6) THEN SET RESULT = "Boxcars.";
ELSEIF (DIE1 = 4 AND DIE2 = 4) THEN SET RESULT = "Hard eight.";
ELSE SET RESULT = "Nothing special.";
END IF;

-- 결과를 사용자에게 반환한다.
SELECT FORMAT("You rolled %d and %d for a total of %d. %s", DIE1, DIE2, TOTAL, RESULT);
```

위 예제는 몇 가지 새로운 개념을 다룬다.

- 괄호를 사용해 여러 변수를 묶어 한번에 값을 할당할 수 있다.
- IF문의 조건을 불리언 논리와 결합할 수 있다.
- FORMAT을 사용해 변수를 문자열에 삽입할 수 있다.
- RAND()는 BigQuery의 난수 함수다. 0.0에서 1.0 사이의 FLOAT를 생성한다.

제어 흐름

BigQuery는 LOOP, WHILE, 예외 처리 세 가지의 기본 제어 흐름을 지원한다. FOR 루프와 같이 더 복잡한 기능은 직접 구현해야 한다.

LOOP/END LOOP

LOOP는 BREAK (또는 LEAVE)하지 않는 한 영원히 실행된다. 최대 쿼리 기간은 6시간임을 참고하자.

다음은 1부터 10까지의 숫자를 인쇄한 다음 종료하는 예제다.

```
DECLARE I INT64 DEFAULT 0;
DECLARE R ARRAY<INT64> DEFAULT [];
LOOP
  SET I = I + 1;
  SET R = ARRAY_CONCAT(R, [I]);
  IF I > 9 THEN LEAVE;
END IF;
END LOOP;
SELECT * FROM UNNEST(R);
```

위 쿼리는 6.4초가 걸리며 11개의 SQL문을 실행한다. 하지만 다음과 같이 BigQuery SQL로 변환하면 단일 명령문으로 0.3초로 같은 결과를 실행할 수 있다.

```
SELECT * FROM UNNEST(GENERATE_ARRAY(1,10))
```

LOOP를 사용할 수 있다고 해서 SQL의 힘을 간과하지 말자.

WHILE/DO/END WHILE

WHILE 구조는 대부분의 다른 언어에서 WHILE과 유사하다. 다음은 WHILE 루프를 사용한 예제다.

```
DECLARE I INT64 DEFAULT 0;
DECLARE R ARRAY<INT64> DEFAULT [];
WHILE I < 10 DO
  SET I = I + 1;
  SET R = ARRAY_CONCAT(R, [I]);
END WHILE;
SELECT * FROM UNNEST(R);
```

위 쿼리는 LOOP 버전만큼 오래 걸리며 비슷한 효율을 지닌다.

예외 처리

예외 처리는 BEGIN/END 블록으로 범위를 지정한다. 예외가 발생하면 EXCEPTION문을 바로 실행한다.

```
BEGIN
SELECT 1/0; -- 0으로 나누기 오류
EXCEPTION WHEN ERROR THEN
SELECT "What are you even doing there.";
END
```

위 예제를 실행하면 0으로 나누려고 실패한 쿼리와 "What are you even doing there." 메시지를 반환한다.

예외가 발생했을 때 해당 BEGIN/END 범위에서 선언된 변수에 더 이상 액세스할 수는 없지만 일부 시스템 변수를 사용해 오류에 접근할 수 있다.

- @@error.message는 오류 메시지를 제공한다.
- @@error.statement_text는 예외를 발생하게 한 SQL문이다. 0으로 나누기 같은 에러를 디버깅할 때 매우 유용하다.
- @@error.stack_trace는 스택 프레임을 반환하며 오류의 스택 트레이스를 프로그래밍 방식으로 탐색할 수 있다.

- @@error.formatted_stack_trace는 사람이 읽을 수 있는 스택 트레이스Stack Trace 버전이며 문자열에 대한 처리를 수행할 수 없다. 문자열 처리는 .stack_trace를 사용한다.

시스템 변수를 사용해 다음과 같은 예외 처리문을 작성한다.

```
EXCEPTION WHEN ERROR THEN
SELECT FORMAT("Hey, you. When you executed %s at %s, it caused an error: %s. Please don't do that.", @@error.statement_text, @@error.formatted_ stack_trace, @@error.message);
END
```

RAISE 키워드를 사용해 사용자가 직접 예외를 생성할 수도 있다.

```
RAISE USING message = "Error.";
```

BEGIN 내에서 RAISE를 사용하면 EXCEPTION절을 실행한다. EXCEPTION절 내에서 RAISE를 사용하면 예외가 발생하고 처리하지 않은 예외로 종료한다.

RETURN

RETURN을 호출하면 스크립트를 종료한다. 블록 내부 또는 외부에서도 동작하며 RETURN 뒤에 있는 후속 명령문은 도달할 수 없는 코드다.

저장 프로시저, 사용자 정의 함수, 뷰

스크립트는 대화형으로 실행하는 경우에도 유용하다. 하지만 우리는 언제나 재사용성을 고려해야 한다. 저장 프로시저Stored Procedure와 사용자 정의 함수UDF를 사용해 캡슐화할 수 있다.

저장 프로시저

이미 오랜 시간 동안 많은 사람들이 저장 프로시저의 장단점, 사용 여부를 논의했다. 지난 수십 년 동안 온/오프라인에서 저장 프로시저의 가치를 논의했지만 아직 이 논쟁은 끝나지 않았다. 버전 관리, 소스 제어 및 배포와 관련된 부분에서는 부족한 부분이 있지만 이런 도구들은 이미 저장 프로시저 자체만큼이나 오랫동안 사용돼 왔으며 이런 프로세스를 수용하지 못하는 것은 대부분 데이터 조직의 운영 방식의 문제라고 생각한다.

BigQuery를 다른 서비스 및 기타 패러다임과 통합하는 작업의 목적은 BigQuery가 두 가지 장점을 모두 갖추고 있음을 보이기 위해서다. BigQuery에서는 최첨단 연속 통합 시스템에서 데이터 흐름, 클라우드 기능 및 변환 스크립트를 유지 관리할 수 있다. 모든 중요한 웨어하우스 활동을 문서화하고 반복할 수 있으며 오류에 대한 내성이 있는지 확인할 수 있다.

BigQuery의 다양한 기능 사이에서도 저장 프로시저와 UDF는 설자리가 있다. 대량의 체인화한 프로시저 인벤토리를 구축하는 것을 권장하지 않지만 다른 분석가 및 응용 프로그램에서 사용할 수 있도록 합리적이고 재사용할 수 있는 스크립트를 사용하는 것은 바람직하다. 저장 프로시저는 복잡한 분석 함수 작업을 수행하는 데 적합하다. 많은 비즈니스 로직이 API 또는 서버리스 레이어로 마이그레이션됐지만 핵심 온라인 분석 작업은 SQL로 수행한다.

궁극적으로 저장 프로시저가 구조적으로 건전한 아이디어가 아니었다면 구글은 BigQuery에 추가하지 않았다. 이 기능은 2019년 말에 도입됐다.

핵심 원칙

스크립트를 저장 프로시저로 간단히 변환할 수 있다. 순차적으로 다른 저장 프로시저(예: 서브루틴)에서 저장 프로시저를 호출해 더 복잡한 데이터 구조를 빌드할 수 있다. 프로시저는 다른 언어의 매개변수와 같이 IN, OUT 또는 INOUT으로 매개변수를 처리한다.

- IN: 함수에 전달된 인수
- OUT: 반환 값
- INOUT: 참고로 전달

메서드 캡슐화 같은 기능은 없으므로 저장 프로시저 내부에서 SELECT하면 대화형 명령을 실행하는 것과 같은 결과를 내보낸다. 저장 프로시저를 호출하는 클라이언트가 매개변수를 사용하지 않고 결과를 다시 가져올 수 있다.

임시 테이블

지금까지는 임시 테이블이 필요한 적이 없었다. BigQuery는 기본적으로 쿼리를 실행할 때마다 결과를 보관할 임시 테이블을 만든다. 그러나 저장 프로시저 내에서 작업하는 동안에는 중간 결과를 저장할 장소가 필요하다. "CREATE TEMP TABLE AS"를 사용해 SELECT 쿼리를 실행하면 임시 테이블을 생성한다. 테이블 작업을 마치고 "DROP TABLE TableName"으로 임시 테이블을 삭제한다.

문법

다음은 기본적인 저장 프로시저의 예제다.

```
CREATE OR REPLACE PROCEDURE wbq.GetRandomNumber(IN Maximum INT64, OUT Answer INT64)
BEGIN
 SET Answer = CAST((SELECT FLOOR((RAND() * Maximum) + 1)) AS INT64);
END;
DECLARE Answer INT64 DEFAULT 0;
CALL wbq.GetRandomNumber(10, Answer);
SELECT Answer;
```

"CREATE" 대신 "CREATE OR REPLACE"를 사용했다. 이 프로시저는 1과 Maximum 매개변수 사이의 난수를 반환한다. 위 예제의 마지막 세 줄은 호출하는 방법을 보여준다. 결과를 보관하려면 변수를 생성한 후 프로시저를 호출하고 응답을 반환한다.

Answer 값을 설정하려고 하위 쿼리를 사용했다. "Answer"는 OUT 매개변수로 선언돼 있으므로 직접 할당할 수 있다. BigQuery는 IN 변수에 값을 할당하는 것을 막지 않는다. 인수를 "OUT"으로 선언한 다음 SET을 잊어버린 경우 변수는 저장 프로시저의 범위 내에서 업데이트하지만 호출자에게 내보내진 않는다. 의도하지 않은 동작이지만 파싱 또는 런타임 오류가 발생하지 않으니 주의해야 한다.

사용자 정의 함수

사용자 정의 함수는 다른 쿼리 내에서 사용할 수 있는 저장된 코드이지만 저장 프로시저처럼 독립적인 것은 아니다. 앞서 사용한 UCASE(), LCASE() 또는 RAND()와 같은 표준 라이브러리의 함수와 같지만 사용자가 정의한 함수다.

다음은 함수 선언의 한 예제다.

```
CREATE OR REPLACE FUNCTION dataset.AddFive(input INT64) AS (input+5);
```

이 함수는 전달하는 정수 입력에 숫자 5를 더한다. 다음과 같이 호출한다.

```
SELECT dataset.AddFive(10);
```

위 쿼리는 15를 반환한다. 사용자 정의 함수의 본질을 보이는 간단한 예제다. 모든 쿼리를 하드 코딩하는 대신 이런 작업을 사용하면 일관성을 유지하기 쉽다.

간단한 예로 마일과 킬로미터를 변환하는 사용자 정의 함수를 사용해 가독성을 높일 수 있다.

반대쪽 스펙트럼에서는 통계 및 수학 연산하는 복잡한 함수를 만들 수 있다. BigQuery가 기본적으로 제공하지 않는 작업은 무엇이든 만들 수 있다.

ANY TYPE

BigQuery는 함수 템플릿도 지원한다. 템플릿이란 일반적으로 함수 텍스트를 복사하고 붙여넣어 작업을 공유하는 여러 데이터 유형에 적용할 수 있다. AddFive 함수를 다음과 같이 수정할 수 있다.

```
CREATE OR REPLACE FUNCTION wbq.AddFive(input ANY TYPE) AS (input+5);
```

이제 함수를 사용해 원하는 데이터 유형을 호출할 수 있다. BigQuery는 작업에 따라 유효한 유형을 자동으로 파악한다. AddFive(10.5)를 실행하면 15.5를 반환한다. 하지만 AddFive ("help")를 시도하면 BigQuery가 NUMERIC, INT64 또는 FLOAT이 필요하다는 오류를 반환한다.

사용자 정의 집계 함수

약간의 트릭을 사용해 자체 집계 함수를 정의할 수 있다.

집계 함수는 값의 집합을 가져와 단일 값을 반환하는 기능을 수행한다. 예를 들어 AVG() 집계는 각 행에서 숫자를 가져와서 합산하고 계산해 단일 숫자를 반환한다. 어떤 데이터 집합을 ARRAY로 입력받아 뭔가를 반환하는 UDF가 필요하다. BigQuery 템플릿으로 추론이 가능하며 UDF에서 기존 AVG() 함수를 다음과 같이 사용한다.

```
CREATE OR REPLACE FUNCTION fake_avg(input ANY TYPE)
AS ((SELECT AVG(x) FROM UNNEST(input) x));
```

위 예제는 숫자 배열을 받아 평균을 계산하는 함수를 생성한다. AVG 대신 SUM, COUNT와 같은 집계 함수를 사용할 수 있다.

AVG 집계에는 숫자 입력이 필요하고 UNNEST 함수에는 배열이 필요하므로 템플릿은 숫자 배열로 입력을 알아서 제한한다. 입력에는 ARRAY 타입이 필요하므로 ARRAY_AGG를 사용해 UDF를 호출할 수 있다.

```
SELECT fake_avg(ARRAY_AGG(x)) FROM input;
```

JavaScript 사용자 정의 함수

사용자 정의 함수를 사용해 JavaScript를 호출할 수 있다. 이 기능은 기본적으로 모든 행의 값 범위 내에서 필요한 프로시저 코드를 작성할 수 있는 것과 같기 때문에 매우 강력하다. 흥미롭게도 브라우저 또는 Node.js에서 실행하는 애플리케이션과 코드를 공유할 수도 있다. 먼저 기본 사항을 살펴보자.

JavaScript UDF의 구문은 다음과 같다.

```
CREATE OR REPLACE FUNCTION wbq.AddFiveJS(x FLOAT64)
RETURNS FLOAT64
LANGUAGE js AS """
  return x+5;
""";
```

앞서 다뤘던 "AddFive" UDF와 동일한 작업을 수행한다. 다른 점은 인풋을 FLOAT64로 명시했다는 것이다. JavaScript에는 정수 전용 데이터 유형이 없기 때문이다. FLOAT64는 NUMBER로 표시하며 SQL과 JavaScript 간의 유형 매핑에 유의해야 한다.

두 번째로 다른 점은 RETURNS절이 필요하다는 것이다. BigQuery는 SQL이 아닌 이상 반환하는 유형을 추론할 수 없다. INT64를 반환할 수 있지만 JavaScript에서 소수를 반환하면 소수점 이하는 생략한다. 마지막으로 여러 줄일 경우 삼중 따옴표 구문을 사용한다. 한 줄로 JavaScript를 작성하는 경우 작은따옴표를 사용할 수 있다.

제한사항

- 사용할 수 있는 브라우저 객체가 없으므로 웹 브라우저에서 실행한 코드를 가져오는 경우 DOM이나 기본 창 객체를 얻을 수 없다.
- BigQuery는 JavaScript가 수행할 작업이나 출력을 변경하는 원인을 예측할 수 없다. 따라서 JS UDF를 사용하면 캐싱을 자동으로 방지한다.
- 당연할 수도 있지만 UDF에서 API를 호출하거나 외부 네트워크에 연결할 수 없다.
- JavaScript 내부에서 BigQuery 테이블을 참고하는 방법은 없다. 구조체를 전달하면 JS측에서 객체로 표시하지만 데이터를 임의로 선택할 수는 없다.
- 네이티브 코드를 호출할 수 없으므로 grpc 등을 사용할 수 없다. 그러나 Web Assembly를 사용해 네이티브 C 또는 Rust를 JS로 컴파일한 다음 SQL에서 사용할 수 있다(추천하는 방법은 아니다).[4]

---

[4] https://medium.com/@hoffa/bigquery-beyond-sql-and-js-running-c-and-rust-codeat-scale-33021763ee1f

외부 라이브러리

흥미롭게도 함수에서 외부 JavaScript 라이브러리를 참고할 수도 있다. 라이브러리를 Google Cloud Storage에 업로드한 다음 OPTIONS라는 특수 절을 사용해 해당 경로를 참고할 수 있다.

```
CREATE TEMP FUNCTION externalLibraryJSFunction(x STRING)
  RETURNS STRING
  LANGUAGE js
  OPTIONS (library=["gs://{some.js}", ...])
  AS
  """
    return externalFunction(x);
  """;
```

위 예제는 Google Storage에서 라이브러리를 가져와 함수 처리에 포함한다. 그런 다음 인라인으로 작성한 것처럼 라이브러리가 정의하는 모든 함수를 실행할 수 있다.

Node 생태계에 익숙하다면 npm 패키지도 사용할 수 있는지에 대한 의문이 생긴다. 대답은 반반이다. 여전히 메모리, 시간 제한, 동시성 제한이 있지만 Google Cloud Storage에 업로드해 사용할 수 있다. Webpack을 사용하면 완벽한 JS UDF로 사용할 수 있다.

이미 여러 개발자들이 유용한 BigQuery 함수를 Webpack JavaScript로 패키징하고 배포하기 시작했다. 인기 있는 JavaScript 플러그인이 브라우저용 CDN에 게시되기 시작한 것처럼 누군가가 사람들이 참고할 수 있는 라이브러리를 사용해 공개 Cloud Storage 버킷을 만들기 시작할 가능성이 상당히 높다. 아직 이 작업을 수행하는 사람을 보지 못했지만 아마도 당신이 첫 번째가 될 수도 있다.

뷰

뷰는 가상 테이블로 취급할 수 있다. 일반적으로 뷰는 데이터를 변경하지 않는다. 암시적으로 하나 이상의 테이블 열에 대한 "보기"라고 생각할 수 있다. BigQuery의 경우 뷰는 사용하는 기본 테이블의 스키마를 저장하므로 테이블 스키마를 수정하면 뷰도 수정해야 한다.

뷰는 쉽게 만들 수 있다. 쿼리를 실행할 때마다 **쿼리 저장** 버튼 바로 옆에 **뷰 저장**이라는 또 다른 버튼이 있다. 버튼을 클릭하면 뷰를 저장할 데이터 세트와 뷰 이름을 지정하라는 메시지가 표시된다.

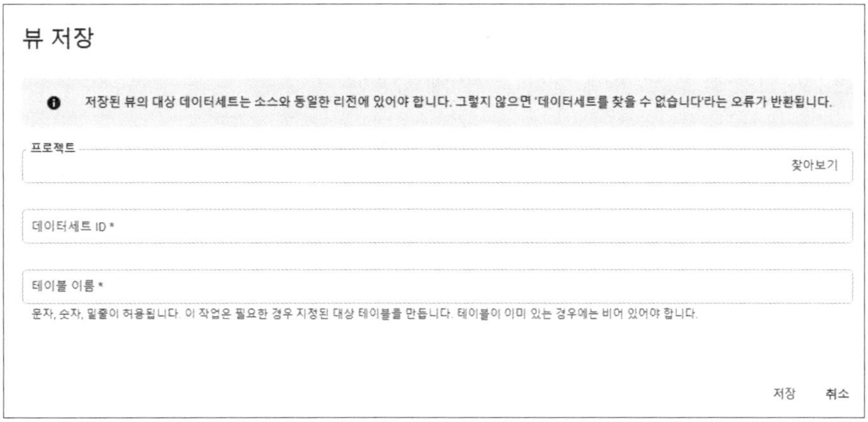

▲ 그림 13-5 뷰 저장

뷰를 편집할 경우 세부정보 탭에서 해당 탭의 맨 아래에 뷰를 생성하는 데 사용된 쿼리가 표시되며 이를 편집 및 다시 저장할 수 있다.

▲ 그림 13-6 뷰 예제

구체화된 뷰

구체화된 뷰는 쿼리 결과를 실제로 조합하고 저장하는 뷰다. 구체화된 뷰를 사용해 자동으로 새로 고침하는 테이블을 유지할 수 있다.

구체화된 뷰는 자주 액세스하는 데이터에 접근할 때 상당한 이점이 있다. 스트리밍을 사용해 수집된 데이터에 집계를 실행해 실시간 분석에 사용할 수 있다.

일반 뷰와 달리 구체화된 뷰는 하나의 기본 테이블만 사용한다. 주요 용도는 해당 테이블에서 다양한 그룹화 및 집계를 수행해 항상 사용할 수 있다. (안타깝게도 구체화된 뷰에서는 분석 함수를 사용할 수 없다.)

일반 뷰와 마찬가지로 project.dataset.table과 같이 완전한 대상을 지정해야 한다. 구체화된 뷰를 생성하는 구문은 다음과 같다.

```
CREATE MATERIALIZED VIEW `{project.dataset.mview}`
  AS SELECT ... FROM `{project.dataset.table}` ... GROUP BY ...
```

구체화된 뷰는 작성할 때 사용한 쿼리를 바탕으로 기본 테이블의 데이터를 자동으로 갱신한다. 기본 테이블의 데이터를 변경할 때마다 BigQuery가 구체화된 뷰의 변경된 부분을 자동으로 무효화하고 데이터를 다시 로드한다. 비슷한 방법으로 스트리밍과 관련된 작업도 파티션을 자동으로 무효화하고 데이터를 갱신한다.

구체화된 뷰의 장점

구체화된 뷰는 쿼리 집계 속도를 크게 향상시켜 준다. 뷰를 쿼리할 때 성능을 향상시킬 뿐만 아니라 BigQuery는 기본 테이블에 대한 쿼리 속도 향상을 자동으로 감지하고 쿼리 계획을 다시 라우팅해 구체화 뷰를 확인한다.

또한 예약된 쿼리 또는 분석 트리거를 기다리는 것과 달리 구체화된 뷰의 데이터는 언제나 최신 데이터를 유지한다. 구체화된 뷰의 이런 특성은 고속 스트리밍과 자연스럽게 맞물린다. 자동 집계를 위해 6장에서 다룬 스트리밍 테이블 위에 구체화된 뷰를 배치해 성능을 개선할 수 있다.

구체화된 뷰의 단점

가장 큰 단점은 비용이다. 기본적으로 테이블 업데이트마다 뷰를 새로 고치려고 쿼리하며 비용을 지불하기 때문에 기본 테이블에 정기적인 작업을 수행하는 것만으로도 비용이 발생한다. 또한 동일한 테이블을 가리키는 여러 구체화된 뷰를 갖기 시작하면 여러 곳에서 비용이 발생한다. 마찬가지로 구체화된 뷰의 데이터는 별도의 복사본을 구성하므로 해당 스토리지에 대한 비용도 지불한다.

또 다른 단점은 기본 테이블을 삭제해도 BigQuery에서 구체화된 뷰에 대한 에러를 알려주지 않기 때문에 구체화된 뷰에 대한 추적을 직접 해야 한다는 것이다.

마지막으로 구체화된 뷰에서는 다른 테이블을 조인하거나 UNNEST 함수를 사용할 수 없다.

자동 vs 수동 업데이트

테이블을 만들 때 "OPTIONS (enable_refresh = false)"를 사용해 구체화된 뷰를 수동적으로 갱신하도록 변경할 수 있다. 뷰를 업데이트하는 시기를 제어하게 되므로 잠재적인 비용 위험도 완화할 수 있다.

요약

분석 함수 또는 윈도우 함수를 사용하면 복제 시 복잡한 하위 쿼리 또는 자체 조인이 필요한 사항을 몇 줄의 SQL로 표현할 수 있다. 다양한 유형의 분석 함수를 사용하면 파티션 및 윈도우 프레임에 대한 조건을 평가해 GROUP BY절처럼 축소하지 않고도 데이터 그룹화가 가능하다. 13장에서는 숫자, 탐색 및 집계 분석 기능을 사용해 데이터를 정렬하고 분석하는 다양한 방법과 SQL로 쉽게 표현할 수 없는 절차적 언어를 사용해 구문을 작성할 수 있는 스크립트를 살펴봤다. SQL 스크립팅을 사용하면 강력한 저장 프로시저 및 사용자 정의 함수를 만들 수 있으며 유용한 집계 기능도 복제할 수 있다. 또한 JavaScript로 사용자 정의 함수를 작성하고 npm 등에 등록된 외부 라이브러리를 참고하는 기능도 살펴봤다. 마지막으로 기존 뷰 및 구체화된 뷰를 모두 살펴보고 집계 데이터 스트리밍 시 유지 관리 작업을 줄일 수 있는 방법을 살펴봤다.

여기까지 데이터 웨어하우스를 위한 SQL의 강력한 기능과 특수 BigQuery 기능 및 기타 Google Cloud Platform 기능의 통합에 대한 광범위한 정보를 알아봤다. 그렇지만 아직 다루지 않은 BigQuery 영역이 몇 가지 있다.

다시 데이터 웨어하우스의 운영 및 조직적 측면으로 돌아간다. 지속적으로 증가하는 인사이트로 데이터 프로젝트의 지속적인 성공을 확보했으니 이제 장기적인 관점으로 데이터 웨어하우스를 살펴보겠다.

14장에서는 끊임없이 변화하는 비즈니스 요구사항에 맞게 웨어하우스를 조정하는 방법을 살펴본다.

14장

데이터 거버넌스

14장에서는 데이터 프로그램의 장기적인 성공을 위한 전략을 설명한다. 첫 번째 주제는 조직의 데이터 거버넌스 전략이다.

지금까지 논의한 모든 주제는 효과적인 프로그램 구현의 세 가지 범주인 사람, 프로세스 및 기술 중 하나에 속한다. 모든 요소가 서로 의존한다. 효과적인 데이터 거버넌스 전략은 이들 모두의 요소와 서로의 종속성의 명확한 정의부터 시작한다.

데이터가 기하급수적으로 늘어나고 있다면 거버넌스 프로그램을 시작해 문제가 생기는 것을 방지해야 한다. 좋은 스키마 디자인과 합리적인 수집 프로세스를 바탕으로 기존 시스템에서 새 데이터를 위한 안정적인 채널을 만들 수 있다. 그리고 데이터 수명 주기에 대한 규칙을 설정한다. 거버넌스는 장기적인 성공을 위해 준비해야 할 중요한 사항이다.

제대로 수립된 거버넌스 시스템의 장점은 여러 가지가 있다. 가장 중요한 것은 모든 데이터 디자인 결정 시 병목을 제거할 수 있다는 것이다. 비즈니스 속도에 대한 장벽을 제거하며 새로운 유형의 데이터를 접할 때마다 별도의 결정을 내려야 하는 단계를 없애준다. 사람들에게 해야 할 일을 정해주는 것이 아니라 올바른 결정을 내릴 수 있도록 도와준다.

데이터 거버넌스 프로세스는 자동차를 만드는 방법에 대한 매뉴얼과 같다. 대다수의 자동차는 휠, 브레이크 및 가속 페달, 계기판과 같은 공통된 속성을 갖고 있다. 일부 자동차는 연료 탱크가 없으며 자동 변속기 대신 수동 변속기가 장착돼 있다. 이런 차이가 있더라도 차를 운전할 수 있다는 것을 확신할 수 있는 이유는 시스템을 바탕으로 제조됐기 때문이다.

여기서 언급하는 시스템화는 표준의 수준이 아니라 제조의 수준이다. 모든 자동차 제조 업체는 유사하게 동작하는 자동차를 생산하므로 각 표준에 대한 변형에 제한이 있다.

데이터 거버넌스 전략 없이 웨어하우스를 운영하는 것은 표준이 없는 자동차 공장을 운영하는 것과 마찬가지다. 매번 별도의 결정을 내려야 하는 "인지 과부하"가 일어난다. 표준이 없다면 자동차마다 운전대를 놓을 위치를 결정하는 회의를 해야 한다. 설명이 누락되면 시속이 아닌 분당 속도를 나타내는 계기판을 설계할 수 있고 디자이너는 엔진을 지붕에 올려놓을 수 있다. 시스템 없이 만들어진 자동차는 알 수 없는 문제를 내포할 수 있다.

데이터 거버넌스 없이 혼자 하는 업무라면 본인의 업무 방식이 표준이 될 수 있다. 하지만 프로그램을 계속 확장하고 사용자와 이해관계자가 계속 증가할수록 시스템화를 이용해 품질을 유지해야 한다.

데이터 거버넌스 정의

데이터 거버넌스는 데이터의 품질을 높이고 조직 전체에서 일관된 프로세스를 사용하는 방법을 포함하는 광범위한 용어다. 데이터 거버넌스는 다양한 영역을 포함하지만 대부분의 영역은 BigQuery의 이점과 연관해 이미 다뤘다. 데이터 거버넌스와 관련된 일부 주요 개념은 BigQuery에서 직접 관리할 수 있다. 다음에서 데이터 거버넌스가 해결하고자 하는 몇 가지 주요 특성을 살펴본다. 일부는 의사 결정 능력을 중요시하고, 일부는 기술에 초점을 맞춘다. 어떤 영역을 강조하느냐에 따라 조직 고유의 성격을 갖게 된다.

가용성

데이터는 모든 사용자가 필요할 때 항상 사용할 수 있어야 한다. 시스템은 SLA(서비스 수준 협약)를 제공해야 한다. 서버의 다운타임은 사용자와 조정하고 미리 정의된 일정에 따라 실행해야 한다.

컴플라이언스

데이터는 법률 및 규정에 따라 수집 및 저장해야 한다. 데이터는 조직의 규정 준수 규칙과 일치하며 감사 목적으로 사용할 수 있는 형식으로 보관해야 한다. 웨어하우스에 대한 접근도 포함한다. 사용자가 액세스하는 데이터는 감사가 가능해야 한다. 다행히도 BigQuery는 이 작업을 자동으로 수행한다.

일관성

데이터는 조직 전체에서 일관성 있게 읽고 라벨링할 수 있어야 한다. 데이터 웨어하우스뿐만 아니라 회사 보고서, 재무제표 등으로 확장하는 외부 시스템도 포함한다. 조직은 비즈니스 용어를 정의하는 데이터 용어집을 생성 및 유지 관리해야 한다. 익숙하지 않은 용어와 불필요한 복잡성을 피하고 가능한 한 조직 문화를 정확하게 설명하는 일관성 있는 용어를 사용해야 한다.

비용 관리

데이터 프로그램을 사용해 이상적인 지출 및 투자 금액을 정확히 이해할 수 있다. 그리고 추가적인 투자가 다른 특성을 개선하거나 새로운 비즈니스 기능으로 확장될 수 있는 방법을 계획할 수 있다. 비용 관리가 동적일수록 시장 상황에 더 빨리 적응하거나 낭비 영역을 식별할 수 있다.

의사 결정

데이터 거버넌스의 핵심 부분은 조직 구성원의 책임과 역할을 설정하는 것이다. 의사 결정 프로세스에서 혼란을 최소화하고 명확한 소유권을 설정하며 효율적으로 실행하는 것이 목적이다.

성능

데이터는 합리적인 시간 내에 사용할 수 있어야 한다. 여기서 "합리적"이란 데이터 유형과 조직의 요구사항에 따라 달라진다. 가용성은 재인덱싱 및 데이터 조각 모음과 같은 기존 데이터 유지 관리 작업과 오래된 데이터 보관 및 삭제를 포함한다. BigQuery는 이런 기본 사항을 자동으로 수행하지만 데이터 웨어하우스 내에서 구축한 시스템의 성능은 대부분 사용자의 책임이다.

품질

모든 데이터 프로그램의 기본 원칙이지만 데이터 거버넌스는 일반적으로 시스템에 입력하는 데이터의 품질을 측정하는 기능을 포함한다. 핵심 데이터 시스템을 생성하거나 수정할 때 적절한 프로세스와 표준을 따라야 한다. 스키마는 정확하고 최신 상태여야 하며 진행 중인 프로세스는 원하는 수준의 품질을 유지 또는 개선해야 한다.

보안

권한이 없는 사람의 손에 데이터가 들어가는 것을 막아야 한다. 사용자는 권한이 있는 데이터만 읽고 편집할 수 있어야 한다. 정의된 절차를 따르지 않고 데이터를 삭제하는 것을 막아야 한다. 데이터 손실, 데이터에 대한 무단 액세스 또는 외부 위반을 보고하는 절차, 사용자가 액세스 권한을 적절하게 허용 및 취소할 수 있는 온/오프보드 절차를 포함한다.

사용성

사용성은 복합적인 특성에 가깝지만 데이터 프로그램의 최종 측정을 상기하려고 언급한다. 예를 들어 고품질 데이터로 채워진 하드 드라이브는 매우 안전하겠지만 사용할 수 없는 데이터다. 사용할 수 없는 모든 데이터 프로그램은 무용지물이다.

거버넌스 전략

지금까지 데이터 웨어하우스를 구축해 오며 데이터 프로젝트 품의서 작성, 데이터 용어집, 표준화, 일관성 있는 확장 모델을 끊임없이 강조해 온 이유는 사실상 데이터 거버넌스 준수를 위해서였다.

초기 단계에서 데이터 프로그램에 비즈니스 가치를 통합해 조직의 DNA를 모델에 직접 적용해 왔다. 이 프로그램은 모든 조직에 동일하게 적용하는 프로그램이 아니다. 각 조직의 DNA를 기술 프레임워크와 결합하는 프로세스를 구축했기 때문에 이제는 비즈니스 수행 방식을 보완하는 데이터 프로그램을 갖게 됐다.

BigQuery는 여기서 가장 중요한 요소는 아니다. 앞선 자동차 제조의 예를 다시 생각해 보자. 자동차 제조의 일부는 아웃소싱이 가능하다. 엔진을 만드는 방법을 완전히 이해하지 않고도 크고 빠른 엔진을 가질 수 있고 차가 더 빠르거나 더 멀리 갈 수 있다. 어떤 룰을 어떻게 만들어가야 하는지 고민해야 한다.

책임과 역할

진정한 변화가 일어나면 사람들은 변화를 알아차리기 시작하고 관심은 기하급수적으로 증가한다. 8장에서 별개의 출시의 필요성을 이야기했었다.

조직 초기 단계에서는 각자 많은 역할을 맡고 부서 간의 유동적인 이동에 익숙해져 있다. 초기에는 매우 귀중한 덕목일 수 있지만 조직이 성장함에 따라 조직 부채로 변할 수 있다. 조직 부채는 우리가 항상 해왔던 방식과 같은 오류를 기반으로 비합리적인 신념을 우선시하기 때문에 기술 부채보다 더 나쁜 형태를 맞게 된다. 데이터 거버넌스 프로그램은 이런 개념에 도전한다. 이런 변화는 실제로 조직이 변화하는 현실에 맞서는 단계다.

성장하는 조직에서 이런 문제를 해결할 때 명확한 역할과 책임 설정이 가장 좋은 방법이다. 경량 프로세스로 시작해야 하는 작업을 과도하게 공식화하는 것은 병목현상을 초래하기 때문에 특정 역할 또는 책임을 지정하는 것을 주저하게 될 수 있다. 앞서 언급했던 조직의 특이성을 거버넌스 프로그램에 내재화시켜야 한다는 주장과 모순되는 말이지만 특이성과 프로세스 문제 간에 미세한 경계를 인지해야 한다. 궁극적으로 조직은 살아 있으므로 자체적으로 결정해야 한다. 조직의 운영 방식을 진정으로 이해하는 사람이 결정을 내려야 한다. 최선의 결정을 내렸지만 고위 경영진이 프로젝트를 죽인다면 그건 최선의 결정이 아니다.

잠재적으로 고려해야 할 역할과 책임이 무엇인지 알아보자.

고위 경영진

조직 전체의 변화가 필요하기 때문에 고위 경영진은 프로그램을 끝까지 지원해야 한다. 모든 사람은 언제나 할 일이 있으며 프로그램을 지원하더라도 각자의 우선순위가 있다. 고위 경영진은 데이터 거버넌스를 조직의 우선순위로 설정하고, 그 우선순위를 유지하도록 노력해야 한다.

거버넌스 위원회

"운영위원회", "크로스펑셔널cross-functional 원탁회의" 또는 조직이 생각하는 기발한 이름으로 부를 수도 있다. 이름을 지정하는 것은 중요하며 이 방법은 전략적 목표를 비즈니스에 맞추는 핵심 방법이다.

거버넌스 위원회는 교차 기능 그룹을 기반으로 전략적 결정을 논의한다. 위원회는 정기적으로 만나 데이터 품질, 수집 또는 보존에 영향을 미치는 중요한 문제를 논의한다. 회의록을 공개하고 모든 결정을 기록한다(결정 그 자체로 데이터다). 위원회가 내릴 수 있는 결정의 예시는 다음과 같다.

- 데이터 거버넌스 정책 수정
- 추가 또는 신규 사업부를 기업 수준의 데이터 서비스에 온보딩
- BigQuery와 같은 기술을 채택하거나 대체하기로 선택
- 데이터 관리의 우선순위

위원회 참여자들은 또 다른 의무를 가진다. 프로그램을 전파하고 프로그램을 사용하는 사업부가 이 프로그램에서 가치를 창출할 수 있도록 해야 한다. 위원회 구성원은 전체적으로 조직에 대한 가시성을 확보해 활용 실패를 막고 데이터 품질 문제가 해당 영역에서 유출되기 전에 미리 파악할 수 있어야 한다.

고위직이 운영회를 운영할 필요는 없다. 정기적인 회의를 소집하고 회의록을 게시하는 등의 기본 기능을 할 수 있다면 순환직으로 운영할 수 있다.

임원급의 프로젝트 관리자PMO 같은 권한이 있다면 위원회의 우선순위를 높일 수 있다. 조직은 진행 중인 다른 중요한 작업과 이 프로그램의 우선순위 간의 균형을 맞출 수 있다. 그렇지 않다면 위원회의 각 멤버가 책임을 지고 자체 회의 일정을 잡고 진행해야 한다. 확실하지 않은 경우 의사소통이 필요하다. 이런 책임을 각자 지지 않는다면 위원회는 해산될 수 있다. 누군가 "이 회의가 정말로 필요한가?"라고 말하면 회의는 취소될 확률이 높다. 모든 사람은 각자의 일이 있기 때문이다. 나는 이런 일이 발생하는 것을 수도 없이 경험했다.

주제 전문가

이 역할을 맡을 사람은 이때까지 필요한 데이터가 무엇인지, 문제가 무엇인지를 파악하려고 애써 온 사람들이다. 그들 중 일부는 프로젝트 이해관계자이고 웨어하우스 사용자로 아마도 그중 몇은 운영위원회 멤버여야 한다.

주제 전문가SME라는 용어는 때때로 해당 도메인만 다룰 수 있다는 오명을 갖게 될 수 있다. 하지만 주제 전문가는 특정 도메인을 넘어서 전체적인 인사이트를 갖고 있어야 주제 전문가로 불릴 수 있다고 생각한다. 주제 전문가 대신 "데이터 소유자"와 같은 용어를 더 선호할 수 있다. 그들의 책임은 다음과 같다.

- 지속적인 데이터 요구사항 이해 및 향후 요구사항 계획
- 데이터 프로그램에 다운스트림 영향을 미칠 가능성이 있는 경우 새로운 이니셔티브 지정
- 규제, 컴플라이언스 및 데이터 분류 문제를 인식하고 해당되는 경우 관리하거나 영향이 클 때 운영위원회에 알림
- 해당 영역의 데이터 문제와 데이터 프로그램에 의존하는 비즈니스 요구사항에 대해 효과적으로 우선순위 설정

마지막으로 언급한 우선순위 설정은 필수적으로 담당해야 한다. 데이터 팀은 조직에서 진행 중인 모든 프로젝트의 요구사항을 알거나 이해할 수 없다. 데이터 팀의 구성원이 각 프로젝트에 연결될 수 있게 할 수 있으나 성공하려면 각 구성원이 데이터 프로그램의 변화를 주도할 비즈니스 수준의 요구사항에 대한 광범위한 인사이트를 가져야 한다.

데이터 분석가

솔직하게 말하자면 데이터 분석가의 경계는 모호하다. 데이터 분석가가 셀프서비스를 할 수 있기 때문에 데이터 팀을 효과적으로 운영한다면 데이터 분석가는 운영 팀과 직접 접촉하지 않고도 관성을 유지할 수 있다. 성장하는 조직에서는 관성이 충분하지 않을 수 있다. 업무를 수행하는 데 필요한 기능이나 도구를 요청하는 보조 역할도 수행한다.

데이터 분석가는 데이터 웨어하우스에 대한 개선을 요청하거나 사용하는 다른 도구에 대한 통합을 요청할 수 있지만 구성을 변경할 수는 없다. 예를 들어 데이터 분석가는 Google Analytics에서 BigQuery 테이블로 데이터를 가져오는 요청을 할 수 있지만 "Redshift를 사용하고 있으므로 Redshift로 모든 데이터를 넣어야 합니다."라는 요청은 할 수 없다. 해당 수준의 결정은 운영위원회의 몫이다. 데이터 분석가에게 자문을 구하겠지만 의사 결정자는 아니다.

소규모 조직에서는 데이터 분석가가 웨어하우스 개발자일 수도 있고 주제 전문가일 수도 있다. 각 역할이 적절한 결정을 내릴 수 있도록 역할을 기능적으로 분리해야 한다.

데이터 분석가의 책임을 살펴보자.

- 구체화된 뷰 또는 새 스트림 생성과 같이 도구 또는 프로세스에 대한 개선사항을 제안한다.
- 데이터 팀의 백 로그 및 비즈니스 단위 데이터의 사실상 제품 소유자에 대한 이해관계자 역할을 한다.
- 비즈니스 단위 스키마, 다른 데이터 세트와의 통합 등에 대한 데이터의 품질 및 기술적 정의를 관리한다.
- 주제 전문가와 협력해 적절한 보존 및 분류 정책을 이해하고 구현한다.
- 데이터 엔지니어 팀과 협력해 새로운 도구 및 기능을 구현한다.

데이터 엔지니어

데이터 엔지니어 팀은 기술을 구현하고 시스템을 운영한다. 이 팀은 운영위원회에 최소한 한 명의 구성원이 있어야 하며 데이터 거버넌스 프로그램에 대한 운영 제어 권한을 갖고 있어야 한다. 운영위원회에서 일주일 후에 모든 데이터를 삭제해야 한다고 요청하면 데이터 엔지니어 팀이 삭제를 실행한다.

이 팀의 책임은 다음과 같다.

- 프로그램 상태에 대한 성공 지표를 객관적으로 보고할 수 있도록 안정성, 성능 및 사용자 만족도와 같은 주요 영역에 대한 정기적인 평가를 한다.
- 분석 중단 시간, 데이터 손상 또는 통합 실패와 같은 심각도 문제를 관리하는 프로세스를 만든다. 기술 부서와 협력해 문제에 대한 측정항목을 이해하고 조정한다.
- 시스템 사용자에게 기술 지원을 제공한다. 팀에 데이터 분석 기능이 있는 경우에도 지원한다.
- 시스템 전체의 보안을 유지한다. 권한 및 액세스 권한을 관리한다. 기술 팀과 협력해 데이터 손실 방지 또는 재해 복구 프로토콜을 따른다.
- 데이터 용어집을 포함해 시스템 전체의 데이터 프로그램을 분류한다. 데이터 분류에서 발생하는 충돌의 최종 중재자 역할을 한다.

- BigQuery를 포함한 데이터 웨어하우스의 새로운 기술을 파악한다. 데이터 웨어하우스의 다음 단계는 조직 전체에서 함께 수행되겠지만 추진 및 세부사항은 엔지니어 팀이 시작한다.

기록 시스템

데이터 거버넌스 전략은 조직의 모든 데이터 객체에 대한 기록 시스템을 명확하게 정의해야 한다. 모든 기록을 BigQuery에 저장할 필요는 없지만 BigQuery가 아닌 경우 시스템 아키텍트와 협의해 어디에 기록할지 정의한다.

사용자는 정보를 어디서 찾아야 하는지 알고 있어야 하며 모두 같은 장소를 보고 있어야 한다. 이에 대한 실패의 결과는 이제 분명하다. 영업 및 재무의 수익 수치가 서로 다르지만 각자의 데이터가 맞다고 믿는다면 BigQuery에서 가져온 수치가 아니더라도 아무도 데이터 프로그램을 신뢰하지 않을 수 있다. 기록 시스템을 설정해 올바른 데이터가 나오게 해야 한다.

"기록 시스템" 개념은 조직을 위한 마스터 데이터 관리(MDM, Master Data Management) 전략의 기본이다. 거버넌스 계획의 다른 고려사항과 달리 조직이 작고 리소스가 제한돼 있다고 해도 이 문제를 오랫동안 숨길 수는 없다.

거버넌스 계획을 작성할 때 기록 시스템의 정의를 포함해야 한다. 사실 한 줄이면 충분하다. 모든 데이터는 BigQuery에 저장한다.

Golden Record

골든 레코드(Golden Record)는 조직의 객체에 대한 정보의 깨끗한 복사본을 가리킨다. 전형적인 예로 특정 개인의 전화 번호, 주소, 이름 등의 모든 비즈니스 데이터가 포함된 개인별 마스터 레코드다. 지금까지 시스템의 모든 데이터에 대한 골든 레코드를 유지하는 기능을 구축해 왔다. 데이터 거버넌스 전략에서 골든 레코드를 공식화하려면 몇 가지를 더 고려해야 한다.

데이터 정제

데이터 소스 및 수집 전략을 정의하는 데 많은 노력을 기울이더라도 여러 시스템을 연결하기 시작하면 데이터가 충돌할 가능성이 있다. 예를 들어 사용자가 이름을 직접 입력해서 계정을 만드는 웹사이트에서는 중복 및 분리된 레코드가 생긴다.

골든 레코드는 데이터의 부정확성이 없어야 한다. Reynaldo Jones라는 사람이 자신의 암호를 잊어버리고 동일한 이름과 주소로 새 계정을 만드는 경우 골든 레코드 관점에서 중복 레코드를 감지, 병합 및 정리를 해야 한다.

데이터 입력의 품질이 낮은 경우에는 완벽한 작업이 불가능하다. 이 문제를 해결하려 하기 전에 원시 데이터에서 정확한 정보를 추출하고 있는지 확인해야 한다.

다중 소스 시스템

단일 골든 레코드를 유지하려고 여러 하위 시스템의 정보를 참고할 수 있다. 서로 다른 부서가 동일한 객체와 상호작용하지만 완전히 다른 속성에 관심이 있을 수 있다. 소스 시스템에서 중앙 집중화를 요구하면 비즈니스 운영상 위험한 병목현상이 발생한다.

소스 시스템에서 신뢰할 수 있는 파이프라인을 구축하고 데이터 웨어하우스에서 조립하는 것이 골든 레코드를 설정하는 올바른 패턴이다. 결과적으로 웨어하우스는 골든 레코드를 보유하지만 데이터를 위한 운영 시스템이 아니다. 데이터는 기록 시스템에서 생성하고 BigQuery로 전송해 골든 레코드를 만든다.

단방향 데이터 흐름

BigQuery의 위치와 상관없이 데이터는 정보 아키텍처상 한 방향으로만 흐르도록 해야 한다. 객체 또는 부분 객체에 대한 기록 시스템을 지정한 후에는 단방향으로 출처를 정하고 유지해야 한다. 기록 시스템을 업데이트하면 연결된 모든 부분을 업데이트해야 한다.

어떤 시스템이 됐든 간에 다른 모든 시스템은 지정된 시스템에서 상태를 읽어야 한다. 모든 데이터가 단일 시스템에서만 쓰기가 가능하고 그 외의 시스템에서는 읽기만 가능해야 한다.

논리적인 의미로도 단방향을 유지해야 한다. 최종 일관성 원칙에 따라 시스템 간에 변경 충돌이나 데이터의 양방향 동기화를 허용하지 않는다.

"데이터의 단일 방향"은 이전에 살펴봤던 DAG와 유사한 개념이다. 다른 시스템에서 생성된 데이터는 BigQuery에 정착하게 되면 이런 개념을 조직 규모에서도 일관된 원칙으로 적용해야 한다.

보안

데이터 보안 및 액세스 권한은 데이터 거버넌스 프로그램에서 고려해야 하는 기본 사항 중 하나다. 데이터를 무단 수정, 삭제 및 접근에서 보호해야 한다. 전 세계적으로 분산된 시스템의 공격 방법은 방대하며 선제적 대응이 어렵다. 대부분의 클라우드 제공 업체의 책임은 클라우드를 보호하는 일이며 클라우드에 배치된 데이터를 보호하는 것은 여러분의 몫이다.

BigQuery는 안전한 BIOS가 깔려 있는 커스텀 베어메탈baremetal에서 실행한다. 프로세서 수준의 취약점이 발견될 때마다 구글이 가장 먼저 해결했다. 예를 들어 널리 알려진 Spectre 및 Meltdown[1] 문제가 전 세계를 뒤흔들었을 때 BigQuery를 실행하는 데이터 센터는 전 세계적으로 이슈가 되기 전에 이미 패치됐었다. BigQuery에 대한 비용을 지불하는 것은 구글이 합리적으로 시스템을 보호할 수 있다는 신뢰를 표현하는 것과 같다.

인증

사용자가 BigQuery와 상호작용하려면 인증이 필요하다. 애플리케이션과 클라우드에서 자격 증명 풀을 관리하는 것이 첫 번째 방어선이다. 인증에 관련된 모범 사례는 지속적으로 발전하는 영역이므로 기본 사항만 살펴보겠다.

- 사용자는 다단계 인증을 사용한다. (G Suite에서는 2단계 인증 또는 2SV라고 한다.) 문자 메시지보다 보안 키 및 인증 프로그램을 선호한다.

---

1 https://meltdownattack.com/ – 옮긴이

- 정기적으로 자격 증명 풀을 검사한다. 조직의 온보드 및 오프보드 정책과 통합해 퇴사하는 직원은 시스템에서 즉시 제거한다.
- 사용자 활동에 대한 정기적인 감사를 수행한다. 이상 징후를 자동으로 식별하는 머신러닝 도구가 있지만 이 솔루션은 아직 완전히 신뢰할 수 없다.

각 사용자 외에도 서비스 계정을 사용해 인증한다. 이전 예제에서 이미 여러 번 서비스 계정을 만들었다. 자동화를 적용한 시스템에 서비스 계정을 사용하는 것은 데이터 거버넌스 정책의 요구사항 중 하나가 돼야 한다. 사람에 의한 것과 자동화된 시스템에 의한 접근을 명확히 구분해야 한다.

권한

데이터에 대한 가장 큰 위험은 실제 사용자 계정에 의한 무단 접근이다. 계정이 소셜 엔지니어링 또는 악의적인 의도로 손상됐는지에 관계없이 그 여파는 항상 크다. 사용자는 데이터를 사용하려고 데이터에 액세스해야 하므로 완전히 제거할 수는 없다.

가장 좋은 방법은 데이터 거버넌스 전략의 일부로 액세스 원칙을 개발한다. 프로그램 초기에는 편성을 중시해 실제 데이터가 없었을 때 권한을 자유롭게 부여했을 가능성이 크다. 이제 이런 권한을 감사하고 새 정책 준수에 필요한 권한을 조정할 때가 됐다. 일부 불만과 불편사항이 생길 수 있지만 문제가 발생하기 전에 적용하는 것이 바람직하다.

다음 사항을 참고한다.

- 사용자 및 서비스 계정 권한에 대한 정기적인 감사를 수행한다. IAM에서 사용자가 보유한 개별 권한의 수를 확인할 수 있으며 해당 권한이 사용 중인지 확인하려고 실시간 분석을 수행할 수 있다. 그 후 불필요한 권한을 제거할 것을 권장한다(그림 14-1 참고).
- 서비스와 역할뿐만 아니라 객체별로 권한을 제한한다. BigQuery의 경우 프로젝트 및 데이터 세트 수준에서 세부적으로 권한을 설정할 수 있다. 민감도별로 데이터 세트를 분류하는 것은 세분화된 권한을 제어하는 방법 중 하나다.

- 조직 내에서만 BigQuery에 액세스할 수 있어야 하는 경우 VPC 서비스 제어[2]를 사용해 BigQuery API에 대한 액세스를 제한한다. 사이트 간 VPN 또는 기타 액세스 수단을 통한 방법은 네트워킹 운영 담당자에게 문의한다.

BigQuery는 여러 프로젝트에 걸쳐 데이터 세트를 구성하는 방법인 "승인된 뷰" 개념을 지원한다.[3] 간단하게 말하면 소스 테이블용 데이터 세트와 소스 테이블에 의존하는 뷰가 있다면 일부 사용자가 뷰만 볼 수 있도록 권한을 구성할 수 있다. 이런 구성을 데이터 거버넌스 전략의 보안 섹션에 포함시키려면 각 절차를 잘 문서화해야 한다.

추가적으로 열 수준의 보안도 가능하다.[4] 일부 상황에서 승인된 뷰를 대체할 수 있으며 궁극적으로 권한 구조를 최대한 제어할 수 있는 방법이다.

역할	분석된 권한 (초과/합계)
편집자	3467/3471
Cloud 빌드 서비스 계정	
편집자	
소유자	3511/3776
편집자	
편집자	3467/3471
편집자 Firebase 관리자	3467/3471 294/294
편집자 Firebase 관리자 뷰어	
Firebase 관리자	128/294
Firebase 뷰어	117/117
편집자	3463/3471
편집자	3463/3471
편집자	3463/3471
Cloud Datastore 사용자	15/15
Firebase Admin SDK 관리자 서비스 에이전트 서비스 계정 토큰 생성자	💡 82/82 💡 9/9

▲ 그림 14-1 권한 사용을 나타내는 IAM 화면

---

2 https://cloud.google.com/vpc-service-controls/docs/
3 https://cloud.google.com/bigquery/docs/share-access
4 https://cloud.google.com/bigquery/docs/column-level-security-intro - 옮긴이

암호화

데이터 암호화에 대한 책임은 다음 영역으로 구성한다.

- 시스템과 구글 간의 트래픽 보호
- GCP 외부(로컬 파일 시스템 또는 웹 브라우저 등)에서 데이터 관리
- 관련 규제 표준(HIPAA, FERPA, PCI 등)을 준수하려고 개인 식별 정보를 암호화 및 해싱

구글은 시스템 내부의 데이터를 보호하는 방법을 매우 기술적으로 정리해 놨다.[5]

간단히 정리하면 모든 BigQuery 데이터는 저장 시 암호화된다. BigQuery 콘솔 UI 및 기타 서비스에서 이미 경험했듯이 고객 관리 암호화 키[CMEK]도 지원한다.

보안 전문가가 아닌 경우 암호화는 매우 복잡하며 오류를 생성하기 쉽다. 하지만 모든 연결이 TLS(예: HTTPS)를 사용하고 민감한 데이터는 추가 암호화를 사용하고 있는지 확인하는 것으로 충분하다. 모든 GCP API는 보안 연결이 필요하며 조직에서 커스텀 애플리케이션을 작성하는 경우에도 암호화가 필요하다. 액세스 권한과 결합하면 데이터가 무단으로 유출되는 것을 방지할 수 있다.

데이터 웨어하우스에 특정 데이터가 정말로 필요한지 고려해야 한다. 예를 들어 데이터 분석가는 고객이 웹사이트에서 구매할 때 사용하는 신용 카드 수를 알고 싶을 수 있으며 분석을 위해 신용 카드의 마지막 4자리의 해시 정보만으로 쉽게 도출할 수 있다. 민감한 데이터 손실에 대한 최선의 방어는 민감한 데이터가 없는 상태다.

분류

데이터의 우발적 공개를 방지하는 데이터 분류 시스템을 사용한다. 종이 문서, 미디어, 데이터 웨어하우스, 운영 시스템, 최종 사용자 시스템, 광고를 포함한 모든 데이터는 모두 분류 레벨을 갖고 있다. 대부분의 분류 시스템은 데이터를 4개로 나눈다.

---

5 https://cloud.google.com/security/encryption-at-rest/default-encryption#what_is_encryption

- 공개: 외부 배포 또는 인터넷 게시를 위해 승인됨
- 내부: 조직을 대표로 하는 인력으로 제한하며 사전 승인을 받고 배포 가능
- 기밀: 조직 내 사람만을 대상으로 제한하며 공개하면 악영향을 미칠 수 있음
- 제한됨: 운영 업무를 수행하려고 정보를 원하는 조직 내 일부 개인에게만 제한

분석을 위해 제한된 데이터를 저장하려면 승인된 뷰 방법론을 사용해 "제한됨"으로 분류된 데이터 세트에 기본 테이블을 만든 다음 데이터의 제한하지 않은 부분만 분석가에게 노출한다.

데이터 거버넌스 전략에서 이 정책을 명확하게 지정한다. HR 부서 또는 법률 고문의 승인을 받아서 분류 위반을 공개하는 지침과 고의로 분류 기준을 위반한 개인에 대한 처벌도 포함한다.

정책을 바탕으로 디지털 인증을 받았는지 여부에 관계없이 권한이 없는 개인이 데이터에 액세스하지 못하게 한다.

데이터 손실 방지

Google Cloud Platform의 Cloud DLP라는 도구를 사용해 GCP의 데이터에서 민감한 정보를 자동으로 검사하고 그 존재 또는 전송을 감지할 수 있다. Cloud DLP는 BigQuery와 통합돼 있으며 테이블의 세부정보의 오른쪽 위에서 **내보내기**를 클릭한 다음 **DLP로 스캔**을 클릭하면 액세스할 수 있다.

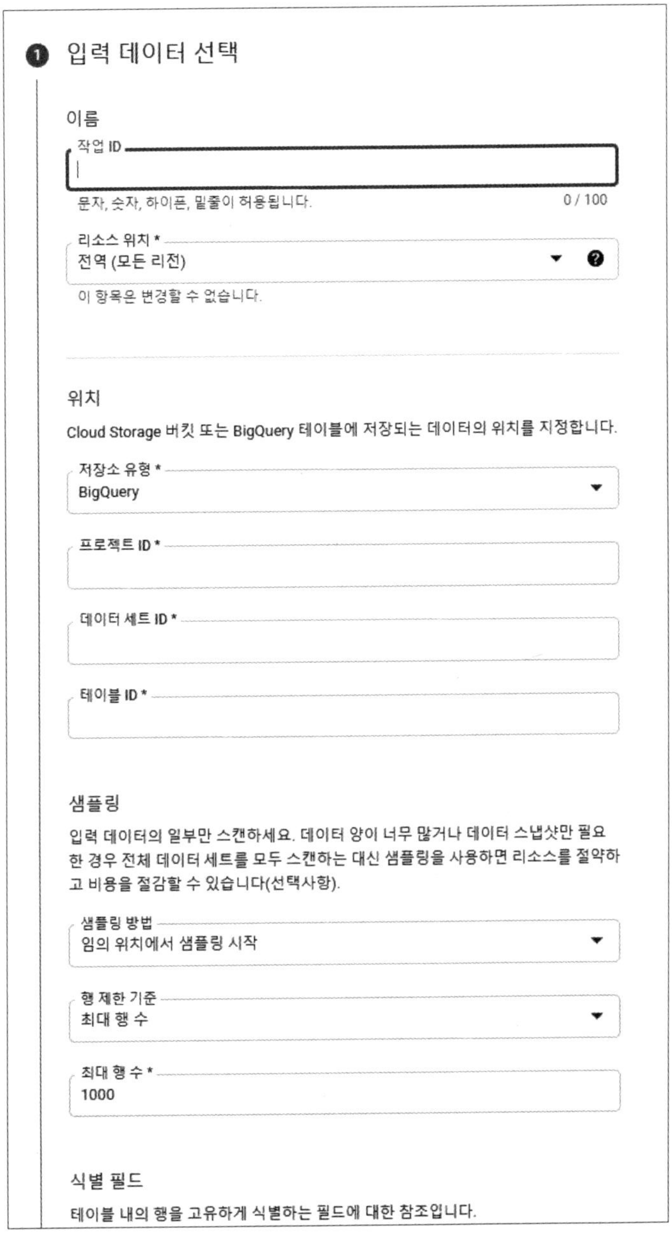

❶ 입력 데이터 선택

이름

작업 ID

문자, 숫자, 하이픈, 밑줄이 허용됩니다.　　　　　　　　　　　0 / 100

리소스 위치 *
전역 (모든 리전)

이 항목은 변경할 수 없습니다.

위치
Cloud Storage 버킷 또는 BigQuery 테이블에 저장되는 데이터의 위치를 지정합니다.

저장소 유형 *
BigQuery

프로젝트 ID *

데이터 세트 ID *

테이블 ID *

샘플링
입력 데이터의 일부만 스캔하세요. 데이터 양이 너무 많거나 데이터 스냅샷만 필요한 경우 전체 데이터 세트를 모두 스캔하는 대신 샘플링을 사용하면 리소스를 절약하고 비용을 절감할 수 있습니다(선택사항).

샘플링 방법
임의 위치에서 샘플링 시작

행 제한 기준
최대 행 수

최대 행 수 *
1000

식별 필드
테이블 내의 행을 고유하게 식별하는 필드에 대한 참조입니다.

▲ 그림 14-2 클라우드 DLP 내보내기 화면

Cloud DLP는 저렴한 서비스가 아니므로 우선적으로 비용 확인이 필요하다. DLP는 시스템을 모니터링하고 예약된 작업을 실행하며 찾은 모든 데이터를 자동으로 익명화하는 기능을 제공한다. 조직에서 민감한 데이터를 많이 사용하는 경우 구글의 Cloud DLP 또는 다른 데이터 손실 방지 도구를 통합해 이런 위험을 관리해야 한다.

데이터 거버넌스 계획은 데이터 손실 방지를 위한 단계와 시스템에 들어오는 잠재적으로 민감한 데이터를 관리하는 활동을 포함한다.

감사

데이터 보안 모니터링을 위한 차선책으로 감사 로그를 기록하고 모니터링해야 한다. 12장의 BigQuery 데이터 웨어하우스에서 Cloud Logging 및 Monitoring을 검토했다. 이런 도구를 사용해 로그 싱크를 만들고 여기서 감사 분석 정책을 만들어 이상을 찾을 수 있다.

거버넌스 정책에서 감사할 활동, 감사를 수행 또는 검토할 책임이 있는 사람, 감사에서 발견된 문제를 해결하기 위한 메커니즘을 지정한다. 기본적으로 모든 쿼리 작업을 Cloud Logging에 기록한다.

감사 로그를 모니터링하거나 교정 조치를 취해야 한다. 중대한 사고가 발생한 후 로그 싱크를 모두 살펴보면 조기 경고가 이미 발생하고 있었음을 깨닫게 된다.

데이터 수명 주기

데이터 거버넌스 정책은 데이터의 수명 주기를 지정한다.

15장에서는 비용이 데이터 보존 정책에 영향을 주지 않는다고 생각하는 이유를 설명하겠다. 그전까지는 모든 수명 주기 고려사항을 특정 데이터에 적합한 이론에 따라 결정한다.

수명 주기는 조직에 따라 다양한 단계와 프로세스를 가질 수 있지만 일부 기능은 공통적이다. 이런 모든 고려사항은 비즈니스 객체, 개별 레코드 또는 비즈니스 단위의 분석 기능이 될 수 있는 특정 데이터 "유형"에 적용한다.

수집에서 사용 가능 상태까지

- 이 데이터에 대한 기록 시스템은 무엇인가?
- 웨어하우스로 어떻게/얼마나 자주 수집되는가?
- 수집 시 ELT 또는 ETL 파이프라인이 필요한가?
- 해당 파이프라인은 얼마나 자주 실행되는가? 수집 프로세스로 트리거되거나 별도의 주기로 실행되는가?
- 파이프라인은 얼마나 걸리며 데이터는 어디에 배치되는가? 데이터를 소비하려면 집계 또는 온라인 분석이 필요한가?
- 필요한 모든 단계를 완료하고 데이터가 웨어하우스에서 "사용 가능"하다고 간주하기까지 얼마나 걸리는가?
- 이 데이터에 대한 날짜 단위 또는 키별로 파티션이 존재하는가?
- 데이터가 웨어하우스 또는 외부 시스템의 다른 데이터 세트와 상호작용해야 하는가?
- 데이터의 수명 주기에는 연결된 데이터의 수명 동안 유지해야 하는 저장 프로시저, UDF 등의 생성 및 유지 관리가 포함되는가?
- 이 데이터는 언제 웨어하우스에 도착하는가? 대략적인 크기는 얼마이며 그 크기가 언제 변경되는지 알고 있는가?
- 이 데이터가 한정된 기간 동안만 수집되는가, 아니면 조직의 데이터에 영구적으로 추가되는지를 나타내는가?
- 이 데이터를 분석하려면 몇 명의 사용자가 필요한가? 사용자는 이미 BigQuery에 액세스할 수 있는가?

활성 데이터 및 품질 측정

데이터의 수집 특성을 이해한 후에는 데이터가 활성 상태인 동안 어떻게 관리하는지 이해해야 한다. 여기에는 추가 또는 비정상적인 책임이 있거나 이를 소유하려고 지원 리소스에 전념해야 하는 경우를 포함한다.

- 이런 데이터 세트에 대한 메타데이터 유지 관리를 담당하는 사람은 누구인가?
- 보고해야 할 책임이 있는가? 그렇다면 누가 이를 소유하는가? (모든 데이터의 활성 모니터링, 대시보드 또는 예약된 전달을 포함한다.)
- 데이터에 대한 품질 측정항목을 정의하는 책임자는 누구인가?
- 데이터의 품질 측정항목은 무엇인가?
- 이 데이터에 대한 예상 품질 수준(정량적으로 측정)은 얼마인가?
- 데이터 프로그램과 관련해 웨어하우스 상태에 대한 시스템 보고서에 이 데이터를 어떻게 포함시킬 수 있는가?
- 이 데이터가 예상 크기 또는 유지 관리 비용을 초과하는 경우 어떤 옵션이 있는가?
- 데이터 정리 고려사항이 있는가? 그렇다면 해당 데이터는 무엇이며 누가 소유하는가?
- 유지해야 하는 특별한 분류 요건이 있는가?
- 어느 부서에서 이 서비스 비용을 지불하는가?

보관 중인 모든 데이터는 품질 측정항목이 필요하다. 낮은 품질의 입력 소스에서 높은 품질의 데이터를 기대하는지, 그리고 품질을 보장하는 것이 누구의 책임인지 이해해야 한다. 데이터에 대한 불일치 또는 신뢰 부족에 답해야 하는 사람은 데이터에 올바른 가중치를 둬야 한다. 품질이 낮은 데이터가 웨어하우스에 들어가는 것을 반드시 금지해야 하는 것은 아니다. 그러나 해당 데이터에 대한 활성 수명 주기 정책은 소유자가 "낮은 품질"로 지정한 데이터로 중요한 조직 결정을 내리면 안 된다는 것을 강조해야 한다.

폐기

폐기는 데이터 수명 주기의 표면상 마지막 단계를 의미하며 수집을 종료하는 단계다. 다음 사항을 고려한다.

- 계획된 폐기인가?
- 수집 메커니즘만 해제하는가, 아니면 데이터도 삭제하는가?
- 이 데이터에 대한 보존 정책이 있는가? 삭제하면 해당 정책과 충돌하는가?
- 이 유형의 프로세스를 다른 데이터에서도 반복하는가?

- 데이터 수집을 점진적으로 중단하는가, 아니면 한 번에 중지하는가?
- 수집을 중단하고 보존 정책이 이행된 후 추가 조치를 취해야 하는가?
- 이 데이터에 의존하는 다른 데이터 세트가 있는가? 이것이 시스템의 다른 부분의 기능에 영향을 미치는가? 자동으로 중단되는가, 아니면 이를 다른 곳에서 조정해야 하는가?
- 폐기가 일시적인가, 아니면 영구적인가?

데이터 거버넌스 정책은 데이터 수명 주기에 대한 정보가 필요한 기간도 정해야 한다. 사전에 필요한 경우 처음에 모든 단계에 대한 답변이 필요하다고 정책에 명시돼 있는지 확인하자. 또한 나중에 활성 및 폐기된 데이터를 시작하고 처리하려고 수집정보만 요청하도록 선택할 수도 있다. ("이런 일이 일어나야 했는가?"라는 질문의 원인이기도 하다. 사람들이 사전 통지 없이 데이터를 자주 폐기하는 경우 이에 대한 정당한 이유가 있거나 리드 타임 정책을 수립해야 한다.)

암호화 삭제

구글은 암호화 삭제Crypto-deletion라는 용어를 사용하는데 다른 곳에서는 암호화 파쇄라고도 한다. 데이터를 제공한 키로 암호화한 경우 암호화 키를 삭제해 해당 데이터에 액세스할 수 없도록 할 수 있다. GCP에는 무단으로 키를 외부에 내보내지 못하도록 방지하는 등의 몇 가지 추가 보호 장치가 있다.

사용자 기기, 캐시, API 및 명령줄 등 수많은 방법을 사용해 데이터에 액세스하고 있는 경우 이 방법을 선택한다. 데이터 암호화에 사용된 키를 삭제하면 이런 경로를 동시에 보호할 수 있다.

개인 정보 보호 준수 관점에서 암호화 삭제가 데이터 삭제로 간주될 수 있는지에 대한 법적 상황이 불분명하니 법률적으로 정확히 파악하고 목적에 맞게 수행한다.

거버넌스 정책 수정

데이터 거버넌스 정책의 수정 방법을 설정한다. 프로젝트 성장 기간 동안 정책이 다루는 개인의 수가 빠르게 증가한다면 조직의 민첩성 보존을 위해 역할과 책임을 신속하게 분리하거나 정책을 조정해야 할 수 있다. 반대로 조직이 축소될 경우 역할을 결합하고 더 이상 필요하지 않은 정책 요소를 일시 중지할 수 있다.

이 조정은 공식적이거나 비공식적일 수 있다. 대규모 조직은 일정 기간이 지나면 실행되는 변경 제어 위원회가 있다. 자신의 조직에 적합한 레벨을 찾아야 한다.

로드맵

거버넌스 프로세스에 포함해야 할 또 다른 사항은 로드맵을 관리하고 향후 작업의 우선순위를 지정하는 프로젝트의 스케줄링이다. 로드맵을 이미 개발하고 시험해 본 적이 있다면 중기 계획을 거버넌스 계획에 통합하자.

로드맵 개발 및 실행은 결코 쉬운 일이 아니다. 오버 헤드를 낮추려면 운영위원회에 의존하고 제품 또는 프로젝트 관리 전문 지식을 가진 사람들에게 의지해야 한다. 명확하게 지정된 동작 로드맵을 사용하면 각 부분에 대한 리소스를 찾아다닐 필요가 없다.

승인

초기 프로젝트 품의서와 마찬가지로 거버넌스 전략에 대한 지속적인 지원을 위해 고위 경영진의 승인을 받는다. 출시 및 출시 후 활동의 성공을 공유할 수 있는 가장 좋은 기회일 수 있다. 이미 조직에 적용된 변화는 추진력을 유지하는 발판이다.

운영위원회의 행동 첫 번째는 경영진 또는 동등한 팀으로부터 공식 승인을 받는 것이다. 그런 다음 데이터 프로그램의 다음 단계인 장기적 성공의 탄생을 축하한다.

Google Cloud Data Catalog

Google Cloud Data Catalog는 2020년 4월 말에 정식 출시된 GCP의 데이터 거버넌스를 위한 제품이다. Data Catalog는 GCP 외부에 있는 데이터를 포함해 시스템으로 흐르는 모든 데이터에 대한 정확한 최신 메타데이터를 캡처한다. 태깅 시스템을 사용해 시스템에 있는 데이터의 위치와 종류를 빠르게 식별할 수 있다.

이미 라이브 상태인 시스템이나 웨어하우스에 데이터 거버넌스 전략을 수립하거나 구축하는 것을 도와준다. Data Catalog는 시스템에 이미 있는 데이터를 자동으로 검색하고 식별하므로 데이터 분류 및 거버넌스에 대한 데이터 우선 접근 방식을 취할 수 있다.

개요

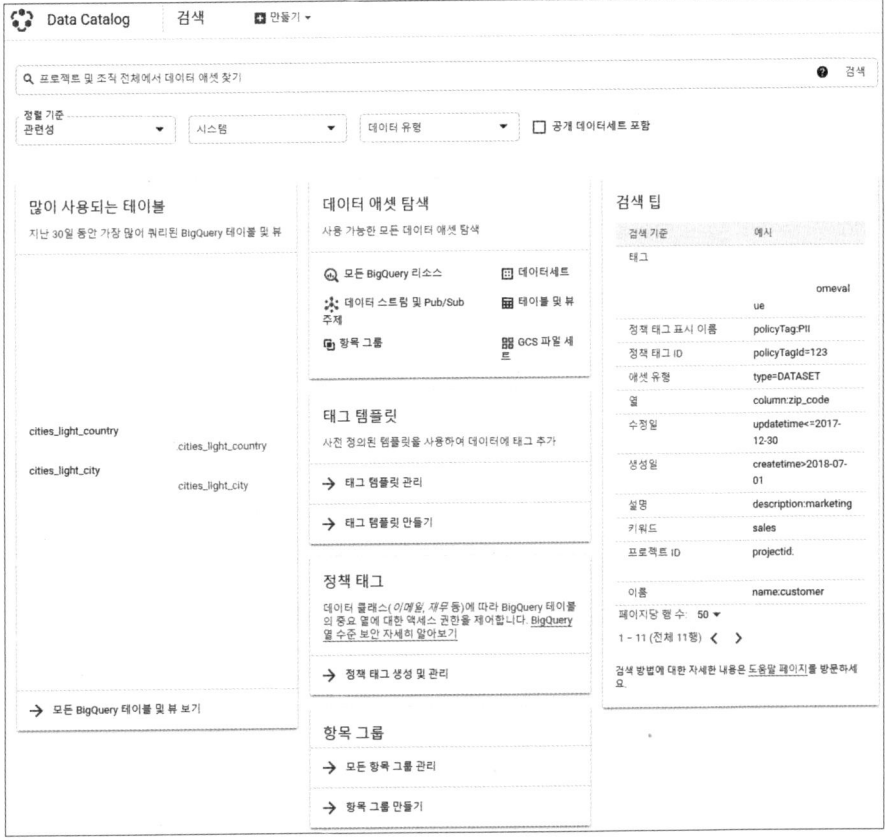

▲ 그림 14-3 Data Catalog 메인 화면

Data Catalog 콘솔에 접속하면 BigQuery의 가장 인기 있는 테이블 및 뷰에 대한 대시보드가 보이며 Pub/Sub 및 Cloud Storage와 같은 구글 서비스에서 자동으로 계측한 데이터를 탐색할 수 있다.

Data Catalog를 사용해 메타-메타데이터meta-metadata를 구축할 수 있다. 태그를 적용하려면 추적하려는 메타데이터를 사용해 태그 구조용 템플릿을 만든 다음 해당 구조를 데이터 세트의 개별 열 또는 필드에 연결할 수 있다.

항목에 태그를 지정해 검색할 수 있다. 예를 들어 조직 전체에서 우편 번호를 저장하는 모든 필드를 보거나 BigQuery 테이블의 특정 열이 생성된 시기를 확인하는 등 필드의 속성을 쿼리할 수도 있다.

Data Catalog를 다른 서비스와 통합할 수 있는 API도 있다. 현재 시스템에 있는 태그 템플릿에 대한 정보도 얻을 수 있다.

BigQuery

BigQuery의 경우 개별 자산에 대한 권한을 나타내는 정책 태그 분류도 지정할 수 있다. 해당 열에 적용되는 정책 태그를 정의하고 적절한 권한을 부여해 열 수준의 보안을 활성화하는 데 사용할 수 있다(https://cloud.google.com/bigquery/docs/column-level-security).

외부 연결

다른 클라우드에서 실행 중인 RDBMS 인스턴스와 같은 GCP 외부 시스템에서도 메타데이터를 수집할 수 있다. 선택한 소스 시스템의 커넥터와 코드가 필요하다. 이 프로세스는 일반적으로 데이터베이스 시스템이 메타데이터 검색에 사용하는 모든 기능을 사용하고 데이터 카탈로그가 이해할 수 있는 형식으로 연결한다. 이 정보는 데이터 카탈로그를 개선함에 따라 변경되겠지만 현재 커넥터를 설정하는 방법은 다음 링크를 참고하자.

- https://medium.com/google-cloud/google-cloud-data-catalog-integrate-your-on-premrdbms-metadata-468e0d8220fb

구글은 이미 두 개의 대규모 비즈니스 인텔리전스 도구인 Looker와 Tableau에 대한 오픈소스 커넥터를 지원한다. 이 시스템을 사용하면 메타데이터를 수집하는 프로세스를 준비할 수 있다. 이 기술은 매우 새롭기 때문에 프로세스에는 약간의 코드와 노력이 필요하다.

개인 식별 정보

개인 식별 정보^{PII, Personally Identifying Information}는 개인의 신원을 확인하는 데 사용할 수 있는 모든 데이터다. 이름, 운전면허증, 사회 보장 번호, 전화 번호, 사진 등을 포함한다. PII 보호는 GDPR 및 CCPA와 같은 초기 개인 정보 보호 규정의 초석이다. 클라우드 컴퓨팅의 초기에는 클라우드가 PII를 보호할 수 없다는 인식이 클라우드 채택을 방해하는 요소로 자주 사용됐다. 이제 PII는 거의 모든 퍼블릭 클라우드가 저장하고 있으며 사고가 날 때마다 뉴스에서 접할 수 있다.

Cloud Data Loss Prevention과 결합된 Data Catalog는 자동으로 PII를 식별하고 태그 지정을 시작할 수 있다. 또한 메타데이터를 사용해 필드에 PII가 포함된 것으로 태그를 지정하고 PII 관리를 위한 데이터 거버넌스 전략을 자동으로 선택할 수 있다.

요약

명시적인 데이터 거버넌스 계획은 데이터 프로그램의 지속적인 성공을 보장하는 초석이다. 이제 조직은 데이터 웨어하우스를 유지 관리할 강력한 권한과 책임이 있다. 효과적인 거버넌스 계획을 개발하려면 조직에서 핵심 역할을 수행할 적합한 사람을 찾아야 한다. 그래야만 해당 그룹과 협력해 비즈니스에서 데이터를 관리하는 방법의 각 측면에 대한 정책을 구축할 수 있다. 주요 측면에는 기록 시스템, 보안, 수명 주기 고려사항 및 계획 자체를 관리하는 규칙을 포함한다. 데이터 프로그램을 상승 방향으로 유지하려면 조직의 리더에게 도움을 요청하자.

15장에서는 데이터 웨어하우스의 장기적인 관리에 대한 고려사항과 거버넌스 계획을 실행하는 방법을 설명한다.

15장

장기적인 전략 수립

데이터 프로그램의 탄력성은 오랜 기간에 걸쳐 나타난다. 항상 그렇듯이 변수는 사람이다. 사람들은 새로운 활동을 수행하거나 기존 데이터를 분석해 새로운 데이터를 만들고 합류하고 떠나면서 끊임없이 변화한다. 각각의 목적은 데이터 프로그램에 영향을 미친다. 이런 변경사항을 적절하게 처리하는 것도 데이터 프로그램의 일부다.

8장에서 논의한 푸시-풀 모델을 따르면서 데이터 실무자로 데이터에 대한 기본적인 책임은 가져야 한다. 책임감을 갖고 데이터를 처리하고 평가해 프로그램을 구축하는 것이 우리의 책임이다. 조직에서 데이터 웨어하우징의 장기적인 변화에 대비할 때 고려할 두 가지 우선순위가 있다.

1. 기존 데이터를 잃지 않는다.
2. 항상 새로운 데이터를 저장하고 보존하려고 노력한다.

도서관을 운영할 경우 어떤 데이터가 보존할 만한 가치가 있는지를 고민하게 된다. 물리적 공간의 한계는 중요한 장애물이며 디지털 사본은 원래의 물리적 특성을 갖기 힘들다. 물리적 공간도 비용이 든다. 효과적인 보존을 위해서 실내 온도 조절, 사려 깊은 디자인, 접근성에 대한 진지한 고민이 필요하다.

이 책의 핵심 주제는 원시 데이터에서 정보를 추출해 인사이트를 얻는 과정이다. 데이터를 수집하면서 잠재적인 인사이트를 놓칠 수 있다. 기록 보관소는 데이터에 대한 잠재적인 사용 사례를 이해하고 이런 제약에 따라 어려운 결정을 내리는 작업을 수행한다. 예를 들어 대공황 시대의 요리책이 가치가 있다고 생각하는가? 수없이 복제되거나 개선된 오래된 레시피의 정보가 담겨 있어 정보가 중복되거나 무의미한 부분이 많다. 또한 책의 종이 질이 좋지 않기 때문에 대부분 유실됐다. 그러나 이 자료는 당시 사람들이 어떻게 먹고 요리하고 있었는지, 어떤 재료를 사용할 수 있었는지, 그리고 당시의 전문 출판물과 달리 그 당시 미국인의 생활 조건에 대한 놀라운 인사이트를 제공하는 것으로 밝혀졌다. 이 정보는 잠재적 가치를 인식한 유능한 기록 보관소의 노력이 아니었다면 쉽게 무시되고 파기될 수 있었다. 앞선 예제는 "What America Ate" 프로젝트가 진행하는 실제 예다.[1] 클라우드 시대의 데이터베이스 설계자로서 우리는 이런 문제를 고민할 필요가 없다. 우리가 생성하는 모든 데이터를 상당히 내구성 있는 방식으로 자동적으로 로드하고 백업한다. 실제로 구글은 내구성을 보장하는 비즈니스를 운영하고 있다. 따라서 데이터 저장에 대한 물리적 제한이 없으며 데이터를 제거할 필요가 없어졌다.

그렇다고 해서 데이터 삭제의 필요성을 무시할 수는 없다. 유럽연합이 일반 데이터 보호 규정GDPR의 기반으로 사용한 잊혀질 권리와도 관련이 있으며 웹사이트 링크를 검색 색인에서 삭제할 수 있는지 또는 삭제해야 하는지 결정하는 것은 구글도 많이 고민한 문제다. 데이터의 보존은 기술보다 윤리와 공감으로 결정하며 데이터 엔지니어의 책임이다.

우리 모두가 공통적으로 고민해야 할 세 번째 문제가 있다. 원하는 인사이트를 찾으려고 페타바이트 규모의 데이터를 합리적으로 선별하는 방법은 무엇인가? 합리적인 시간 내에 쿼리를 수행하기에는 너무 많은 데이터가 있거나 원시 데이터가 실제로 쓸모없게 돼 버린다면 어떠한가? (버릴 수 있는지 여부는 다른 질문이다.)

테이블 파티셔닝 및 만료 시간과 같은 기술을 사용해 이런 사항을 관리할 수 있다. 이런 것을 현명하게 사용하는 것은 비용, 성능 및 조직의 임무에 따라 달라진다. 테이블에 맹목적으로

---

1 https://whatamericaate.org

데이터를 삽입하는 것이 변화에 적응하는 과정은 아니다. 목적지, 기간, 향후 처리에 미치는 영향을 고려해야 한다. 그런 점에서 데이터 웨어하우스는 여전히 실제 존재하는 창고와 비슷한 점이 있다.

비즈니스 변화

비즈니스가 변화하는 방향을 미리 아는 것은 데이터 웨어하우스 구축과 유지에 필수다. 결과적으로 알고 있는 것들과 그 변형을 모두 다룰 수 있어야 한다. 예를 들어 조직에서 신제품을 시장에 출시하고 나면 다른 조직들은 제품을 개발하고 출시하는 데 바쁘다. 데이터 수집은 전혀 신경 쓰지 못할 수도 있다. 다른 제품과 마찬가지로 새 상품도 웨어하우스에 로깅하고 저장해야 한다.

비즈니스 분석에 새로운 차원을 추가하기 시작하면 혼란스러워진다. 완전히 새로운 비즈니스 라인을 제공하기 시작한다면 어떻게 되는가? 다른 회사를 인수하고 그들의 데이터 인사이트를 전략에 통합해야 한다면 어떻게 되는가? 이런 결정을 매일 내려야 한다. 푸시-풀 모델을 따른다면 자체 웨어하우스의 인사이트가 핵심 변화를 주도할 수 있다.

이런 인사이트는 분석가나 비즈니스 리더의 인사이트와도 다르다. 항상 새로운 종류의 분석을 생성하거나 새로운 통합을 지원하는 데 참여할 수 있다. 이런 인사이트만으로도 체계화나 핵심 변화를 주도할 수 있는 기회가 많이 주어진다.

모든 소프트웨어 프로젝트는 수명 주기 동안 부채가 발생하는 경향이 있다. 새 웨어하우스 프로젝트가 갖는 한 가지 장점은 새로운 것이라는 점이다. 유연하면서도 더 큰 변화를 만들 수 있으며 이런 변화는 시간이 지남에 따라 성공 확률을 높인다.

데이터 프로그램을 장기적으로 끌고 가는 데는 두 가지 방법이 있다. 첫 번째는 정기적인 유지보수 및 개선이다. 유지보수를 진행하면서 각각의 복잡성을 캡슐화하고 문서화한다. 개선을 위해 데이터 프로그램에서 주기적으로 평가해야 하는 여러 영역을 논의하겠다.

두 번째는 주요 비즈니스 변화를 다루는 능력이다. 프로세스를 실행하고 데이터 프로그램의 큰 변화를 수집하면서 비즈니스 전략 수정, 새로운 비즈니스 라인 출시 또는 M&A와 같은 변화에 대비해야 한다.

큰 비즈니스 변화

주요 이벤트가 임박했다는 사실을 공식적으로 알 수 있다면 거버넌스 운영위원회에서 데이터 프로그램에 대한 잠재적인 영향을 논의해야 한다. 이르지만 경계를 늦추지 않도록 최대한 빨리 실사를 시작하자. 가능하다면 변경 후에 주제 전문가가 될 수 있는 사람들과 상의한다.

예를 들어 조직에서 새로운 비즈니스 라인을 추가하는 경우 현재 비즈니스 라인 중 하나를 잘 아는 비즈니스 개발 전문가를 찾아가 고유한 특성이 무엇인지 물어본다. 비즈니스를 인수하는 경우에는 해당 서비스의 웹사이트를 방문해 사용할 수 있는 마케팅 자료를 살펴보면 조사를 바탕으로 거래 내용을 파악할 수 있다.

학습한 정보 중 일부는 데이터 거버넌스 팀이 가능한 한 빨리 우선순위를 지정해야 한다. 우선순위는 프로젝트의 기본 요구사항이다. 이런 요구사항의 일부는 다음과 같다.

- 새로운 웨어하우스 사용자 추가
- 새로운 분류 수준으로 새 데이터 세트를 추가하거나 데이터를 분리하는 추가 분류 수준 생성
- 타사 데이터 제공 업체와의 통합
- 다른 데이터 웨어하우스 기술의 마이그레이션, 통합 또는 연결
- 아무것도 하지 않음

웨어하우스는 이미 새로운 비즈니스 라인을 창출하는 데 필요한 모든 것을 갖추고 있을 수 있다.

마케팅 개념의 신규와 데이터 프로그램과 관련된 개념의 신규를 구별해야 한다. 새로운 시리얼 제품의 출시는 마케팅 관점에서는 큰 사건이지만 데이터 운영에는 큰 영향을 미치지 않을 수 있다.

핵심 성과 지표

핵심 성과 지표KPI를 이해하고 모니터링한다. KPI의 의미와 이에 관련된 철학에 대한 연구는 이미 많이 있다. 일반적으로 조직은 KPI와 비슷한 용어를 사용해 비즈니스 전체의 상태를 측정하고 관찰한다.

비즈니스의 정량적 KPI에 대한 정보를 바로 볼 수 있다는 것은 데이터 웨어하우스가 제대로 동작한다는 의미와 같다. 주요 비즈니스 변화가 어떤 영향을 미칠지 파악할 수 있는 훌륭한 기준이다. KPI의 가치 또는 정의가 변하는가? 고위 경영진이 무엇을 찾고 있는지와 일치하므로 해당 정보를 미리 전달하는 방법을 연구해 선제적으로 대응할 수 있다.

KPI를 처음 사용하거나 조직에서 아직 생소하다면 다음과 같은 측정항목을 참고한다.

- 수익 및 수익 성장
- 영업 현금 흐름
- 기간별 웹사이트 트래픽
- 성장 함수의 제품별, 기간별 총매출
- 고객 유지/감소
- 전환율

KPI로 설정할 수 있는 지표는 다양하며 각 부서의 관심사에 따라 달라진다. 한두 개의 부서에서 점진적으로 웨어하우스를 구축해 나갈 경우 판매 퍼널 또는 소셜 미디어 통계와 같은 부서별 측정항목에 액세스하지 못할 수 있다. 웨어하우스의 가치는 부서 간에 교차되는 데이터에서 나온다. 자체 시스템이 있는 부서의 관계자는 웨어하우스에서 데이터를 분석할 필요를 느끼지 못할 수 있다(Salesforce, Facebook Ads Manager 등을 생각해 보자).

타임라인

일정에 따라 사용할 수 있는 선택지가 바뀔 수 있다. 즉시 모든 데이터를 통합하려고 해도 호환성이 없는 웨어하우스 기술이나 정보 부족 때문에 불가능할 수 있다. 데이터 거버넌스 팀과 함께 프로젝트를 정의할 때 가까운 시일 내에 처리할 수 있는 사항과 향후 분기를 위해 로드맵에 추가해야 할 사항을 명시해야 한다.

이런 변경 때문에 데이터 웨어하우스가 크게 확장되는 경우 제대로 관리하지 않았을 때 기술 부채가 발생할 수 있음을 주의하자. 큰 변경은 나중 일이라고 생각할 수 있지만 사람들은 스키마에 중요한 영향을 미치는 세부사항을 놓칠 수 있다.

접근 방법

낙관적 확장성에 대한 가능성을 다시 언급한다. 개선 가능성을 합리적으로 예측하고 개선을 위한 공간을 남겨 두자. 이미 변화를 예상했다면 미리 준비한 공간을 채우기 쉽다.

운이 나쁘면 어려운 데이터 아키텍처 결정을 내려야 한다. 핵심 가치를 수정하거나 새로운 기능을 추가해야 할 수도 있다. 핵심 데이터 구조를 영향력 있는 방식으로 수정하고 새로운 비즈니스가 실패한 경우 중요하지 않은 항목에 대한 추가 유지 관리를 해야 한다. 반면에 다른 데이터 세트에서 새로운 정보를 가져와야 하는 경우 신속하게 통합해야 한다. 아마도 엉뚱한 방식으로 일을 하거나 이미 실행 중인 비즈니스 위에서 시간적 압박을 받으며 일을 해야 한다는 것을 의미한다.

불행히도 정답은 없다. 최선의 접근 방식은 가능한 한 많이 배우고 그 순간에 할 수 있는 최선의 결정을 내려야 한다는 것이다.

데이터 프로그램 품의서

때로는 비즈니스 변화가 너무 커서 기존 데이터 프로그램의 상당 부분이 쓸모없어진다. 이런 일이 발생하는 경우 데이터 거버넌스 팀과 함께 회의를 소집하고 프로그램을 완전히 다시 짤 계획을 해야 한다.

그 이유는 "데이터 웨어하우스" 또는 "데이터 프로그램"이라는 용어가 조직에서 각각 특정한 의미가 있기 때문이다. 비즈니스 변화는 조직이 "데이터 웨어하우스"라고 말하는 것과 품의서에 적혀 있는 의미와 차이가 생기게 한다. 차이가 벌어질수록 더 많은 마찰이 생기고 결국에는 이해관계자들 간의 불일치로 이어진다. 데이터 프로그램은 기대치를 충족시키지 못할 것이며 계속 갈등이 생긴다. 결국에는 임원들이 프로그램을 폐기하는 상황을 맞이하게 된다.

지나친 의사소통을 강조하는 이유는 이런 일을 예방하기 위해서다. 새로운 비즈니스 변화에 따라 기존 프로그램 품의서를 더 이상 적용하지 못할 경우 프로그램 품의서를 다시 작성하고 다시 승인받아야 한다.

큰 힘에는 큰 책임이 따른다. 푸시-풀 모델을 따라 사용할 수 있는 정보로 데이터 프로그램을 개선하려면 우려사항을 드러내고 사전 조치를 취해야 한다. 앉아서 문제가 생길 때까지 기다리면 조직 혁신을 추진할 수 없다. 데이터 프로그램의 성공은 데이터로는 미리 알 수 없는 비즈니스의 선입견에 의해 제약을 받는다.

자연적인 성장

대부분의 경우 점진적이고 예측되는 변화를 처리할 수 있다. 데이터 웨어하우스에 데이터, 열 및 스키마를 추가하고 소프트웨어 프로그램의 세 가지 측면인 사람, 프로세스 및 기술을 바탕으로 이런 성장을 관리할 수 있다. 주요 비즈니스 변화가 약간의 변화를 의미하는 경우 성장 과정을 바탕으로 변화를 소화하는 바람직한 프로세스를 만들 수 있다. 하지만 언제나 예외도 있다.

변화 제어

웨어하우스를 새로 구축하는 동안에는 권한 및 기타 제어 메커니즘 등의 주요 변경사항을 자유롭게 변경했겠지만 출시 후에는 이런 자유를 제한해야 한다. 웨어하우스에 대한 모든 변경사항은 하위 호환성을 유지해야 한다.

하위 호환성

하위 호환성을 유지하려면 변경사항이 있더라도 사용자가 별다른 조치 없이 사용할 수 있어야 한다. 기존 열의 데이터 유형을 변경하거나 열 또는 테이블을 삭제하는 것을 피해야 한다. 실제 상황에서는 이전 버전과의 호환성을 심각하게 깨뜨리는 변경사항을 받아들이는 것이 일반적이다.

철자가 틀렸거나 중복된 열이 좋은 예다. 개발자 또는 분석가가 이미 "accountID"열이 있다는 사실을 모르고 "userId"열을 만들거나 "vehiclOwnerID"와 같은 철자 오류에 적응해 의도치 않게 올바른 철자로 데이터를 복제하는 경우가 있다.

관리하지 않은 웨어하우스는 동일한 값을 포함하는 쓰레기 열을 가질 수 있다. 이전 버전과 호환되겠지만 아무도 사용 방법을 알 수 없다. 각각 동일한 데이터를 나타내려고 별도의 열 이름을 사용해서 데이터 용어집을 뒤죽박죽으로 만들고 해싱으로 동일한 객체를 찾는 것을 방해하며 철자가 틀린 이름을 용납하지 않는 사용자를 짜증나게 한다.

이런 작은 것들이 데이터 웨어하우스에 작은 틈을 만들어 결국에는 깨진 유리창 효과를 만든다. 시간이 지남에 따라 분석에 대한 장벽이 높아지게 되며 사람들은 인사이트를 얻으려고 노력하는 것을 포기한다.

이런 상황을 방지하려면 변경 제어 메커니즘을 사용해 여러 개의 스키마 변경사항을 일괄적으로 처리하도록 하자.

변경 제어 메커니즘

14장에서 과도한 변경 제어는 조직 속도에 나쁜 영향을 미친다고 설명했다. 여전히 변경 제어가 필요하지만 조직에 적합한 변경 제어의 가중치를 정해야 한다.

변경 제어 프로세스의 기본 기능은 다음과 같다.

- 영향 측정 및 이해
- 진행 중인 다른 이니셔티브에 비교해 우선순위에 따라 변경 내용을 맥락화
- 영향을 받는 모든 사용자 및 관계자와의 커뮤니케이션
- 영향을 받는 사용자가 변경하는 데 필요한 적절한 변경 시간(우선순위로 측정)

변경 제어 프로세스 형식은 연관된 사람 또는 부서의 수에 따라 달라진다. 그리고 커뮤니케이션 방법 및 형식과 유지 관리를 수행하려고 준수해야 하는 변경 시간 범위에 따라 달라진다.

예를 들어 소규모 조직에서는 그 영향을 즉시 알 수 있으며 이니셔티브를 어디에 배치해야 하는지 알 수 있다. 또 다른 예로 Slack 채널의 메시지를 바탕으로 커뮤니케이션할 수 있다.

변경 시간의 영향을 받는 사람들이 진행할 수 있음을 알리는 데 요구하는 만큼 짧게 설정할 수 있다.

보다 공식적인 프로세스를 따라야 한다면 표준 양식의 문서를 변경 제어 위원회에 제출하고 위원회는 변경 시간을 명시하거나 변경 일정을 예약하기 전에 변경을 승인해야 한다. 프로세스를 과도하게 양식화하는 것을 피하자.

변경 제어 프로세스

BigQuery에서 하위 호환성을 깨는 변경에는 몇 가지 방법이 있다. 관리하기 가장 쉽지만 가장 파괴적인 방법은 공지 후 변경이다.

이 방법은 잠재적인 소비자를 더 이상 파악할 수 없는 규모에 도달할 때까지 여파가 미치며 일부는 더 이상 사용하지 않거나 파악할 수 없다. 이 여파는 BigQuery와 통합한 맞춤형 소프트웨어가 있을 때 더욱 커진다. 호환성이 깨지면서 일부 소비자는 업데이트하고 일부 소비자는 업데이트하지 않은 경우 되돌릴 수 없다. 대규모 스키마가 포함된 대규모 테이블을 변경하면 정렬을 시도하는 동안 중단 시간이 발생할 수 있다.

버전과 지원 중단

더 긴 변경 시간을 허용해 이전 열과 새로운 열 또는 테이블을 일시적으로 사용할 수 있게 한다. 이 모델에서는 올바른 이름으로 새 열을 만들거나 스키마가 변경된 새 테이블을 만든다. 그런 다음 지원 중단(데이터 거버넌스 계획에서 지정해야 함)을 설정하고 기다린다. 시간이 지나면 호환성이 깨진다.

테이블의 경우 Cloud Logging을 사용해 이전 테이블에 액세스하고 있는 소비자를 확인할 수 있다. 로그를 참고해 전환을 기다리거나 후속 조치를 취할 수 있다.

이런 방법은 장기간에 여러 버전을 유지해야 한다는 점에서 여전히 이상적인 방법은 아니다. 이 기간 동안 신규 사용자는 지원 중단을 알 수 있는 명확한 방법이 없기 때문에 실수로 이전 열이나 테이블을 다시 사용할 수 있다. 위험을 완화하려면 태그 또는 자동화한 알림을 사용해 지원 중단 시스템을 만들 수 있다.

예를 들어 공식 지원 중단 시 Cloud Monitoring을 사용하는 스크립트를 작성해 지원 중단된 테이블에 대한 액세스를 감지하고 테이블이 지원 중단한다는 사항을 관련 주체에게 즉시 보낼 수 있다.

그림자 뷰

일반적으로 변경이 있을 때 그림자 뷰Shadow View 패턴을 사용한다. 이 패턴을 사용하려면 사용자가 기본 테이블이 아닌 뷰를 사용해 분석을 하고 있어야 한다.

이 모델에서는 기본 테이블을 사용해 변경하는 스키마로 두 번째 뷰를 만든다. 변경 시기가 오면 그림자 뷰를 기본 뷰로 바꾸고 기본 뷰를 그림자 뷰로 바뀌도록 교체한다(소프트웨어 릴리스 시 블루–그린blue-green 배포와 유사하다).

다만 여러 버전의 데이터를 동시에 유지 관리해야 하는 문제가 생긴다. 기본 테이블을 공유하는 경우 해당 테이블에는 두 버전이 동시에 공존해야 하는 문제가 있다. 그러나 이 모델은 기존 모델을 중단하지 않고 새 모델에서 계속 동작하는지 확인하는 애플리케이션 테스트를 할 수 있다.

소스 제어 관리

데이터베이스와 소스 제어 관리 시스템의 통합은 간단하지 않다. 지난 20년 동안 지속적인 통합이 표준 관행이 됐지만 데이터베이스 시스템은 이에 뒤처졌다. 데이터베이스 개발자가 쿼리를 메모장에 복사하고 로컬 컴퓨터에 저장하는 모습을 자주 볼 수 있다.

데이터 프로그램을 이런 식으로 실행하는 것은 여전히 위험하다. "코드 작성 먼저"를 선호하는 개발 환경에서 데이터베이스 마이그레이션은 배포 시에 수행한다. 밀접하게 결합된 웹 애플리케이션에는 좋은 방법이지만 수많은 이질적인 소스를 바탕으로 구축된 데이터 웨어하우스에는 실용적이지 않다.

BigQuery는 몇 가지 기능으로 사용자를 보호한다.

- 사용자의 각 쿼리를 기록한다.
- 다른 사용자와 쿼리를 공유할 수 있다.
- 쿼리를 뷰로 쉽게 저장하거나 로컬 작업 공간에 저장할 수 있다.
- 과거 일주일 전까지의 데이터 및 스키마 변경사항을 포함한 테이블 상태를 쿼리할 수 있다.
- 구글은 하드 장애에도 리전 수준의 가용성 및 내구성을 보장한다.[2]

따라서 SQL을 데이터베이스에만 독점적으로 저장하는 위험성이 완화된다. 하나의 하드 드라이브가 고장 나도 데이터나 데이터에 액세스하는 데 사용하는 코드를 파괴하지 않는다. 클라우드 데이터 센터는 상용 하드웨어의 정기적인 오류를 허용하도록 특별히 설계됐다.

이 중 일부는 데이터 웨어하우스가 겪을 수 있는 다른 유형의 데이터 오류에서 사용자를 보호한다. 누군가 실수로 테이블을 덮어쓴 경우 이전 상태로 복원할 수 있다. 웨어하우스를 복원하는 데 걸리는 시간과 에너지는 복잡성에 비례한다.

명확한 해답은 없다. 데이터베이스 쿼리를 메모장에 복사한 다음 소스 제어 저장소에 커밋하고 시스템 외부에서 관리하는 방법은 번거롭다. Cloud Build와 같은 배포 서비스를 사용해 웨어하우스에 쿼리를 실행해 특정 상태를 복원할 수 있다. 궁극적으로 데이터베이스 코드도 데이터이며 기존 데이터를 잃어버리는 것을 주의해야 한다는 원칙을 따라야 한다.

데이터 보존 고려사항

기존 데이터 웨어하우스는 고정된 데이터 보존 기간(예: 5년, 7년 또는 10년)을 설정하는 것이 모범 사례였다. 보존 기간은 조직의 규정 준수 의무, 회계 관행 또는 상식에 따라 달라진다. 정기적으로 데이터를 수집할 때 새 데이터를 위한 공간을 만들려고 이전 데이터를 삭제한다. 기존 데이터를 장기 스토리지에 보관하는 데 사용하는 테이프 백업과 같은 추가 스토리지 계

---

2   https://cloud.google.com/bigquery/docs/availability – 옮긴이

층이 있지만 온라인 분석에는 사용할 수 없다. 스토리지 프로비저닝이 주요 관심사일 경우 신중하게 내려야 할 결정이다. 자기magnetic 스토리지를 선택할 때는 자기 미디어의 물리적 특성을 걱정해야 한다.

BigQuery에서는 데이터를 삭제할 필요가 없다. BigQuery는 무한 확장이 가능하게 설계됐다.[3] 데이터는 무한히 저장할 수 있다. 분할된 테이블을 사용하면 성능에 미치는 영향을 제한할 수 있다. 이전 데이터에서 추출할 데이터도 있으므로 오래된 데이터를 유지할 가치가 있다.

데이터를 유지하면 안 되는 경우 데이터 보존 및 제거 관행을 따른다. 개인 식별 정보PII 또는 개인 건강 정보PHI를 삭제해야 할 의무도 있으며, 유럽연합의 GDPR(일반 데이터 보호 규정) 및 CCPA(캘리포니아 소비자 개인 정보 보호법)와 같은 새로운 법률에 따라 시스템에서 고객 데이터를 완전히 삭제할 방법이 필요하다.

개인 정보 보호법

전 세계적으로 GDPR과 CCPA를 시행하고 있다. 개인 정보 보호를 위한 데이터 삭제가 데이터 웨어하우스의 운영 워크플로와 관련이 있는 것은 분명하다.

Google Cloud Platform은 이미 이런 규정을 준수하며 조직 수준에서도 준수할 수 있도록 몇 가지 도구를 제공한다. CCPA[4] 및 GDPR[5]에서 공식 정책을 읽을 수 있다. 규정 준수를 참고해 클라우드 수준에서 이런 고려사항을 처리하는 방법을 확인하자. 법률은 체계적인 데이터 거버넌스 전략의 필요성을 절감하게 해준다. 이 전략은 새로운 데이터를 수용하는 위치와 방법을 간소화하는 데 도움이 될 수 있다.

---

3 BigQuery의 확장 처리 능력은 대부분의 사용자의 필요성보다 빠르게 성장하고 있다.
4 https://services.google.com/fh/files/misc/googlecloud_and_theccpa.pdf
5 https://services.google.com/fh/files/misc/google_cloud_and_the_gdpr_english.pdf

비용 관리

데이터의 무기한 보존은 비용에 대한 걱정을 초래한다. 4장에서도 다뤘지만 테이블 만료 및 오래된 데이터의 자동 노후화 개념을 살펴본다. 특정 기간 이후에 데이터를 자동으로 만료 및 삭제하도록 구현할 수 있다.

정기적으로 오래된 데이터에 액세스하는 경우 쿼리 비용을 지불해야 한다. 누군가는 여전히 해당 데이터를 쿼리하기 때문에 데이터에 특정 가치가 있다고 추론할 수 있다. 존재하지 않는 데이터에서 동작하는 좀비 프로세스가 있는 경우는 예외다. 데이터 거버넌스 계획의 일부에는 데이터 폐기 프로세스가 필요하다.

테이블이나 파티션을 수정하지 않으면 90일 후에 자동으로 장기 저장소로 재분류되고 저장소 가격을 절반으로 적용한다. 그 후 데이터에 다시 접근하면 정상 가격을 적용한다.

실제 모델링 연습을 해보자. 한 달에 5GB의 데이터를 추가해 회사가 한 달에 20%씩 성장할 것이라고 계산한다. 모든 데이터를 무기한 활성 상태로 유지해서 장기 스토리지를 사용하지 않는다. 현재 시점에서 BigQuery 스토리지 비용은 활성 스토리지가 0.02달러(2센트)/GB이며 장기 스토리지가 0.01달러(1센트)/GB다(정확한 가격은 각 지역마다 다르다). 처음 10GB는 매달 무료다. BigQuery의 스토리지 구성요소에 드는 비용은 얼마일까?

분석 함수를 사용해 BigQuery에서 바로 계산할 수 있다. 월별 데이터는 $(1 + (month^{1.2}))$이며 month는 0부터 시작한다. 분석 함수는 (ROWS PRECEDING UNBOUNDED CURRENT ROW)를 사용해 총합을 계산한다. 13장에서 배운 내용을 사용해 Google Cloud Platform 가격 계산기에서 BigQuery 모듈용 JavaScript를 추출해 JavaScript UDF를 작성한다. 정확한 방법은 독자에게 연습용 과제로 남겨 두겠다.

36개월이 지나면 129.54달러를 지출한다. 데이터를 수정하지 않는다면 3개월 후에 장기 스토리지에 들어가게 돼 3년의 비용이 87달러 정도로 떨어진다. 심지어 무료 등급 10GB가 적용되면 처음 몇 달 동안은 비용이 발생하지 않는다.

초기 데이터 수집량과 다양한 성장률에 따른 총비용을 보이는 그래프를 바탕으로 비용 허용 범위에 따라 데이터 스토리지 비용을 걱정해야 하는 시기를 알 수 있다.

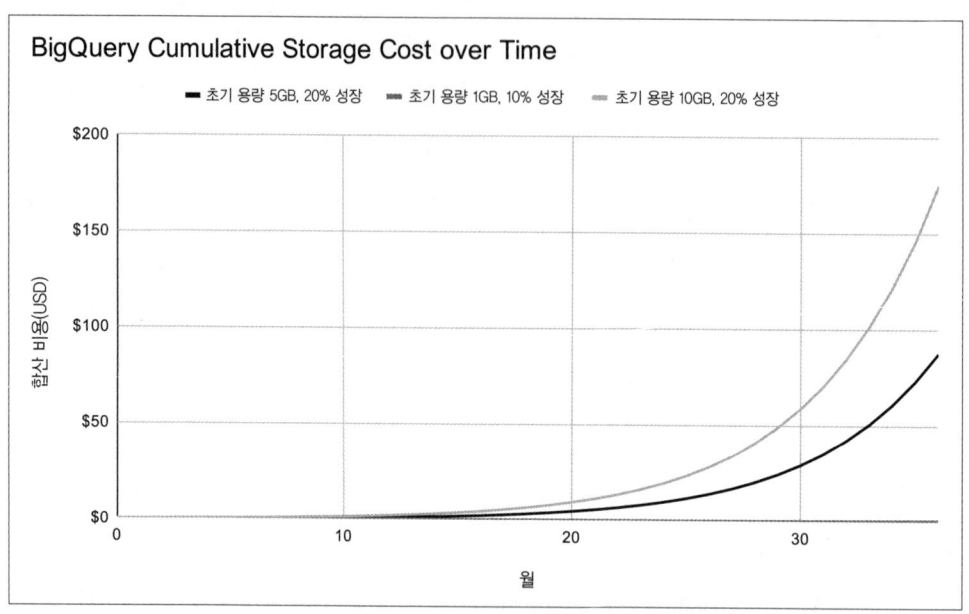

▲ 그림 15-1 36개월간 성장 비율에 따른 비용 지출

위 그래프가 데이터 만료가 필요한 이유를 합리화한다고 생각하지는 않지만 최소한 데이터 스토리지의 비용이 변동됐을 때를 참고할 수 있다. 위 그래프에 BigQuery 운영에 드는 실제 비용, 즉 쿼리 및 유지 관리 비용은 포함되지 않았다. 데이터 보존 비용은 전적으로 스토리지 비용만을 말한다.

만료 기간

원하지 않는 데이터의 삭제를 자동화해야 한다. 이전 데이터를 삭제하려면 BigQuery의 자동 만료 기능을 사용하자.

기본 또는 특정 만료 기간을 구성하는 것은 데이터 거버넌스 계획의 일부여야 하며 각 데이터 유형 또는 분류를 명확하게 지정해야 한다.

장기 스토리지

Google Cloud Storage의 스토리지 비용을 살펴보면 nearline 스토리지 비용이 BigQuery 장기 스토리지와 동일하다는 것을 알 수 있다. 부분적으로는 Google Cloud Storage와 BigQuery 모두 Colossus라는 구글의 내부 파일 시스템을 사용하기 때문이다.

정말 방대한 양의 데이터가 있는 경우 데이터를 Google Cloud Storage로 내보내고 더 낮은 저장소 등급에서 데이터를 유지할 수 있다. Google Cloud Storage에는 Standard(표준), nearline, coldline, archive의 네 가지 데이터 클래스가 있다. Standard 및 nearline은 BigQuery의 활성 및 장기 스토리지와 거의 동일하다. 더 낮은 스토리지를 활용하려면 테이블을 Google Cloud Storage로 내보낸 다음 BigQuery에서 삭제하는 데이터 파이프라인을 구축한다.

데이터가 Google Cloud Storage에 도착하면 여기서 수명 주기 규칙을 작성해 coldline으로 전환한 다음 보관하고 최종적으로 삭제한다. 이 모델의 주요 시나리오에는 모든 데이터를 6년, 7년 이상 보존해야 하는 규정 준수 관리를 포함한다. 그림 15-2를 참고한다.

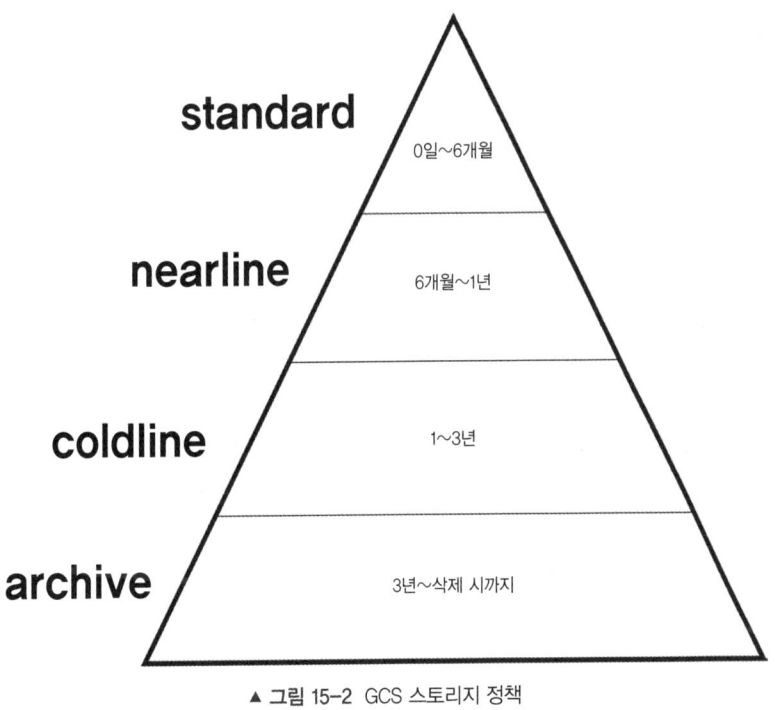

▲ 그림 15-2 GCS 스토리지 정책

데이터 거버넌스 계획에는 BigQuery 외부에 저장된 데이터에 대한 수명 주기 고려사항을 포함해야 한다. Cloud Logging과 다른 시스템에서 생성된 데이터에도 유사한 방법을 적용할 수 있다.

GCS에서 이런 장기 스토리지 클래스를 사용하는 경우 데이터를 읽거나 일찍 삭제하면 추가 비용을 지불해야 한다. 데이터가 다시 필요할 확률을 평가할 때 고려해야 할 사항이다.

데이터 조작 언어

데이터 조작 언어DML, Data Management Language를 할당량 및 성능에 따라 제한한다. 구글에서는 BigQuery를 온라인 트랜잭션 처리OLTP 시스템으로 취급하는 것을 안티 패턴으로 간주한다. INSERT는 드물게 호출해야 하며 행 단위로 삽입해야 하는 경우 스트리밍 패턴을 사용한다. 삽입하는 행 수와 상관없이 동일하게 할당량을 처리한다.

중단 시간

BigQuery는 서비스 수준 계약SLA에 따라 99.99% 이상의 가동 시간 또는 한 달에 약 43분의 중단 시간을 준수한다. 일반적으로 해당 SLA를 준수하고 있지만 어떤 종류의 문제가 있었는지 궁금한 경우 구글은 각 사건 일정에 대한 자세한 설명과 함께 사건 로그를 보관한다.[6] 그렇지만 BigQuery 중단 시간이 웨어하우스에 미칠 영향을 고려해서 계획해야 한다.

BigQuery 상태는 문제가 없으나 예약된 변경을 실행 중이거나 웨어하우스가 제대로 동작하지 않을 때 생기는 "분석 중단 시간"을 고려해야 한다.

분석 중단 시간은 사용자의 작업을 방해하고 BigQuery와 연결된 다른 프로덕션 시스템에 영향을 미칠 수 있다. 예약된 변경을 실행하는 경우 데이터 거버넌스 계획과 사전 커뮤니케이션을 바탕으로 업데이트 주기를 맞춰 정기적인 다운타임으로 예방할 수 있다.

---

6 https://status.cloud.google.com/incident/bigquery

웨어하우스가 예정 없이 중단됐을 때 BigQuery를 사용하는 애플리케이션에 대한 위험 분석과 여기에 저장된 데이터를 사용할 수 없는 경우 기능적 영향이 무엇인지를 파악해야 한다. 이런 상황을 완화하기 위한 두 가지 전략이 있다.

코드 프리즈

코드 프리즈Code Freeze는 일반적으로 시스템 안정성이 비즈니스 속도보다 우선순위가 높을 때 사용한다. 코드 프리즈는 특정 산업에서 주기적으로 발생한다. 예를 들어 대부분의 전자 상거래 비즈니스는 블랙 프라이데이에 코드를 동결한다. 마찬가지로 세금 관련 업무를 보는 회사는 1월과 4월 15일 사이에 코드를 프리즈한다. BigQuery가 프로덕션 인프라에서 중요한 역할을 하는 경우 지정된 시간에 코드 프리즈를 구현해 분석 중단 시간의 위험을 최소화한다. 다른 변경 제어사항과 마찬가지로 관계자들에게 미리 알려야 한다.

단계적 성능 저하

단계적 성능 저하는 사용자 경험의 중요한 요소를 유지하면서 일시적으로 향상된 기능을 비활성화하는 것을 목표로 하는 넷플릭스가 대중화한 전략이다. 예를 들어 넷플릭스 추천 시스템을 지원하는 서비스가 중단될 경우 넷플릭스 UI는 메뉴에서 해당 정보를 조용히 숨긴다. BigQuery가 사용자 환경에 영향을 주는 역할을 하는 경우 유사한 접근 방식을 사용할 수 있다. 전자 상거래 사이트에서 사용자가 제품 페이지를 볼 때 BigQuery에서 클릭 스트림 분석해 흥미로운 제품을 추천할 수 있다. BigQuery 추천을 사용할 수 없는 경우에도 사용자가 웹사이트에서 제품을 보고 구매할 수 있게 한다. 서비스가 복원될 때까지 추천 기능을 조용히 숨기거나 다른 기능으로 교체한다.

BigQuery 생태계

사용자에게 최상의 경험을 제공하는 것이 당신의 의무다.

지속적으로 새로운 BigQuery, Google Cloud Platform 및 기타 모든 데이터 웨어하우징 기술을 파악하는 것이 가장 좋은 방법이다. 오늘날 클라우드가 변화하는 속도는 따라가기 어렵다. 최근 BigQuery는 스크립팅과 Standard SQL을 지원하기 시작했다. BigQuery 출시 노트[7]를 주기적으로 참고해 데이터 프로그램을 지속적으로 혁신해야 한다.

Reddit에는 BigQuery 커뮤니티가 있으며[8] Felipe Hoffa는 Stack Overflow와 Reddit에서 활발하게 활동하는 구글 빅데이터 개발 지지자다. 새로운 기능이 출시될 때 BigQuery로 할 수 있는 사항들을 맥락을 바탕으로 설명한다.

요약

이제 당신은 어엿한 BigQuery 실무자다. 데이터 프로그램이 성능 향상됨에 따라 중요한 조직 변화 전반에서 데이터 웨어하우스를 유지하는 문제에 직면한다. 시간이 지남에 따라 주요 비즈니스 변화를 처리하며 아키텍처 부채를 최소화하고 미래지향적인 계획을 유지하려면 꾸준한 노력이 필요하다. 14장에서 설정한 데이터 거버넌스 계획을 사용해 변경 제어를 관리하고 데이터를 유지하는 방법과 같은 주요 사항을 결정할 수 있고, 새 품의서로 데이터 프로그램을 완전히 재부팅할 시기를 정할 수 있다. 이제 BigQuery 커뮤니티와 BigQuery의 업데이트를 길잡이 삼아 지속적으로 혁신해야 한다.

16~17장에서는 리포트 및 실시간 대시보드를 사용해 데이터를 시각화하는 방법을 설명한다.

---

7 https://cloud.google.com/bigquery/docs/release-notes
8 www.reddit.com/r/bigquery/

5부

데이터 리포팅과 시각화

16장

리포팅

모든 비즈니스 인텔리전스는 리포팅 시스템을 갖고 있다. 리포트는 인간이 작성한 최초의 커뮤니케이션 중 하나다. 그림 16-1은 기원전 514년 고대 바빌로니아의 임대 계약 기록이다.

▲ 그림 16-1 설형 문자 태블릿(번역하자면 매년 18실버 세겔의 임대료로 A가 B에게 집을 임대한다는 내용이다. 임차인은 집 지붕과 배수구를 고칠 책임이 있다.)

2,500년이 지난 지금도 인간은 여전히 집을 임대하고 계약서를 작성한다. 지금도 비슷한 종류의 데이터를 BigQuery 테이블에서 찾을 수 있다.[1]

리포팅

보고서, 비즈니스 인텔리전스, 대시보드, 시각화, 분석 및 데이터 사이언스의 경계가 모호해지고 있다. 대부분의 솔루션은 다양한 규모와 가격대를 바탕으로 여러 영역의 서비스를 제공한다. Google BigQuery 데이터 웨어하우스 시스템은 종량제 모델을 사용해 예산에 따라 사용량을 확장할 수 있다. 규모 제한에 도달하기까지는 어느 정도 시간이 걸리며 해당 규모에서 구글 또는 다른 공급 업체와의 가격 협상에서 상당한 우위를 가질 수 있다.

명확하게 말하자면 "리포팅"은 견고한 시스템 위에 있는 분석 및 UI 레이어를 사용해 보일 수 있는 모든 것을 지칭한다. 리포팅은 보고서 제품군, BI 도구, BigQuery 예약 쿼리 등을 지칭하는 포괄적인 단어다. 가장 기본적인 기능으로는 데이터에 대한 보고서를 제공할 수 있어야 한다. 이해관계자가 이미 보유한 시스템을 계속 사용할 수 있는 동시에 웨어하우스에서 기업용 데이터 분석을 수행할 수 있는 가능성을 열어준다. 5부에서는 보고서와 시각화를 사용해 리포팅 시스템을 만들어 본다.

리포팅과 데이터 대중화

데이터 웨어하우징과 그에 따른 프로그램에 대한 조직 간 접근 방식을 장려하는 것이 이 책의 주요 주제다. 프로그램이 성공하려면 이런 요소들도 기술만큼 중요하다고 믿는다. 최근 많은 조직에서 비즈니스 인텔리전스[BI, Business Intelligence] 프로그램을 사용해 협업하고 있다.

---

1 20장에서 살펴볼 Kaggle의 예제에서 비슷한 데이터를 접한다.

또 다른 핵심 테마는 클라우드 플랫폼이 엄청난 양의 이질적인 데이터를 쉽게 연결할 수 있다는 점이다. 기술 및 재정 장벽도 훨씬 낮아졌다. 그렇다면 왜 협업이 문제가 되는가? 그 대답은 클라우드 이전 방식 때문이다.

역사

데이터 웨어하우징 프로그램을 데이터 센터에서 호스팅해야 하는 경우 막대한 투자가 필요했다. 이런 프로그램을 실행하는 데 필요한 기술 노하우는 IT 부서만 갖고 있었다. IT 부서는 당연히 데이터 프로그램의 소유자였고 웨어하우스의 존재는 전적으로 그들에게 달려 있었기 때문에 유용한 산출물을 이끌어 내는 것보다 유지에 우선순위를 뒀다.

웨어하우스의 "사용자"와 IT 부서 간의 마찰은 빈번했다. 그 이유는 불일치한 기대치, 기술 실패, 변경 관리가 잘못됐거나 아예 없었기 때문이다. 이런 부분들이 갈등으로 이어졌고 관계자는 IT를 데이터 수집을 방해하는 병목현상으로 인식하기 시작했다.

IT 부서에게는 불공평한 일반화였다. 기술 프로세스는 섬세하고 이해하기 어렵다. 합리적인 보호 방법이 없었기 때문에 데이터 팀은 종종 부적절한 솔루션을 강요받는다. 데이터 팀이 이해관계자에게 요구한 리포팅 요구사항은 "모두"였다. 엔지니어에게 모든 것을 최우선으로 하라는 것은 알아서 하라는 것과 같다. 불충분한 정보와 양측의 책임이 없는 잘못된 구조적 결정이 내려진다. 특이하게도 BigQuery는 이전의 잘못된 결정을 어느 정도 보완하는 해결책을 제공해 준다. 하지만 그조차도 상호 투자와 책임 없이는 불가능했다.

물론 IT가 정말로 병목이 됐다면 비즈니스에 심각한 위험을 초래했을 것이다. SaaS 솔루션이 성숙해지면서 비즈니스 리더들은 전문적인 IT 부서 없이도 필요한 데이터를 얻을 수 있다는 것을 깨달았다. 이 방식이 위험하다는 것을 어렴풋이 알고 있었지만 많은 SaaS[Software-as-a-Service] 업체들은 내부 IT팀의 역할을 대체할 수 있다는 점을 강조해 돈을 벌 수 있었다. 이로 인해 데이터는 IT팀의 독재로 부터 벗어나 대중화됐다. 각 SaaS 솔루션을 사용하기 위해 기술적 통합에 필요한 투자가 요구됐지만 디지털 전환이라는 명목 하에 얼버무려졌다. 내부 IT팀은 본인들의 업무를 이런 식으로 포장하기는 힘들었다. SaaS 솔루션에는 전문적인 영업팀이 있지만 내부 부서에는 자체 데이터 프로그램을 판매할 책임이 없기 때문이다.

회색시장 데이터

클라우드 솔루션의 출현으로 누구나 IT 부서의 개입 없이 데이터 프로그램을 만들 수 있게 됐다. 이 현상을 회색시장 데이터Gray Market Data라고 부른다. 내부 솔루션이 만족스럽지 않으면 사람들은 액세스할 수 있는 모든 데이터를 사용해 자체 분석을 시작한다. 데이터는 공식 소스에서 시작됐지만 이젠 사람들이 의존하기 시작한 애플리케이션을 이용해 실행한다. 조직의 공식적인 테이블보다 더 잘 동작하는 새도 데이터 프로그램이 존재할 수 있다. 그러나 이런 프로그램은 조직 전체에 통합돼 있지 않고 사용하는 사람들의 요구사항만 충족한다. 이와 같은 방법으로는 잠재력을 최대한 발휘할 수 없으며 내부 솔루션과 비공식 경쟁 업체 모두 어려움을 겪는다. 한 명 이상의 사람이 회색시장 데이터를 생성하기 때문에 많은 비용과 데이터 사일로 현상이 발생한다.

"데이터의 대중화"도 "단일 소스 출처" 규칙을 지켜야 한다. 교차 기능 협업을 촉진하는 목적을 위해 각 기능의 대표자가 최상의 솔루션을 신중하게 선택한 다음 회사에 도움을 주는 방식으로 구현될 수 있도록 해야 한다. 모든 이해관계자가 동일한 그림을 갖고 있으면 이런 문제를 쉽게 피할 수 있다. 이런 방식으로 연결된 두 시스템이 천천히 분리됨에 따라 미래에 발생할 수 있는 문제를 예방할 수 있다.

리포팅을 통한 대중화

결과적으로 데이터를 대중화함으로써 리포팅 프로그램의 가치를 향상시킬 수 있다. 그림 16-2와 같이 설계된 시스템을 고려해 보자.

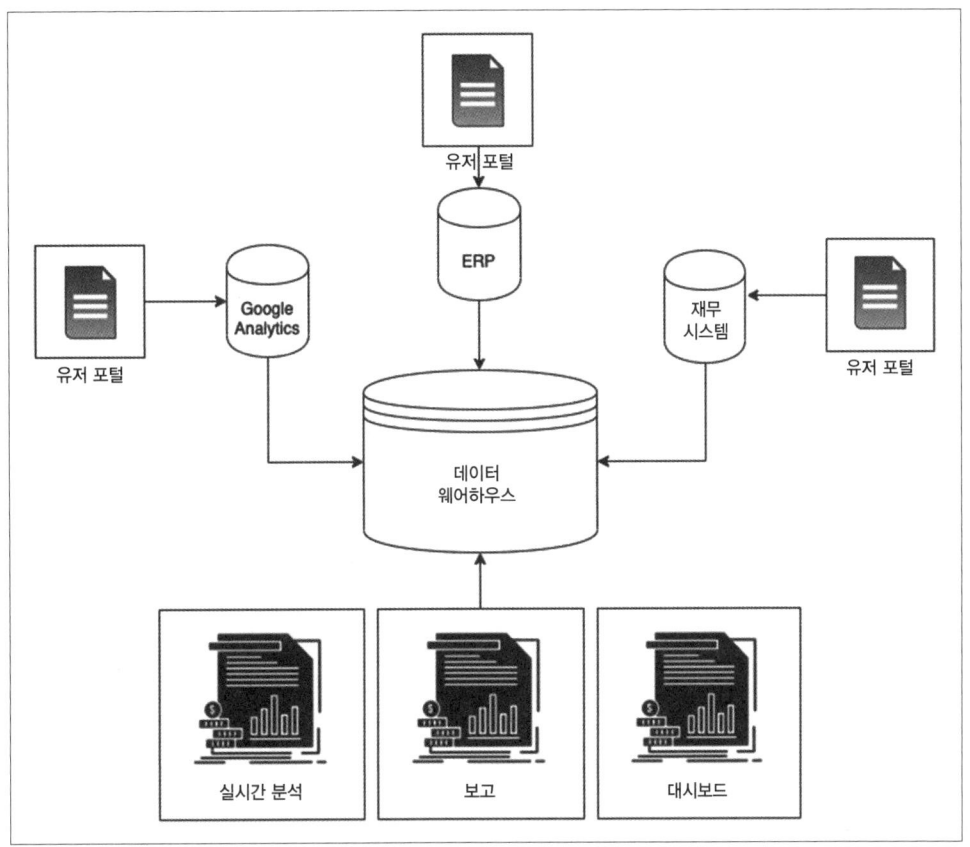

▲ 그림 16-2 예제 시스템

위 모델에서 데이터는 모든 당사자가 자유롭게 사용할 수 있다. 재무 팀은 자체 시스템에서 보고서를 작성한다. SEO 팀은 자체 시스템에서 웹사이트 전환율을 조사한다. 어떤 병목현상도 생기지 않는다.

하지만 여기에는 중요한 차이가 있다. 누군가가 최근 A/B 테스트 실험 때문에 고객이 더 낮은 이윤으로 제품을 구매하도록 유도하고 있는지를 파악하려면 데이터 웨어하우스를 이용해 분석한다. 판매 실적에 대한 일일 보고서는 데이터 웨어하우스를 통한다. 데이터 프로그램은 방해받지 않는다. 이 모델의 가치를 확인하고 기존 결함을 해결하려면 내부에서 리포팅 시스템을 구축해야 한다.

역사는 반복된다

데이터 대중화에 대한 최신 논점은 데이터 과학자만이 분석에 액세스할 수 있는 유일한 사람이며 모든 리포트는 이들을 거쳐야 한다는 주장이다. 새로운 시대에 새로운 병목현상이 생긴 셈이다. 비즈니스 리더가 이렇게 말하는 데는 두 가지 이유가 있다. 첫째, 데이터 과학자들은 잘못된 데이터에 대한 분석을 바탕으로 비즈니스 인사이트를 제공하는 것을 두려워한다. 둘째, 데이터는 리포팅 및 분석에 언제나 사용할 수 있지만 제대로 된 방법을 아는 사람은 없다. 데이터 활용 능력이 근본 원인이다.

리포팅은 데이터 활용에 필수적인 부분이다. 조직의 모든 사람이 데이터를 잘 알고 있다면 데이터의 대중화가 진정으로 효과를 발휘한다. 거버넌스 운영위원회는 비즈니스 전반의 사람들이 해당 분야에서 데이터 활용 능력을 옹호할 수 있도록 지원한다. 보고서, 출처 및 통계 방법을 검토하면 데이터 중심 문화가 형성되기 시작한다. 사람들은 데이터 과학자를 병목현상이 아니라 파트너로 인식하기 시작한다. 이 시점에서 데이터 품질의 신뢰도는 강조할 필요가 없다. 외부 솔루션은 데이터 프로그램에 새롭고 유용한 것을 진정으로 제공할 수 있는 경우에만 사용한다. 가장 중요한 것은 데이터 운영위원회가 가진 이해, 결정할 수 있는 능력이다. 조직은 위원회를 신뢰하고 누구나 필요한 보고서를 뽑을 수 있다. 진정한 데이터 대중화는 이런 방식으로 진행된다.

제품 관점의 리포팅

리포팅 기능은 조직에서 지원하는 공식 제품으로 다뤄져야 한다. 리포팅 시스템은 실제로 회사의 핵심 비즈니스이며 아웃소싱할 가능성이 낮은 제품 중 하나다.

B2B의 관점

B2B$^{Business-to-Business}$ 업무를 수행하는 조직은 리포팅 시스템을 고객에게 판매할 수도 있다. 그 예로 마이크로소프트는 이런 관행을 위해 "개밥먹기^{dogfooding}"라는 용어를 대중화했다. 고객에게 서비스하려면 자신에게도 만족스러운 서비스여야 한다. 구글을 포함한 많은 조직

이 이런 관행을 따른다. GCP의 거의 모든 제품은 출시 전에 내부 사용자 그룹이 테스트한다.

리포팅 시스템을 제품으로 고려하면서 문제를 해결할 수 있어야 한다. 이런 고려사항은 신제품을 설계하는 것과 유사하다. 제품화할 수 있는 10가지 영역을 살펴보자.

- **테넌시/권한**: 사용자는 권한이 있는 데이터만 접근할 수 있어야 한다. 고객 수준에서 분리될 수 있으며 데이터에 즉시 적용되는 권한 계층을 의미한다.
- **접근성/보안**: 고객이 제품을 사용할 수 있도록 가용성을 유지해야 하며 고객 위치에서 액세스할 수 있어야 한다. 표준 보안 모델을 만드는 것을 의미한다.
- **로깅**: 데이터 검색 및 감사 기록을 모니터링하는 방법이 필요하다.
- **핵심 제품과의 통합**: 보고 시스템에는 핵심 제품 릴리스에 해당하는 자체 빌드 및 배포 프로세스가 필요하므로 내부 팀은 해당 제품이 포트폴리오의 일부임을 기억한다.
- **합법성**: 제품에 수익원을 추가하면 자원 조달 및 예산 목적에 대한 상대적 중요성의 모든 논쟁을 잠재울 수 있다.
- **고객 피드백**: 내부 사용자가 시스템을 사용하는 방식과 고객이 시스템과 상호작용하는 방식을 이해하면 모든 사람의 경험을 향상시킨다.
- **가치 제안**: 보고 시스템을 사용하는 고객은 제품이 자신의 제품에 얼마나 많은 가치를 추가하는지 직접 확인할 수 있다. 모든 당사자가 데이터에 액세스할 수 있으므로 추가 비즈니스에 대한 토론은 데이터 기반 방식으로 관리할 수 있다.
- **반대로 생각하기**: 고객에게 가서 제품이 고객의 내부 그룹보다 더 잘할 수 있는 방법을 제안할 수 있다. 더 좋은 점은 내부 그룹이 원하지도 않는 것을 판매할 수 있다. 내부 그룹이 원하는 바를 충족시켜 자신의 편으로 돌릴 수 있다.
- **사례 연구**: 고객 피드백 및 가치 제안 지원 결과로 고객은 참고 가능성이 더 높아지며 공동 사례 연구에서도 협력하는 것을 볼 수 있다.

리포팅 시스템 품의

데이터 웨어하우스 품의서에 리포팅을 포함하려 한다면 지금이 좋은 타이밍이다. 기본 웨어하우스 데이터의 접근성 때문에 리포팅이 더 쉬워진다.

품의서 작성을 수익 창출에 의존하지 말자. 고객에게 보고서를 판매하는 것은 내부적으로 필요한 제품에 대한 추가적인 기능이다. 실제로 제품의 성공을 수익 창출에 먼저 연결하면 내부 전용 버전은 실패한 제품이라고 오해할 수 있다. 마찬가지로 이 제품을 판매하려는 논쟁과 혼동하지 말자. 추가적인 장애물 때문에 제품이 승인조차 받지 못하는 상황에 처할 수 있다.

앞서 지정한 기준을 사용해 필요에 맞는 내부 품의서를 만들 수도 있다. 직접적인 수익을 얻지 못하더라도 비용 절감의 기회가 있다. 웨어하우스가 채워지면 "비즈니스 리더가 데이터 X에 액세스할 준비가 돼 있으면 결정 Y를 최적화해 $Z를 절약할 수 있습니다."라는 형식으로 절감 효과를 측정할 수도 있다.

데이터 웨어하우스는 대규모 작업이며 리포팅 시스템은 직면할 수 있는 많은 문제를 해결하지만 여전히 상당한 기술적 과제가 남아 있다. 사내 구축은 모든 것을 혼자서 해결하는 것을 의미하지만 솔루션을 구입한다는 것은 통합 방법을 파악하고 공급 업체의 기본 구현 일정을 따르는 것을 의미한다. 내부 팀이 일주일 내에 작업을 수행할 수 있다고 확신하더라도 공급 업체는 다른 클라이언트와 예상치 못한 작업을 처리하느라 일정이 더 길어질 가능성이 높다.

BigQuery에서 고려해야 할 한 가지 변수는 비용 관리다. 비용 초과를 방지하려고 슬롯 예약 모델을 사용할 수도 있지만 솔루션이라면 개별 사용자가 실수로 수천 달러의 쿼리를 청구하지 않도록 방지해야 한다. 가장 기본적인 방법은 정적 보고서를 실행하고 캐시한다. 이 방법은 보고서 실행 시에만 비용이 발생한다. Looker와 같은 일부 타사 솔루션은 보고 서비스의 일부로 비용 제어를 자체적으로 지원한다.

데이터 웨어하우스 품의서를 작성했을 때와 마찬가지로 데이터 운영위원회와 협력해 경영진의 승인을 받도록 한다. 다음 영역에서 어떤 속성을 가질 것인지 명확하게 구분한다.

- 이 솔루션은 기존 리포팅 솔루션을 대체하는지
- 경영진은 이 솔루션이 출시될 때 보고서의 위치, 프로세스 또는 주기를 변경해야 하는지
- 기존 제품군의 어떤 리포트가 이전될 예정인지
- 이동된 리포트의 경우 동일한 원시 데이터 소스를 사용하는지
- 이동된 리포트의 경우 동등한 리포트 논리를 사용하는지

- 기존 리포트의 개선된 버전을 보이는지
- 기존 리포트와 새 리포트 두 버전 모두 한동안 공존하는지
- 이 솔루션에는 실시간 리포트를 포함하는지
- 이 솔루션에는 데이터 시각화 또는 대시보드를 포함하는지
- 이 솔루션은 상호작용을 허용하는지

솔루션의 특성에 대한 질문을 명시적으로 차단해야 한다. 아직 공식적인 제품 요구사항이 아니기 때문에 어떤 기능도 보장할 수 없다.

제품 관리

조직이 고품질의 리포팅 시스템을 관리하는 데 필요한 특정 기술이 부족하다면 제품 관리자를 찾자. 다만 제품 관리자들은 이미 다른 제품을 사용하고 있을 가능성이 높다. 제품 관리 팀은 모두 이런 솔루션에 익숙하다.

소규모 조직은 데이터 웨어하우스 또는 리포팅 시스템에 대한 소프트웨어 지원이 없을 수 있다. 데이터 프로그램을 성공으로 이끄는 데 필요한 모든 기술을 논의했다. 이제 리포팅이 그 자체로 제품인 이유를 이야기해 보겠다.

프론트엔드 인터페이스는 리포트 및 시각화의 고유한 부분을 차지한다. 다른 공급자를 독점적으로 사용하더라도 해당 도구에 공통된 모양과 느낌을 가질 수 있다. 리포팅 솔루션을 판매하려는 경우 제품은 회사의 다른 제품과 비슷한 느낌을 가져야 한다. 하지만 데이터 웨어하우스를 구축할 때 고려할 사항은 아니다.

요구사항 정의

소프트웨어 제품의 관점으로 본 리포팅 솔루션의 요구사항은 약간 다르다. 리포팅과 기본 데이터 웨어하우스 간의 경계를 명확하게 구분해야 한다. 리포팅 솔루션은 BigQuery를 소스로 사용하지만 BigQuery에서 구축하지 않은 작업은 실행할 수 없다. 보고서를 만들려면 여

전히 SQL 쿼리를 작성해야 하며 "System X에서 실시간 Dataflow 빌드"와 같은 작업은 리포팅 솔루션의 범위가 아니다.

이런 요구사항이 발생하는 경우 사용자의 요구에 맞게 데이터 웨어하우스를 적절하게 구축했는지 확인한다. 기존에 작성한 품의서 및 스키마 디자인을 다시 살펴보자. 웨어하우스가 미리 합의된 스키마와 일치하면 이런 종류의 요구사항이 발생하지 않는다. 리포팅 솔루션의 역할을 효과적으로 수행하도록 웨어하우스를 업데이트할 필요성이 있다. 리포팅 솔루션 요구사항을 혼합하지 않고 별도의 프로젝트로 실행하는 방법도 있다.

품의서는 제품을 구성하는 방법에 대한 최상위 정보 역할을 할 수 있다. 이 부분은 제품 관리자가 지정한 "무엇"과 엔지니어링 및/또는 통합 팀에서 지정한 "어떻게"라는 두 가지 주요 영역으로 구성한다.

플랫폼

"어떻게"에 답하려면 솔루션을 구성하는 소프트웨어 시스템을 살펴보자. 시스템은 BigQuery이며 외부 제공 업체 및 기존 시스템에 대한 연결을 정의하고 다른 상태로 전환하는 단계별 접근 방식을 개략적으로 설명할 수 있어야 한다.

품의서의 "1단계"를 구성하는 항목을 신속하게 지정할 수 있도록 몇 개의 단계로 나눠 접근할 수 있다. 확장성을 고려하며 현 단계에서 실행할 수 있는 최소 제품을 생각한다. 도움이 필요하면 제품 관리자에게 각 단계를 보이고 최소한으로 실행할 수 있는 제품의 범위를 지정하도록 도움을 요청한다. "리포팅 솔루션"에 대한 특정 정의를 충족하려면 1단계에서 필요한 사항에 대해 간략히 정의한다. 작업 흐름에 전혀 속하지 않을 수 있는 요구사항을 명백히 밝히는 데 필요한 단계다.

보고서

물론 이 솔루션의 주요 기능 요구사항은 보고서다. 이 범위를 정의하는 데 얼마나 많은 노력이 필요한지는 기존 보고서의 수와 해당 구조를 얼마나 밀접하게 준수할 수 있는지에 따라 달라진다. 품의서에 이미 필요한 목록을 정의했다. 가장 간단한 모델에서는 프레임워크와 프론트엔드를 정의했다.

비즈니스 문제의 스키마 품질을 실제로 테스트하는 것은 이번이 처음일 수도 있다. 초기 웨어하우스 승인을 시작으로 지금까진 일관된 경로를 따랐겠지만 이젠 상황이 다르다. 회사는 웨어하우스를 구축하는 동안 작업 방식을 수정했을 수도 있다.

이런 프로세스는 기존 보고서를 분석해 불일치, 차이, 중복 및 잠재적인 백엔드 문제에 대한 부분을 발견한다. 이런 영역에서 찾을 수 있는 몇 가지 일반적인 사항은 다음과 같다.

- 공식 데이터 용어집 이전에는 **데이터 포인트의 이름이 다른 의미가 있다.** 특히 "판매" 및 "전환"과 같은 항목에 대한 부서별 정의가 좋은 예다. 이름 변경이 가장 좋은 해결책이고, 두 번째로 좋은 해결책은 새 리포트에 도구 설명이나 설명을 추가해 변경된 의미와 새 용어를 나타내는 것이다.
- **보고서에 웨어하우스에 없는 데이터 포인트가 있다.** 이 경우 먼저 이전 보고서 소스를 확인해 계산된 열인지 확인한다. 그런 다음 중요도에 따라 계산된 열로 유지될 수 있는지 또는 실제로 웨어하우스에서 직접 사용할 수 있는 데이터 포인트여야 하는지를 결정한다.
- **웨어하우스에서 누락된 데이터 포인트가 있다.** 해당 데이터 포인트를 사용하는 사람이 있는지 확인한다.
- **여러 보고서가 다른 방식으로 동일한 데이터로 보인다.** 실제로 같은 일을 하고 있는지는 확실하지 않다. 안타깝게도 데이터가 어떻게 확보됐는지 이해하려면 이전 보고서를 리버스 엔지니어링해야 한다. 종종 이전 보고서에서 설명할 수 없는 값이 실제로는 아무도 발견하지 못한 버그일 뿐이라는 사실을 알 수 있다.
- **새 보고서의 성능이 매우 낮다.** 일반적으로 두 가지 이유가 있다. 첫째, 보고서의 기본 보기에 너무 많은 데이터가 있어서다. 페이지에 있는 모든 데이터가 동시에 필요하다고 주장할 수 있으며 구체화된 뷰를 이용해 보고서를 만들어야 한다. 둘째, 보고서가 BigQuery에서 잘 수행하지 못하는 비정상적인 쿼리 구조에 의존할 수 있다. 이 경우 최적화 전략을 사용해 성능을 개선한다.

- **여러 보고서가 약간의 차이를 두고 동일한 작업을 수행한다.** 의도적으로 이런 작업을 수행하지 않으므로 이런 각 보고서의 사용자를 찾아 모든 사람의 요구에 맞는 새 버전을 만들 수 있는지 확인한다.

이 목록에 없는 문제가 발생한다면 BigQuery 기술이 아닌 경우 제품 관리 원칙을 사용한다.

로드맵

리포팅 시스템 구현 시 프로그램 로드맵을 제품의 타임라인으로 통합할 수 있다. 누군가가 리포팅을 위해 제품 소유자의 역할을 해야 한다.

장기적인 변화에 적응하기 위한 거버넌스 계획의 일환으로 각 개선사항 또는 웨어하우스 온보딩에 어떤 지원이 필요한지 나타내는 리포트 및 시각화 영역이 있어야 한다. 리포팅 솔루션이 고객에게 제공하는 핵심 제품의 일부인 경우 전체 조직의 각 중요한 비즈니스 기능에서 이 연습을 반복한다. 초기 품의서와 마찬가지로 보고서가 데이터 웨어하우스 구조를 주도하지 않도록 주의한다. 리포트 분석은 사람들이 무엇을 보고 관심을 갖는지 알 수 있는 좋은 방법이다.

솔루션 분포

리포팅 솔루션을 구성하는 다양한 시스템을 살펴보자.

Google Cloud Platform

BigQuery와 GCP 서비스를 조합해 리포팅 기능을 구축할 수 있다. 이 솔루션의 제품 수명은 BigQuery와 유사하며, 구글이 보고서 및 시각화를 위한 새로운 도구를 출시함에 따라 곧바로 BigQuery와 통합할 수 있다. 시간이 지남에 따라 더 나은 솔루션으로 업그레이드하는 것이 더 수월하다.

직접 구축

Cloud Functions, Cloud Scheduler, 저장된 쿼리를 사용해 간단한 보고 시스템을 구축할 수 있다. 몇 가지 쿼리를 저장하고 예약해 이메일로 전달하거나 Pub/Sub를 이용해 전달할 수 있다.

구축은 간단하지만 일정이나 보고서를 변경하려면 GCP에 직접 접근해야 하고, 보고서 변경에서 SQL 지식이 필요하다. 또한 유지보수가 어렵다.

공식적인 솔루션이나 예산이 계획에 없다면 직접 구축은 추천하지 않는다. 그래도 이 방법을 선택한다면 유용한 몇 가지 제안을 살펴보자.

- 이메일의 제목과 본문은 최대한 풀어서 쓴다. 사람들이 보고서를 보지 않고도 한눈에 일부 정보를 도출할 수 있도록 본문에 표 또는 요약 세부정보를 제공한다.
- 문제 해결 및 검색을 쉽게 하려면 끝에 태그를 포함한다.
- 전체 보고서가 특정 크기보다 작으면 전체 보고서를 CSV로 첨부한다.
- 보고서가 특정 크기를 초과하거나 민감한 데이터가 있는 경우 본문에 넣거나 이메일에 첨부하지 말고 인증이 필요한 보안 링크를 사용해 전달한다.
- 보고서에 대한 적절한 주기를 설정한다. 대부분의 사람들은 보고서가 너무 자주 도착하면 무시한다.
- 데이터가 비정상적인 경우에만 보고서를 전달하는 조건을 설정해 보고서를 전달한다.
- 일관된 스타일과 모양을 유지하도록 노력한다. 데이터가 "동일한" 장소에서 나온다는 무의식적인 신뢰감을 줄 수 있다.

Google Data Studio

Google Data Studio는 GCP의 보고서 및 대시보드 도구다. BigQuery에 통합돼 있으며 관리 및 확장을 포함해 BigQuery와 유사한 특성을 갖고 있으므로 18장에서 별도로 다룬다.

서드 파티

수많은 보고서, 분석 및 시각화 솔루션이 있다. 중간 정도의 조직 규모라면 이미 여러 개를 사용하고 있을 수 있다. 제품 요구사항 문서를 꼼꼼히 살펴보고 선택하는 것이 가장 좋은 방법이다.

새로 선택해야 한다면 여러 업체와 제안 요청^{RFP} 프로세스를 진행한다. 요구사항 문서의 모든 주요 영역을 평가하고 가장 적합한 것을 선택한다.

다음은 구글이 추천하는 BigQuery 솔루션 제공 업체 몇 곳을 살펴본다.[2]

Looker

Looker는 이 분야에서 독보적인 솔루션을 갖고 있는 BI 및 데이터 분석 플랫폼이다. 16장에서는 리포트에 초점을 맞추고 있지만 Looker는 대시보드, 애플리케이션 프레임워크 및 데이터 사이언스 도구도 제공한다. 구글이 2019년에 Looker를 인수했기 때문에 BigQuery와 긴밀하게 통합된 동시에 AWS Redshift 및 Snowflake와 같은 다른 시스템과도 호환성을 가진다. 또한 Google Analytics 및 Salesforce와 같이 BigQuery와 연동할 때 살펴본 데이터 소스에 직접 연결할 수 있다.

Looker는 LookML이라는 자체 중간 형식을 사용해 관계를 모델링하고 적절한 SQL을 생성한다. Looker는 실제로 BigQuery를 임시 테이블을 구축하는 저장소로 사용해 데이터 모델링 기능을 제공한다.

BigQuery와 연결할 때 얻는 이점으론 특정 비용 할당을 제한할 수 있는 비용 제어 기능과 BigQuery ML^{BQML} 모델에 대한 입력 데이터 세트를 생성하는 기능을 들 수 있다.

Tableau

Tableau는 2003년에 설립됐으며 기존의 정기 보고서를 대체하는 대화형 보고서 및 시각화 움직임을 만드는 데 큰 기여를 했다. 현재 많은 조직에서 사용하는 솔루션으로 대부분의 데이터 소스와 문제 없이 연결할 수 있다.

2　다음 링크의 파트너 섹션을 참고한다. https://cloud.google.com/bigquery

BigQuery 네이티브 커넥터를 지원하며 API 호출에 대한 문서화도 잘 돼 있다. BigQuery의 대규모 데이터 세트 처리도 용이하다. 다만 비용 제어가 실질적인 문제가 될 수 있다. BigQuery에서 정적 데이터를 추출해서 비용을 절감할 수 있지만 지연 시간이 늘어난다.

이미 Tableau를 사용하고 있는 경우 다른 리포팅 제품으로 무리하게 변경할 필요는 없다.

MicroStrategy

MicroStrategy는 1989년에 설립된 가장 오래된 기업으로 엔터프라이즈 비즈니스 인텔리전스를 수행해 왔다. MicroStrategy는 기본 BigQuery 연결을 사용하지 않고 JDBC/ODBC 드라이버에 의존한다. 최근 데이터 전송 서비스에 대한 지원이 추가됐으므로 쿼리 읽기가 상당히 빨라졌다. MicroStrategy의 솔루션은 엔터프라이즈 시장에서 상당히 높은 수준에 맞춰져 있다. 이 솔루션은 BigQuery 통합이 최우선순위가 아니기 때문에 시작하는 조직에게는 좋은 선택이 아니다. 그러나 조직에서 이미 MicroStrategy를 사용하는 경우 BigQuery에 대한 리포팅 솔루션을 실행할 수 있다.

다른 일반적인 비즈니스 인텔리전스 솔루션

RFP 프로세스 중에 임의의 공급 업체를 평가할 때 몇 가지 기본적인 실사를 바탕으로 잠재적인 문제를 파악할 수 있다. 좋은 대답을 얻지 못한다면 좋은 대답이 없다는 뜻이다. 흥미롭게도 이런 공급 업체 중 상당수가 RFP에 대한 답을 자체 블로그 게시물이나 백서에서 설명한다. 이런 질문 중 상당수는 BigQuery가 안정성 및 인프라와 관련해 이미 해결한 문제다. 몇 가지 BigQuery 관련된 항목은 다음과 같다.

- BigQuery와 통합할 수 있는가? 그렇다면 어떤 방법을 사용해 연결하는가? 네이티브 API, JDBC/ODBC 또는 그 외 방법을 사용하는가?
- 커넥터가 지원하는 고급 BigQuery 기능(예: Data Storage API, STRUCT 및 ARRAY, 뷰 또는 저장 프로시저를 사용해 표시하는 결과 등)에는 무엇이 있는가?
- BigQuery에서 직접 리포트를 지원하는가, 아니면 데이터를 먼저 시스템으로 전송해야 하는가?

- BigQuery를 호출할 때 비용 제어를 어떻게 관리하는가? 설정을 위해 우리 측에서 할 일이 있는가?
- BigQuery의 고객 지원은 어디로 하는가? 커넥터에 문제가 있는 경우 누구에게 문의해야 하는가?
- 기본 데이터 웨어하우스를 BigQuery로 사용하는 클라이언트가 있는가?

그 외의 방법

이미 사용하고 있는 리포팅 솔루션이 있고 솔루션을 변경할 권한은 없지만 데이터 통합을 시도할 수 있는 방법은 있다. 다만 이런 방식이 조직의 문화를 해치는가를 미리 파악해야 한다. 이런 문제는 작업 방식을 따르기보단 사람이나 프로세스를 바탕으로 원활하게 해결할 수 있다.

JDBC/ODBC Drivers

5장에서는 JDBC 표준을 추상화해 다른 시스템에 연결하고 관계형 저장소로 취급하는 아이디어를 논의했었다.

BigQuery를 JDBC 또는 ODBC 소스로 연결해 사용할 수 있다. 구글은 Magnitude Simba와 제휴해 BigQuery용 드라이버를 제작했다. BigQuery 사이트에서 자세한 정보를 확인하고 드라이버를 다운로드할 수 있다.[3] ODBC 드라이버는 Windows, Mac, Linux에서 사용할 수 있는데 무료로 제공한다.

BigQuery는 데이터베이스 커넥터를 사용해 명확하게 표현할 수 없는 개념을 API를 사용해 지원하기 때문에 몇 가지 제한이 있다. SQL 인터페이스를 회피하는 고급 기능도 사용할 수 없다.

- BigQuery 로드, 스트리밍, Dataflow를 사용할 수 없다.
- 표준 INSERT문을 사용할 수 있지만 OLTP는 안티 패턴이므로 속도가 느리고 일반 데이터베이스처럼 사용하면 빠르게 할당량을 소모한다.

---

3 https://cloud.google.com/bigquery/providers/simba-drivers

- 중첩·반복하는 데이터는 순수 JSON으로 출력되므로 이 데이터로 작업하는 것이 번거로울 수 있다.

JSON 처리를 피하려고 소스 시스템에서 쿼리할 수 있는 중간 뷰로 테이블을 평면화해 마지막에 있는 제한사항을 피할 수는 있다. 하지만 여기에는 분명히 고유한 문제가 있으므로 리포트에 깊이 중첩된 데이터를 사용하는 경우 추가 고려사항이 필요할 수 있다.

Simba 드라이버는 Storage API를 통한 쿼리를 지원하므로 높은 처리량으로 읽기를 수행한다. 공급 업체 솔루션이 BigQuery와의 통합에 기본 커넥터를 사용하는지, 아니면 JDBC 또는 ODBC 드라이버를 사용하는지 확인해야 한다. 대부분의 BI 도구에는 JDBC/ODBC 통합 기능이 있다.

Amazon QuickSight에는 기본 BigQuery 커넥터가 없기 때문에 JDBC/ODBC 드라이버를 사용한다.

중간 시스템

기존의 리포팅 솔루션이 다른 플랫폼과 통합돼 있고 해당 플랫폼이 JDBC/ODBC 연결을 지원하는 경우 중간 시스템을 사용해 데이터를 전달할 수 있다. 하지만 플랫 파일의 모든 단점을 갖고 있다. 가장 큰 문제는 뭔가 잘못되면 어디서 실패했는지 파악하기가 매우 어렵다.

플랫 파일

고객, 공급 업체에게 보내야 하는 파일이 아니라면 플랫 파일^{Flat File}은 내부 리포팅 시스템을 위한 합리적인 방법 중 하나다.

Cloud Functions를 작성하고 테이블을 쿼리한 후 플랫 파일을 SFTP 또는 폴더로 푸시하도록 예약할 수 있다. 대기 시간, 큰 테이블에서의 성능, 안정성 등 수많은 단점이 존재하며 아주 구식 서버로 데이터를 보내야 하는 경우에 사용하는 최후의 수단이다.

요약

리포팅은 의사소통의 기본 기능이며 다양한 의미를 갖고 있다. 마케팅 전문 용어와의 충돌을 피하려면 여기서 "리포트"는 단순히 보고서를 생성하는 것으로 정의한다. 리포팅 기능에 대한 많은 부정적인 의견은 일치하지 않는 기대치 또는 단순히 단어의 다른 정의를 기반으로 한다. 이런 오해를 방지하려면 리포팅을 자체 제품으로 간주하고 시스템을 구축하기 위한 제품 프로세스를 따라야 한다. 기술 및 제품 지식을 사용해 조직에 적합한 방법을 선택한다. 기존 시스템과 통합해야 하는 경우 두 시스템을 연결하는 데 사용할 수 있는 가장 적합한 방법을 선택한다.

17장에서는 시각화 및 대시보드를 사용해 조직의 데이터 문화에 영향을 주는 부분을 다룬다.

17장

대시보드와 시각화

비즈니스 발전을 위해 정확한 시각화가 필요하다. 매일 사용하는 수많은 장치는 데이터를 끊임없이 생성하고 각 데이터는 사람의 주의를 끌려고 다른 모든 것과 경쟁한다.

인터넷 중심의 작업은 지속적인 액세스가 필요하다. 우리는 매일 수십 개의 온라인 리소스를 사용해 업무를 수행하고 연락을 유지한다. 인간의 관심은 의도와는 다르게 가장 눈에 띄는 정보에 끌리는 경향이 있다. 사용자가 원하는 방식으로 보이는 것이 데이터 프로그램의 최대 관심사다.

시각화는 최소한의 해석으로 중요한 정보를 눈에 띄게 만들어야 한다. 녹색은 좋은 것을 의미하고, 빨간색은 나쁜 것을 의미한다. 나는 경영진의 요약 보고서를 ☺ 또는 ☹과 같은 단일 이모티콘으로 구성해야 한다고 농담하곤 했었다. 사업 상태는 한눈에 들어오게 명확해야 하며 토론을 위한 질문을 할 수 있게 만들어야 한다.

대시보드는 시각화를 한 단계 더 발전시켜 실시간으로 정보를 제공한다. 모든 사람이 대시보드를 보고 주요 업데이트에 응답하게 해준다. 그 외의 시간에는 일을 어떻게 진행하고 있는지에 대한 지속적인 신호를 보낸다. 측정할 수 없는 것은 개선할 수 없다. 지속적인 측정과 지속적인 개선은 연관돼 있다.

또한 감정에 기반한 문제가 통제 불능 상태가 되는 것을 방지한다. 사용자의 오류 경험에 대한 피드백을 받으면 서비스의 모든 것이 문제라는 것으로 받아들이기 쉽다. 대시보드를 보고 시스템 전체의 문제가 아닌 고립된 사건이라는 것도 파악할 수 있다. 반대로 이런 가시성은 문제를 숨기기 어렵게 만든다.

궁극적으로 데이터 문화는 사물이 의미하는 바에 대한 인식과 함께 살펴볼 사물의 지속적인 흐름에서 비롯된다. 목표는 메시지의 의도를 즉시 이해할 수 있도록 최대한 명확하게 해야 하는데 수백 개의 측정항목이 있는 대시보드는 작성자에게는 매우 유용할 수 있지만 다른 사람은 읽는 방법에 혼란을 느낄 수 있다.

거짓 양성과 거짓 음성은 똑같이 피해를 줄 수 있다. 문제의 실제 규모를 나타내는 방식으로 측정항목을 보정하는 것은 데이터의 정확성을 처리하는 것과 마찬가지로 중요하다. 사람들이 측정항목의 표현에 오해의 소지가 있음을 알게 되면(기본 측정항목이 정확하더라도) 의심하기 시작한다. 사람들은 너무 많은 변화가 있으면 데이터를 읽지 않고, 너무 적으면 배경 소음으로 간주한다

헬스케어 분야에서는 이 문제를 "경보 피로"라고 한다.[1] 헬스케어 전문가들은 알람, 경고음이 너무 많아지면 그 경보의 의미를 처리하지 못한다. 많은 경보가 거짓이거나 지나치게 크거나 지속적이기 때문이다. 헬스케어 사례와는 달리 데이터 경보는 목숨이 걸린 일은 아니지만 올바른 긴장감을 주려면 대시보드를 보정해야 할 필요성이 있다.

최근 휴대 기기에서 "방해 금지", "야간" 또는 "조용한 시간"과 같은 자동 모드가 인기 있는 것은 알림 과부하에 이르렀다는 또 다른 표시다.

17장에서는 데이터를 기반으로 가치 있는 시각화 및 대시보드를 만들고 가능한 한 광범위하게 널리 배포하는 방법을 설명한다.

---

1 https://nacns.org/wp-content/uploads/2016/11/AF-Introduction.pdf

시각화

데이터를 정보로 변환하는 가장 간단한 방법은 시각화다. 시각화는 두 가지를 의미한다. 첫째, 한눈에 이해하기 쉬운 형식으로 원시 데이터를 표시한다. 둘째, 데이터를 가장 눈에 띄는 특성으로 압축한다. 즉, 제공하는 정보와 관련이 없는 데이터를 선택적으로 제거한다.

시각화 기능

명확하고 효과적인 시각화를 위한 여러 가지 속성을 살펴본다.

차트 유형

데이터에 적합한 시각적 형식을 선택하는 것이 가장 중요하다. 다행히 올바른 종류의 차트를 선택할 수 있는 많은 가이드가 있다. 다음은 몇 가지 기본 사항이다.

- 데이터 포인트의 관련성을 표시할 때는 막대 및 선 차트가 적합하다. 선 차트는 시간 경과에 따라 연결된 값(예: 주식)을 표시하는 데 유리하고, 막대 차트는 범주 간 비교에 유리하다.
- 전체 항목의 합계를 나눠서 보여주는 데이터의 경우 원형 차트 또는 비슷한 변형을 선택한다. 여러 데이터 계열 항목의 시리즈를 비교해야 한다면 도넛형 차트가 효과적이다.[2] 히스토그램 또는 산점도를 사용해 단일 세트와 관련된 모든 데이터를 표시할 수 있다.
- 누적형 차트를 사용해 범주를 여러 값으로 나눌 수도 있다.

시각화 도구를 사용하면 수동으로 구성할 때와는 다르게 차트 유형 간에 빠른 전환이 가능하며 어떤 유형이 가장 적합한지 확인할 수 있다.

---

2 이 책의 기술 컨설턴트 Björn Rost는 원형 차트를 싫어한다. 그 이유로 잘못된 시각화의 예를 든다. 다음 링크에서 그 글을 읽어보자. https://medium.com/@clmentviguier/the-hate-of-pie-charts-harms-good-data-visualization-cc7cfed243b6

되도록이면 단순함을 유지한다. 특정 차트 유형이 복잡하면 인상적으로 보일 수는 있지만 목적이 명확하지 않은 경우 사용을 피하게 된다.

척도

데이터에 적합한 척도를 선택해야 한다. 각 축에 올바른 최솟값 및 최댓값과 올바른 종류의 배율을 선택한다. 척도는 모든 것이 사용 공간에 맞으면서도 데이터 포인트 간에 올바른 관계를 전달하도록 선택한다. 선형 및 로그 스케일 모두 사용한다.

사람은 본능적으로 비교를 한다. 따라서 규모를 이해하려면 이해할 수 있는 범위를 설정해야 한다. 'BigQuery에서 대용량 쿼리를 실행한다.'는 문장에서 "대용량"은 어떤 크기를 나타내는가? 기가바이트, 테라바이트, 페타바이트 또는 엑사바이트 중 어떤 규모를 가리키는지 바로 추측하기 어렵다. 같은 방식으로 "무엇에 비해?"라는 자연스러운 질문이 생긴다.

마찬가지로 두 그래픽이 서로 관계가 있는 경우 동일한 배율이어야 한다. 사람들은 점유된 물리적 공간을 기반으로 비교할 가능성이 높다.

라벨링

계속 언급하지만 이름 짓기는 어려운 일이다. 정확하고 간결한 라벨label을 제공하는 것은 맥락을 가진 데이터를 배치한다는 것과 같다. 표시하는 항목 근처에 라벨을 배치한다. 차트와 범례 사이를 앞뒤로 이동해야 하는 경우 맥락을 놓칠 수 있다. 라벨이 너무 많으면 사용자는 관련된 측정 값을 보는 것보다 읽는 데 더 많은 에너지를 소비할 것이다.

모든 축에 항상 라벨을 지정하고 단위를 기입한다. 되도록이면 쉽게 읽을 수 있는 가로 라벨을 사용한다. 특정 값이 중요한 경우 라벨을 붙이는데 상대적인 배율이 더 중요한 경우 축의 값 대신 라벨을 붙인다.

단일 차트에 너무 많은 라벨이 있는 경우 일부를 제거할 수 있는지 또는 실제로 두 개의 별도 차트로 분리하는 것이 나은지 결정해야 한다. 명확성과 간결함을 구분하자.

라벨은 데이터 용어집과 일관된 언어를 사용한다. 대체로 데이터 및 축 라벨은 BigQuery의 열 이름과 유사해야 한다. 요약 및 집계 라벨을 잘 사용해 요점을 파악한다.

단순성

필요한 데이터만 표시한다. 정보 밀도가 높은 형식에서는 진술을 명확히 하거나 설명할 공간이 부족하다.

연관성

정보를 이해하는 데 불필요한 세부사항은 삭제한다. 차트가 너무 혼란스러워 시청자가 이해할 수 없다면 긴 설명은 도움을 주지 못한다. 데이터를 직접 설명하기 어렵다면 전달 중인 메시지를 다시 평가한다.

일관성

라벨, 색상, 글꼴 및 데이터 요소는 동일한 차트, 보고서 또는 대시보드에서 일관성 있게 사용한다. 이유 없이 여분의 색상이나 글꼴을 사용하면 사용자가 혼동한다.

이전 장에서 사람들은 비슷해 보이는 것은 데이터의 출처가 같은 것으로 여긴다고 했다. 이런 종류의 일관성은 시각화에서도 중요하다.

스타일

차트 유형과 마찬가지로 너무 과하게 사용하는 것을 피한다. 과시하려고 시각화를 복잡하게 만들고 싶은 충동을 물리쳐야 한다.

스타일 가이드가 있는 경우 외부용이더라도 가이드를 따른다. 공식적으로 보일 수 있으며 조직의 디자인 언어에 제약이 있는 경우 너무 많은 색상이나 글꼴을 사용하는 것을 방지할 수 있다.

시각적 디자인에 단순성을 부여한다. 다른 색상 패턴을 많이 사용하거나 글꼴을 2~3개 이상 사용하는 것을 피한다. 또한 시각화가 어떤 형태로 보이는지도 고려한다. 인쇄 디자인과 디지털 디자인은 다르다. 시각화가 흑백으로 프린트될 가능성이 있는 경우 최적화하거나 다른 시각화를 생성한다.

디자이너에게 개별 시각화를 디자인하도록 요청하는 대신 디자이너가 직접 수정할 수 있는 경우 조직적으로 정렬된 디자인을 유지할 수 있다. 이 방법을 택하면 보이는 것보다 실제 정보와 인사이트에 집중할 수 있다.

정확성

정확한 데이터 표시가 가장 중요하다. 사용자는 기본 데이터 소스를 신뢰할 수 있어야 한다. 또한 시각화를 신뢰해야 한다. 맞춤법 오류, 차트에서 생략된 데이터에 대한 참고 또는 부정확하거나 오래된 설명은 피한다.

투명성

뷰어를 의도적으로 편향시키기 위해 정확성을 버리는 것을 피하고 이해를 도우려고 관련 데이터를 절대적으로 강조하면 안 된다. 자신의 관점을 뒷받침하지 않는 데이터를 누락하거나 난독화하지 말아야 한다.

대시보드

보고서와 달리 대시보드는 훨씬 새로운 개념으로 최근 들어 데이터와 연관돼 현재의 의미를 갖게 됐다. 원래 "대시보드"는 19세기 중반에 처음 생겼다. 운전자가 말에 의해 "대시"된 진흙으로 덮이지 않도록 하는 문자 그대로의 "나무 판"을 의미했다(그림 17-1 참고).

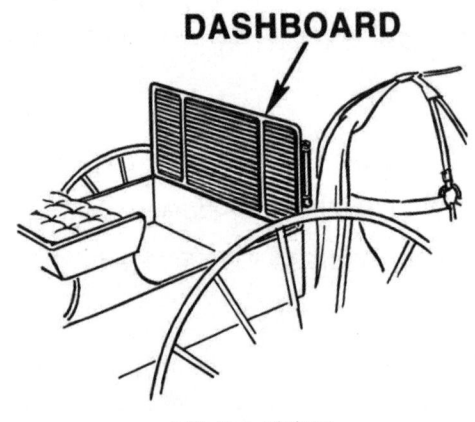

▲ 그림 17-1 대시보드

세월이 흘러 자동차가 말을 대체하면서 대시보드는 끓는 엔진 오일이 튀는 것을 방지하는 데 사용됐다. 그 후 자동차가 간단한 계기판을 사용하기 시작하면서 운전자 앞에 자연스럽게 배치하게 됐다. 이름은 그대로 사용됐으며 현재는 주로 현대적인 의미, 즉 빠르게 읽고 즉각적인 피드백을 제공하도록 설계된 다이얼 및 게이지 시스템을 의미한다.

계기판은 시야 안에 있어야 하고 기본 정보를 신속하게 전달해야 한다. 자동차 대시보드의 기능과 마찬가지로 사용자의 시선에 가능한 한 가장 간단한 데이터를 배치해야 한다. 자동차 비유의 핵심은 사용자가 대시보드와 상호작용할 수 없고 읽기만 가능하다는 것이다. 오늘날 자동차에서도 핸들 버튼으로 접근할 수 있는 화면의 수는 제한돼 있으며 대부분의 자동차는 운전 중에 복잡한 작업을 시도하는 것을 방지한다.

최신 자동차 대시보드에는 여러 가지 기능들이 있다. 자동차 대시보드에 있는 대부분의 데이터는 현재 시점(속도계, 회전 속도계, 연료 수준)을 나타내거나 가까운 과거의 이동 평균(빈 거리까지의 평균 연비)을 나타낸다. 누적 또는 누적 합계는 시스템의 전체 수명을 평가하는 데도 유용하다. 마지막으로 위험 또는 필요한 조치에 대한 많은 경고 알림이 있지만 이런 알림은 활성화된 경우에만 표시된다.

자동차 제조 업체는 수십 년 동안 정보 디스플레이에 대한 모범 사례를 발명했다. 데이터 대시보드 작업은 자동차 대시보드보단 훨씬 쉽고 덜 위험하다. 데이터 대시보드는 다양한 범위의 수많은 시스템 및 상태 표시를 반영해야 한다. 최종 사용자 또는 프로세스에서 생성된 모든 데이터는 하루에 크게 변동될 수 있으며 평균 수천 배에 달하는 예측할 수 없는 급증 또는 소강 상태를 보일 수 있다. 사용자는 대시보드와 자신의 작업을 통합하는 방법에 아직 익숙하지 않을 수 있다. 그리고 대시보드 측정항목의 규모와 중요성은 시스템 개발자를 제외한 누구에게도 분명하지 않을 수 있다.

이런 장애물을 극복하면 사용자는 자신의 대시보드를 만들도록 요청하며 다른 부서도 이 움직임에 동참해야 한다. 대시보드는 기술 데이터, 시스템 상태 및 외부 세계와 마찬가지로 모든 종류의 비즈니스 데이터에 효과적이다.

내부 데이터에 대한 비즈니스 컨텍스트를 제공하는 것은 기술 팀이 비즈니스 라인을 고려하고 수익의 우선순위를 정할 수 있는 효과적인 방법이다. 유지 관리가 적은 방식으로 기술

KPI와 나머지 조직 간의 분열을 없앨 수 있다.

시각화와 대시보드

시각화와 대시보드의 가장 큰 차이점은 시간 차원이다. 대시보드는 리포트의 시각화와는 다르게 "최신성"을 강조한다. 데이터 프로젝트 품의서에서 실시간 스트리밍 또는 실시간 데이터의 필요 여부를 고려하는 이유다. 예를 들어 일반적인 시각화는 아마도 1년 또는 몇 년 동안의 분기별 조직의 수익을 보여준다. 주식형 차트는 정적 시각화로 5년에 걸쳐 보여준다.

대시보드를 통해 보이는 정보에 따라 다르지만 "Year-to-Date^{YTD}" 수익과 같은 총계 측정 항목을 제외하곤 거의 30일 정도를 넘지 않는다. YTD 측정항목은 과거를 반영하지만 현재를 포착하려고 지속적으로 변경한다. 이런 종류의 시간적 변동은 대시보드에서도 규모를 표시하는 방법이다. 사용자는 짧은 시간 안에 대시보드를 보고 변화율을 이해할 수 있다.

대시보드는 미묘함보다는 단순함을 강조해야 한다. 증가하는 측정항목을 나타내려는 경우 숫자와 위를 가리키는 거대한 녹색 화살표를 사용하면 외부인이 봐도 긍정적인 측정항목 숫자가 올라갔다는 것을 알 수 있다.

대시보드 계층

데이터 웨어하우스의 가장 큰 장점은 연결이 없는 비즈니스 측정항목을 결합할 수 있는 것이다. 각 부서는 내부 권한 도구를 사용해 부서별 데이터가 포함된 대시보드를 생성할 수 있다. 또한 많은 대시보드는 특정 부서의 데이터 마트에서 맞춤화된 데이터로 구성한다. 이제 각 부서의 이해관계자가 BigQuery를 자체적으로 수행할 수 있다.

중앙집중식 웨어하우스는 혁신적인 방식으로 데이터를 함께 연결해 조직 전체의 대시보드를 생성할 수 있는 기능이다. 데이터를 통합해 통일된 시야를 제공해 개별 사일로^{silo} 피드백 루프에서 벗어날 수 있다. 이 방법을 사용하면 어떤 부서도 자체적으로 볼 수 없는 문제나 기회를 강조하는 결과를 얻을 수 있다. 예를 들어 웹사이트 트래픽이 사상 최고 수준이지만 매출이 평균 이하일 때 어떤 의미인지를 식별하려면 부서 간의 이메일에 의존하는 대신 대시보드로 한눈에 파악할 수 있다.

더 높은 수준으로 추상화해야 한다면 각 대시보드가 전달하는 메시지와 수행해야 하는 수준을 대략적으로 스케치하는 대시보드 디스플레이 계층 구조를 디자인한다. 모든 작업을 수행할 시간이나 공간이 없는 경우 우선순위를 매긴다. 이는 데이터 거버넌스 운영위원회에서 결정한다.

사용 사례

지속적으로 모니터링해야 하는 모든 관련 정보 집합은 대시보드로 만들어야 한다. 단일 대시보드는 시스템에 대한 의미 있는 정보를 가능한 한 쉽게 제공해야 한다. "시스템"은 문자 그대로의 시스템일 수도 있고 부서의 성과 또는 조직 전체에 대한 정보일 수도 있다.

읽기 쉬운 형태로 표현할 수 있는 데이터는 대시보드의 좋은 자료다. 일반적으로 시각화와 동일한 규칙을 따르는 것을 의미하지만 시간적 차원의 존재는 특정사항을 강조하고 다른 사항은 강조하지 않는다. 정보는 최대한 간단하게 표시한다.

접근성

모든 직원은 자신과 관련된 측정항목이 있는 대시보드를 볼 수 있어야 한다. 언제나 접근성을 유지하는 것이 가능한 일은 아니지만 목표로 삼아야 한다.

신선함

경보 피로의 반대 개념은 "신선함"이다. 신선함은 대시보드가 최신 상태를 유지할 수 있게 적절한 양의 변형을 생성하는 것을 의미한다.

뷰 전환

"신선함"을 유지하려고 대시보드에서 주기적으로 전환하는 뷰를 사용한다. 사람들은 서로 다른 뷰를 보게 될 것이며 지겨워지기까지 많은 시간이 걸린다.

애니메이션

비정상적인 이벤트에는 관련 그래픽 또는 애니메이션 사용을 고려한다. 예를 들어 기록적인 판매일 때 돈이 쏟아지는 애니메이션을 보여주는 대시보드를 만들 수 있다. 비디오 게임에서 업적이나 원하는 작업을 완료했을 때 화면에 색종이 조각을 뿌리는 것과 비슷하다. 조직 활동에 대한 피드백의 한 형태다.

관련 측정항목

사람들이 보고 싶어 하는 측정항목 목록이 있거나 일반적으로 관련 측정항목이 수백 개 있다고 생각되면 이들의 관계를 조사하고 일부 중복을 보다 의미 있는 데이터 포인트로 압축할 수 있는지 확인한다.

예를 들어 Dataflow 대기열에 있는 메시지 수를 알고 싶을 수 있다. 대기열에 여러 단계가 있는 경우 모든 단계를 보여주는 대신 각 단계의 평균 메시지 또는 모든 단계의 메시지 합계를 표시하는 것이 좋다. 각 큐를 개별적으로 알아야 하는 경우 실제 수가 중요한지 또는 각 큐의 메시지 수 간의 관계가 중요한 데이터인지 고려한다. 후자의 경우 모든 대기열 수를 단일 선 차트로 만들어 합계 또는 평균 옆에 배치할 수 있다.

어떤 경우에는 외형상 관련이 없어 보이는 측정항목이 모두 단일 스레드(예: 주문 또는 트랜잭션 수)에 묶여 있다. 측정항목을 계산하고 결과를 표시하는 것이 적절할 수도 있다.

중복된 정보를 표시하는 것과 "무엇에 비해?"라는 질문 사이의 미묘한 균형을 파악해야 한다. 사용자는 참고할 프레임이 필요하며 전체 대시보드는 해당 메시지를 전달해야 한다. 최선의 판단을 내리도록 하자.

주요 비즈니스 변화

대시보드의 가치를 입증하려면 중요한 비즈니스 변화에 대한 특별한 대시보드를 만든다.

새로운 시스템을 출시하고 추적할 항목이 아직 명확하지 않은 경우 일시적이더라도 높은 수준의 정보를 가져와 대시보드 스타일로 보여준다. 예를 들어 새 소매점을 여는 경우 대시보드는 사진, 지도 및 기타 불필요한 측정항목을 포함해 해당 상점에 대한 통계에 전적으로 초점을 맞출 수 있다.

커뮤니티

대시보드는 비즈니스에 대해 토론할 기회를 열어준다. 일상적으로 대시보드 앞에서 몇 사람이 멈춰 특정 작업을 어떻게 진행하고 있는지 댓글을 남기는 것을 볼 수 있다. 대시보드를 대중화하고 다른 사람들이 대시보드를 만들기 시작하면 사람들이 진정으로 창의적인 아이디어를 내놓을 수 있다. 대시보드가 비즈니스 가치를 더하는 가교 역할을 할 수 있다.

대시보드 구축

대시보드를 구축하는 중요한 구성요소를 살펴보겠다. 필요한 대시보드와 가장 중요한 측정항목이 무엇인지 파악한 후 작업을 시작한다. 우선순위를 정하고 실시간 피드백에 따라 가장 중요한 측정항목이 무엇인지 파악한다. 적은 공간에 많은 측정항목을 추가하려는 충동을 억제하자.

그 후에는 필요한 도구를 확보하거나 찾는다.

하드웨어

세계 최고의 대시보드를 만들더라도 아무도 보지 않으면 의미가 없다. 조직이 아직 대시보드의 가치를 이해하지 못하는 경우 실제로 하드웨어를 구하는 것이 가장 어려운 부분일 수 있다. 적절한 벽 공간, 설치 시설 및 IT 지원 또는 예산 등이다. 조직의 리더가 대시보드의 효과를 인식하기 시작하면 그 장벽은 금방 무너진다.

화면

당연하겠지만 가능한 한 가장 큰 화면을 많이 확보하라. 해상도는 걱정하지 말자. 1,080p 이상이면 충분하다. 화면이 클수록 볼 수 있는 거리가 멀다. 화면이 많을수록 더 많은 측정항목을 표시할 수 있다. 동일한 밀도의 측정항목을 표시하려고 더 많은 화면을 사용하지 말고 더 크게만 표시한다. 그리고 더 많은 전체 정보를 표시하려고 더 많은 화면을 사용하지 않도록 한다.

모든 정보 계층 구조와 마찬가지로 가장 크고 가장 중요한 것에서 가장 작은 것과 가장 덜 중요한 것으로 표시한다. 공간 및 비용에 제한이 있는 경우 강력한 단일 비즈니스 측정항목만 화면에 배치한다. 최근 값 또는 연관된 측정항목과 보충 데이터를 추가하는 것만으로도 충분하다.

▲ 그림 17-2 단 하나의 측정항목

많은 사람들이 오래된 하드웨어나 적당한 크기의 단일 화면으로 시작한다. 해당 화면에 과부하가 걸리지 않도록 하자. 32인치 모니터 한 대라면 6개 이하의 측정 기준을 고수한다.

항상 모든 이해관계자의 관점에서 비즈니스 정보를 이해해야 한다.

컴퓨터

컴퓨터가 대시보드에 액세스할 수 있을 만큼 충분한 인터넷 액세스 권한을 갖고 있는지 확인한다. HTML5 동적 웹 페이지를 표시할 수 있으면 충분하다.

SoC$^{\text{System-on-a-Chip}}$를 사용한다면 대시보드를 실행하기에 충분한 전력을 가져야 하며 HDTV 뒷면의 USB 포트에서 전력을 공급받을 수 있다. 많은 조직에서 x86, ARM 및 단일 보드 컴퓨터를 선택한다.

놀랍게도 대시보드를 위해 Raspberry Pi를 선택하는 것을 자주 봤다. 35달러로 필요한 만큼 구매할 수 있기 때문이다. 모델 3B+ 또는 모델 4를 구입해 내장 와이파이와 블루투스를 사용하면 원격으로 시스템과 더 쉽게 인터페이스할 수 있다.

마지막으로 일부 스마트 TV에는 웹 브라우저가 내장돼 있다. 이런 브라우저는 충분히 빠르기 때문에 대시보드를 구동하기에 충분하다. Amazon Fire Stick을 제외한 대부분의 미디어 스틱 기반 장치는 약간의 수정 없이는 자체 브라우저를 실행할 수 없다. 자주 고장 나거나 누군가 직접 수동으로 조작해야 하는 기기를 사용하면 안 된다.

보안

대시보드를 내부에서 액세스할 수 있는 시스템에서 실행하는 경우 외부인이 연결된 키보드 또는 마우스를 사용해 다른 무단 액세스를 얻지 못하도록 방지해야 한다. 네트워킹으로 이 문제를 해결할 수 있으며 대시보드를 호스팅하는 단일주소만 컴퓨터에서 액세스할 수 있게 한다. 시작 시 자동으로 구성되는 원격 액세스가 있는 경우 케이스를 잠그거나 케이스와 포트를 아예 밀봉할 수도 있다. 이렇게까지 극단적인 조치를 취할 필요는 없지만 프로세스 중 실수로 취약점을 생성하는 것에 주의한다.

소프트웨어

소프트웨어에는 두 가지 구성요소가 있다. 하나는 대시보드 디스플레이 자체이고, 다른 하나는 대시보드를 로드하는 프로그램이다. 리포트와 마찬가지로 환경은 끊임없이 변화하고 있으며 사람들의 요구는 빠르게 진화하고 있다.

대시보드 도구

수많은 리포팅 및 BI 회사가 대시보드 서비스로 뛰어들었다. New Relic 및 Datadog와 같은 많은 DevOps 성능 모니터링 회사는 다른 유형의 데이터를 완벽하게 제공하는 대시보드 시스템을 만들었다. 이 문제를 해결하기 위한 수많은 오픈소스 시스템과 더 작은 규모의 프로젝트가 있다.

대다수의 제품들은 매력적이지 않거나 기능이 제한돼 있다. 어떤 데이터는 특정 종류의 데이터에는 적합하지만 다른 데이터와는 통합하기가 어려울 수 있다.

원하는 사용 사례가 호환성을 갖지 않는 경우가 많다. 이 영역이 발전함에 따라 동일한 대시보드에서 모든 종류의 측정항목을 상호 참고해 요구사항을 충족하는 것이 더 쉬워진다.

18장에서는 Google Data Studio를 사용해 데이터를 통합해 시각화하는 방법을 살펴본다. 대시보드 공급자 간에 제공하는 개념은 유사하고 디자인 언어는 비교적 일관적이다.

대시보드 표시

일반적으로 웹 브라우저를 사용해 대시보드를 표시한다. 브라우저를 실행할 때 고려해야 할 몇 가지 사항이 있다. 하드웨어와 운영체제에 따라 다르겠지만 하드웨어가 그래픽 집약적인 웹 페이지를 무기한으로 새로 고침할 수 있는지 확인한다. 또한 기본 웹 페이지를 사용해 컴퓨터를 브라우저로 직접 부팅하도록 구성된 스크립트가 있는지 확인한다. 마지막으로 대시보드에 공개 데이터를 표시하지 않는 경우 인증 방법이 있어야 한다.

유지보수

시스템을 가동하고 실행하기 시작하면 성능 저하를 방지하는 것이 중요하다.

DevOps 팀이 인프라를 변경함에 따라 시스템 성능 또는 상태와 관련된 모든 것을 정기적으로 변경한다. Cloud Logging 또는 사용 중인 기타 애플리케이션 모니터링 도구에서 BigQuery로 데이터를 전송하는 경우 어떤 성능 저하가 있는지 파악한다. 이런 변경에 대응해 대시보드와 모니터를 별도로 유지하는 것을 추천한다. 하지만 인프라에 따라 전혀 관련이 없을 수 있다.

데이터 거버넌스 의사 결정의 일부이기도 하지만 BigQuery에 통합 변경이 있을 때 데이터 스키마를 변경하지 않는지 확인한다.

가장 중요한 점은 모든 대시보드를 매일 예상대로 표시하고 하루 종일 정보를 계속 표시하는지 확인해야 한다. 대시보드 가용성을 측정하기 위한 대시보드를 만들 수도 있다.

요약

리포팅의 다음 단계는 시각화 및 대시보드다. 시각화는 개념화 및 구축이 어려울 수 있지만 효과적인 시각적 언어는 비즈니스에 중요하다. 데이터를 표시하는 올바른 방법을 선택하면 이에 대한 이해관계자의 대응 여부와 방법에 큰 영향을 미칠 수 있다. 시각화는 리포트와 많은 공통점이 있으며 함께 사용해야 하지만 사용자 및 메시지는 다를 수 있다. 사람들을 데이터 프로그램에 끌어들이려면 가능한 한 모든 종류의 데이터 대시보드를 배포한다. 대시보드와 리포트 시각화도 공통점이 많지만 대시보드는 시간을 기반으로 한 구성요소가 있으며 우선적으로 최신 정보를 접할 수 있다. 효과적인 대시보드 프레젠테이션에 대한 디자인 원칙은 아직 완전히 성숙하지는 않았지만 좋은 모범 사례가 많이 있다. 대시보드가 효과적으로 생성된 경우에도 해당 대시보드를 실제로 배포하는 물류 문제 때문에 프로그램이 종종 실패할 수 있다. 데이터 문화를 생성하고 유지하려면 조직 데이터를 신뢰할 수 있어야 하고 손상으로부터 보호해야 한다.

18장에서는 Google Data Studio와 논의한 보고서 및 시각화 개념을 살펴본다. Google Data Studio는 BigQuery와 직접 통합돼 있으며 데이터 웨어하우스에서 효과적으로 사용할 수 있다.

18장

Google Data Studio

Google Data Studio는 보고서, 분석 및 시각화를 구글 방식으로 해석한 제품이다. 18장에서는 데이터 스튜디오의 실제 사례를 바탕으로 보고서 및 분석을 살펴보고 대시보드를 사용해 어떻게 데이터 문화를 지속적으로 구축할 수 있는지 살펴본다.

데이터 스튜디오는 BigQuery에 직접 연결돼 있어 데이터 웨어하우스가 있다면 쉽게 실행할 수 있으며 무료이기 때문에 학습 및 예제를 실행해 보기가 쉽다.

도구마다 각각의 영역에서 서로 다른 장단점을 갖고 있다. 16장에서 다룬 외부 솔루션도 다양한 방식으로 BigQuery와 통합할 수 있다. 각 부서의 사용 사례는 결국엔 여러 개의 솔루션으로 처리한다.

궁극적으로 Google Data Studio가 제공하는 기능이 만족스럽지 않더라도 실망하지 말자. Google Data Studio는 정적 보고서 및 시각화에서 확실히 더 뛰어나다. 하지만 데이터 유연성과 표현에는 제한이 있다. 대부분의 데이터 유연성 문제는 BigQuery에서 데이터를 사전 처리해 해결할 수 있다.

데이터 스튜디오 보고서와 BigQuery

링크(https://datastudio.google.com/)를 클릭해 데이터 스튜디오로 접속한다. 여기서 만들기를 클릭하고 **데이터 소스**를 클릭한다. 이전에 데이터 스튜디오를 사용한 적이 없다면 사용자 계약을 확인하고 넘어간다.

데이터 소스

데이터 스튜디오는 기본적으로 여러 개의 데이터 소스와 수백 개의 파트너 커넥터를 지원한다. 커넥터는 데이터 스튜디오가 Google Analytics 전용 도구에서 나왔기 때문에 마케팅 및 분석 데이터에 상당히 치우쳐 있었지만 최근에는 다른 종류의 데이터를 포함하도록 제품이 확장됐다.

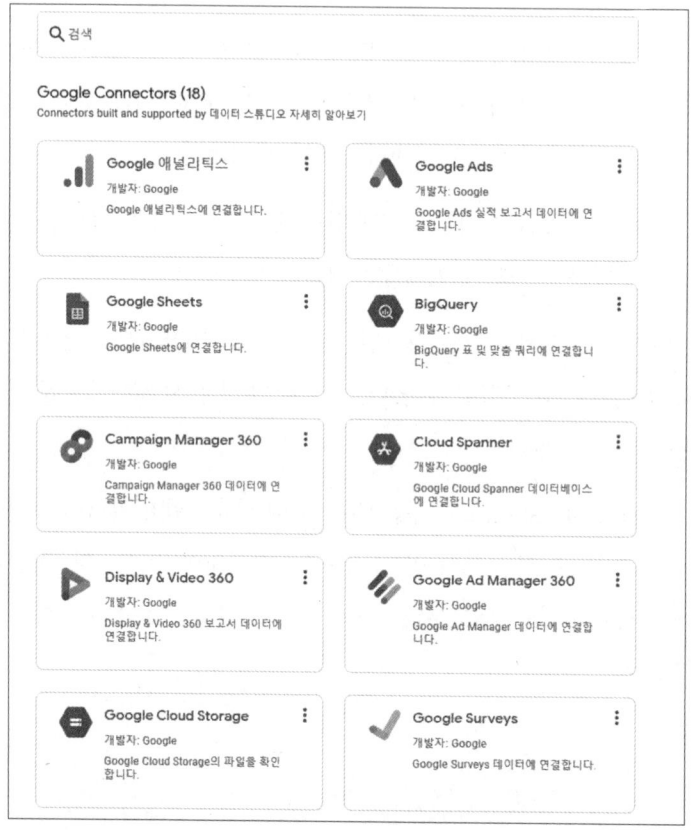

▲ 그림 18-1 구글 커넥터

데이터 웨어하우스 원칙에 따라 동일한 출처에서 모든 것을 추적할 수 있는 것이 이상적이다. 그러나 BigQuery와 관련된 비용 및 지연 시간을 고려할 때 리포트를 위한 중간 저장소가 돼 버릴 수 있으니 이점을 고려해야 한다.

BigQuery 커넥터

BigQuery 커넥터를 선택하면 내 프로젝트, 공유 프로젝트, 맞춤 검색어, 공개 데이터 집합의 4가지 옵션을 선택할 수 있다.

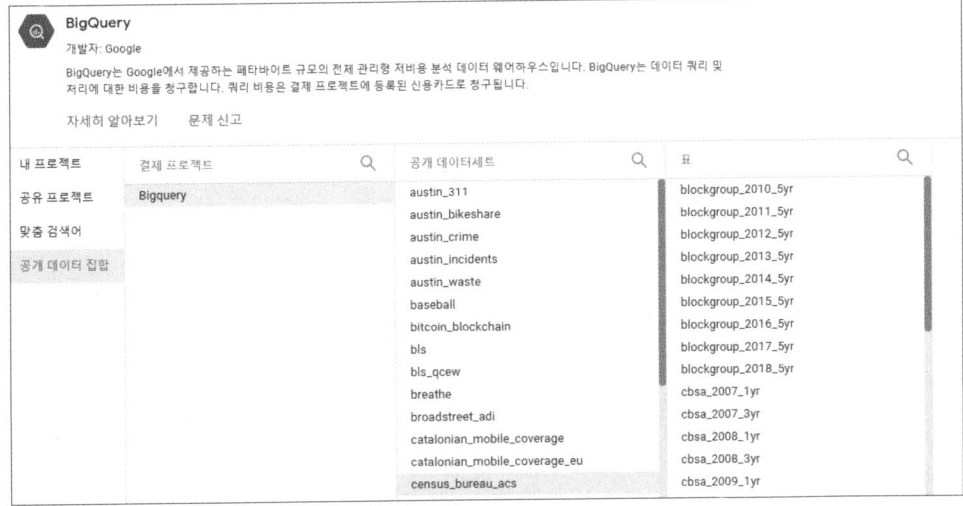

▲ 그림 18-2 BigQuery 커넥터

내 프로젝트에서는 결제 프로젝트, 데이터 세트, 테이블을 선택한다.

공유 프로젝트에서는 결제 프로젝트를 선택한 다음 연결하려는 외부 프로젝트를 선택한다. 여러 프로젝트에 웨어하우스를 설정한 경우 이 방법을 사용해 모든 프로젝트에 연결할 수 있다.

맞춤 검색어에서는 SQL 인라인 쿼리의 결과를 연결로 설정할 수 있다. 리포트에서 사용할 수 있는 매개변수를 지정할 수도 있다. 유사한 스키마의 기본 테이블을 마이그레이션한 경우 다른 시스템에서 보고서를 마이그레이션하는 비교적 쉬운 방법이다. 보고서의 SQL이 구글 데이터 스튜디오 내부에 갇혀 유지 관리가 약간 어려운 것이 단점이다.

공개 데이터 집합에서는 구글에서 호스팅하는 공개 데이터 세트에 연결할 수 있다. 이에 대한 자세한 내용은 20장에서 살펴본다.

보고서 준비

테이블을 선택한 후 보고서 생성 페이지로 이동한다. 이 페이지에서 몇 가지 옵션과 필드 구성을 확인할 수 있다.

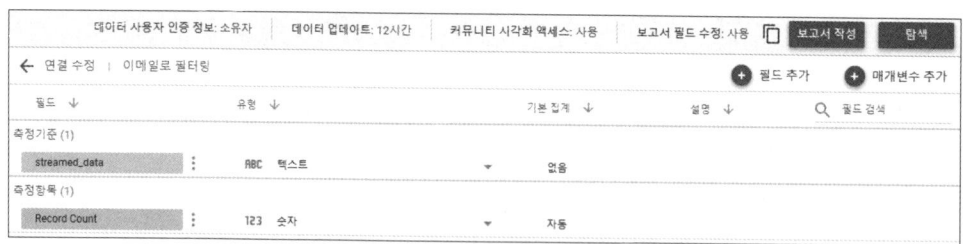

▲ 그림 18-3 보고서 생성 페이지

데이터 사용자 인증 정보

데이터 스튜디오는 소유자의 권한으로 사용자 인증정보를 사용할 수 있지만 조회자가 자체적으로 인증하는 옵션도 제공한다. 민감한 데이터가 있는 경우 조회자의 인증정보 옵션을 선택한다.

데이터 업데이트

15분, 1시간, 4시간 및 12시간을 선택할 수 있다. 이 옵션은 실시간 대시보드를 수행하는 능력을 제한한다. 작은 데이터 조각을 자주 쿼리하는 경우 BigQuery 비용이 상당히 비싸질 수 있다.

데이터 스튜디오 보고서를 자동으로 새로 고침하는 공식적인 방법은 없지만 커뮤니티에 몇 가지 스크립트와 Chrome 확장 기능이 있다. Data Studio Auto Refresh[1]가 가장 높은 등급

---

1 https://chrome.google.com/webstore/detail/data-studio-auto-refresh/inkgahcdacjcejipadnndepfllmbgoag

을 받은 Chrome 확장 기능이지만 공식적으로는 권장하지 않는다.

커뮤니티 시각화 액세스

보고서가 커뮤니티 시각화를 위해 액세스할 수 있도록 할 것인지 결정할 수 있다. 아마도 구글 외부에서 호스팅되는 시각화에 데이터를 사용하지 않으려는 경우일 수 있다. 시각화는 신뢰할 수 없는 제3자에게 데이터를 전달하는 데 필요한 제3자 호출을 방지하는 콘텐츠 보안 정책CSP에 따라 호스팅한다.

18장의 뒷부분에서 커뮤니티 시각화를 설명한다.

필드

아래 창에 BigQuery 테이블의 모든 필드를 보여준다. 기본 스키마를 기반으로 유형을 자동으로 제공하고 기본 집계를 제공한다.

스키마 감지기는 상당히 좋지만 완벽하지는 않다. 예를 들어 "City"라는 이름을 가진 GEOGRAPHY열을 텍스트 유형으로 감지한다.

이 시점에서 데이터를 기반으로 추가 필드를 생성할 수 있다.

보고서 생성

보고서를 데이터 소스에 연결하면 보고서 작성 화면을 표시한다. 이 화면에는 설정할 수 있는 많은 요소들이 있다.

테마

조직의 테마 색상에 맞춰 조정할 수 있다. 인쇄할 항목에는 어두운 테마를 피하고, 디스플레이에는 어두운 테마를 사용하자.

레이아웃

보고서는 기본적으로 세로 형태의 단일 US Letter 페이지로 설정한다. **테마 및 레이아웃** 버튼을 클릭해 설정을 변경할 수 있다. 인쇄해야 하는 보고서의 경우 가로 또는 세로 US Letter가 좋다. 다른 옵션은 화면 표시를 위한 와이드 스크린 설정이다. 다른 용지 또는 화면 크기의 맞춤 설정도 가능하다. 새로 설정할 때마다 여러 차트를 옮기는 것이 번거로울 수 있으므로 차트를 배치하기 전에 결정하자.

화면 크기를 설정하는 경우 기본값은 720p TV에 적합한 1,366×768을 선택한다. 1,080p TV의 경우 1,920×1,080을 사용한다. 훨씬 더 큰 캔버스 크기에서는 요소 및 기타 텍스트 크기의 기본 크기를 조정해야 한다. 안타깝게도 위젯을 자동 정렬하고 크기를 조정하는 모드는 없다. Full HD(1,080p)가 디스플레이 보드에 필요한 만큼의 디테일을 허용하는 적절한 해상도다.

정적인 전자 문서로만 인쇄하거나 배포하려는 경우 US Letter가 적합하다. 종이 보고서의 경우 보고서에 여러 페이지를 추가해 전체 문서를 만들 수 있다. 텍스트를 배치할 수도 있으므로 이 형식을 사용해 전체 보고서를 만들 수 있다.

보고서 설정

파일 > 보고서 설정 메뉴에는 추가로 설정할 수 있는 옵션이 있다. 여기서 수정할 수 있는 기본 데이터 소스를 표시한다. 이 보고서에 표시하는 모든 데이터에 영향을 미치는 글로벌 날짜 측정 기준 및 필터를 설정할 수 있다.

Google Analytics 추적 ID를 입력해 보고서 자체를 추적할 수 있다. 또한 Google Analytics를 사용해 사용자가 보고서에 참여하는 방식을 분석할 수 있는 피드백 루프를 생성할 수 있다. 그러면 해당 데이터를 다시 BigQuery에 보고해 분석할 수 있다. 데이터 스튜디오에서 Google Analytics의 일부 기능을 사용하려면 Google Analytics 360이 필요하므로 비용이 많이 든다. 보고서 제품을 고객에게 판매하는 경우 데이터 프로그램을 개선하려면 데이터와 피드백이 필요하므로 생각해 볼 사항이다.

차트 작성

기본 레이아웃과 디자인이 설정되면 보고서에 차트와 텍스트를 배치할 수 있다. 기본적인 가이드라인은 이전 두 장에서 설명한 것과 동일하다. 이 보고서가 어떤 질문에 답하고 있는지 파악한 다음 중요도에 따라 왼쪽 상단에서 오른쪽 하단으로 이동한다.

디자인과 동적 데이터

차트 외에도 텍스트 상자, 로컬 컴퓨터의 이미지 또는 URL, 기본 선 및 도형을 배치할 수 있다. 많은 옵션은 없지만 필요한 기본 레이아웃을 작성하기에는 충분하다. 일반 그리드 스냅 가이드도 사용할 수 있으므로 모든 차트를 일반 레이아웃으로 드래그할 수 있다.

여기서 일부 단점이 명백해진다. 예를 들어 텍스트 상자에 변수를 사용할 수 있는 방법이 없으므로 소스의 데이터를 기반으로 동적인 텍스트를 표시할 수 없다.

또 다른 제한사항은 URL 또는 이미지를 사용할 때 해당 연결을 보고서의 데이터 리프레시 빈도로 요청한다. 동적 라이브 대시보드를 위한 일부 창의적인 방법은 데이터 스튜디오에서 쉽게 사용할 수 없다. 대시보드 및 리포팅에 별도의 도구를 사용해야 할 수도 있다. 데이터 스튜디오는 강력한 무료 도구이지만 이전 두 장에서 논의한 모든 사용 사례를 다루려면 다른 옵션을 사용하는 것이 좋다. 예를 들어 Looker는 동일한 보고서 보기를 지속적으로 새로 고치는 형식으로 표시하는 것을 지원한다.

차트 추가

차트 추가 버튼을 클릭하면 사용할 수 있는 데이터 유형 목록을 볼 수 있다. 삽입 메뉴에서도 이 작업을 수행할 수 있다. 막대 차트를 가져와서 패널에 끌어 놓아보자.

▲ 그림 18-4 데이터 스튜디오 차트 유형

오른쪽 사이드 바에서 차트 구성 옵션을 살펴보자. 다른 보고서 인터페이스와 상당히 유사하다. 자동으로 차원으로 사용할 값을 선택하려고 시도하며 대부분 잘못 추측한다. 찾고 있는 데이터를 표시하려면 최소한 측정 기준과 측정항목이 필요하다. 차원은 차트에서 측정하려는 필드이고, 측정항목은 측정 방법을 보여주는 필드다. 따라서 막대 차트에는 하나의 데이터 차원만 있지만 측정할 수 있는 여러 특정 항목이 있을 수 있다.

일반적인 판매 기록 데이터를 예로 들어 보자. 메타데이터와 함께 시스템의 모든 판매 기록을 보여주는 BigQuery 테이블에 연결돼 있다고 가정한다. 실제로 모든 종류의 구매정보가 포함된 수백 개의 열이 있을 수 있으며 모든 부서에 대한 판매 보고서의 기본 소스가 될 수 있다.

막대 차트는 범주를 비교하는 데 유용하므로 판매 유형, 범주 또는 항목의 모든 종류를 가져와 "차원"으로 만들 수 있다. 필드를 차원 상자로 끌거나 차원 상자를 클릭하고 검색해서 설정한다.

그런 다음 각 범주의 내용을 결정한다. 각 카테고리에서 판매한 품목 수, 각각 판매된 총 달러 가치 또는 각각의 순이익 등을 확인하자.

마지막으로 정렬 순서를 선택한다. 차트에 필드를 표시하지 않더라도 숫자 필드를 기준으로 정렬할 수 있다. 경우에 따라 데이터에는 시청자가 보는 데 익숙한 표준 정렬 순서가 있을 수 있다. 다른 경우에는 모양에 관계없이 동일한 필드로 여러 차트를 정렬할 수 있다. 선택적 정렬 필드를 추가하면 보기 모드에서 사용자가 사용할 수 있다.

라벨 및 범례의 모양을 위해 필드에 별칭을 지정할 수 있으므로 이름 지정 시 일관성을 보장해야 한다. 스타일을 개별적으로 적용할 수도 있다. 막대 차트의 경우 스타일 탭에서 세로 막대 (열 차트)와 가로 막대 (막대 차트) 사이를 전환할 수 있다. 각 막대의 라벨 표시를 제어할 수도 있다. 물론 차트의 실제 색상과 글꼴도 변경할 수 있다.

모든 것이 완료되면 그림 18-5와 같은 보고서를 작성할 수 있다.

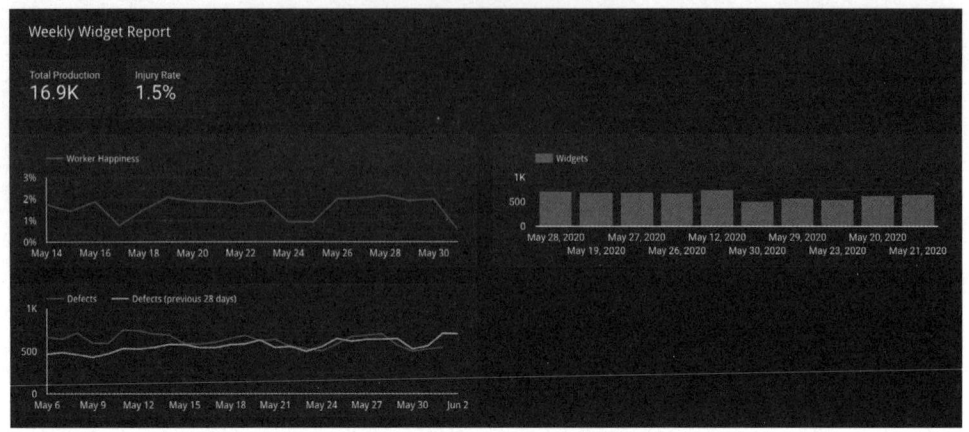

▲ 그림 18-5 판매 기록 데이터 시각화

오른쪽 상단의 **보기**를 클릭하면 보고서를 디스플레이 모드로 전환할 수 있다.

보고서 보기 옵션

보기 모드에서 보고서를 의도한 대로 표시하고 동작하는지 테스트할 수 있다. 복사 및 공유도 할 수 있다. 보기 모드는 사용자가 조작하려는 필터 제어는 물론 가리키기 및 드릴다운을 활성화한다. 처음 몇 개의 보고서의 경우 드릴다운 및 정렬 필드와 같은 추가 상호작용을 모두 확인해 관련이 없거나 민감할 수 있는 컨트롤을 실수로 표시하지 않도록 해야 한다.

상단에는 보고서를 컨트롤할 수 있는 옵션이 있다.

전체 화면

대시보드로 사용하는 경우 전체 화면 모드에서 제대로 보이는지 확인한다. 보고서가 화면 경계에 맞게 알아서 조정해 주는 기능이 없으므로 차트를 제대로 표시하는지 확인해야 한다.

보고서 복사

복사는 "템플릿"과 비슷한 개념으로 다른 데이터 소스에 적용할 수 있다.

공유

공유창에서 보고서를 보거나 편집할 수 있는 사람을 선택할 수 있다. 액세스할 수 있는 모든 공용 대시보드의 보안을 관리하는 좋은 방법이다. 보고서에 대한 보기 권한만 있고 다른 권한은 없는 대시보드 계정을 만들 수 있다. 대시보드를 실행하는 컴퓨터의 보안이 뚫려도 다른 구글 서비스의 손상을 방지한다.

이메일 전송 예약을 사용해 보고서를 이메일로 전달받게 설정할 수 있다. 이 시스템은 특별히 강력하지는 않지만 기본적인 보고 목적은 충족시킬 수 있다. 각 보고서의 수신자가 자주 변경되는 경우 예약된 배달을 변경하지 않고도 보고서 대상을 제어할 수 있도록 배포 목록을 만들고 관리할 수 있다.

이메일로 공유 시 몇 가지 주의할 점이 있다. 첫째, 회신 금지가 아닌 이메일 주소로 설정해야 한다. 둘째, 보고서는 현지 시간대 내에서만 구성할 수 있다. 일광 절약 시간을 따르지 않는 다른 시간대의 사용자에게는 보고서의 시간이 어긋날 수 있다. 셋째, 배달 일정이 제한적이다. 더 복잡한 일정이 필요한 시점에 도달하면 데이터 스튜디오 전용 스케줄러를 모두 사용하지 않는 것이 가장 좋다. 끝으로, 보고서에 오류가 있으면 전송에 실패한다. 10장에서 살펴본 Cloud Scheduler를 사용하자.

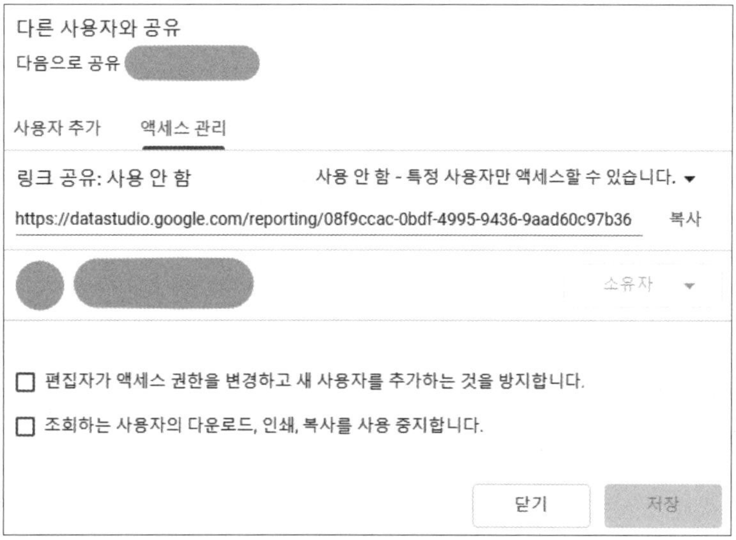

▲ 그림 18-6 보고서 공유 옵션

보고서에 대한 링크를 생성하고 여러 권한 설정을 구성할 수 있다. 액세스를 비공개로 확장할 수 있으며 인증 없이 누구나 링크를 사용할 수 있다. 보고서를 공개로 설정할 수도 있는데 BigQuery를 데이터 소스로 설정한 보고서에는 권장하지 않는다. BigQuery와 연결된 보고서에 대한 퍼블릭 액세스는 엄청난 비용을 발생시킬 수 있다. 보고서를 모든 종류의 광범위한 대상에게 배포하기 전에 이런 설정을 테스트해야 한다.

마지막으로 보고서를 PDF로 다운로드할 수 있으며 암호로 보호할 수 있다.

추가 기능

데이터 스튜디오에는 보고서 생성 및 게시 외에도 유용한 몇 가지 기능이 있다.

데이터 스튜디오 탐색기

데이터 스튜디오 탐색기는 데이터 소스 결과를 단일 보기로 시각화할 수 있는 도구로 시각화 유형을 신속하게 조작해 가장 적합한 데이터를 찾을 수 있다. 데이터 스튜디오 보고서를 만들지 않더라도 데이터를 파악하는 탐색기를 사용할 수 있다.

BigQuery에서 쿼리를 실행하고 쿼리 결과 옆에 "데이터 탐색" 옵션을 표시한다. **데이터 스튜디오로 탐색**을 클릭하면 해당 쿼리를 데이터 소스로 사용하는 "제목없는 탐색기"라는 제목을 가진 탐색창을 생성한다. 이 옵션은 각 차트의 데이터 스튜디오 내부에서도 사용할 수 있다. 뷰는 기본적으로 쿼리 결과의 테이블 시각화로 설정한다.

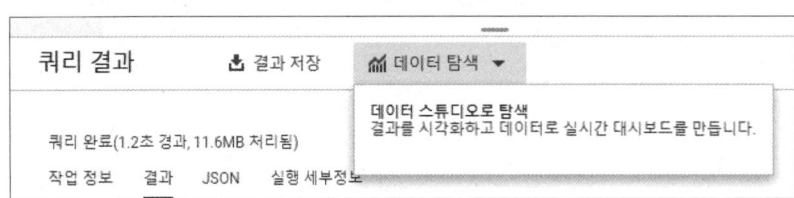

▲ 그림 18-7 BigQuery 데이터 탐색 옵션

특히 추상 데이터 세트의 경우 어떤 시각화가 이해하기 가장 쉬운지 이해하기가 어렵다. 견고한 디자인 원칙을 알고 있더라도 가장 좋은 테스트는 다른 사람이 보도록 한다.

가장 쉬운 "탐색" 방법은 다양한 차트 유형을 모두 클릭하고 데이터를 어떻게 표시하는지 확인하는 것이다. 일부는 실패한다. 지리 데이터가 없으면 지도 보기를 표시할 수 없을 것이고 어떤 항목은 단일 행 또는 열로 축소돼 추가 데이터 차원이 필요할 수 있다.

이 창에서는 피벗 테이블을 사용해 데이터를 빠르게 조작할 수도 있다. Google 스프레드시트에서 피벗 작업에 익숙하다면 상당히 유용하다.

Google 스프레드시트

Google 스프레드시트는 BigQuery 내보내기 대상이 아니라는 사실을 여러 차례 언급했다. Google을 검색하면 JavaScript UDF 등을 사용해 BigQuery 쿼리를 스프레드시트로 내보내는 여러 가지 방법이 있다.

쿼리 결과 저장 메뉴에서 Google 스프레드시트로 내보내는 옵션이 있다. 이 옵션을 사용해 BigQuery 결과를 비교적 손쉽게 Google 스프레드시트로 내보낼 수 있다.[2] 스프레드시트 공유는 Google Cloud Platform 외부에 쿼리 결과를 공유하는 데 매우 유용하며 BigQuery UI에서 보이는 것 이상의 데이터를 내보낼 수 있다.

비즈니스 또는 엔터프라이즈 수준의 라이선스가 있다면 G Suite의 Connected Sheets 기능을 사용할 수 있다.[3]

데이터 혼합

여러 원본 데이터 필드를 결합해 사용할 수 있는 데이터 소스를 만들 수 있다. SQL의 LEFT OUTER JOIN과 기능적으로 동일하지만 사용할 수 있는 모든 데이터 소스에서 동작한다. 보고서 생성 보기와 탐색기 둘 다 사용할 수 있다.

---

2 BigQuery UI에서 최대 16,000개 레코드까지 결과를 스프레드시트에 저장할 수 있다.

3 https://cloud.google.com/blog/products/g-suite/ connecting-bigquery-and-google-sheets-to-help-with-hefty-data-analysis

탐색기의 현재 데이터 소스 아래서 **데이터 혼합**을 클릭한다. 왼쪽 아래에 데이터 원본이 있는 창이 나타난다. **다른 데이터 소스 추가**를 클릭해 두 번째 데이터 소스를 선택한 다음 ON절과 동일한 "join keys"를 제공한다. 복합 조인 키를 사용할 수 있다.

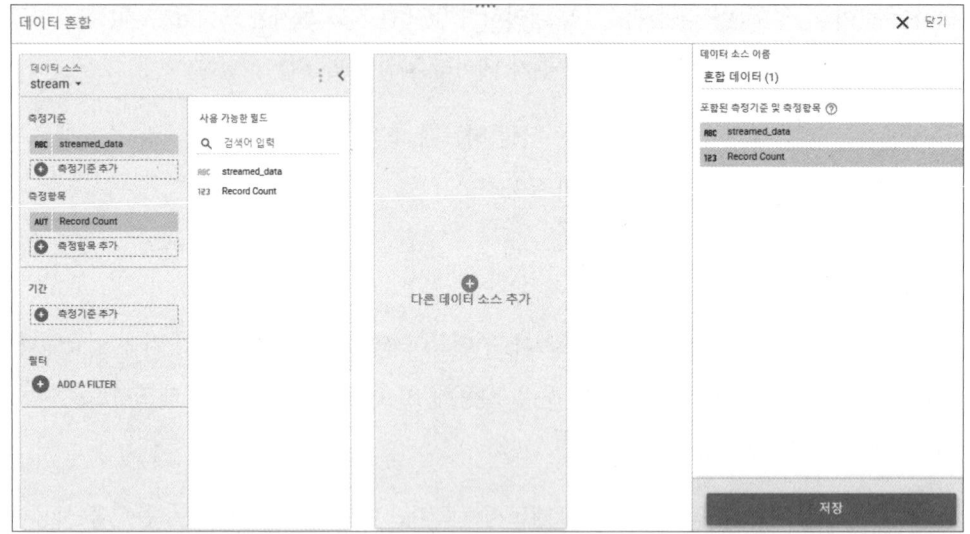

▲ 그림 18-8 데이터 혼합

혼합된 소스는 현재 LEFT OUTER JOIN 연산만 지원한다. INNER JOIN을 시뮬레이션하려면 WHERE절처럼 추가 필터를 적용해 일치하는 조인 키가 없는 행을 제거해야 하고, RIGHT OUTER JOIN을 시뮬레이션하려면 반대 순서로 소스를 혼합한다.

자체 조인도 가능하다. 하위 쿼리와 동일한 방식으로 기본 분석 함수를 시뮬레이션하는 데 사용할 수 있다. 기본적으로 혼합 결과에서 선택한 집계는 분석 집계와 동일한 것을 나타낸다.

BigQuery 또는 그 외의 소스를 연결하거나 위의 수준을 초과하는 복잡성을 요구하는 소스를 연결하는 경우 데이터 스튜디오에서 직접 데이터 소스로 사용하기보단 BigQuery에 데이터를 저장하고 가져오는 것이 좋다. 함께 결합할 수 있는 최대 소스 수는 5개다.

혼합 데이터 소스는 그 자체의 데이터 소스로 사용할 수 없다. 사용하는 보고서에만 접근할 수 있다.

계산된 필드

보고서에 유용한 데이터 값이 있거나 보고서 안에 특정 차트가 있는 경우 계산된 필드를 사용할 수 있다. 일반적으로 사용하는 집계 값은 BigQuery 테이블 또는 쿼리 자체에 추가하는 것이 더 좋을 수 있지만 개별 보고서의 이점을 위해 특정 계산이 필요할 수 있다. 계산된 필드를 혼합 데이터 소스에 추가할 수도 있다. 조인해서 계산할 때 유용하다. 데이터 세트에서 비율 또는 합계를 계산하는 가장 쉬운 방법이다.

계산된 필드는 데이터 소스 수준 또는 차트 수준에서 사용할 수 있다. 사용할 항목은 데이터 원본 자체를 편집할 수 있는 권한이 있는지와 계산된 필드가 차트 자체를 넘어서 사용되는 것으로 간주되는지에 따라 다르다.

데이터 소스를 수정하면 오른쪽 상단에 "필드 추가"가 표시된다. 버튼을 클릭하면 새 필드를 만들 수 있는 수식 상자가 열린다. 수식을 사용해 기존 데이터 원본의 모든 필드를 결합할 수 있다. 전체 기능 목록은 상당히 포괄적이며[4] SQL, Google Sheets 및 일부 사용자 지정 기능의 조합과 유사하다. SQL에서 다룬 것과 닮지 않은 몇 가지 특징은 다음과 같다.

TOCITY

ISO 국가 및 지역 코드를 전체 값, 즉 US-CA ▶ 캘리포니아로 불러내는 기능을 자동으로 적용할 수 있다. 일부 함수는 추가로 지리 유형을 사용하므로 원래 데이터 세트에 좌푯값만 포함된 경우에도 지리별 차원으로 그룹화할 수 있다.

IMAGE

IMAGE 함수를 사용해 이미지 URL을 데이터 소스의 필드에 포함시킨다. 이 함수를 사용해 시각화 내에서 유용한 그래픽 가이드를 표시할 수 있다.

---

4   https://support.google.com/datastudio/table/6379764?hl=en

HYPERLINK

HYPERLINK 함수를 사용해 URL이 있는 사용자 정의 필드를 만들 수 있다. 테이블의 소스 데이터에 대한 링크를 포함할 수 있다. 예를 들어 보고서에서 다양한 제품 판매 실적을 추적한 경우 보고서 자체에서 제품 세부정보 페이지로 다시 연결하는 링크를 설정할 수 있다.

LEFT/RIGHT_TEXT

LEFT_TEXT 및 RIGHT_TEXT 함수는 문자열을 맨 왼쪽 또는 맨 오른쪽 n개의 문자로 자른다. 접두사 또는 접미사가 필요할 때 SUBSTR 대신 사용할 수 있다.

커뮤니티 추가 기능

데이터 스튜디오는 타사 개발자 커뮤니티를 지원한다. 현재 데이터 스튜디오 내에서 사용할 맞춤 커넥터와 맞춤 시각화를 모두 구축할 수 있다. 둘 사이에서 데이터 시각화 능력을 크게 확장할 수 있다.

데이터 스튜디오를 리포트 도구로 선택한 경우 추가 기능을 살펴보자. 이전에 사용하던 리포팅 제품군을 마이그레이션할 때 유용하다. 사용자 지정 시각화의 경우 이전 제품군에서 사용했던 사용자 지정 UI를 복제할 수 있다.

커스텀 커넥터[5] 및 시각화[6]에 대한 지침도 살펴보자. 한 시간 내에 완료할 수 있는 Code Labs는 추가 기능을 구현하는 방법을 알려준다.

주로 마케팅 및 광고 플랫폼과 소셜 분석 데이터에 대한 많은 타사 데이터 커넥터가 있다.

시각화 기능은 현재 개발자 미리보기 단계에 있으며 아직 선택할 수 있는 항목이 많지 않다. 게이지, 촛대, 퍼널과 같은 대시보드 유형의 시각화가 이미 존재한다.

chart.js 및 d3.js와 같은 원시 시각화 라이브러리에 익숙하다면 자체 시각화 생성에 이 라이브러리를 사용할 수 있다. d3에는 엄청난 팔로워와 수많은 멋진 시각화가 존재한다

---

5 https://developers.google.com/datastudio/connector/get-started
6 https://developers.google.com/datastudio/visualization

(https://github.com/d3/d3/wiki/Gallery).

Google Analytics

Google Analytics 360을 사용하면 데이터를 BigQuery로 직접 내보내도록 연결을 설정할 수 있고, BigQuery를 사용해 데이터 스튜디오에서 직접 Google Analytics 데이터를 가져올 수도 있다. 비용을 아끼려면 후자를 수행한다. 고급 분석에 사용하거나 다른 BigQuery 항목과 결합된 데이터 소스로 사용하려면 Google Analytics 데이터를 BigQuery로 연결한다.

BigQuery BI Engine

BigQuery와 데이터 스튜디오를 함께 사용할 때 오른쪽 상단 모서리에 번개 표시가 생긴다. 이 아이콘은 BigQuery BI Engine을 사용해 쿼리한다는 것을 나타낸다. BI Engine은 기본적으로 BigQuery 테이블을 위한 인-메모리 가속기다. BigQuery에 저장된 데이터는 많은 데이터 조작을 실행할 때 발생할 수 있는 지연 시간을 제거하도록 설계됐다. 데이터 스튜디오에서만 사용할 수 있으며 작성하는 보고서를 가속화하는 데만 도움을 준다. 이처럼 BI Engine은 현재 데이터 스튜디오에서만 사용할 수 있다.[7]

BI Engine을 구매하지 않았는데도 번개를 표시하는 이유는 데이터 스튜디오와 BigQuery 연결 시 1GB 무료 등급이 적용되기 때문이다.

가장 중요한 것은 BI Engine에만 적용되는 쿼리는 데이터 읽기 비용을 부과하지 않는다. 즉, 데이터 세트가 1GB의 여유 공간 (또는 비용을 지불하기로 선택한 공간)보다 적으면 데이터가 처음 캐시된 후 보고서에 BigQuery 결제가 발생하지 않는다. 데이터 스튜디오 쿼리가 예약된 공간에 맞지 않으면 일반 BigQuery로 넘어가고 프로세스에서 스캔하는 데 필요한 바이트에 대한 요금을 부과한다.

---

7 https://cloud.google.com/bi-engine/docs/overview

구매한 예약을 보려면 BigQuery 콘솔로 이동해 왼쪽 사이드 바에서 **BI Engine**을 클릭한다. 데이터 세트를 저장할 추가 메모리를 구입할 수도 있다. 한도는 100GB이며 한 달에 수천 달러가 소요될 수 있다. 슬롯에 대한 고정 요금이 있는 경우 예약된 BI Engine 용량을 번들로 제공한다.

구글은 BI Engine, BigQuery 캐시 및 BigQuery 자체 간의 쿼리 배포를 관리한다. 즉, BigQuery에서 실시간 스트리밍으로 데이터를 다시 가져오려고 추가 데이터 변환 파이프라인을 처리할 필요가 없다. 보고 및 대시보드 목적으로 데이터 가속화 문제를 해결하려고 하면서 데이터 스튜디오를 사용하고 있다면 이 방법이 적합하다.

요약

Google Data Studio는 리포트 및 대시보드를 위한 무료 시각화 도구다. Google Marketing Platform의 일부로 BigQuery를 비롯한 여러 데이터 소스에 실시간으로 연결할 수 있다. 모든 유형의 시각화를 구성하고 추가해 매력적인 보고서 또는 디지털 리포트를 만들 수 있다. 데이터 스튜디오는 실시간으로 데이터를 업데이트할 때 몇 가지 제한이 있지만 사용 사례에 따라 고려할 수 있는 도구다. 또한 BigQuery 또는 스프레드시트가 수행할 수 있는 데이터 조작과 유사한 일부 기능(예: 데이터의 기본 결합, 필터링, 집계)도 지원한다. 이런 기능을 사용해 BigQuery 데이터를 보고서에 원활하게 통합할 수 있다.

19장에서는 BigQuery ML을 사용해 데이터과학 및 머신러닝의 세계를 살펴본다.

6부

데이터의 잠재력 향상

19장

BigQuery ML

19장에서는 BigQuery를 사용해 머신러닝[ML, Machine Learning] 모델을 학습시키고 활용하는 방법을 살펴본다.

BigQuery ML[BQML]은 2019년 5월에 더 많은 사용자에게 머신러닝 모델을 사용할 수 있도록 하는 것을 목표로 정식 출시됐다. 따라서 BQML을 사용하면 SQL에서 직접 머신러닝 모델을 실행할 수 있다. 대부분의 경우 모델을 생성할 때 필요한 코드에 대한 많은 이해가 필요한 것은 아니지만 개념을 이해하면 큰 도움이 된다. 머신러닝은 접근하기 쉬운 수학적 개념을 사용하지만 많은 변수와 반복적인 작업을 추상화하므로 해당 사항을 따라가기가 더 어렵다.

20장에서는 데이터과학을 수행할 때 주로 사용하는 Jupyter Notebook을 소개한다. Jupyter 노트북은 구글의 AI Platform 및 BigQuery와 상호 운용되므로 가장 익숙한 도구를 사용할 수 있게 해준다. Python을 사용한 데이터 분석에 들어가기 전에 19장에서는 SQL을 사용해 기본 개념을 살펴본다.

머신러닝 개념이 모든 산업에 널리 퍼지기 시작하면서 기존의 비즈니스 인텔리전스와 데이터과학 간의 통합이 보이는 변화는 놀랍다. 몇 년 사이에 분류 및 물체 감지 알고리즘이 고도화되며 놀라운 성공률을 보이면서 발전했다. 머신러닝은 인간이 문제에 대한 해결책을 개념화할 수 없는 부분에서 엄청난 성과를 보인다. 모델은 분석된 데이터와 합리적 추측을 바탕으로 문제를 해결하는 방법을 학습한다.

19장에서는 두 가지 해결할 목표가 있다. 첫 번째는 머신러닝의 기본 개념을 알아보는 것이고, 두 번째는 BQML로 비즈니스 문제를 해결할 수 있는 방법을 알아보는 것이다. 두 목표 모두 ML 기반으로 변화하는 세계에서 필요한 데이터 작업을 위해 새로운 기술을 배울 수 있게 한다.

19장은 이 책의 다른 부분과 난이도와 어투가 다를 수 있다. BQML은 사용하기 쉽지만 기본 머신러닝 개념은 복잡하며 이 책에서 다룬 것과는 전혀 다른 주제를 다룬다.

배경 지식

머신러닝과 인공지능[AI]은 수학 및 컴퓨터과학의 여러 분야를 아우르는 매우 부담스러운 용어다. 머신러닝을 적용하는 방법을 알아보기 전에 많은 사람들이 모호하게 이해하고 있는 용어를 먼저 정리해야 한다.

인공지능

최근 몇 년 동안 여러 매체에서 AI와 머신러닝[ML]이라는 용어를 의미와 관계없이 남용해서 사용해 온 것을 경험했다. 아시다시피 AI와 ML은 동일한 개념이 아니다.

역사

인공지능은 아주 오래 전부터 인간의 사고에 대한 비유를 나타냈다. 수 세기 동안 AI는 신화, 연금술 또는 기계 공학의 부산물이었다. 이전부터 인공지능과 컴퓨터과학의 원형은 관계가 있었다.

"인공지능"이라는 용어 자체는 1955년 컴퓨터 과학자인 John McCarthy가 이 용어를 처음 언급했다.[1] 그 후 이 용어는 현대 대중문화로 확산돼 Isaac Asimov와 같은 작가들에게 영감

---

1 www.aaai.org/ojs/index.php/aimagazine/article/view/1904/1802

을 주었고, Star Trek의 Mr. Data와 같은 지성을 가진 합성 인간을 만들어 내는 데 일조했다. 이 용어는 시대에 따라 변화해 왔으며 일반적으로 인간이 수행하는 모든 작업을 대신해 주는 컴퓨터로 설명했다. 1997년에 IBM 체스 게임 컴퓨터인 Deep Blue가 세계 체스 챔피언인 Garry Kasparov를 처음으로 이겼다. Deep Blue는 당시 AI를 대표했다. Deep Blue가 튜링 테스트를 통과했다고 주장하는 사람들도 있었다.[2] 다양한 주체가 튜링 테스트를 통과했다는 주장을 해왔기에[3] AI에 대한 정의는 계속해서 성장하고 확장됐다. 결론적으로 AI는 여러 가지 의미를 가지며 시대에 따라 변화해 왔다.

머신러닝

머신러닝은 1959년 Arthur Samuel의 IBM 연구 논문에 처음으로 등장한다.[4] 저자는 "경험을 바탕으로 배우도록 컴퓨터를 프로그래밍하면 결국에는 많은 프로그래밍 노력이 필요하지 않을 것"이라고 제안했다. 인간이 학습을 바탕으로 지능을 얻는다는 생각의 연장선으로 본다면 인공지능에 대한 자연스러운 접근으로 보인다.

ML은 AI 분야의 문제를 해결하기 위한 접근 방식이다. 아주 간단하게 설명하자면 데이터를 입력받아 학습한다. 다른 AI 기술도 데이터를 입력받기 때문에 지나치게 단순화한 것이지만 머신러닝 기술은 실제 관찰 데이터의 입력을 사용해 모델을 구축한다. 흥미롭게도 고전적인 AI와 다소 목적이 다르다. 일반적으로 AI의 표준은 "인간과 같은" 일을 더 빠르거나 더 훌륭하게 수행하지만 여전히 인간의 방식으로 인식한다.

반면에 머신러닝은 데이터를 사용해 효과적으로 사물을 예측하거나 분류하는 모델을 만드는 데만 집중한다. 수행 방법은 본질적으로 중요하지 않다. 데이터 과학자는 "해석 가능성"의 특성에 우선순위를 둔다. 모델을 인간이 해부하고 이해할 수 있지만 이를 위해서는 모델에 명시적으로 동기를 부여해야 한다.

---

2 www.washingtonexaminer.com/weekly-standard/be-afraid-9802
3 www.bbc.com/news/technology-27762088
4 https://citeseerx.ist.psu.edu/viewdoc/summary?doi=10.1.1.368.2254

해석 가능성

머신러닝은 최적화를 추구하는 과정에서 결과를 개선할 수 있는 모든 경로를 선택한다. 머신러닝 모델 (및 기타 인공지능)이 시뮬레이션을 자체적으로 활용해 의도하지 않았지만 "올바른" 결과를 생성하는 몇 가지 재미있는 예도 있다.[5] 한 가지 공통적인 것은 모델이 입력을 모두 삭제하고 빈 출력 세트를 생성하는 방법을 학습한다. 이런 모델은 평가된 출력이 0개 이상일 때 완벽하게 점수를 할당한다. 예를 들어 목록 정렬에 최적화한 모델은 단순히 기술적으로 정렬된 빈 목록을 나타낸다. 또 다른 유사한 예에서 후보 프로그램은 모든 대상 파일을 삭제해 처리한 0개 파일의 결과로 만점을 확보한다.[6] 1983년 영화 〈워 게임즈 War Games〉에서 AI는 "유일한 승리는 플레이하는 것이 아니다."라는 사실을 발견했다. 연구자 톰 머피 Tom Murphy는 테트리스를 플레이하는 알고리즘을 가르치면서 이 알고리즘이 패배를 피하려고 게임을 영원히 일시 중지한다는 것을 발견했다.[7]

통계와의 관계

머신러닝은 단순한 통계가 아니다. 통계적 방법을 이해하는 것은 좋은 ML 모델을 구축하는 데 중요하지만 목표가 완전히 일치하지 않는다. 통계와 머신러닝의 관계는 컴퓨터과학과 소프트웨어 공학의 관계와 비슷하다. 이론과 응용의 격차는 크다. 통계는 수학적으로 엄격하며 특정 시스템의 동작 방식에 대한 확률적 성공을 표현하는 데 사용한다. 학문적으로는 데이터가 보이는 이유에 대한 정확한 결론을 내리기 위한 근거로 사용한다. 반면에 머신러닝은 입력을 받아 올바른 출력을 생성하는 모델을 반복한다. 추가적인 입력은 알고리즘을 구체화할 때 사용한다. 결과에 대한 이유보다는 알고리즘이 유용한 결과를 생성하는 방법에 더 의미가 있다.

인센티브를 받지 않는 한 ML 모델은 매우 불투명한 결과를 생성할 수 있다. 모델이 특정 현상에 대해 매우 정확한 예측이나 설명을 생성하는 이유를 설명하는 것이 사소하거나 불가능

---

5 https://vkrakovna.wordpress.com/2018/04/02/specification-gaming-examples-in-ai/
6 https://arxiv.org/abs/1803.03453
7 www.youtube.com/watch?v=xOCurBYl_gY#t=15m50s

할 수도 있다. 머신러닝 모델에 통계적 방법을 적용해 결과가 매우 정확해도 여전히 이유를 알지 못할 수도 있다. 반면에 통계는 연구 중인 현상과 예측되는 원인 또는 다른 학문과의 관계를 이해하는 데 도움이 되는 지능적인 결론을 공식화할 수 있다.

윤리

머신러닝의 윤리적 의미에 대한 검토가 필요하다. 데이터 관리자이기 때문에 재무 또는 건강 정보, 개인 서신 또는 기밀 데이터를 포함한 특권 정보에 액세스할 수 있다. 종합적으로 보면 각 데이터 포인트의 가치를 생각해야 한다. 머신러닝 모델은 수백만 명의 삶에 긍정적이거나 부정적인 영향을 미칠 수 있는 잠재력을 갖고 있다.

암묵적 편향성

암묵적 편향성은 사람들의 행동이나 결정에 영향을 미치는 무의식적인 감정이나 태도를 말한다. 이런 태도는 어릴 때 주변 환경이나 미디어의 메시지의 영향으로 형성되는 경우가 많다.

편향은 머신러닝에 암묵적인 방식으로 학습 모델에 영향을 미칠 수 있다. 머신러닝 모델은 이런 차이를 포착해 의도하지 않은 편향을 증폭시킬 수 있다. 예를 들어 대출 신청 또는 채용 후보자를 고를 때 채점 또는 예측 모델에 부정적인 영향을 미칠 수 있다.

서로 다른 영향

편향을 포함하는 머신러닝 모델을 구현하면 서로 다른 영향을 미칠 수 있다. 중립적인 의사 결정 프로세스가 특정 그룹의 사람들에게 부당하게 영향을 미칠 때 발생한다. 특정 데이터 포인트가 데이터 수집 방법이나 문화적 민감성 때문에 특정 계층의 사람들에게서 누락되는 경우가 있다. 이런 데이터 포인트를 삭제하면 데이터 모델에서 과소 표현될 수 있다.

또 다른 시나리오는 통계적 학습 모델의 부족함에 있다. 모델이 실제로 암묵적 편향을 포함하지 않고 올바르게 표현됐을 때 우리가 바라지 않는 불균형을 드러낸다. 이 경우 머신러닝 모델은 "예상" 작업을 정확히 수행하지만 우리가 가고자 하는 방향을 제시하지는 못한다.

책임

변호사, 의사, 건축가 및 토목 기술자와 같은 전문 직업은 면허를 발급받는다. 소프트웨어 및 데이터 엔지니어는 면허를 발급받지는 않는다. 1999년을 시작으로 IEEECS/ACM에서 소프트웨어 엔지니어 윤리 강령을 승인하고 소프트웨어 엔지니어의 전문적 의무를 명확히 규정하고 있다.[8] "빅데이터" 및 "클라우드 컴퓨팅"과 같은 용어는 등장한지 오래됐지만 컴퓨터 과학자들은 미래에 대해 다음과 같이 예견했다.

부주의하거나 악의적인 코드는 금전적 가치 또는 인명 손실을 초래할 수 있다.[9] 머신러닝의 힘과 해석에 대한 반론을 해본다면 최선의 의도를 가진 사람이 프로그래밍한 경우에도 인간에게 비윤리적이라고 생각할 수 있는 결과를 만들 수 있다.

뭔가 잘못됐을 때 알고리즘을 비난하기가 쉽다. 설교처럼 들릴지 모르지만 통합의 용이성은 휘두를 수 있는 힘도 함께 갖게 되는 것이다. 모든 것이 당신의 명령에 달려 있을 경우 알고리즘에 대한 당신의 책임을 잊기 쉽다. 소프트웨어 엔지니어 윤리 강령은 "소프트웨어 엔지니어, 고용주, 클라이언트 및 공익 사용자의 이익을 중재한다."라고 언급하고 있다.

BigQuery ML 개념

BigQuery ML은 앞서 논의했던 다른 서비스와 비슷하게 SQL을 사용해 머신러닝의 개념을 구현한다. 머신러닝에 대한 실질적인 경험이 없는 데이터 분석가도 머신러닝에 손쉽게 접근할 수 있다.

TensorFlow 모델을 직접 구현할 수 있기 때문에 복잡한 주제로의 접근도 용이하다. 응용 프로그램을 사용하면서 기술도 자연스럽게 성장함에 따라 더 고급 기술을 사용할 수 있다. 20장에서는 Python을 사용해 BigQuery 외부에서 데이터과학 환경을 접할 수 있다.

BQML은 BigQuery 콘솔을 벗어나지 않고도 SQL의 확장을 바탕으로 예측 및 분류를 가능

---

8 https://ethics.acm.org/code-of-ethics/software-engineering-code/
9 www.ccnr.org/fatal_dose.html

하게 해준다. 일반적으로 BQML은 통계 또는 머신러닝에 대한 깊은 이해 없이 사용할 수 있는 인라인 모델을 만드는 데 적합하다. ML 기술을 쌓은 후에 결과를 시각화하거나 모델 학습을 직접 진행하기를 원한다면 AutoML 및 TensorFlow로 자연스럽게 넘어갈 수 있다.

비용

정액제를 사용 중인 경우 BQML 비용을 포함한다. 이 글을 쓰는 시점에서 행렬 분해는 정액 요금제 또는 예약 요금제에서만 사용할 수 있다.

ML 분석 비용도 BigQuery와 같이 저장 및 쿼리와 같은 규칙을 따른다. 무료 등급에서 동일한 양의 스토리지 및 데이터 처리를 포함하며 기존 모델에서 실행하는 모든 ML 쿼리도 포함한다.

무료 등급은 적절한 규모의 모델을 수행하기에 충분하지만 모든 유형의 머신러닝 비용은 매우 빠르게 증가한다. 이전 장에서 수행한 BigQuery에 대한 비용 분석과 마찬가지로 의도한 규모와 사용량을 평가하고 의미 있는 사용량을 결정해야 한다.

모델 생성

모델 생성에는 몇 가지 추가 비용이 들어간다. BQML 모델 생성(즉, "CREATE MODEL"문을 포함하는 모든 작업)은 다른 요율로 청구하며 다른 무료 할당량을 사용한다. 무료 등급에서 현재 모델을 생성할 때 10GB의 데이터 처리를 제공하며, 그 이상은 미국 다중 지역의 경우 250달러/TB의 비용을 청구한다. 다중 지역은 필요에 따라 쿼리를 재배포할 수 있으므로 단일 지역보다 저렴하다.

다양한 요율은 비용 추적 시 두 가지 별도의 문제를 만든다. 첫째, ML 분석 및 쿼리가 일반 분석 가격에 번들로 제공되므로 ML 분석 비용을 분리하는 간단한 방법이 없다.

둘째, 모델 생성 비용이 항목별로 분류돼 있지 않다. 월별 명세서에 모델 생성 비용이 다른 요금으로 청구되더라도 나머지 BigQuery 비용과 함께 묶인다. 이 제한이 언젠가 변경될 것임을 암시하는 문서가 있으며 ML 기능을 호출하는 쿼리도 별도로 청구될 수도 있다.

개별 모델 생성 비용을 계산해야 한다면 Cloud Logging을 사용한다. BQML 문서에는 logging을 사용해 계산하는 방법이 있다.[10]

BigQuery Flex 슬롯

Flex 슬롯은 시간이 제한된 고정 요금제다. 최소 예약은 60초이며 초당 청구한다. 이 가격 모델은 미국 다중 지역에서 장기 고정 요금보다 46% 정도 비싸다. 그러나 단기적이거나 제한된 요구사항을 위해 사용할 경우 전체 정액제 약정이나 예약 없이도 사용할 수 있다.

행렬 분해를 사용하는 모든 모델은 고정 요금, 예약 또는 Flex 슬롯에서만 사용할 수 있다. Flex 슬롯은 여전히 기본적으로 "종량제" 모델이지만 이런 모델을 얼마만큼 사용할 것인지, 올바른 접근 방식이 무엇인지 미리 계획하는 것이 좋다.

지도 학습과 비지도 학습

BQML은 지도 및 비지도 학습을 지원한다. 두 모델의 본질적인 차이는 모델이 객관적으로 수집된 정보를 액세스할 수 있는 "정답 값$^{Ground\ Truth}$"의 차이다. 두 가지를 조합해 사용하거나 비지도 학습의 모델 결과를 지도 학습 모델에 대한 정답 값으로 사용할 수도 있다.

지도 학습 모델

지도 학습 모델은 이미 라벨이 지정된 일부 데이터를 제공해야 한다. 각 데이터는 입력과 예상 출력을 모두 제공한다. 회귀는 지도 학습 모델의 좋은 예다. 숫자 값을 예측하려면 모델은 기존 데이터의 관계를 파악해야 한다. 회귀 모델이 주택 가격을 예측하려면 판매된 주택의 과거 가격과 데이터의 다른 두드러진 특성을 알아야 한다. 이 특성은 지도 학습 모델의 "정답 값"이다. 학습된 모델로 기존 데이터를 테스트하고 아직 훈련하지 않은 데이터를 사용해 모델의 정확도를 테스트할 수 있다.

---

10 https://cloud.google.com/bigquery-ml/pricing#bqmlexamples

테스트 데이터를 어떤 구성으로 분할해야 하는지에 대한 여러 가지 주장이 있다. 테스트 데이터의 크기와 모양에 따라 다르지만 80대 20으로 시작하는 것을 추천한다. 데이터의 80%는 학습 모델, 20%는 유효성 검사를 위해 나눈다. BQML에는 데이터 크기에 따라 약간 더 강력한 모델을 제공한다.

- **500행 미만**: 데이터의 100%를 유효성 검사로 사용한다.
- **500~50,000개의 행**: 데이터의 80%는 학습으로, 20%는 유효성 검사로 사용한다.
- **50,000개 이상의 행**: 80% 이상의 데이터를 학습에 사용한다. 10,000개의 행을 검증한다.

원하는 경우 백분율 또는 부울 열을 사용해 각 데이터 행을 학습용인지 검증용인지 직접 설정할 수 있다.

지도 학습 모델은 일반적으로 테스트 데이터를 검증(편향 테스트)과 테스팅(모델이 끝까지 보지 않고 편향하지 않은 데이터)으로 다시 나눈다. 20장에서 설명할 AutoML Tables를 사용하면 열을 추가해 각 행에서 수행할 작업을 직접 지정할 수 있다. AutoML Tables는 기본값을 80/10/10(학습/검증/테스트)으로 사용한다.

비지도 학습 모델

지도 학습 모델과는 반대로 비지도 학습 모델에는 라벨이 지정된 데이터가 없다. 일반적으로 특별히 원하는 결과가 없기 때문이다. 비지도 학습 모델은 데이터에서 관계를 검색 및 추출한 다음 클러스터를 생성하거나 데이터에서 이상을 감지한다. BQML은 기본적으로 k-평균 군집화(클러스터링)를 지원하며, 이에 대한 자세한 내용은 다음 예제에서 설명한다.

비지도 학습 모델의 결과는 지도 학습 모델에 대한 입력으로 사용할 때 유용하다. 또한 유사한 데이터 포인트 그룹을 생성하는 데 사용되며, 그룹화를 지도 학습 모델의 추가 기능으로 사용해 예측 기능을 향상시킬 수 있다. 물론 비지도 학습 모델 결과의 편향을 증폭시킬 수 있다.

비지도 학습 모델은 인간 관찰자에게 보이지 않는 패턴을 식별하기에 적합하다. 감독하지 않은 모델에서 사기 감지, 데이터 손실 방지 또는 비정상적인 시스템 동작을 모두 감지할 수 있다.

모델 유형

BQML은 가장 일반적인 유형의 지도 및 비지도 학습 모델을 모두 지원한다.

주의 이 절에는 다양한 모델과 측정항목이 동작하는 방식을 설명하는 수학 및 통계가 나온다. 이해를 위해 필수적으로 알아야 할 정보는 아니며 실제로 이런 정보가 거의 없어도 BigQuery ML을 사용할 수 있다. 그러나 모델의 성능을 평가하는 방법을 이해하면 머신러닝에 대한 감각을 더 강화해 준다. 제한된 리소스 내에서 충분히 좋은 결과를 판단할 때 유용하다.

선형 회귀 모델

선형 회귀 모델은 입력을 기반으로 출력을 예측하는 함수를 생성하는 지도 학습 모델이다. 일반적으로 모델이 계산한 함수를 사용해 입력 특성을 받아 목표 값을 예측한다.

통계학에서 사용하는 선형 회귀처럼 동작한다. 주어진 입력 데이터 포인트로 그래프를 그리고 가장 적합한 선을 찾는다. 데이터 입력은 모두 실수로 구성한다. 참/거짓과 같은 변수는 {1.0, 0.0}과 같은 숫자 값을 할당해 주소를 지정할 수 있으며, {0.0, 1.0, 2.0, ...}과 같은 고정된 개수의 변수를 지정한다. BQML은 이 작업을 자동으로 수행한다.

선형 회귀는 여러 변수를 입력받아 실행할 수 있다. 통계에서는 데이터에 대한 실제 정보를 가져와서 적절한 변수를 선택하는 데 사용한다. 통계 분석의 목표는 어떤 변수가 결과를 변화시키는지에 대한 지능적인 이론을 제시하는 것이다. 머신러닝에서는 가능한 모든 조합, 잠재적으로 수천 또는 수백만 개의 변수의 조합을 사용하는데 조합을 모두 실행하고 어떻게 진행되는지 관찰한다. 변수의 절반을 제거해 모델이 더 잘 예측하면 변수를 제거하고 다시 시도한다. 이런 방법은 통계적 관행으로 봤을 때 매우 비효율적인 방법으로 간주된다. 머신러닝에서는 최대한 많은 조합을 시도해 가장 예측이 가능한 알고리즘을 얻으려고 노력한다. 무차별 대입이 아니라 가능한 한 많은 결과를 검사하려고 현대적인 병렬화 및 계산을 제대로 활용한다.

RMSE

함수의 적합성을 결정하는 데 사용하는 통계적 방법을 머신러닝에서도 사용할 수 있다. 가장 기본적인 측정 값은 평균 제곱근 오차[RMSE, Root Mean Square Error]다. RMSE는 데이터가 최적의 선에 얼마나 가까운지를 측정한다(이 경우 ML 회귀 모델에서 생성하는 최적의 적합도를 말한다).

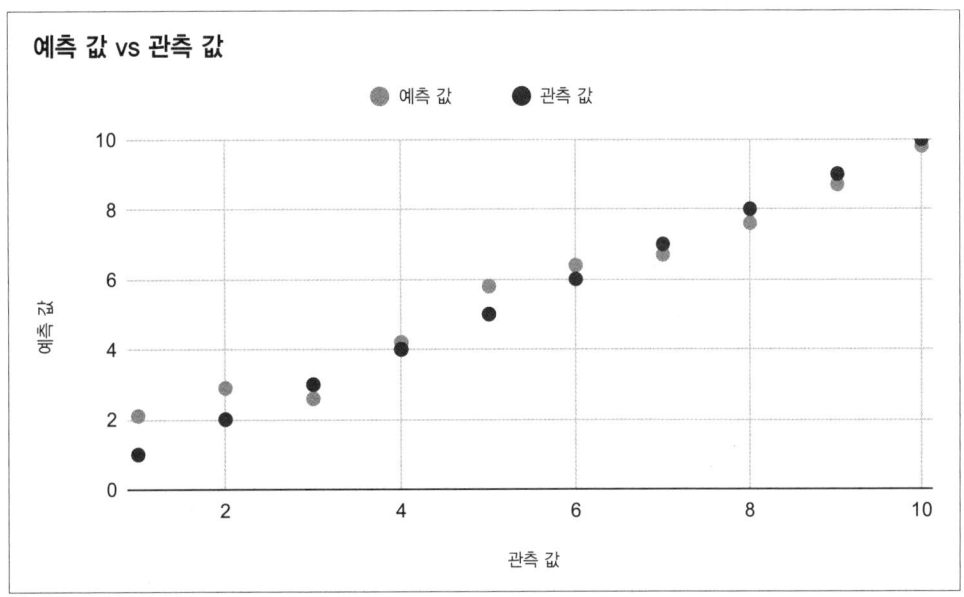

▲ 그림 19-1 RMSE 오차가 가장 낮은 회귀 예측

BQML은 RMSE를 자동으로 계산해 준다. 수백만 개가 넘는 행과 열을 직접 계산하는 것은 비효율적이다. RMSE 공식은 복잡해 보이지만 실제로는 매우 간단하다.

$$\sqrt{\frac{\sum_{i=1}^{n}(p_i - o_i)^2}{n}}$$

공식 알고리즘은 다음과 같다.

- 각 포인트를 상대로
    - 예측 값에서 관측 값을 뺀다.
    - 뺀 수를 제곱한다.

- 모든 제곱의 평균을 구한다.
- 평균의 제곱근을 계산한다.

RMSE는 선형 회귀 모델을 사용해 얼마나 많은 충실도를 희생하는지 정확히 알려주는 "손실 함수" 중 하나다. 선형 회귀 모델을 개선한다는 것은 손실 함수를 최적화하는 것을 의미하므로 낮은 RMSE는 더 나은 모델을 의미한다.

RMSE가 0으로 나오는 것은 좋은 것이 아니다. 완벽한 적합은 테스트 데이터와 예측이 정확히 일치함을 의미한다. 이것을 "과적합"이라고 한다. 모델이 학습 데이터와 완전히 일치해 데이터 누수가 있거나 새로운 데이터를 만나면 부서지기 쉽다.

과적합

어딘가에 명백한 관계가 있는 경우 "데이터 누수$^{Data\ Leakage}$"라고 한다. 데이터 누수는 일부 기능이 실수로 목표 값에 대한 정보를 노출하는 지도 학습 모델의 문제 중 하나다. 그렇기 때문에 모델은 실제 데이터에 없는 관계를 선택할 수 있다. 모델이 가장 적합하다고 결정한 기능이 존재하지 않거나 패턴을 따르지 않기 때문에 실제 세계에서는 쓸모가 없다.

분류 모델

또 다른 지도 학습 모델은 분류 모델이다. 분류 모델의 목표는 결과가 이진 또는 범주(카테고리) 결과를 예측하도록 데이터를 분류한다.

일반적인 예로 스팸 필터링이 있다. 스팸 필터 알고리즘의 특성에는 이메일 본문, 제목 줄, 보낸 사람 주소, 헤더, 시간 등이 있다. 이진 분류기의 출력은 "스팸" 또는 "스팸 아님"이다. 마찬가지로 입력을 기반으로 카테고리를 예측할 수 있다. 예를 들어 컴퓨터 비전은 실제 물체의 이미지 또는 비디오를 사용해 다른 물체의 사진을 분류하도록 훈련할 수 있다.

BigQuery ML의 분류 알고리즘은 앞서 언급한 회귀 분석을 수행한다.[11]

---

11 기초 회귀 모델이 없는 다른 유형의 분류 모델이 존재한다.

이 작업을 수행하면 공간을 개별 영역으로 나누고 함수 사용으로 향후 입력을 실행해 해당 공간과 관련된 값을 반환한다. 그림 19-2는 분류 모델을 시각화한 예시다.

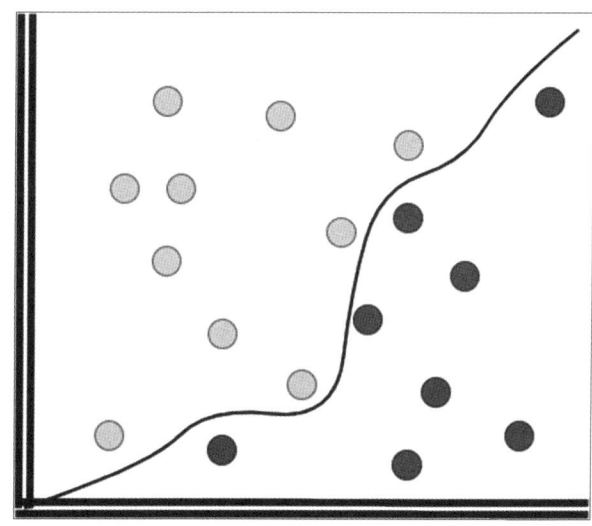

▲ 그림 19-2 분류 모델

가장 기본적인 분류 모델은 이산 값을 출력하는 선형 회귀 모델이다. 기본 예측 값을 이용해 (예: 이 이메일은 0.4점이므로 스팸이 아님) 신뢰 값을 얻을 수 있다.

테스트 데이터에서 올바르게 분류된 비율을 간단히 평가해 유사한 방식으로 모델을 테스트할 수도 있다. 하지만 데이터 분포를 고려하지 않는다는 단점이 있다. 데이터의 분포가 "예"와 "아니요" 사이에서 매우 불균형한 경우 매번 그 대답을 예측하는 것만으로도 모델이 옳을 수 있다. 예를 들어 고객의 99%가 재구매자이고 모델이 모든 입력에 "예"라는 결과를 반환하면 99% 정확해 보이지만 모델보다 데이터가 더 많이 반영됐을 뿐이다. 이 측정항목은 ML에서 "정확도"라고 한다.

정밀도와 재현율

분류 모델의 성능을 확인하려면 올바른 예측(정확도)뿐만 아니라 거짓 양성과 거짓 음성을 본다. (통계에서는 유형 I 및 유형 II 오류로 부른다. 머신러닝에서 이런 아이디어는 정밀도와 재현율이라는 두 가지 용어로 나타낸다. 재현율은 민감도라고도 하지만 BQML에서는 재현율을 사용한다.)

정밀도precision와 재현율recall은 모두 0.0에서 1.0 사이의 값으로 측정한다. 완벽한 정밀도 1.0은 거짓 양성False Positive이 없음을 의미하고, 완벽한 재현율 1.0은 거짓 음성False Negative이 없음을 의미한다. 반대로 말하면 정밀도는 긍정적인 식별이 얼마나 정확한지 측정하고, 재현율은 양성 데이터 중 식별된 참 양성True Positive의 수를 나타낸다.

극단적인 예시를 들어 설명해 보겠다. 앞의 스팸의 예를 살펴보자. 10개의 이메일이 모두 스팸은 아니라고 가정하자. 이메일 하나만 확인한다면 정확성은 1.0이다. 그러나 스팸으로 잘못 분류할수록 이메일 스팸 분류의 재현율 점수가 떨어진다. 10개의 이메일 중 6개가 합법적이고 4개가 스팸이라고 판단해도 정밀도는 1.0이다. 6개 중 6개가 옳았기 때문이다. 하지만 이메일 4개를 잘못 판단했기 때문에 재현율은 0.6이다.

반대로 10개의 이메일이 모두 스팸이라고 가정하자. 이 경우 하나의 이메일이라도 스팸이 아니라고 식별하면 정밀도는 0.0이다. 반면에 어떤 분류를 하든 간에 재현율은 1.0이다. 왜냐하면 아무것도 하지 않고 긍정적인 결과가 모두 0개임을 발견했기 때문이다. 따라서 동일한 결정을 내리면 (6개의 합법적인 이메일, 4개의 스팸) 결과는 정밀도 0.0, 재현율 1.0이 나온다.

이 개념은 매우 까다로울 수 있으므로 그림 19-3을 참고하자.

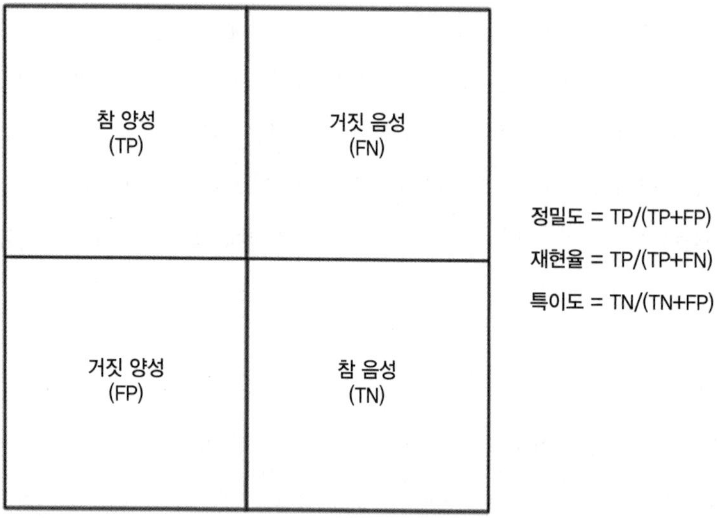

참 양성 (TP)	거짓 음성 (FN)
거짓 양성 (FP)	참 음성 (TN)

정밀도 = TP/(TP+FP)
재현율 = TP/(TP+FN)
특이도 = TN/(TN+FP)

▲ 그림 19-3 혼동 행렬

그림 19-3은 혼동 행렬이라고 부른다.

이전 사례에서 이상한 점이 하나 있다. 이 공식을 보면 재현율 계산이 0으로 나눈 것처럼 보인다. 관례적으로 여기서는 숫자가 아닌 집합을 이야기하고 있기 때문에 이 질문은 실제로 집합의 항목 비율이 식별됐는지 묻는다. 분모 집합은 비어 있으므로(ϕ) 재현율은 1.0이다.

모델이 분류기로 얼마나 정확하게 동작하는지 확인하는 정밀도와 재현율이 모두 필요한 이유가 있다. 일반적으로 부정확한 결과가 나오지 않도록 정밀도를 높이려고 하면 모든 결과를 얻지 못했기 때문에 재현율이 낮아진다. 반대로 세트의 모든 항목을 반환하면 리콜은 완벽하지만 정밀도는 낮아진다.

BQML을 사용해 로지스틱 모델을 평가하면 모델의 정확도, 정밀도, 재현율 및 기타 몇 가지 측정항목을 자동으로 계산한다.

로그 손실 함수

분류 모델을 평가할 때는 일반적으로 로그 손실Logarithmic Loss 함수를 사용한다. 로그 손실 함수는 데이터 세트의 모든 샘플이 평균화가 된 예측 오류를 측정하는 로지스틱 회귀를 위한 특별한 손실 함수다. 실제 데이터 세트와 예측 데이터 세트 간의 손실을 가리키는 "교차 엔트로피 손실"이라고도 한다. 교차 엔트로피를 최소화하면 할수록 분류를 최대화할 수 있다.

실제로 로그 손실은 각 올바른 예측에 따라 향상(감소)한다. 잘못된 예측이 얼마나 자신 있게 만들어졌는지에 따라 가중치가 부여된 잘못된 예측마다 악화(증가)한다. 로지스틱 분류기의 출력은 궁극적으로 0 또는 1이지만 임계 값에 따라 선택되는 기본 확률을 반영한다. 로그 손실은 모든 임계 값에서 이런 불일치를 계산한다.

모델의 성능을 측정할 때 로그 손실 함수의 값은 바이너리인지 다중 클래스인지에 따라 달라진다. 또한 실제 데이터 세트에서 0과 1의 확률이 동전 던지기처럼 짝수이거나 한 방향 또는 다른 방향으로 심하게 불균형한 경우에도 달라진다.

F1 점수

F1 점수F1 Score는[12] 정밀도와 재현율의 조화 평균을 나타낸다.

조화 평균은 두 구성요소가 산술 평균을 편향시키는 방식으로 서로 영향을 미치는 것을 의미한다. 기본적으로 정밀도와 재현율은 모두 분수의 분자와 관련이 있으며 그 자체로 비율을 나타낸다.

조화 평균의 장점은 데이터의 총 크기가 어떻게 보이는지 실제로 알 필요가 없다. 정밀도 및 재현율에 대한 조화 평균 계산은 다음과 같다.

$$2\left(\frac{pr}{p+r}\right)$$

정밀도와 재현율이 모두 0.0과 1.0 사이이므로 F1 점수도 0.0과 1.0 사이로 나온다. (정밀도와 재현율이 동일한 값을 갖는 경우 조화 평균은 산술 평균과 같다.)

이 점수는 정밀도와 재현율의 가중치가 같다고 생각하는 경우에만 유용하다. 더 확장된 버전인 F_β를 사용하면 정밀도를 편향시키거나 더 많은 재현에 가중치를 줄 수 있으며 가중치가 있는 조화 평균을 나타낼 수 있다.

ROC Curve

ROC 곡선ROC, Receiver Operating Characteristic Curve은 이진 분류 모델의 품질을 측정하는 일반적인 방법이다. 2차 세계 대전 때 개발된 것으로 새와 적군 항공기를 구분하는 레이더 수신기의 재현율(감도)을 의미한다.[13] ROC 곡선은 정밀도와 재현율 사이의 관계를 나타낸다. 수신기의 감도가 높아짐에 따라 더 많은 거짓 양성이 생기면서 정밀도가 낮아지기 시작했다. 민감도를 낮게 유지하면 적군 항공기를 감지하지 못했다(거짓 음성). ROC 곡선은 가장 적은 수의 잘못된 경보를 유지하면서 가장 높은 정밀도를 제공하는 재현율에 대한 최적 설정을 찾을 때 유용하다.

---

12 누군가 실수로 이 이름을 잘못된 측정항목에 적용한 것 같다.
13 www.cs.odu.edu/~mukka/cs795sum09dm/Lecturenotes/Day3/F-measure-YS-26Oct07.pdf

ROC 곡선은 정확하게 식별된 참 음성의 비율인 특이성이라는 측정 값을 사용한다. 정밀도와 재현율은 모두 참 양성 식별의 성능에 초점을 맞추지만 특이성은 참 음성 식별을 고려한다.

ROC 곡선은 반전된 특이성이 x축에 있고 재현율이 y축에 있는 선을 보이는 2차원 그래프다. 앞선 예시에서 적중률(적 항공기)과 잘못된 경보(새)를 표시한다. 곡선을 따라 0.0에서 1.0 (또는 그 반대)의 모든 재현율 값에 대한 평균 특이성을 확인할 수 있다.

ROC 곡선이 유용한 이유는 해결하려는 문제에 따라, 특히 누락된 식별에 대한 비용이 높은 경우 더 많은 거짓 양성이 허용될 수 있기 때문이다. 예를 들어 질병을 발견하는 모든 테스트에서 거짓 양성은 일반적으로 거짓 음성보다 낮다.

BQML을 사용할 때 반환하는 측정항목은 roc_auc라고 하며 ROC 곡선 아래 영역 계산을 나타낸다. 1×1 그래프의 면적은 1이며, 곡선 아래의 최대 면적도 1.0이다. 완벽한 roc_auc 점수는 모델의 진단 정확도가 완벽하다는 것을 의미한다. 긍정적인 경우와 부정적인 경우 모두 정확하다.

roc_auc 0.5는 대각선이 플롯 영역을 양분한다는 것을 의미한다. 이것은 테스트의 예측 능력이 똑같이 옳거나 틀리다고 생각할 수 있다. 그림 19-4를 참고하자.

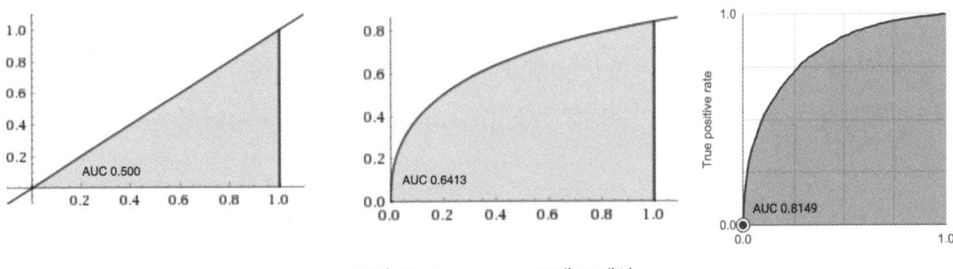

▲ 그림 19-4 roc_aucs 그래프 예시

서로 다른 두 모델의 특성을 비교할 때 roc_auc가 유용하게 사용될 수 있다. 동일한 축을 따라 그래프를 그리면 곡선 자체를 보지 않고도 어떤 모델이 "더 나은" 성능을 발휘하는지 알 수 있다. 곡선 아래 면적을 계산하려면 사다리꼴 규칙을 사용한다.[14] BQML이 계산하는 것을 사용하자.

---

14 www.ncbi.nlm.nih.gov/pmc/articles/PMC6022965/

TensorFlow 모델

TensorFlow를 설명하려면 책 한 권으로도 설명하기 모자라니 간단하게 요약한다. 20장에서 TensorFlow 예제를 다룬다. 기본적으로 TensorFlow는 머신러닝 모델을 위한 Python 기반 플랫폼이다. TensorFlow는 가장 인기 있는 두 가지 Python ML 플랫폼(다른 것은 PyTorch) 중 하나이며 강력한 커뮤니티와 많은 문서 및 지원을 제공한다. 구글은 Keras라는 상위 수준 라이브러리와 함께 TensorFlow의 분류에 대한 간단한 소개를 제공한다.[15]

BQML을 위해 2019년 말에 TensorFlow 모델을 BigQuery에서 사용하는 방법이 공개됐다. 기존 머신러닝 방식으로 BigQuery에 직접 연결해 데이터 분석가가 커스텀 ML 모델을 직접 활용하고 통합할 수 있다.

Google Cloud Storage를 사용해 TENSORFLOW 유형의 모델을 만들 수 있다. BQML은 가장 일반적인 데이터 유형을 자동으로 변환한다. 가져온 모델은 BQML에서 사용할 수 있다.

BQML의 TensorFlow 모델은 일반적인 예측 방법을 지원하지만 학습 및 통계에는 접근할 수 없다. 예를 들어 TensorFlow 모델을 평가해 성능을 확인하거나 기능을 검토할 수 없다. 모델은 현재 크기가 250MB로 제한돼 있어 더 큰 규모를 다루지 못할 수 있다.

이 기능을 사용해 BQML에서 더 정확하고 프로덕션 워크로드에 적합하게 맞춤 조정된 TensorFlow 모델을 사용할 수 있다. 데이터과학 팀이 더 많은 예측 기능이 있는 TensorFlow 모델을 만들면 기본 BQML 모델을 TensorFlow 모델로 교체하고 즉시 활용할 수 있다.

k-평균 군집화

k-평균 군집화k-Means Clustering는 데이터 세트에서 세분화를 수행하는 비지도 머신러닝 알고리즘이다. 변수 k는 생성할 군집의 수를 나타내며 알고리즘은 각 군집의 통계 평균을 계산한다. 비지도 알고리즘이기 때문에 k-평균 군집화는 두드러진 특징이 없어도 분할 작업을 수행할 수 있다.

---

15 www.khanacademy.org/math/ap-calculus-ab/ab-integration-new/ab-6-2/a/ understand-the- trapezoid-rule

간단히 말해서 알고리즘은 k개의 임의 데이터 포인트를 선택해 클러스터의 대표로 할당한다. 그런 다음 다른 포인트를 가져와 각 대표와의 유사성을 계산한다. 각 행은 가장 가까운 대표로 그룹화된다. 그런 다음 현재 클러스터의 산술 평균을 사용해 대표를 다시 계산하고 프로세스를 반복한다. 계산 프로세스를 계속 반복하면 결국에는 클러스터의 산술 평균(중심)이 안정화되고 동일한 평균으로 수렴된다. 이 시점에서 데이터는 k개의 세그먼트로 성공적으로 그룹화되고 각 세그먼트는 해당 세그먼트의 모든 데이터 포인트의 평균을 갖게 된다.

시각적으로 분석해 보겠다. 모든 중심과 데이터 포인트가 평면에 있는 2차원 공간에서 시각화하는 것이 가장 쉽다.

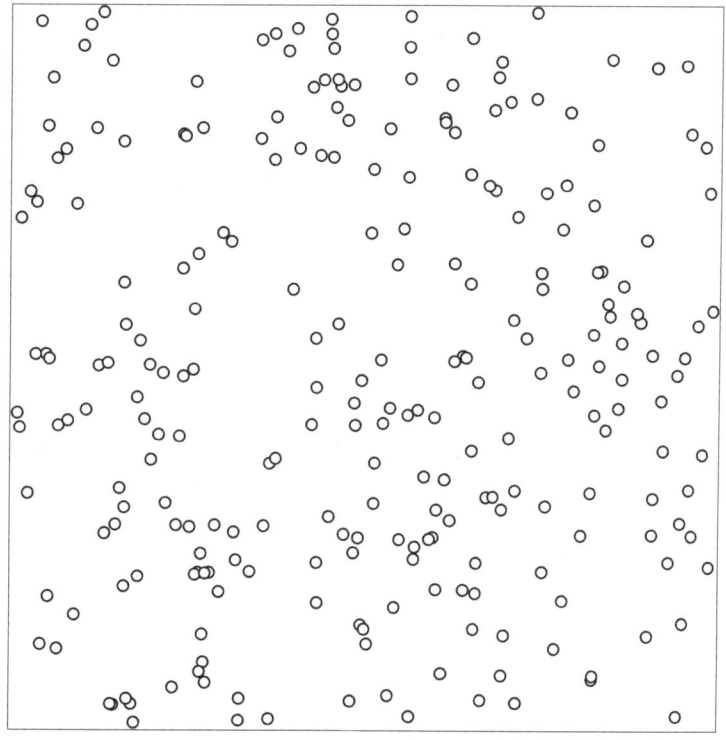

▲ 그림 19-5 정렬 전 k-평균 그래프

데카르트 평면의 사분면 중 첫 번째 사분면으로 생각하면 각 중심을 (x, y) 좌표에 배치한다. "유사성"은 2차원 유클리드 거리 계산 방정식 $d = \sqrt{(x_1 - x_2)^2 + (y_1 - y_2)^2}$를 사용한다. 각 데이터 포인트는 또한 (x, y) 좌표이며 k 중심점 각각에 대한 거리를 그에 따라 계산한다. 가장 가까운 중심에 점을 지정한다. 반복 후에 각 군집의 2차원 평균을 계산하고 해당 값은 다음 반복을 위한 k 중심으로 할당한다. 계속 반복하다 보면 결국 중심은 안정화되고 이동을 중지한다. 데이터는 이제 k개의 그룹으로 분할할 수 있고 각 그룹을 대표하는 평균을 파악할 수 있다. 그림 19-6을 참고한다.

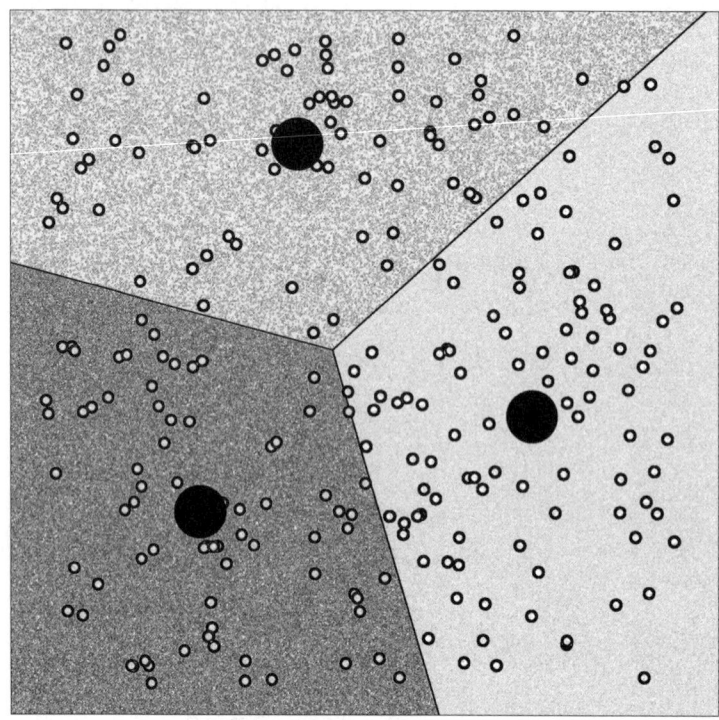

▲ 그림 19-6 정렬된 k-평균 그래프

BQML에서는 위 예시를 2차원 테이블의 k-평균 모델로 분석할 수 있다. 또한 더 많은 열을 추가할 수 있다. 유클리드 거리에 대한 방정식은 $d = \sqrt{(x_1 - x_2)^2 + (y_1 - y_2)^2 + (z_1 - z_2)^2 + ...}$ 과 같은 식으로 더 높은 차원에서도 동작하지만 3차원 이상에서는 시각화가 매우 어렵다.

수행 절차

BQML을 구현하는 프로세스는 모든 유형의 모델에서 유사하게 동작한다. 이 절에서는 일반적인 단계를 검토한다.

데이터 준비

모델을 생성하려면 먼저 입력 데이터 세트를 준비한다. 일반적으로 비즈니스의 주요 질문에 답하려고 준비한 원시 데이터의 하위 집합에서 시작한다. 탐색적 데이터 분석과 열 선택을 수행한다. 일부 지도 학습 유형에서는 모델이 데이터를 어떻게 처리해야 하는지 또는 모델의 품질을 되돌아볼 수 있도록 데이터에 주석을 추가해야 할 수도 있다.

여러 소스에서 데이터를 입력받는 경우 입력 데이터를 동일한 위치에 수집하는 데 필요한 하위 쿼리 또는 테이블 조인을 구성한다. 일반 또는 구체화된 뷰를 BQML 모델의 입력 소스로 사용할 수 있기 때문에 준비 단계에서 데이터를 명시적으로 복사할 필요가 없다.

20장에서는 특별한 준비 없이 모델 생성을 수행할 수 있다. 이 준비 절차는 BQML을 사용하는 모든 모델에서도 사용한다. 좋은 점은 이런 기술의 대부분이 BigQuery 웨어하우스에 데이터를 로드할 때 데이터를 정리하는 것과 동일하다.

BQML에서 각 테이블 열은 모델의 "특성"을 가리킨다.

데이터 분포

데이터 세트에 따라 모델의 이상치outlier를 제외하고 싶을 수 있다. 이상치를 제거하는 방법은 일반적으로 동일하다. 정규 데이터 분포가 있는 경우 평균에서 세 그룹의 표준 편차를 벗어나는 값을 제거한다.

다시 말하지만 분석할 수 있는 행과 열이 방대해 원인을 정확히 찾아낼 수 있는지 확인하려면 이상치를 살펴보는 것이 좋다. 예를 들어 모든 분포의 최솟값과 최댓값이 양쪽에 배치돼 평균은 쓸모없고 대부분의 데이터 포인트는 표준 정의에 따라서 이상치로 표시될 수 있다.

때로는 데이터 수집 방법이 잘못됐거나 오류 때문에 의미가 없는 데이터를 생성한다. 데이터에 maxint 또는 기타 유형 값이 많은 경우다. 극단적인 경우 이런 오류를 수정하기 전까지 처리에 적합하지 않을 수 있다.

누락된 데이터

실제 데이터 세트에는 누락된 데이터가 있을 수 있다. 누락된 데이터 작업은 모델에 따라 크게 다르다. 일반적으로 대부분의 데이터가 누락된 열이나 행은 제거하는 것이 좋다. 제거할 때의 영향을 고려하고 데이터가 누락된 이유가 무엇인지 고려한다.

데이터 대치도 고려한다. 적은 수의 행에서만 누락된 정상적인 분포일 경우 평균을 채워 나머지 데이터를 "구성"할 수 있다. 다행히 BQML이 대신 이 작업을 수행하므로 어떤 행 또는 열을 원하는지 결정한다.

라벨 정리

데이터 수집 방법에 따라 열에는 동일한 항목을 나타내는 철자 또는 라벨 변형이 있을 수 있다. 적절하게 정규화된 데이터를 사용하는 경우 ID를 사용할 수 있다(데이터 누수를 조심해야 한다). 그렇지 않으면 동일한 클래스를 의미하는 동일한 문자열 식별자를 사용하도록 정렬한다. 예를 들어 어떤 특성이 액세서리 유형 열에 "여성용 신발", "신발-여성", "여성용 신발 크기 6" 등으로 등록된 경우 해당 특성이 중요하다면 모든 항목을 "여성용 신발"로 정규화 한다.

특성 인코딩

특성 인코딩은 모델을 만들 때 BQML이 알아서 처리하는 작업이다. 하지만 데이터 세트를 Python 라이브러리와 함께 사용하거나 인코딩을 데이터 정리와 결합하는 것과 같이 BQML 모델 생성을 외부에서 수행해야 할 경우 직접 인코딩할 수 있다. BQML의 입력 데이터의 인코딩을 살펴본다.

스케일링

구글에서 언급하는 데이터 스케일링 또는 표준화는 정수 및 10진수 값을 0 중심의 범위로 줄인다. 모든 값이 0에서 상대적인 거리로 정규화된다는 것을 의미한다. 즉, 숫자 특징을 축척에 구애받지 않는 방식으로 비교할 수 있다.

원-핫 인코딩

원-핫 인코딩One-Hot Encoding은 전기 공학에서 사용하는 용어로 여러 논리 값을 일련의 단일 값으로 변환하는 것을 의미하며 각각의 상태를 나타낸다. 원하는 경우 숫자를 단항 표기법으로 변환하는 것과 같다. 그림 19-7은 원-핫 인코딩의 예다.

원-핫 인코딩		일요일	월요일	화요일	수요일	목요일	금요일	토요일
일요일		1	0	0	0	0	0	0
월요일		0	1	0	0	0	0	0
화요일		0	0	1	0	0	0	0
수요일	➡	0	0	0	1	0	0	0
목요일		0	0	0	0	1	0	0
금요일		0	0	0	0	0	1	0
토요일		0	0	0	0	0	0	1

▲ 그림 19-7 각 요일에 대한 원-핫 인코딩

이런 작업을 바탕으로 각 특성이 독립적으로 동작할 수 있다. 예를 들어 요일을 원-핫 인코딩으로 변환해야 한다면 월요일부터 일요일까지 7개의 열로 만든다. 일주일 중 하루가 개별 기능으로 예측에 큰 영향을 미치는 경우 유용하다. 7개의 부울 값으로 생각하는 경향이 있지만 모든 특성은 숫자이므로 실제로는 0.0 또는 1.0이다.

또 다른 이유는 범주형 데이터를 숫자 데이터로 변환하면 존재하지 않는 규모를 측정하게 될 수도 있다. 월요일이 1이고 토요일이 7이면 토요일이 월요일보다 "더 많은" 것으로 해석될 수 있으며 4.1207과 같이 무의미한 예측이 될 수 있다.

반대로 카테고리가 어떤 방식으로든 순서가 지정되거나 순서가 지정돼 있으면 관계를 반영하도록 숫자 형식으로 남겨 둘 수 있다. 예를 들어 금, 은, 동을 1, 2, 3으로 인코딩하는 것이 합리적일 수 있다. 여전히 무의미한 십진수 예측이 나오겠지만 더 직관적인 의미가 있다.

멀티-핫 인코딩

멀티-핫 인코딩Multi-Hot Encoding은 BigQuery ARRAY 유형을 변환하는 데 사용한다. 원-핫 인코딩과 마찬가지로 ARRAY의 각 고유 요소는 자체 열을 갖는다.

타임스탬프 변환

BQML이 데이터 유형 및 범위에 따라 타임스탬프 값에 스케일링 또는 원-핫 인코딩을 적용할지에 대한 여부를 결정하는 인코딩이다.

특성 선택

특성 선택은 어떤 특성(열)을 모델에 포함하는 것이 합리적인지를 선택하는 매우 중요한 프로세스다. BQML은 문제 이해를 특성에 의존하기 때문에 다음과 같은 이유로 자동적으로 특성을 선택해 주지 않는다.

무엇보다도 모델의 복잡성(읽기: 시간과 비용)은 포함된 특성의 수에 따라 증가한다. 원-핫 인코딩 및 큰 데이터 세트에서는 특성 수가 수백 또는 수천 개에 달하는 것을 쉽게 볼 수 있다.

또한 모델에 특성이 너무 많아 쉽게 이해할 수 없을 때 해석 가능성이 줄어든다. 일반적으로 1차 근사치로 충분하다. 즉, 이런 모든 추가 특성이 모델의 성능을 약간 향상시키는 반면 이해력을 수반하는 감소는 가치가 없다.

마지막으로 더 많은 특성을 사용할수록 모델을 과적합하거나 편향을 유발할 위험이 커진다. 실수로 행 번호 또는 이와 유사한 것을 추가할 가능성이 높아진다.

특성 선택을 수행하는 방법에는 여러 가지가 있다. BQML 모델을 사용해 직감으로 선택할 수도 있으며, 다양한 특성의 품질을 평가하는 데 사용할 수 있는 몇 가지 통계적 방법도 있다. 지도 학습 모델의 경우 피어슨 상관 계수를 사용해 각 특성이 목표 값을 예측하는 데 얼마나 중요한지 계산할 수 있다.

BigQuery에서 CORR이라는 통계 집계 함수를 사용하면 그룹의 모든 행을 보고 -1.0에서 1.0 사이의 값을 반환해 종속 변수와 독립 변수 간의 상관관계를 계산한다.

카이-제곱 및 분산 분석ANOVA과 같은 다른 많은 함수도 특성 선택에 도움이 될 수 있다. BigQuery에 직접 내장돼 있지 않지만 SQL에서 예제를 찾아서 적용할 수 있다(JavaScript UDF를 사용한다).

BQML과는 별개로 통계를 사용해 자동적으로 선택해 측정항목에 맞게 최적화할 수도 있다. 그러나 이 작업을 제대로 수행하려면 실제로 모델을 실행하고 측정항목을 계산하고 변경한 다음 다시 수행해야 한다. 수백 가지 특성에서 가능한 모든 조합을 보는 것은 사실상 불가능하므로 사용할 수 있는 통계정보를 기반으로 올바른 선택을 자동화한다. 이런 특성 선택을 위해서는 실제로 사용할 수 있는 Python ML 도구 키트를 사용하는 것이 가장 좋은 방법이며 20장에서는 Python과 BigQuery를 통합해 둘 사이를 원활하게 연결하는 방법을 살펴본다.

특성 추출

특성 선택은 이미 갖고 있는 열에서 선택하는 것을 의미하고, 특성 추출은 사용할 수 있는 데이터를 사용해 새 열을 만드는 것을 의미한다. 기능 인코딩 및 대치는 추출의 한 형태로 볼 수 있지만 일반적으로 더 복잡한 프로세스를 말한다. 고려 중인 문제를 더 잘 반영하는 데이터 포인트를 합성하는 것이 목표이며 때로는 필수적인 프로세스다. 특성 선택을 수행하지만 나머지 특성이 너무 커서 메모리에 맞지 않는 경우 너무 많은 충실도를 잃지 않고 더욱 간결하게 표현할 수 있는 방법을 찾아야 한다.

특성 추출은 관련 없는 데이터가 많은 데이터 세트에서 특히 중요하다. 오디오와 비디오는 너무 커서 압축하지 않은 상태로는 처리가 불가능하다. 2003년에 발명된 Shazam 알고리즘[16]은 특징 추출을 사용하는 음악 식별의 혁신적인 접근 방식을 사용했다. 간단히 말하면 시간 경과에 따른 피크 강도를 기반으로 오디오 트랙을 개별 해시로 축소한다. 식별을 위한 기록이 이뤄지면 동일한 해시 알고리즘을 거치며 데이터베이스에서 일치하는 항목을 검색한다. 추출된 특징은 (대부분의 경우) 배경 잡음에서 변하지 않으며 클러스터링 기술(예: k-평균)을 사용해 일치 가능성이 있는 항목을 찾을 수 있다.

---

16 www.ee.columbia.edu/~dpwe/papers/Wang03-shazam.pdf

기본적인 특성 추출 기술의 한 예로 임계 값을 설정하고 부울 값을 정의한다. 예를 들어 신용 점수가 800점 이상인 경우 1.0을 갖는 새 특성을 만든다.

BQML은 "사전 처리 함수Preprocessing Functions"라고 불리는 여러 가지 특성 추출 방법을 제공한다. ML.STANDARD_SCALER, ML.BUCKETIZE 및 ML.FEATURE_CROSS와 같은 함수는 모델을 만들 때 ML.TRANSFORM과 함께 사용할 수 있다.[17]

일반적인 특성 추출 방법 중 다른 하나로 "bag of words" 모델이 있다. bag of words 모델은 총 개수 또는 비율에 따라 텍스트를 단어 및 빈도 목록으로 변환한다. 복잡한 텍스트를 상대로 ML 모델에 예측할 수 있는 기능을 제공한다. 텍스트 사전 처리에는 구두점 필터링 및 필러filler 단어 제거도 포함한다.

bag of words 모델은 자연어 분석을 위한 중요한 전처리 단계이며 감정 분석에 매우 유용하다. 일반적인 감정 분석은 머신러닝 없이 수행할 수 있지만 이 기술을 특정 도메인의 감정 분석을 위한 분류기로 사용할 수 있다. 예를 들어 콜센터에서 수신하는 모든 티켓과 이메일에서 감정 분석을 실행해 관련 데이터에 대한 감정을 구체적으로 예측할 수 있다. 일반 감정 분석에서는 "교체를 요청한 지 한 달이 지났습니다."와 같은 항목을 중립으로 분류하지만 도메인별 분류 기준을 사용하면 고객이 불만족을 표현한다는 것을 알 수 있다. BigQuery에서 ML.NGRAMS 키워드를 사용해 이 방법을 사용한다.

ML.TRANSFORM

ML.TRANSFORM 키워드는 모델을 생성하는 동안 특성 선택과 추출을 모두 수행한다. 특정 열만 지정할 수 있기 때문에 선택한 열을 내장한다. 변환은 확장 및 버킷화와 같은 전처리 기능을 사용해 수행한다. 마지막으로 BQML은 가져오는 데이터 유형에 관계없이 자체적으로 인코딩을 수행한다.

다음 절의 예제에서 이 절차를 확인할 수 있다.

---

17 https://cloud.google.com/bigquery-ml/docs/reference/standard-sql/bigqueryml-preprocessing-functions#bucketize - 옮긴이

모델 생성

이제 SQL을 사용해 모델을 생성한다. SQL문은 제공된 입력 데이터를 사용해 모델의 생성 및 학습을 처리한다. 또한 모델을 나타내는 BigQuery 객체를 만든다. 평가 및 예측에서는 생성한 모델 이름을 참고한다.

동일한 입력 데이터를 사용해 서로 다른 유형의 모델을 만든 다음 예측을 수행하고 비교할 수 있다. 이런 방법을 "앙상블 모델링"이라고 한다. 여러 모델이 결과에 동의하면 예측에 가중치를 추가한다.

모델을 생성 하려면 CREATE MODEL문을 실행하고 생성할 모델의 종류와 기능을 표시한다.

모델 평가

TensorFlow를 제외한 모든 모델 유형의 경우 ML.EVALUATE를 사용해 모델의 성능을 확인할 수 있다. 모델 유형에 따라 반환하는 통계가 달라진다. 예를 들어 선형 회귀 모델은 RMSE 및 R^2와 같은 항목을 반환하고 분류 모델은 roc_auc 및 F1 점수와 같은 항목을 반환한다.

사용 사례에 어떤 종류의 성능이 필요한지에 따라 이런 측정항목은 데이터를 다시 처리하거나 특성 선택 및 추출이 더 필요함을 나타낸다. 여러 모델을 훈련하고 성능을 비교해야 할 수도 있다. 때때로 이 반복적인 프로세스를 특성 엔지니어링이라고 한다.

이 프로세스를 반복하면 측정항목을 원하는 결과로 수렴한다. 일반적으로 모델이 최상의 상태에 가까워지면 측정항목이 안정화된다. 특정 시점에서 "충분히 좋다"라고 선언하고 모델 예측에 사용한다.

모델을 사용한 예측

예측은 ML.PREDICT 키워드를 사용해 수행한다. 이 키워드는 모델 생성에 사용하는 모델 및 테이블 소스를 사용한다. 결과 열은 "predicted_"을 접두사로 사용해 결과 데이터를 보여준다. 예를 들어 모델이 "purchases"라는 소스 열에서 고객이 내년에 지출할 금액을 예측하는 경우 ML 결과는 "predicted_purchases"라는 열에 표시한다.

선형 회귀 모델의 경우 predicted_ 값은 숫자이고, 분류 모델의 경우 예측된 분류 라벨로 표시한다. BQML은 예측에 동일한 자동 기능 인코딩을 수행한다.

모델 내보내기

모델의 최종 대상이 BigQuery가 아니거나 다른 사용자가 Python 작업을 위해 동일한 모델에 액세스해야 하는 경우 모델을 TensorFlow 형식으로 내보낼 수 있다.

앞서 설명한 모든 모델 유형이 내보내기가 가능하다. 데이터 과학자가 파일을 잃어버릴 경우를 대비해 TensorFlow에서 가져온 모델에서도 동작한다. 그러나 ML.TRANSFORM을 사용했거나 입력 특성에 ARRAY, TIMESTAMP 또는 GEOGRAPHY 유형이 있는 경우에는 동작하지 않는다(이 글을 쓰는 현재 k-means 유형만 GEOGRAPHY를 지원한다).

내보내기를 사용하려면 왼쪽 창의 탐색기에서 모델을 클릭한 후 **모델 내보내기**를 클릭한다.

예제

19장의 마지막 절에서는 지금까지 배운 모든 것을 사용한 예제를 접해본다. 기술적 배경을 감안할 때 BQML을 사용해 얼마나 쉽게 머신러닝 모델을 만들 수 있는지 경험할 수 있다.

BigQuery에서 제공하는 공개 데이터 세트를 사용한다. 물론 각 모델 유형에 적합한 본인의 웨어하우스에 있는 모든 데이터를 사용할 수 있다.

k-평균 군집화

메트로폴리탄 예술 박물관Metropolitan Museum of Art의 컬렉션을 검사하고 분할해 박물관의 수집 관행이나 여러 가지 예술 카테고리를 알아보겠다. 분석을 위해 k-평균 군집화를 사용한다(약 85MB에 불과한 작은 데이터 세트이기 때문에 모든 열을 확인해도 무료 등급으로 사용할 수 있다).

k-평균 군집화는 비지도 머신러닝의 한 형태다. 세그먼트 수가 주어지면 각 클러스터에 있는 모든 데이터의 "평균"을 기준으로 세그먼트에 대한 논리적 그룹을 찾는다. 클러스터가 안

정화될 때까지 반복한다. BigQuery에서 k-평균 클러스터링 모델을 만들려면 먼저 데이터를 준비한다.

데이터 분석

데이터는 "bigquery-public-data.the_met.objects"에 저장돼 있다. 열을 살펴보자. object_number와 같은 식별 열은 데이터를 편향시킬 것이기 때문에 필요 없다. 초기 분석을 바탕으로 다음과 같은 결론을 내릴 수 있다.

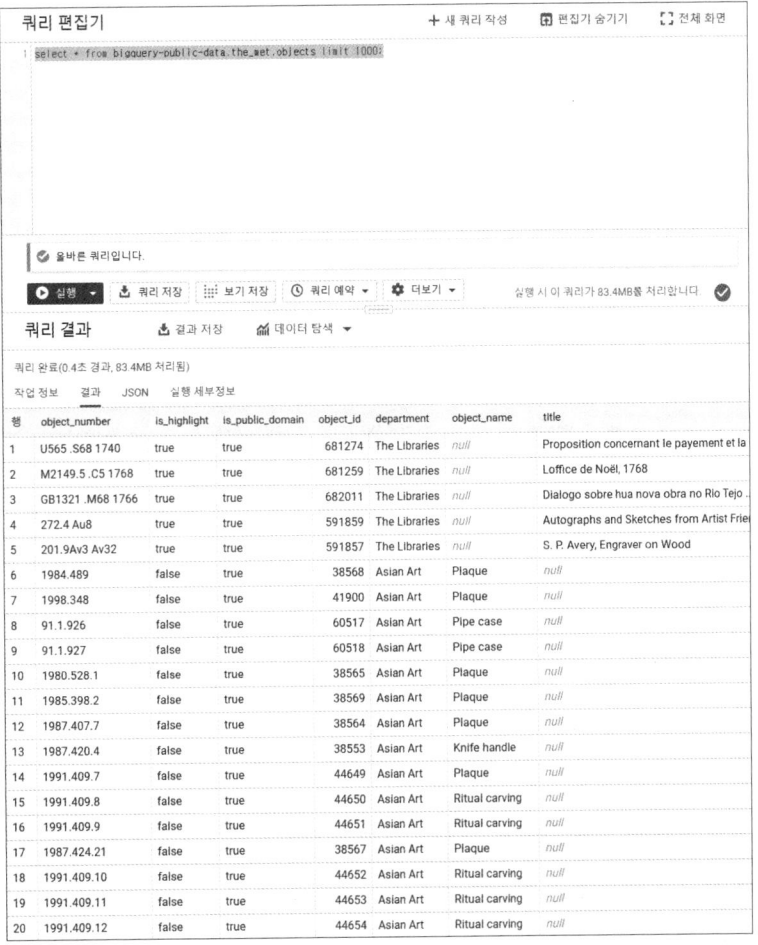

▲ 그림 19-8 bigquery-public-data.the_met.objects 테이블 데이터

필드 이름	유형	모드	정책 태그
object_number	STRING	NULLABLE	
is_highlight	BOOLEAN	NULLABLE	
is_public_domain	BOOLEAN	NULLABLE	
object_id	INTEGER	NULLABLE	
department	STRING	NULLABLE	
object_name	STRING	NULLABLE	
title	STRING	NULLABLE	
culture	STRING	NULLABLE	
period	STRING	NULLABLE	
dynasty	STRING	NULLABLE	
reign	STRING	NULLABLE	
portfolio	STRING	NULLABLE	
artist_role	STRING	NULLABLE	
artist_prefix	STRING	NULLABLE	
artist_display_name	STRING	NULLABLE	
artist_display_bio	STRING	NULLABLE	
artist_suffix	STRING	NULLABLE	
artist_alpha_sort	STRING	NULLABLE	
artist_nationality	STRING	NULLABLE	
artist_begin_date	STRING	NULLABLE	
artist_end_date	STRING	NULLABLE	
object_date	STRING	NULLABLE	

▲ 그림 19-9 bigquery-public-data.the_met.objects 테이블 스키마

- "department"는 선별된 분류이기 때문에 특성으로 선택하기 좋은 열이다.
- 작품에는 "title" 필드, 인공물 등에는 "object_name" 필드를 사용하므로 분류에 사용하기 어려울 수 있다. 대신 "classification" 필드를 사용한다.
- "culture" 필드도 좋은 특성일 수 있지만 관련없는 데이터가 많다.

- "object_begin_date"와 "object_end_date"는 작품의 작업 날짜를 보여주며 형식이 잘 맞기 때문에 사용하도록 한다.
- "credit_line"은 수집 관행에 대한 단서를 제공할 수 있기 때문에 흥미로울 수 있으나 너무 많은 다른 값이 존재한다.
- link_resource, metadata_data 및 repository는 모두 제외한다. 저장소에는 Met라는 값만 있다. link_resource는 다른 형태의 식별자이며 metadata_data는 기껏해야 데이터를 누출한다.

이 분석을 기반으로 다음과 같은 특성을 선택한다.

- **department**: 박물관의 부서
- **object_begin_date, object_end_date**: 작품이 생성된 시기
- **classification**: 어떤 종류의 작품인가
- **artist_alpha_sort**: 아티스트 이름

아티스트에 대한 정보를 특성으로 선택할 수 있는지 검토해 보자. 아티스트 정보는 약 43%의 데이터만 존재한다. 하지만 익명 작품과의 차이를 알려줄 수 있으니 특성으로 선택하도록 하겠다. 일반 아티스트 열에 불규칙성이 있는 것을 우려해 "artist_alpha_sort"를 선택한다.

특성 추출은 해야 하는가? 이 단계에서는 출력을 파악할 때까지 BQML이 알아서 데이터를 인코딩하게 놔두고 특성 추출은 넘어가겠다.

이상치 데이터를 필터링한다. 객체 날짜의 최고치를 Select하면 "18591861"이라는 결과가 나온다. 사실은 1859-1861이어야 하므로 해당 데이터는 오류로 취급한다.

모델 생성

다음 SQL 쿼리로 모델을 생성한다.

```
CREATE OR REPLACE MODEL `<project_id>.<dataset>.metkmeans`
OPTIONS(model_type="kmeans", num_clusters=5) AS
SELECT
```

```
department,
object_begin_date,
object_end_date,
classification,
artist_alpha_sort
FROM `bigquery-public-data.the_met.objects`
WHERE object_begin_date < 2025 and object_end_date < 2025
```

이 모델을 처리하고 학습하는 데 약 2분이 걸린다. 실행을 완료하면 지정된 위치에 모델을 생성한다. UI에서 모델을 열면 발견된 클러스터의 일부가 시각화를 보인다. 결과는 그림 19-10에서 확인한다.

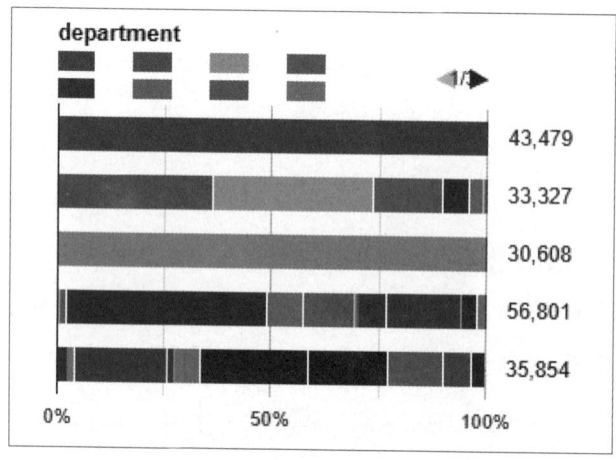

▲ 그림 19-10 작품 유형에 따른 k-평균 시각화

클러스터 1과 3은 모두 각각 "Drawings and Prints"로 구성됐고, 클러스터 2는 "European Sculpture and Decorative Arts"로 구성됐다. 클러스터 4는 이집트, 그리스, 로마의 예술품으로, 클러스터 5는 사진과 미국 미술 등으로 분류됐다.

평가와 예측

k-평균 모델은 데이비스-볼딘 지수와 평균 제곱 거리라는 두 가지 평가 측정항목을 반환한다. 모델을 개선하려면 해당 지수를 낮춰야 한다. 더 낮은 점수를 찾으려고 클러스터 수를 변경하는 것이 데이터에 대한 최적의 클러스터 수를 결정하는 한 가지 방법이다.

이제 모델을 사용해 예측해 보자. 예술적 가치를 모르는 상태에서 경쟁 박물관을 열고 누군가 뭔가를 기부한다고 가정한다. 예술품을 어떤 곳에 둬야 하는가? 간단한 예측을 위해 다음 쿼리는 예측 함수에 직접 데이터 행을 지정한다. 실제 상황에서는 전체 테이블을 상대로 실행한다. 누군가 렘브란트를 기부했다고 가정해 보자.

```
SELECT
  *
FROM
  ML.PREDICT( MODEL `<project_id>.<dataset>.metkmeans`,
    (
    SELECT
      "Painting" department,
      1641 object_begin_date,
      1641 object_end_date,
      "Prints" classification,
      "Rembrandt van Rijn" artist_alpha_sort,
      ) )
```

department 이름을 아무것이나 넣었지만 클러스터 1을 권장한다.

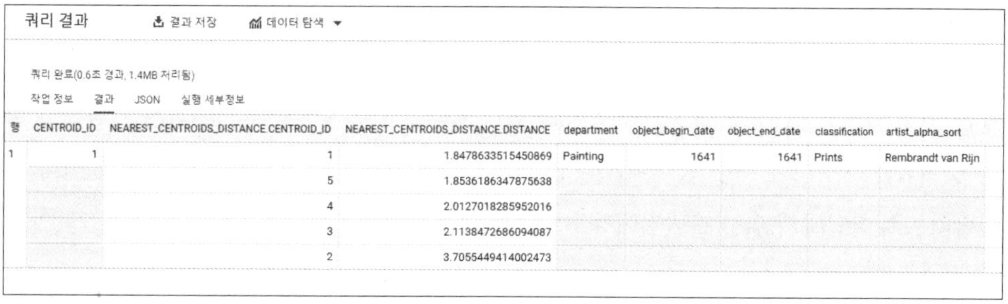

행	CENTROID_ID	NEAREST_CENTROIDS_DISTANCE.CENTROID_ID	NEAREST_CENTROIDS_DISTANCE.DISTANCE	department	object_begin_date	object_end_date	classification	artist_alpha_sort
1	1	1	1.8478633515450869	Painting	1641	1641	Prints	Rembrandt van Rijn
		5	1.8536186347875638					
		4	2.0127018285952016					
		3	2.1138472686094087					
		2	3.7055449414002473					

▲ 그림 19-11 모델 예측 결과

추가사항

같은 데이터 세트에는 각 객체에 대한 컴퓨터 비전 API의 결과가 포함된 테이블[18]이 있다.

---

18 bigquery-public-data:the_met.vision_api_data - 옮긴이

이 테이블에는 작품이 화가 났는지, 즐거웠는지 또는 놀랐는지 등의 데이터가 있다. 또한 랜드마크를 식별하고 위치를 기록해 놨다. 주제 또는 위치별로 작품을 분류해 보는 흥미로운 프로젝트를 진행할 수 있다.

분류

데이터 분류는 지도 학습 모델 중 하나다. BQML은 이진 또는 다중 클래스를 지원한다. 교통사고에 대한 NHTSA(National Highway Traffic Safety Administration) 데이터를 살펴보고 질문에 답하기 위한 모델을 개발해 보겠다. k-평균과는 달리 사고와 승객에 대한 정보가 주어지면 자동차 사고 때문에 사망자가 발생할 때 어떤 승객이 생존할 가능성이 있다고 평가할 수 있는지에 대한 질문에 답해 보고자 한다.

인간미가 없는 질문처럼 보일지 모르지만 실제 세계에서는 상당한 영향을 미치는 질문이다. 유감스럽게도 불행한 사고는 언제나 발생한다. 높은 사망률과 관련된 요인을 알면 거시적인 관점에서 비상 대응에 도움이 될 수 있다. 자동차 안전, 도로 유지 관리 또는 가로등 공급을 개선하려고 사망 위험을 크게 증가시킬 수 있는 여러 요인을 특성화할 수 있다. 사고에 대한 일부 정보만 제공하면 현장에서 직접 도움이 될 수도 있다. 긴급 서비스가 현장에 얼마나 빨리 도착해야 하는지, 어떤 승객이 가장 위험에 처해 있는지를 알려줄 수 있다.

물론 이 모델이 모든 것을 다 해주지는 않는다. 사고가 났을 때 적어도 한 명의 사망자가 나올 것이라는 가정하에 어떤 승객이 그 사고에서 살아남을 수 있는지 같은 질문에 얼마나 잘 대답하는지 확인하기 위한 출발점이다.

데이터 분석

이 모델에서는 bigquery-publicdata:nhtsa_traffic_fatalities의 공개 데이터 세트를 사용한다. 상황을 명확하게 파악하려면 데이터 세트의 여러 테이블을 살펴본다. 2015년의 데이터를 사용한다.

- accident_2015: 시간, 위치, 관련된 사람과 차량 수를 포함해 사고에 대한 최상위 데이터다.

- **vehicle_2015**: 사고에 관련된 각 차량에 대한 정보가 있다. 여기에는 차량 유형 및 손상을 포함한다. 사고 전 차량의 안정성, 충격 영역 및 사건의 순서를 설명한다.
- **person_2015**: 차량 승객, 자전거 이용자, 보행자를 포함해 사고의 영향을 받은 각 사람에 대한 정보가 있다. 연령, 알코올 또는 약물 사용, 승객의 에어백 배치 여부와 같은 인구 통계학적 특성을 포함한다. 또한 이 사람이 해당 사고에서 살아남았는지를 나타내는 대상 라벨도 있다.

이 예제에서는 사용할 수 있는 방대한 데이터 배열을 고려하면 특성 선택에 상당한 시간이 걸린다. 운전자 장애, 주의 산만, 피해 유형, 운전자가 위반으로 기소됐는지 등을 설명하는 다른 테이블도 있다. 이 데이터 세트는 모든 종류의 회귀 및 분류 모델을 구축하는 데 적합하다.

더 자세한 세부사항을 파악하려면 NHTSA 분석 사용자 매뉴얼[19](출판물 812602)을 참고한다. 여기에는 모든 데이터 포인트에 대한 데이터 용어집이 있으며 기능 추출 및 변환 시에 유용하다.

예측을 위해 몇 가지 특성을 선택한다.

- **General**: 사고는 어디서 발생했는가? 어떻게 발생했는가? 도로는 어땠는가? 낮이었나, 밤이었나? 어떤 도로에서 발생했는가?
- **Accident**: 사고를 일으킨 첫 번째 일은 무엇인가? 충돌인가? 그렇다면 어떤 종류의 충돌이었나?
- **Vehicle**: 각 승객은 어떤 차량을 타고 있었나? 속도 제한이 있었는가? 관련된 다른 요인이 있었는가? 차량 손상이 얼마나 심각했는가? 전복됐나? 차량이 어떻게 현장을 떠났는가?
- **Person**: 몇 살이었는가? 차량 어디에 위치했는가? 승객이 안전벨트를 매고 있었는가? 에어백이 전개했는가?
- **Response**: 응급 서비스가 도착하는 데 얼마나 걸렸는가? 사람을 병원으로 이송하는 데 얼마나 걸렸나?

---

19 https://crashstats.nhtsa.dot.gov/Api/Public/ViewPublication/812602

이 탐색을 수행하는 데만 몇 시간이 걸린다. 특성 선택 및 추출의 결과로 즉각적인 인사이트를 발견했다고 생각하지 말자. 충격 영역, 과속에 대한 이전의 유죄 판결, 다양한 개인 속성, 충돌 전에 수행한 기동, 날씨 또는 참작 상황 등은 선택하지 않았다. 대부분의 특성들은 약간만 도움이 되거나 다른 요인에 가려지기 때문이다.

모델 생성

복잡한 모델의 경우 뷰에서 전처리된 데이터를 정의하는 것이 좋다. 전처리를 사용해 쿼리 선택 시 수행 중인 추출을 어떻게 개발하고 있는지 확인하고 온전한 상태를 확인할 수 있다. 또한 모델 생성문을 훨씬 더 깔끔하게 만들어 준다. 꼭 필요한 것은 아니지만 실제로 모델을 반복해서 실행하지 않고 구축 중인 입력 데이터를 보는 것이 유용하다.

이 모델에 대한 최종 뷰를 다음과 같이 생성한다.

```
SELECT
  *
FROM
  ML.PREDICT( MODEL `<project_id>.<dataset>.metkmeans`,
    (
    SELECT
      "Painting" department,
      1641 object_begin_date,
      1641 object_end_date,
      "Prints" classification,
      "Rembrandt van Rijn" artist_alpha_sort,
    ) )




CREATE OR REPLACE VIEW
  `<project_id>.<dataset>.qml_nhtsa_2015_view` AS
SELECT
  a.consecutive_number,
  a.county,
  a.type_of_intersection,
  a.light_condition,
  a.atmospheric_conditions_1,
```

```sql
    a.hour_of_crash,
    a.functional_system,
    a.related_factors_crash_level_1 related_factors,
    CASE
      WHEN a.hour_of_ems_arrival_at_hospital BETWEEN 0 AND 23 AND a.hour_of_ems_arrival_at_
hospital - a.hour_of_crash > 0 THEN a.hour_of_ems_arrival_at_hospital - a.hour_of_crash
      ELSE
      NULL
END
    delay_to_hospital,
    CASE
      WHEN a.hour_of_arrival_at_scene BETWEEN 0 AND 23 AND a.hour_of_arrival_at_scene - a.
hour_of_crash > 0 THEN a.hour_of_arrival_at_scene - a.hour_of_crash
      ELSE
      NULL
END
    delay_to_scene,
    p.age,
    p.person_type,
    p.seating_position,
    CASE p.restraint_system_helmet_use
      WHEN 0 THEN 0
      WHEN 1 THEN 0.33
      WHEN 2 THEN 0.67
      WHEN 3 THEN 1.0
    ELSE
    0.5
END
    restraint,
    CASE
      WHEN p.injury_severity IN (4) THEN 1
    ELSE
    0
END
    survived,
    CASE
      WHEN p.rollover IN ("", "NO Rollover") THEN 0
    ELSE
    1
END
    rollover,
```

```sql
      CASE
        WHEN p.air_bag_deployed BETWEEN 1 AND 9 THEN 1
      ELSE
      0
END
      airbag,
      CASE
        WHEN p.police_reported_alcohol_involvement LIKE ("%Yes%") THEN 1
      ELSE
      0
END
      alcohol,
      CASE
        WHEN p.police_reported_drug_involvement LIKE ("%Yes%") THEN 1
      ELSE
      0
END
      drugs,
      p.related_factors_person_level1,
      v.travel_speed,
      CASE
        WHEN v.speeding_related LIKE ("%Yes%") THEN 1
      ELSE
      0
END
      speeding_related,
      v.extent_of_damage,
      v.body_type body_type,
      v.vehicle_removal,
      CASE
        WHEN v.manner_of_collision > 11 THEN 11
      ELSE
      v.manner_of_collision
END
      manner_of_collision,
      CASE
        WHEN v.roadway_surface_condition > 11 THEN 8
      ELSE
      v.roadway_surface_condition
END
      roadway_surface_condition,
```

```
      CASE
        WHEN v.first_harmful_event < 90 THEN v.first_harmful_event
      ELSE
      0
    END
      first_harmful_event,
      CASE
        WHEN v.most_harmful_event < 90 THEN v.most_harmful_event
      ELSE
      0
    END
      most_harmful_event,
    FROM
      `bigquery-public-data.nhtsa_traffic_fatalities.accident_2015` a
    LEFT OUTER JOIN
      `bigquery-public-data.nhtsa_traffic_fatalities.vehicle_2015` v
    USING
      (consecutive_number)
    LEFT OUTER JOIN
      `bigquery-public-data.nhtsa_traffic_fatalities.person_2015` p
    USING
      (consecutive_number)
```

쿼리를 하나씩 살펴보는 대신 다음 표를 참고해 각 열이 수행하는 작업과 모델 생성 전에 데이터를 선택하거나 추출하는 데 필요한 전처리가 무엇인지를 확인하자.

consecutive_number	모든 레코드에 대한 고유 식별자
county	사고가 발생한 카운티 ID
type_of_intersection	교차로 유형(교차로, 사거리, 원형 교차로 등)
light_condition	빛의 유형 및 수준(일광, 야간 조명 등)
atmospheric_conditions_1	날씨(맑음, 비, 눈, 진눈깨비 등)
hour_of_crash	충돌이 발생한 시간(0~23)
functional_system	도로 유형(주간, 주, 부, 지역 등)
related_factors_crash_level_1	충돌과 관련된 다양한 상태(침수, 건설 불량, 도로 분뇨, 학교 구역 등)
delay_to_hospital	승객을 현장에서 병원으로 이송하는 데 걸린 시간
delay_to_scene	EMS가 현장에 도착하는 데 걸린 시간

필드	설명
age	사람의 나이(5년 간격으로 버킷화함)
person_type	그 사람이 운전자, 승객 또는 기타 비자동차 운전자인지 여부
seating_position	사람이 차에 앉은 위치
restraint	그 사람의 벨트 상태 점수(없음 0, 무릎 벨트 0.33, 어깨 벨트 0.67, 모두 1.0)
survived	살았는지에 대한 여부
rollover	차량 전복 여부
airbag	에어백 전개 여부
alcohol	음주 관련 신고 여부
drugs	약물 관련 보고 여부
related_factors_person_level_1	신체장애 등 사람과 관련된 모든 요인
travel_speed	이동 속도(시간당 마일), 10mph 단위로 버킷화됨
speeding_related	사고 당시 관련 차량이 과속을 했는지 여부
extent_of_damage	차량에 발생한 손상 정도(없음, 경미, 기능, 비활성화)
body_type	이 사람이 관련된 차량의 유형(자동차, 버스, 오프로드, 트럭, 밴, 오토바이 등에 해당하는 일련의 범주로 분류됨)
vehicle_removal	차량이 현장에서 제거된 방법(자체 동력, 견인 등)
manner_of_collision	차량이 관련된 충돌의 종류(없음, 리어 엔드, 프론트 온, 사이드스와이프 등)
roadway_surface_condition	사고 당시 도로 상태(건조, 젖음, 진창, 고인 물 등)
first_harmful_event	사고에서 첫 번째 사고 피해(화재, 도랑, 연석, 건물, 교량, 사람, 우편함 및 기타 수백 가지)에 대한 숫자 코드
most_harmful_event	사고에서 가장 위험한 사고(화재, 도랑, 연석, 건물, 교량, 사람, 우편함 및 기타 수백 가지)에 대한 숫자 코드

TRANSFORM 키워드를 사용해 모델에 로드할 때 추가 처리를 수행한다. TRANSFORM을 사용해 열을 버킷화하는 것은 복잡한 CASE문에서 수행하는 것보다 훨씬 깔끔하고 읽기 쉽다. 모델 생성문은 다음과 같다.

```
CREATE OR REPLACE MODEL
  `<project_id>.<dataset>.bqml_nhtsa_2015` TRANSFORM ( county,
    type_of_intersection,
    light_condition,
    atmospheric_conditions_1,
```

```
      ML.QUANTILE_BUCKETIZE(hour_of_crash,
        6) OVER() bucketized_hour,
      ML.BUCKETIZE(functional_system,
        [1, 4, 7]) functional_system,
      related_factors,
      ML.STANDARD_SCALER(delay_to_hospital) OVER() delay_to_hospital,
      ML.STANDARD_SCALER(delay_to_scene) OVER() delay_to_scene,
      ML.QUANTILE_BUCKETIZE(age,
        5) OVER() bucketized_age,
      ML.BUCKETIZE(person_type,
        [1, 6, 9]) person_type,
      ML.BUCKETIZE(seating_position,
        [0, 10, 11, 21, 31, 40]) seating_position,
      restraint,
      rollover,
      airbag,
      alcohol,
      drugs,
      related_factors_person_level1,
      ML.QUANTILE_BUCKETIZE(travel_speed,
        10) OVER() travel_speed,
      speeding_related,
      ML.BUCKETIZE(body_type,
        [0, 10, 20, 30, 40, 50, 60, 80, 90, 91, 92, 93, 94, 95, 96, 97] ) body_type,
      vehicle_removal,
      manner_of_collision,
      roadway_surface_condition,
      first_harmful_event,
      most_harmful_event,
      survived ) OPTIONS (model_type="logistic_reg",
      input_label_cols=["survived"]) AS
SELECT
  * EXCEPT (consecutive_number)
FROM
  `bqml_nhtsa_2015_view`
```

위 쿼리문은 model_type을 "logistic_reg"로 지정하고 대상 라벨을 "survived"로 지정해 분류 모델을 생성한다. 1은 생존을 나타내도록 뷰에서 정의한 열이다.

모델을 생성할 때 데이터를 추가로 변환하려고 세 가지 전처리 함수를 사용했다.

- **BUCKETIZE**: 범주형 열에 대한 분할 지점을 만든다. 분할 지점은 데이터 사전을 참고하고 공통 유형을 함께 그룹화해 결정했다. 예를 들어 seat_position열에서 10-19는 앞줄, 20-29는 두 번째 줄, 30-39는 세 번째 줄로 분할했다. 승객이 정확히 어디에 앉았는지에 대한 모든 데이터를 포함하는 대신 이 기능을 추출해 행만 전달한다.
- **QUANTILE_BUCKETIZE**: 범위가 유용하지만 특정 값이 작게 세분화된 값을 나타낸다. 예를 들어 차량 속도는 10 단위로만 고려한다.
- **STANDARD_SCALER**: 절댓값보다 상대 값이 더 중요한 열에 사용한다. 응급 서비스가 도착하는 데 걸리는 정확한 시간이 평균보다 빠른지, 느린지만 파악한다.

이 명령문이 실행되면 BQML이 모델을 빌드한다. 이 모델은 실행하는 데 1~2분이 걸리며 17.6MB의 ML 데이터를 사용한다.

평가

모델이 생성되면 통계를 검토한다.

이진 분류 모델을 수행할 때 BQML은 "임계 값"에 대한 슬라이더를 사용해 각 임계 값에 대한 통계를 볼 수 있다. 로지스틱 회귀는 실제로 특정 신뢰 임계 값에서 결정을 0에서 1로 뒤집는 선형 회귀다. 모델을 올바르게 보정하려면 가장 중요한 통계를 결정하고 해당 임계 값을 예측에 사용한다. 모델을 열고 평가 탭을 클릭해 보자.

이 모델의 로그 손실은 0.5028로 보인다. 균등 가중치 데이터의 경우 모든 인스턴스를 중립적으로 추측하면 0.5는 로그 손실이 ≈0.693이다. 표본당 생존 확률은 0.35에 가깝다. 이 결과는 확률 로그 손실이 0.693보다 낮아야 함을 의미한다. 하지만 0.50은 직관적으로 적절한 예측 모델을 나타내는 것으로 간주된다. Brier 점수 계산과 같이 BQML 밖에서 수행할 수 있는 고급 분석도 있다. 로그 손실은 부정확한 분류에 너무 큰 불이익을 준다는 점을 감안할 때 다소 가혹한 측정항목으로 알려져 있다.

ROC AUC는 0.8149다. 아주 좋은 수치로 모든 임계 값에서 모델이 양수 및 음수 81% 정확함을 의미한다.

그림 19-12는 중간에 가장 가까운 임계 값인 0.5100에서 다른 매개변수에 대한 BQML의 평가를 보여준다.

▲ 그림 19-12 임계 값에 따른 모델 평가

해당 임계 값에서 모델은 모든 생존자의 43%와 모든 사망자의 93%를 정확하게 식별하며 정확성은 7%다. 나쁜 점수는 아니며 정밀도와 재현율 모두에 최적화된 F1 점수는 55% 정도로 나온다.

이제 최적화할 대상을 결정해야 한다. 가중치를 부여하거나 재현율을 높이거나 F1 측정 값을 최대화하면서 둘의 균형을 찾는 방법을 찾아봐야 한다.

BQML은 또한 그림 19-13에 표시된 모든 임계 값에 대한 차트를 제공한다.

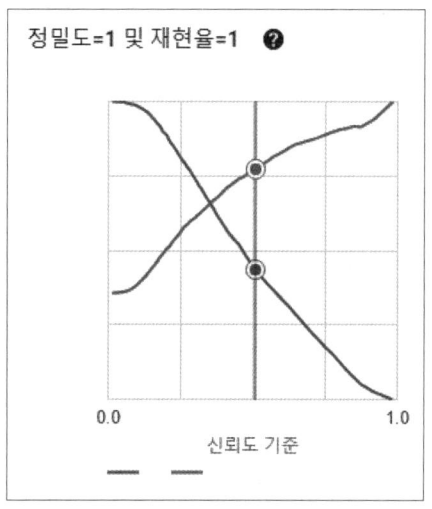

▲ 그림 19-13 정밀도 및 재현율 곡선

여기서 정밀도와 재현율 간에 예상되는 관계를 볼 수 있다. 임계 값이 0이면, 즉 긍정적인 예측이 이뤄지지 않고 항상 옳지만 가치가 없다. 모델이 긍정적인 결과를 더 자주 선택하기 시작하면 정밀도가 떨어지고 재현율이 높아진다.

일반적인 경우 개인적인 의견으로는 F1 조치의 우선순위를 지정하는 것이 바람직하다고 생각한다. 삶과 죽음의 상황에서는 거짓 양성과 거짓 음성 모두 매우 나쁜 결과를 초래한다. F1 점수를 최적화하면 최종 임계 값이 주어지고 결과는 그림 19-14와 같다.

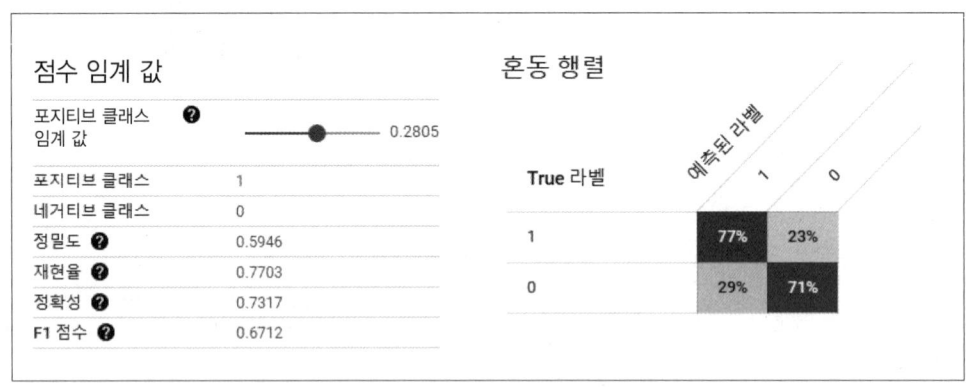

▲ 그림 19-14 F1 점수가 가장 높은 임계 값

0.2805의 임계 값에서 모델은 73%의 정확성을 가지며 생존자의 77%와 사망자의 71%를 정확하게 식별한다. 참 양성을 77%로 높이려고 참 음성을 희생했다. F1 점수가 0.6712로 올라간 것을 확인할 수 있다.

전반적으로 이 모델은 끔찍하게 나쁘진 않다. 변수가 너무 많아 예측이 쉽지 않다는 점을 감안할 때 실제로는 꽤 좋은 첫 번째 시도다. 그러나 기존 기능의 교차 또는 특정 조건을 증폭시키기 위해 더 복잡한 추출을 바탕으로 데이터에 더 깊이 숨어 있는 다른 상관 변수를 찾아야 할 수도 있다. 예를 들어 특정 위치에서 특정 시간에 특정 유형의 도로를 사용하면 생존 확률이 크게 낮아질 수 있다. 실제로 일부 조합은 특성 세트에 대한 이상치를 구성할 수 있으며 예측 모델을 낮출 수 있다.

Prediction 예측

모델을 사용해 예측하려고 1년 분량의 데이터를 사용한다. 다음 쿼리는 비교하려고 2016년 결과에서 혼동 행렬을 수동으로 구성했다. 하지만 다른 값을 생성하려면 직접 조작한다.

먼저 이전에 생성한 bqml_nhtsa_2015_view 대신 bqml_nhtsa_2016_view로 새로운 뷰를 생성한다(조인하는 테이블 모두 2016년의 데이터를 사용한다).

```
CREATE OR REPLACE VIEW ``<project_id>.<dataset>.bqml_nhtsa_2016_view`
...(중략)...
FROM `bigquery-public-data.nhtsa_traffic_fatalities.accident_2016` a
LEFT OUTER JOIN `bigquery-public-data.nhtsa_traffic_fatalities.vehicle_2016` v
USING (consecutive_number)
LEFT OUTER JOIN `bigquery-public-data.nhtsa_traffic_fatalities.person_2016` p
USING (consecutive_number)
```

위 쿼리를 실행하면 2016년에 동일한 정보가 모두 포함된 새 뷰를 생성한다. 모델에 한 번도 본 적이 없는 데이터가 포함돼 있지만 라벨이 지정한 결과가 포함되므로 예측 기능을 테스트할 수 있다.

```
SELECT confusion, COUNT(confusion), COUNT(confusion)/ANY_VALUE(total)
FROM
(
SELECT CASE
  WHEN survived = 1 and predicted_survived = 0 THEN 1
  WHEN survived = 1 and predicted_survived = 1 THEN 2
  WHEN survived = 0 and predicted_survived = 1 THEN 3
  WHEN survived = 0 and predicted_survived = 0 THEN 4
  END confusion,
  CASE WHEN survived = 1 THEN 58613 -- total survivors
  WHEN survived = 0 THEN 105087 -- total fatalities
  END total
FROM
  ML.PREDICT(MODEL `<project_id>.<dataset>.bqml_nhtsa_2015`,
  (SELECT * FROM `<project_id>.<dataset>.bqml_nhtsa_2016_view`),
  STRUCT(0.2805 AS threshold))
  )
GROUP BY confusion;
```

2015년 모델의 0.2805 임계 값을 사용한 것을 염두에 둔다. 다음 결과는 혼동 행렬을 나타낸다.

쿼리 완료(0.1초 경과, 캐시됨)		
작업 정보	결과	JSON
confusion	f0_	f1_
2	45508	0.7764147885281423
1	13105	0.22358521147185778
4	74443	0.7083939973545729
3	31364	0.298457468573658

▲ 그림 19-15 분류 모델의 혼동 행렬

결과는 이전과 비교했을 때와 거의 동일해 보이며 이 모델이 다른 연도에도 동일한 예측력을 유지함을 시사한다. 2년간의 데이터는 충분히 큰 표본은 아니지만 비과학적 분석에서 모델이 매우 정확하게 정렬되는 것을 보는 것은 고무적인 결과다.

추가사항

다음 단계로 특성 엔지니어링을 수행한다. 데이터에서 단일 특성을 정리하면서 최대 F1 및 AUC를 낮췄다. 하지만 승객 또는 차량 데이터 클러스터를 나타내는 더 나은 특성이 있다. 특성 추출이 많을수록 이상치 데이터를 더 잘 이해할 수 있고 이상치를 제거하면 정밀도가 향상될 수 있다.

모델에서 해결할 수 있는 몇 가지 질문은 다음과 같다.

- 특정 차종이나 모델이 치명적인 사고에 연루될 가능성이 더 높은가?
- 자전거 운전자가 특정 유형의 차량에 다치거나 사망할 가능성이 더 높은가?
- 키나 몸무게와 같이 사망률을 변화시키는 신체적 특성이 있는가?
- 사고 직전 차량의 행동이 중요한가?
- 이전 주행 성능이 실제로 사고와 관련된 사망률의 요소인가?

- 특정 도로나 고속도로가 특히 위험한 것으로 식별될 수 있는가? 도로 이름, 마일 표시, 사고의 위도/경도를 모두 사용할 수 있다. 특정 지역의 사고 지리에 대한 k-평균 클러스터링을 수행하면 사망률이 훨씬 높은 일부 위험한 지역으로 이어질 수 있다.

앞서 살펴본 모델을 바탕으로 단순한 이진 분류로도 할 수 있는 작업들에 대한 영감을 받을 수 있길 바란다. BQML을 사용해 여러 가지 실험을 직접 해보자.

요약

BigQuery ML 또는 BQML은 데이터 과학자가 아닌 사람들을 위해 머신러닝을 대중화한 기능이다. 머신러닝은 인공지능의 하위 분야이며 통계, 수학 및 컴퓨터과학에서 단서를 얻는다. 하지만 "인간을 위한" 머신러닝을 연습하는 것이 중요하다. 머신러닝 모델의 해석 가능성과 윤리는 이 기술을 사용할 때 주 고려사항이다. UI에서 직접 SQL을 사용하면 BigQuery에서 머신러닝 모델을 처리하고 학습시킬 수 있다. BQML은 k-평균 군집화, 회귀 및 이진 분류를 포함해 여러 유형의 지도 및 비지도 학습 모델을 모두 지원한다. 각 모델 유형의 성능을 측정하는 것은 예측력을 이해하는 데 중요하다. 모든 유형의 ML 모델의 절차는 데이터 전처리, 모델 생성, 성능 평가 후 예측으로 유사하게 진행한다. 두 가지 예를 바탕으로 단순한 모델로 만들어 낼 수 있는 놀라운 결과를 살펴봤다.

20장에서는 Kaggle, Jupyter Notebook, Python 및 BigQuery로의 특수한 통합을 바탕으로 한 데이터과학 및 머신러닝 커뮤니티를 살펴본다.

20장

Jupyter Notebook과 공개 데이터 세트

BigQuery는 외부 데이터 세트를 쿼리할 수 있다. 이 기능은 대부분 다른 Google Cloud Platform 서비스에서 호스팅되는 데이터 통합 쿼리에 사용하거나 해당 데이터를 자체 웨어하우스로 로드하는 데 사용했다. 구글은 Google BigQuery Public Datasets 프로그램을 사용해 암호 화폐, 정치, 지질학 및 의료 데이터와 같은 수백 개의 공개 데이터 세트를 호스팅한다.[1]

캐글Kaggle은 100만 명이 넘는 데이터과학 및 기계학습 실무자 커뮤니티다. 경쟁 기반 데이터 과학 플랫폼으로 출발했으며 대회에서 상금을 주고 그 대가로 모델을 사용할 수 있는 라이선스를 얻는다. 캐글은 모델의 기술적 작업에 대한 심층 분석을 위해 우승 팀과 자주 인터뷰를 한다. 수천 명의 참가자들이 치열한 경쟁을 치르면서 고품질 결과를 생성한다. 캐글을 방문하고 둘러보자. SQL 기반 비즈니스 인텔리전스와는 아주 다른 세상을 경험할 수 있다.

구글은 2017년에 캐글을 인수했으며 2019년 6월에 캐글 플랫폼과 BigQuery 간의 직접적인 연결 기능을 발표했다. 최신 버전의 Kaggle에서는 커널을 사용해 BigQuery 데이터에 직접 액세스할 수 있다.

---

1 https://console.cloud.google.com/marketplace/browse?filter=solution-type:dataset

캐글의 데이터 세트는 훨씬 더 다양하다. 20장에서는 공개 데이터 세트를 결합해 새로운 분석 가능성을 알아본다. 데이터 웨어하우스에 있는 데이터를 다른 소스에 연결해 인사이트를 얻을 수 있는 가능성은 실용적이며 매력적이다. 또한 비교적 가까운 장래에 모든 데이터 실무자가 기대하는 기술이 될 것이라고 생각한다.

심연의 가장자리

이제 비즈니스 인텔리전스 분야의 최전선에 이르렀다. 이 반대편에서는 기계학습에 대한 최첨단 연구가 존재한다.

앞서 살펴본 것처럼 BigQuery ML은 자체 데이터 웨어하우스 내에서 이런 기능을 활용할 수 있는 접근성을 제공한다. 하지만 최신 연구 상태를 따라가지는 못한다.

연구와 상업용 제품의 격차를 메우는 방법은 역시 피드백 루프를 바탕으로 실현한다. 새로운 혁신은 원시 형태로 생산되므로 이해하고 구현하는 데 많은 노력이 필요하다. 기업들은 연구 결과를 제품으로 상품화하는 방법을 알아내고 마케팅 라벨을 붙인다. 그런 다음 대규모로 시장에서 학습한 내용을 수집해 연구 프로세스에 피드백한다. 피드백을 바탕으로 다시 연구를 시작한다. 이 피드백 루프를 BQML을 사용해 강화할 수 있지만 즉각적으로 결과가 나타나는 부분은 아니다.

조직에서 이런 기능을 바탕으로 막대한 이점을 얻을 수 있는 문제를 해결하고 있다면 R&D 부서를 데이터 프로그램에 접목하는 방법을 찾아야 한다. 방대한 데이터 세트를 실시간 인사이트로 바꿀 수 있는 최첨단 웨어하우스를 보유하고 있다는 것은 이미 대부분의 경쟁 업체보다 훨씬 앞서 있다고 볼 수 있다.

Jupyter Notebook

Jupyter Notebook은 클라우드에서 실행하는 격리된 코딩 환경을 제공하는 템플릿이다. Jupyter Notebook은 여러 클라우드 플랫폼에 구현돼 있다. 구글은 AI Platform과 Google

Colaboratory를 바탕으로 노트북을 지원하며 Amazon Web Services SageMaker, Microsoft Azure Notebooks 등에도 구현돼 있다. 이 책의 예제는 Kaggle Kernels를 사용하지만 원하는 노트북 환경을 사용할 수 있다. Kaggle Kernels는 유용한 데이터 분석 라이브러리 제품군이 사전 설치된 Docker 컨테이너 내부에서 실행한다. 캐글은 BigQuery와 직접 통합돼 데이터를 주고받는 번거로움이 적다.

기본 Kaggle Python 커널의 컨테이너는 오픈소스이며 다운로드해 로컬 환경에서 실행할 수 있다. Python으로 데이터 분석을 시작할 때 바로 뛰어들 수 있다는 장점이 있다.

단점으로는 무료 서비스를 유지하려고 커널의 리소스를 제한한다. CPU, RAM 및 디스크 공간과 시간 제한이 있다. 그래도 탐색 또는 소규모 작업을 수행하기에 충분하다. 현재 커널은 Python과 R을 지원한다.

BigQuery의 자체 데이터에 액세스하는 것 외에도 BigQuery 공개 데이터 세트에서 사용할 수 있도록 30일당 5TB의 무료 할당량을 준다. 5TB는 많이 보이겠지만 데이터 세트 중 상당수는 테라바이트급이며 한 번의 SELECT * FROM으로 할당량의 대부분을 날려 버릴 수 있다.

노트북 설정

캐글 계정을 생성한 후 새 노트북을 생성한다. 그림 20-1과 유사한 화면이 나타난다.

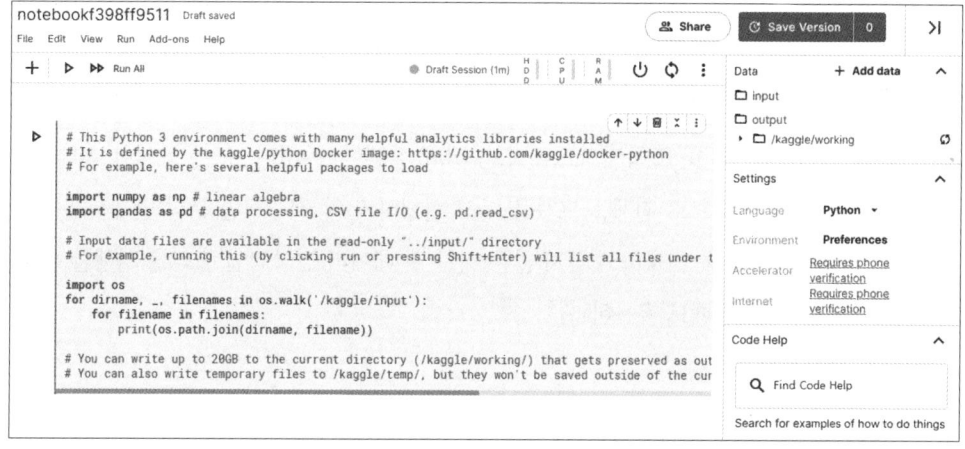

▲ 그림 20-1 Kaggle Notebook 초기 화면

Add-on 메뉴에서 "Google Cloud Services"를 선택하고 BigQuery를 선택한 후 계정을 연동한다. GCP 계정에 로그인하고 연결할 수 있다. 연동된 후 나타나는 코드 조각을 복사해 노트북에 붙여넣는다.

여기서 BigQuery, Cloud Storage, Google Cloud AI Platform과 통합할 수 있다. 처음 두 개는 익숙하지만 Google Cloud AI Platform은 처음 보는 것일 수 있다. Google Cloud AI Platform은 머신러닝 모델에 더 높은 수준의 추상화를 제공하는 구글 제품이다.

노트북 인터페이스

커널창에는 코드 및 마크다운을 입력할 수 있는 콘솔이 있다. 표면적으로는 BigQuery 콘솔과 크게 다르지 않다. 쉽고 빠른 통합을 위해 여러 가지 기능을 제공한다.

셀

셀cell은 노트북의 논리 및 실행 단위다. 노트북은 개별 셀로 나눌 수 있으며 각 셀은 작업의 논리적 단계를 수행한다. 이런 종류의 작업이 더 강력하고 고유하게 작업할 수 있도록 적합한 몇 가지 요소를 살펴보자.

셀은 코드(Python/R) 또는 마크다운으로 구성한다. 분석 코드의 각 단계 및 결과를 형식화한 설명과 함께 자유롭게 혼합할 수 있다. 결과를 정량적으로 표시한 다음 Markdown을 사용해 질적으로 표시할 수 있다. Markdown에 익숙하지 않다면 GitHub 튜토리얼[2]을 참고하자. Jupyter Markdown은 LaTeX 방정식을 지원하므로 수학 공식을 사용할 수 있다.

어떤 순서로든 셀을 배치하고 독립적으로 또는 함께 실행할 수 있다. 모두 동일한 컨테이너 컨텍스트 내에서 실행되므로 전체 노트북을 다시 실행하지 않고도 개별 분석 단계를 수행할 수 있다. 반복적인 비용을 지불하고 싶지 않은 시간 및 데이터 집약적인 쿼리를 실행할 수 있는 BigQuery를 사용할 때도 유용하다.

---

2 https://guides.github.com/features/mastering-markdown/

셀을 숨기거나 표시할 수도 있으므로 특정 단계에 집중하려는 경우 상용구 코드와 종속성 선언을 숨겨서 방해하지 않도록 할 수 있다.

셀에는 기본 소스 제어 기능도 있다. 노트북을 저장할 때마다 다시 참고할 수 있는 현재 상태의 체크 포인트를 생성한다. 코드 버전 간의 실행 시간을 비교할 수 있다. 노트북의 성능을 비교한 후 코드를 복구할 수도 있다.

커뮤니티

캐글을 사용하면 플랫폼의 다른 사용자와 노트북을 공유할 수 있다. 이제 막 시작했다면 아직 공유할 내용이 없겠지만 다른 Kagglers의 노트북을 탐색하고 사람들이 남긴 댓글을 읽을 수 있다.

공유

조직에 비즈니스 인텔리전스 및 예측을 제공하려면 쉽고 액세스할 수 있는 공유 기능을 사용한다. 직접 데이터를 만들고 그래프를 그려야 하는 Microsoft PowerPoint 슬라이드와 같은 전통적인 방법에 비해 명확성을 희생하지 않고 결과를 신속하게 공유할 수 있다.

Python 데이터 분석

커널이 시작되면 몇 가지 지침과 함께 미리 빌드된 스크립트를 볼 수 있다. 기본적으로 참고하는 몇 개의 라이브러리가 있다.

NumPy

NumPy 또는 Numerical Python은 2000년대 중반 Python용으로 작성된 유서 깊은 라이브러리다. Python에 강력한 배열 및 행렬 조작은 물론 선형 대수 함수, 난수 생성 및 푸리에 변환Fourier Transforms과 같은 숫자 함수를 제공한다. Python에는 기본적으로 수치 컴퓨팅 기능이 없으므로 NumPy는 데이터 과학자들이 Python을 일류 언어로 만드는 데 중요한 역할을 했다.

pandas

pandas는 데이터 분석 및 조작 라이브러리이며 Python을 사용하는 이 분야의 모든 작업에 기본적으로 사용하는 라이브러리다(NumPy를 기반으로 한다). 기본 데이터 구조는 테이블 형식과 같은 DataFrame으로 알려져 있다. 따라서 BigQuery와 같은 시스템의 데이터 작업에 이상적이다. 실제로 Python용 BigQuery SDK는 쿼리 결과를 Pandas DataFrame에 직접 로드한다. pandas는 CSV, JSON, Parquet 등 이전에 봤던 형식을 기본적으로 지원한다.

또한 pandas는 데이터 프레임에서 Seaborn과 같이 여러 종류의 플롯과 그래프를 지원한다.

pandas에는 여러 DataFrame 객체의 관리를 지원하는 merging이라는 개념이 있다. "merging"의 개념은 SQL의 INNER JOIN 및 GROUP BY를 포함하는 개념과 같다고 생각한다.

TensorFlow

TensorFlow는 딥 러닝 문제 해결을 위해 Google Brain 팀[3]에서 만든 수학 라이브러리다. 지난 몇 년 동안 기계 학습을 위한 가장 잘 알려진 라이브러리로 성장했다. 19장에서 논의했듯이 BigQuery는 TensorFlow도 지원하므로 BQML에서 사용할 수 있다.

Keras

Keras는 신경망 개발을 위한 Python 라이브러리다. 딥 러닝 모델의 높은 수준의 추상화를 제공하도록 설계됐으며 TensorFlow를 비롯한 여러 다른 시스템을 백엔드로 사용할 수 있다.

샘플 데이터 분석에서 TensorFlow 또는 Keras를 사용하진 않지만 BigQuery ML에 도입돼 있기 때문에 언급했다. 이 영역을 지원하는 여러 가지 Python 라이브러리가 존재한다.

그 외의 라이브러리

인스턴스에 다른 라이브러리를 설치하려면 다음과 같이 pip 명령 앞에 느낌표(!)를 추가해

---

3   https://research.google/teams/brain/

머신의 셀에 명령을 실행할 수 있다.

```
!pip install tensorflow-io==0.9.0
```

패키지를 커널에 기본적으로 설치하지 않으므로 새 인스턴스를 사용할 때마다 첫 번째 단계로 설치해야 한다.

BigQuery 연결

인터페이스를 여는 즉시 **모두 실행**Run All을 클릭할 수 있다. 아무 일도 일어나지 않지만 전체 실행에 대한 감각을 얻을 수 있으며 커널에 종속성을 로드하므로 나중에 다시 수행할 필요가 없다. 셀 내부에서는 재생 버튼을 클릭해 해당 셀의 코드만 실행할 수 있다.

커널에 데이터 추가하기

BigQuery에서 데이터 세트를 가져오지만 분석을 위해 노트북에 직접 데이터를 추가할 수도 있다. 오른쪽 상단에 있는 **데이터 추가**를 클릭해 Kaggle 데이터 세트를 가져올 수 있다. 자신의 파일을 Kaggle로 올려놓을 수도 있다. 일반 데이터 IDE와 마찬가지로 하단 창에서 CSV와 같은 일부 유형의 데이터 파일의 미리보기를 제공한다.

BigQuery 데이터 추가

노트북을 설정할 때 BigQuery 프로젝트에 연결했었다. 모든 인증 및 연결 작업이 자동으로 처리되므로 데이터를 가져오도록 한다. 자신의 데이터를 쉽게 가져올 수도 있지만 20장에서는 공개 데이터 세트를 사용한다. Iowa Liquor Retail Sales 데이터 세트를 사용하겠다. 이 데이터 세트는 2012년 1월 1일 이후로 아이오와 주에서 주류를 도매로 구매할 때마다 제공되는 데이터다. 현재 크기는 약 5GB이므로 집계 쿼리를 실행해 Kaggle과 BigQuery의 무료 한도 내로 유지할 수 있게 줄이자.

몇 개의 셀에서 이 작업을 수행해 코드를 분해하는 방법을 이해할 수 있다. 첫 번째 셀에는 Kaggle이 제공한 상용구가 있으며 NumPy와 pandas를 가져온다. 두 번째 셀에서 BigQuery 연결을 정의한다.

```
PROJECT_ID = "{your-project-id-here}"
from google.cloud import bigquery
bigquery_client = bigquery.Client(project=PROJECT_ID)
```

다음 셀에서 ANY_VALUE 집계를 사용해 매장 번호와 매장 이름 및 위치 간의 불일치를 해소한다. 이 변형은 현재 분석에 큰 영향을 미치지 않는다.

```
sql = """
SELECT
store_number,
ANY_VALUE(store_location) store_location,
item_number,
ANY_VALUE(item_description) item_description,
DATE_TRUNC(date, MONTH) period,
ROUND(SUM(sale_dollars),2) sale_dollars,
ROUND(SUM(volume_sold_liters),2) volume_sold_liters,
FROM `bigquery-public-data.iowa_liquor_sales.sales`
WHERE date BETWEEN DATE(2019, 1, 1) AND DATE(2019, 12, 31)
GROUP BY store_number, item_number, period
"""
df = bigquery_client.query(sql).to_dataframe()
df[:10]
```

모두 실행을 클릭해 패키지를 설치한 후 쿼리를 실행한다. 또는 마지막 셀을 실행해 쿼리를 실행한다. 샘플 데이터의 처음 10개 행을 마지막 셀의 출력창에 보여준다.

	store_number	store_location	item_number	item_description	period	sale_dollars	volume_sold_liters
0	3461	POINT (-94.318443 41.49759900000001)	11788	Black Velvet	2019-02-01	752.64	84.00
1	5517	POINT (-91.170033 41.008539)	11297	Crown Royal	2019-02-01	56.68	2.00
2	5600	POINT (-93.61947 41.600419)	11297	Crown Royal	2019-02-01	85.02	3.00
3	3756	POINT (-95.065122 41.908573)	10808	Crown Royal Regal Apple	2019-02-01	170.04	6.00
4	4319	POINT (-94.233695 42.731879)	10627	Canadian Club Whisky	2019-02-01	14.57	1.00
5	2508	POINT (-91.697941 41.97447)	11774	Black Velvet	2019-02-01	82.98	6.75
6	5314	POINT (-95.847514 41.228712)	10550	Black Velvet Toasted Caramel	2019-02-01	30.39	2.25
7	5118	POINT (-90.850388 42.44288800000001)	11294	Crown Royal	2019-02-01	72.00	2.25
8	4269	POINT (-91.128389 41.771753)	14501	Revel Stoke Smoked Vanilla	2019-02-01	35.97	2.25
9	4599	None	10805	Crown Royal Regal Apple	2019-02-01	96.00	3.00

▲ 그림 20-2 샘플 결과

데이터를 탐색할 때 pandas에서 직접 집계 및 시계열 작업을 시도해 볼 수 있다. 이 쿼리에는 집계가 없다. 이 쿼리와 집계 쿼리 모두 모든 열을 스캔해야 하므로 여전히 동일한 양의 데이터를 사용한다.

```
SELECT
store_name,
store_location,
item_number,
item_description,
date period,
sale_dollars,
volume_sold_liters
FROM `bigquery-public-data.iowa_liquor_sales.sales`
WHERE date >= DATE(2018, 1, 1)
```

특정 기간의 데이터에만 관심이 있는 경우 더 좁은 날짜 범위를 적용할 수도 있다. 다시 말하지만 스캔하는 데이터의 양을 축소하지는 못하지만 커널에 로드하는 데이터 세트의 크기를 줄여준다. 무료 Kaggle Kernels에 대한 기본 매개변수를 사용할 때 중요한 부분일 수 있다.

BigQuery SDK를 사용해 데이터 프레임을 로드할 때 진행률 표시줄이 없다. pandas-gbq 라이브러리는 행 처리 속도와 예상 소요 시간을 제공한다. 아래의 구문으로 설치 후 실행한다.

```
! pip install pandas-gbq
df = pandas.read_gbq(sql, dialect="standard", project_id="{your-project-id}")
```

다만 GCP와의 직접 통합을 제공하지 않기 때문에 GCP가 라이브러리를 사용하도록 승인하고 노트북에서 인증 토큰을 제공해야 한다. 세션이 다시 시작될 때마다 이 작업을 수행해야 한다. 그림 20-3은 pandas-gbq를 사용했을 때의 출력을 보여준다.

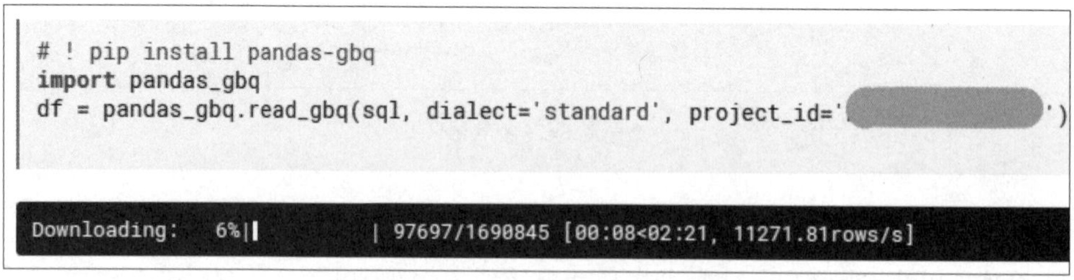

```
# ! pip install pandas-gbq
import pandas_gbq
df = pandas_gbq.read_gbq(sql, dialect='standard', project_id='████████')

Downloading:    6%|         | 97697/1690845 [00:08<02:21, 11271.81rows/s]
```

▲ 그림 20-3 pandas-gbq 다운로드 상태창

이제 데이터 프레임의 데이터를 사용해 탐색을 시작해 보자.

dataframe 탐색

몇 가지 사항에 유의하면서 데이터의 다른 요소를 살펴보자.

- 앞서 언급했듯이 SELECT *를 사용해 모든 행과 열을 보는 것에 주의한다. BigQuery는 열 기반 저장소다. Limit는 의미가 없다.
- SQL을 사용해 고급 분석을 수행했다. pandas와 SQL 간에 기본 사항이 대부분 동일하며 구문과 용어만 다르다. SQL문을 pandas 코드로 다시 작성해 동일한 작업을 수행해 보자.

- SQL에서 pandas로의 변화에 대한 문서를 참고한다.[4]

둘러보기

데이터 세트를 처음 접하면 일부 데이터를 샘플링해 데이터 형태를 파악하자.

```
df.count()
```

위 명령어는 store_location을 제외하고 각 열을 1,690,845개의 행으로 반환한다. (store_location의 데이터는 수동으로 지오 코딩돼 표준 형식과 다르면 지오 코딩이 실패했을 수 있다.)

```
df.sample(10)
```

위 명령은 무작위한 10개의 데이터를 반환한다. 통계적 샘플링에 사용할 데이터의 일부를 추출할 수도 있으며 훨씬 더 큰 데이터 세트에서 사용할 때 유용하다.

```
df2 = df.sample(frac=0.10)
```

위 명령은 10%의 데이터를 무작위로 샘플링해서 반환한다. 이제 데이터의 범위와 모양을 확인해 보자.

```
display(df.describe().round(2))
```

반올림을 사용하면 지수 표기법 없이 결과를 표현할 수 있다. "display"는 결과를 멋진 HTML로 출력하는 노트북의 기능 중 하나다. 그림 20-4와 같은 결과를 확인할 수 있다.

---

4 https://pandas.pydata.org/pandas-docs/stable/getting_started/comparison/comparison_with_sql.html

	sale_dollars	volume_sold_liters
count	1690845.00	1690845.00
mean	206.54	13.19
std	839.01	61.44
min	1.34	0.02
25%	43.44	2.25
50%	94.20	6.75
75%	182.88	10.50
max	185248.80	16065.00

▲ 그림 20-4 dataframe의 HTML 보기

개별 값 탐색

185,248달러의 구매에 관련된 데이터를 살펴보자.

```
df[df["sale_dollars"] == 185248.80].head(10)
```

위 명령은 다음 SQL 쿼리와 동일하다.

```
SELECT * FROM df WHERE sales_dollars = 182548.80 LIMIT 10
```

Northwest Des Moines의 주류 판매점이 2019년 9월 한 달 동안 Crown Royal을 5,940리터 구입했다는 정보를 알 수 있다.

```
df.groupby(["item_description"]).sum().nlargest(15, ["volume_sold_liters"])
```

위 명령은 item_description을 GROUP BY로 집계한 것과 동일하며 가장 큰 15개의 행을 반환한다. 아이오와 주에서 Black Velvet이라는 캐나다 위스키를 선호한다는 것을 알 수 있다.

이 데이터는 시간과 장소라는 두 가지 다른 차원이 있다. 시간 차원을 사용해 Crown Royal 의 매월 구매 추세가 어떤지 살펴보자. 그림 20-5는 그 결과를 보여준다.

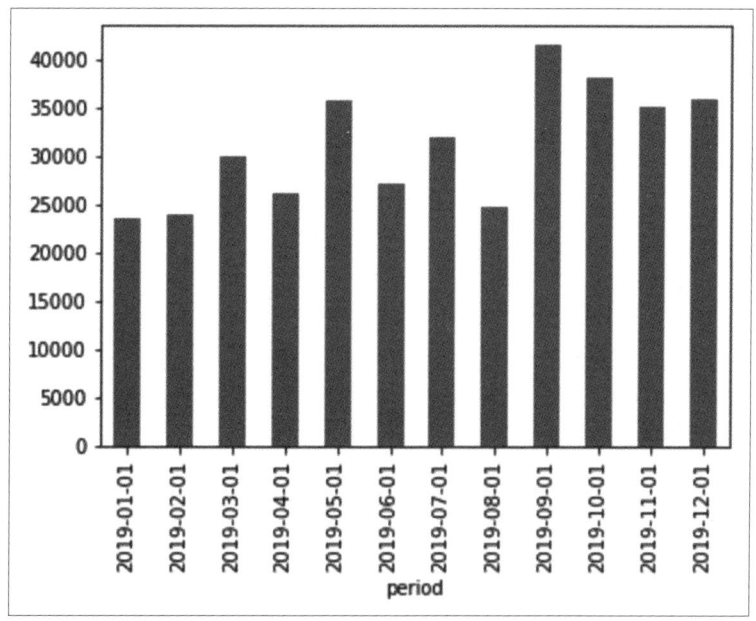

▲ 그림 20-5 Crown Royal의 월간 판매

```
df[df["item_description"] == "Crown Royal"].groupby(["period"]).sum()["volume_sold_liters"].
plot.bar()
```

매출은 5월에 한 번, 9월에 한 번 다시 급증했다. 소매점에 대한 판매 데이터이므로 여기서 개별 구매 패턴을 확인하기는 어렵다. 또한 데이터를 월별 수준으로 정량화했기 때문에 매월 흥미로운 급증이 있는지는 확인할 수 없다.

더 높은 수준의 세분화를 바탕으로 제품의 일일 추세를 파악할 수 있다. 한편 이 데이터 세트 에 다른 item_description 그래프를 포함해 다른 인기 항목의 추세와 동일한지 확인해 보자.

다중 값 탐색

앞서 사용한 nlargest를 사용해 item_description열만 선택한 다음 그래프를 그린다.

```
dagg = df.groupby(["item_description"]).sum().nlargest(5, ["volume_sold_liters"]).reset_index()
```

인덱스 재설정(reset_index)은 여러 인덱스 열에 수행된 그룹을 중첩하지 않은 테이블 형식 보기로 다시 표시하는 방법이다. (GROUP BY의 결과를 시각화할 때 각 항목 내에 중첩된 값으로 표시하는 것을 알 수 있다.) BigQuery의 구조체 및 UNNEST와 매우 유사하다.

```
dfm = df[df["item_description"].isin(dagg["item_description"])].groupby(["item_description","period"]).sum()
```

위 명령은 item_description이 방금 만든 가장 큰 배열에 있는지 확인한 후 설명 및 기간별로 그룹화하고 각 행을 합산한다.

그런 다음 피벗에 적합하도록 인덱스를 다시 재설정한 후 피벗해 그래프에 대입한다.

```
di = dfm.reset_index()
di.pivot(index="period", columns="item_description", values="volume_sold_liters").plot.bar(figsize=(12,5))
```

피벗은 데이터 분석에서 매우 일반적인 기능이지만 BigQuery가 기본적으로 수행할 수 있는 작업은 아니다. SQL에서 피벗을 하려고 많은 분석 집계를 사용해 테이블의 축을 뒤집는다. 노트북에서는 매우 간단하게 실행할 수 있다. 여기서는 item_description 대신 period를 인덱스로 테이블을 피벗했다.

마지막으로 figsize를 기본값보다 약간 크게 설정해 전체 그래프를 그린다.

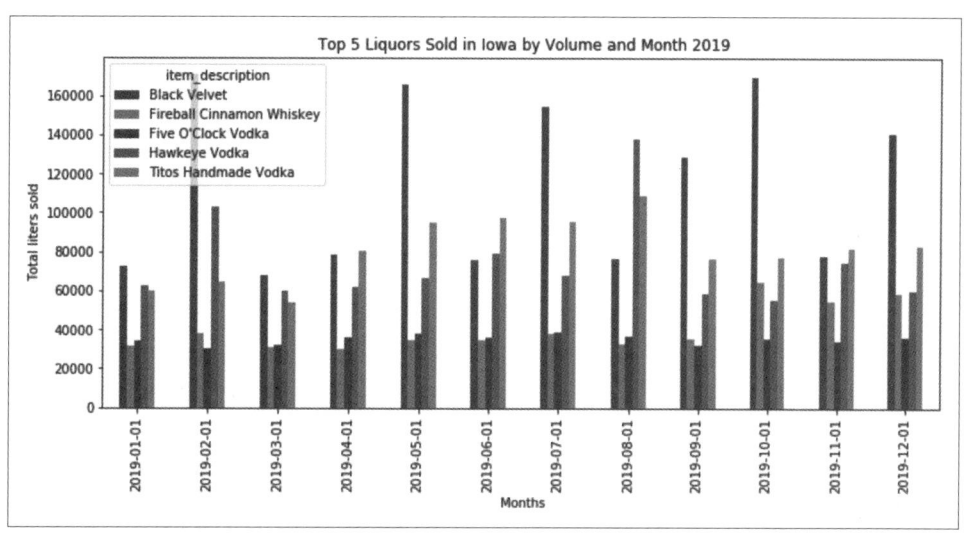

▲ 그림 20-6 판매량 및 리터별 상위 5개

다음 단계

구매 패턴이 실제로 품목마다 다르다는 것을 알 수 있다. 이런 패턴이 인구에 따라 크게 달라지는가에 대한 분석은 직접 해보자.

- 아이오와 주 인구 데이터가 포함된 데이터 집합을 찾는다(data.census.gov에는 2010년 인구 조사 데이터가 있다).
- 우편 번호 기반 인구 조사를 위한 지리적 데이터를 나타내는 ZCTA^{Zip Code Tabulation Areas}를 조사한다(우편 번호는 실제로 지리적 경계가 없으므로 효과적으로 사용하려면 데이터 조작이 필요하다).
- 커널에 필요한 데이터 세트를 추가한다.
- ZCTA를 모든 주류 상점에서 고유한 store_id에 매핑하는 DataFrame을 만든다.
- ZCTA로 데이터를 그룹화하고 동일한 시각화를 수행한다.

연습을 위해 인구 데이터 세트를 Kaggle에 공개적으로 업로드했다.[5] 이 데이터를 프로젝트에 추가하고 탐색해 보자.

matplotlib를 사용하는 pandas의 스타일링 기능을 사용하면 이런 이미지를 쉽게 얻을 수 있다. 몇 가지 다른 라이브러리는 데이터 프레임을 가져와 고품질의 이미지를 생성한다. 이 플롯은 프로그래밍 방식으로 만들었으므로 원하는 모양이 될 때까지 쉽게 변경할 수 있다. 보고 싶은 항목 수 변경, 새 필터 생성, 특정 항목 제외, 문자열의 형식 지정과 같은 작업을 할 수 있다. 예를 들어 제목 문자열을 매개변수를 자동으로 업데이트하는 변수로 바꿀 수도 있고, 정적 차트를 프로그래밍 방식으로 생성할 수도 있다.

이제 이 내용을 마크다운을 이용해 각 단계에 주석을 달아 이해관계자와 공유할 수 있다. 노트북은 전 세계 어디서든 지속적인 분석이 가능한 살아 있는 문서다. BigQuery는 불가능한 작업을 실현해 준다.

그리고 이 데이터는 라이브 BigQuery 인스턴스에서 직접 가져오기 때문에 스트리밍 비즈니스 데이터가 도착하자마자 사용하는 월별 분석과 같은 것을 만들 수 있다. 조직과 그 밖의 모든 소스를 결합하는 Dataflow를 사용할 수도 있다.

매직 명령어

사실 아직 이야기하지 않은 것이 많이 있다. 처음 노트북을 사용했기 때문에 전체적인 구문을 먼저 살펴봤다. 매직 명령어는 우리가 지금까지 작성한 작은 코드 작성조차 피할 수 있게 해준다. 접두사만 사용해 인라인 SQL 쿼리로 테이블을 쿼리하고 데이터 프레임으로 로드할 수 있다.

```
%%bigquery df
```

이 매직 명령어는 SQL 쿼리를 문자열로 로드하고 실행한 다음 df라는 DataFrame에 로드한다.

---

5 www.kaggle.com/markmucchetti/2010-census-iowa-population-by-zcta/

Kaggle 내에서 이 작업을 수행하려면 기본 bigquery 라이브러리에서 매직 라이브러리도 가져와야 한다.

```
from google.cloud.bigquery import magics
magics.context.project = "YOUR-PROJECT-ID"
```

매직 명령어는 대화형 명령문을 허용하는 Python 인터프리터를 감싼 IPython에서 상속된 기능이다. IPython 문서 사이트에서 빌트인 매직의 설명을 찾아볼 수 있다.[6] Jupyter 환경에서 사용하는 대부분의 라이브러리는 자신만의 매직 명령어를 지원한다.

AutoML Tables

현재 베타 버전인 AutoML Tables는 AI Platform의 제품 중 하나다. AutoML 플랫폼은 다양한 분야의 비전문가가 머신러닝에 액세스할 수 있도록 하는 것을 목표로 한다. AutoML은 이미지, 테이블, 텍스트 동영상을 지원한다. Tables 제품은 파일 또는 BigQuery의 구조화된 데이터에서 동작하도록 설계됐다. 특성 엔지니어링, 데이터 정리, 해석 가능성과 같은 사항들은 AutoML Tables가 직접 처리한다. BQML이 요구사항을 충족하지 못하거나 모델을 추출하고 학습하는 데 많은 노력을 기울여야 하는 경우 AutoML Tables를 사용해 적은 노력으로 동일한 작업을 수행해 목표에 더 가까워지는지 확인할 수 있다.

시작하기 전 알아야 할 사항이 있다. AutoML은 비용이 많이 든다. 이런 종류의 계산 작업은 기계를 한계까지 밀어붙인다. 이 글을 쓰는 시점에서 AutoML Tables 학습 비용은 n1-standard-4 머신 92개를 병렬로 사용하며 시간당 19.32달러의 비용을 청구한다. AutoML Tables의 일괄 예측은 동급 클래스의 머신 5.5대를 사용하며 시간당 1.16달러의 비용을 청구한다.[7]

---

6   https://ipython.readthedocs.io/en/stable/interactive/magics.html

7   https://cloud.google.com/automl-tables/pricing

AutoML Tables는 현재 학습 및 일괄 예측에 각각 6노드 시간의 무료 평가판을 제공한다. 다만 활성화 이후 1년이 지나면 만료된다. 이 책에서 제공하는 예제를 위해 평가판을 활성화할 필요는 없다.

AutoML Tables는 BQML과 유사하게 회귀regression 및 분류classification라는 두 가지 기본 유형의 모델을 지원한다. 회귀 모델은 기존 데이터를 사용해 다른 변수를 기반으로 데이터 포인트의 값을 예측한다. 예제에서는 해당 모델을 사용하겠다.

다른 유형인 분류는 입력을 받아 어떤 유형인지에 따라 버킷으로 정렬한다. 자동 객체 분류가 사용하는 모델 유형이다. 이미지가 주어지면 분류 모델은 제공한 유형에 따라 이미지 분류를 시도한다.

데이터 세트 가져오기

가장 먼저 AutoML Tables에 데이터 세트를 가져온다. 그 후에 매개변수를 지정하고 학습을 시작한다. 노트북을 사용해야 하는 특별한 이유는 없지만 여기서는 BigQuery와 AutoML Tables 간의 연결을 위해 노트북을 사용한다. AutoML Tables 콘솔에서도 이 작업을 전적으로 수행할 수 있다. 그러나 BQML, AutoML Tables, TensorFlow와 같은 다양한 ML 방법을 실험하고 비교하려는 경우 동일한 BigQuery 데이터 세트에서 가져온 노트북 내에서 모두 수행하면 수월하게 비교할 수 있다.

시작하기 전에 AutoML Tables 콘솔[8]로 이동해 API를 활성화한다. 그렇지 않으면 노트북 스크립트에서 프로젝트에 접근할 수 없다. Jupyter Notebook에서 이전 절의 BigQuery와 마찬가지로 Google Cloud AI Platform도 연동한다.

다음 스크립트를 실행하면 데이터 세트에 자동으로 ML 테이블을 로드하는 것을 확인할 수 있다. 데이터를 가져오는 프로세스는 최대 1시간이 걸릴 수 있다. 전체 5GB의 전체 데이터 세트를 업로드할 때 약 10분이 걸렸다.

---

8 https://console.cloud.google.com/automl-tables/datasets

전체 데이터 세트를 시도하려는 경우 커널 코드는 다음과 같다. 하지만 예측 모델에 사용하는 데이터는 조정된 쿼리를 사용한다.

```
PROJECT_ID = "{YOUR-PROJECT-ID}"
from google.cloud import automl_v1beta1 as automl
client = automl.TablesClient(project=PROJECT_ID)
datasetURI = "bq://bigquery-public-data.iowa_liquor_sales.sales"
displayName = "iowa_liquor_sales"
client.create_dataset(dataset_display_name=displayName)
response = client.import_data(dataset_display_name=displayName, bigquery_input_uri=datasetURI)
```

마지막 명령을 사용해 전송을 시작한다. BigQuery에서 AutoML로 직접 전송하기 때문에 데이터를 노트북으로 가져올 필요가 없다.

학습 설정

예측 모델을 유용하게 만들려면 먼저 우리가 무엇을 얻고자 하는지 알아야 한다. 우리가 사용할 회귀 모델의 경우 테이블의 일부 필드를 사용해 대상 열의 값을 예측한다.

2019년에 카운티에서 판매한 총 볼륨(리터)을 예측해 보겠다. 이미 이에 대한 답이 있지만 아직 모델은 학습하지 않았다. 이와 같은 모델을 테스트하는 가장 쉬운 방법은 교육, 테스트 및 보이지 않는 데이터의 세 부분으로 구성한다. AutoML Tables는 제공한 데이터를 학습 및 테스트로 분할한다. 모델을 훈련하는 동안 프로세스는 테스트 데이터를 숨긴 다음 이것을 사용해 훈련을 얼마나 잘 진행하고 있는지 확인한다.

모델이 자체 평가를 마치면 우리가 이미 답을 알고 있지만 모델이 접하지 않은 데이터로 예측을 한다. 예측이 잘 맞아떨어지면 모델의 품질은 좋다고 평가할 수 있다.

데이터 세트의 처음부터 2018년 말까지 모든 데이터를 선택하고 쿼리를 작성한다. 주 단위의 날짜 집계로 진행하며 카운티 번호도 필요하다. 카운티 전체를 집계하므로 매장 수준의 데이터는 필요 없다.

총 판매량은 판매 금액과 매우 높은 상관관계가 있어야 한다. 또한 카테고리를 예측자로 사용하는 것도 유용할 수 있다. 이전 분석을 보면 카테고리별로 변동이 많을 경우 상당히 변화가 큰 것을 볼 수 있기 때문이다. 개별 품목이나 병 데이터는 무시하기로 한다. 시간, 위치, 카테고리의 함수로 볼륨에만 초점을 맞추겠다. 다음 스키마로 테이블을 먼저 만든다.

---

period:DATE,county_number:STRING,category:STRING,sale_dollars:FLOAT,volume_sold_liters:FLOAT

그 후에 다음 쿼리를 실행해 데이터를 새로 만든 테이블에 삽입한다.

```
INSERT INTO `{your-project.dataset.table_name}`
SELECT
DATE_TRUNC(date, WEEK) period,
county_number,
category,
ROUND(SUM(sale_dollars),2) sale_dollars,
ROUND(SUM(volume_sold_liters),2) volume_sold_liters,
FROM `bigquery-public-data.iowa_liquor_sales.sales`
WHERE date <= DATE(2018, 12, 31)
GROUP BY period, county_number, category
```

커널 또는 BigQuery 자체에서 이 쿼리를 실행하면 약 120만 개의 행을 삽입하며 8초가 걸린다.

방금 작성한 집중된 쿼리의 데이터로 테스트하려면 AutoML 테이블에 커널 코드의 datasetURI를 방금 생성한 테이블의 URI로 바꿔서 실행한다.

```
datasetURI = "bq://your-project.dataset.table_name"
displayName = "iowa_liquor_sales"
client.create_dataset(dataset_display_name=displayName)
response = client.import_data(dataset_display_name=displayName, bigquery_input_
uri=datasetURI)
```

이제 대상 열을 설정한다. 판매될 리터의 수를 예측하려면 다음 명령어를 실행한다.

```
client.set_target_column(
  dataset=<dataset>,
  column_spec_display_name="volume_sold_liters"
)
```

그런 다음 모델을 생성한다.

```
response = client.create_model(
  MODEL_DISPLAY_NAME,
  dataset_display_name="iowa-liquor-modelss",
  train_budget_milli_node_hours=2000,
  exclude_column_spec_names=[ volume_sold_liters ],
)
```

> **주의** 학습 예산을 설정해야 한다! 이에 대한 속성은 train_budget_milli_node_hours로 노드당 밀리 시간[9]을 지정한다. 예제 실행의 경우 모델 결과가 저하되더라도 노드당 2,000밀리 시간(2시간)을 초과하지 않는다. 무료 평가판은 총 6,000밀리 시간/노드를 제공한다. 시간이 다 소모되기 전에 AutoML이 최적의 솔루션을 찾으면 중지하고 나머지 비용을 청구하지 않는다.

실제 학습 시간 외에도 AutoML은 학습 시작 전에 인프라 클러스터를 구축한다. 자체적으로 시간이 걸리므로 모델이 완료되기까지의 실제 시간은 지정한 예산보다 크다.

이 코드를 실행하면 실제로 모델을 만들기 시작한다. 이 시점에서 노트북에서 실행하는 것과 동일하게 AutoML Tables 콘솔을 이용해 모델을 학습시킬 수 있다. UI는 유용한 힌트를 많이 제공하며 여기서 구성하지 않은 옵션도 설정할 수 있다.

---

9 밀리 시간(millihour)은 1/1000 시간 또는 3.6초다.

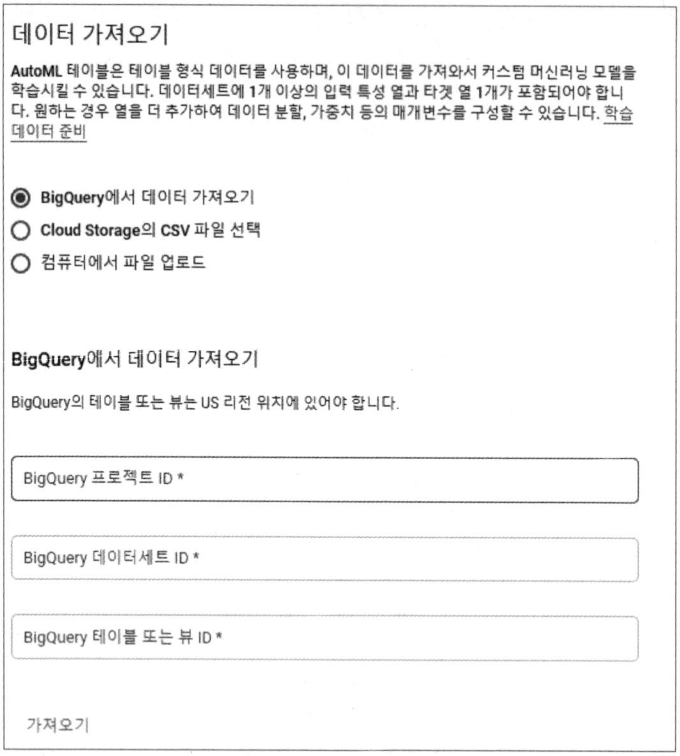

▲ 그림 20-7 AutoML Tables 데이터 가져오기

모델 학습

AutoML은 이제 92개의 컴퓨팅 노드를 구축하고 학습을 시작한다. 이 프로세스는 학습 예산에 지정된 내용에 따라 몇 시간이 걸릴 수 있다. 학습이 끝나면 이메일을 받는다.

▲ 그림 20-8 AutoML 학습 설정

AutoML Tables 콘솔로 이동해 결과를 살펴보자. 이제 노트북 세션을 종료한다. 하지만 계속해서 셀을 작성해서 DataFrame으로 다시 가져와 분석을 진행할 수 있다.

모델 평가

모델은 상대적 품질을 나타내는 여러 요인에 따라 점수가 매겨진다. 점수를 바탕으로 모델 예측의 품질을 알 수 있다. 각 점수가 의미하는 바를 알려주는 유용한 툴 팁이 있으니 콘솔에서 확인해 보자.

여기서 데이터 세트를 얼마나 잘 준비했는지 알 수 있다. 모델이 그다지 정확하지 않은 경우 제공한 세분성, 이상치 또는 열을 조정해 모델을 개선할 수 있다. 자체 데이터로 작업할 때 비즈니스 도메인에 대한 지식을 사용해 올바른 정보를 타기팅할 수 있다.

다양한 측정 값을 설명하고 통계 분석에 기여하는 것은 범위를 벗어난다. 하지만 학교에서 배운 것 중 기억할 수 있는 하나의 통계 측정 값은 R^2 측정 값 또는 결정 계수다. 기본적으로 실제 값을 가져와서 모델의 예측 값을 맞추고 0과 1 사이의 척도로 적합성을 평가한다. R^2가 높을수록 예측이 데이터에 더 가깝다고 볼 수 있다.

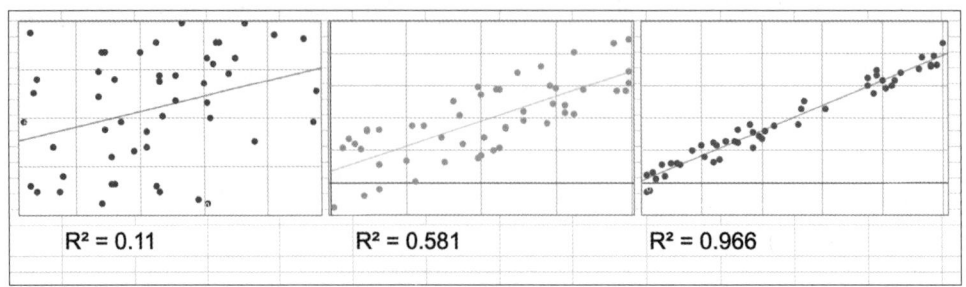

▲ 그림 20-9 낮은 R^2와 높은 R^2의 플롯 차트

이 설명은 단순화한 것으로 예외적으로 더 낮은 점수가 나올 수 있고, 높은 점수는 잘못된 신호를 의미할 수 있다. 어떤 데이터 분석가도 근본적인 공리를 반복하지 않고는 벗어날 수 없다. 상관관계는 인과관계가 아니다. "쓸모없는 상관관계Spurious Correlation"의 저자로 잘 알려진 Tyler Vigen[10]은, 미국에서 1인당 치즈 소비와 매년 골프 코스의 매출 상관관계를 예시로 든다. 치즈를 먹어도 골프장 수익이 증가하지는 않는다. 그러나 이 두 가지 요인이 미국 경제 규모에 좌우되므로 모든 경제 조치가 유사한 패턴을 따를 가능성이 높다고 합리적으로 추측할 수 있다.

훈련 모델의 R 제곱 값은 0.954다. 꽤 좋아 보이지만 그 이유를 생각해 보자. 이 모델은 총 판매액에 달러를 사용한다. 거래량에 대한 돈의 비율은 시간이 지남에 따라 상당히 안정적으로 유지된다. 여기서 우리가 포착한 유일한 신호는 2019년 인플레이션이 전년과 동일한 범위에 머물렀다는 것이다. 이것을 "표적 유출Target Leakage"이라고 한다. 데이터에 당시 학습 데이터가 알 수 없었던 특성이 포함돼 있지만 나중에 적용한다. 예를 들어 테스트 데이터에 갤런 단위로 판매된 볼륨을 포함했다면 모델은 항상 갤런 열의 약 0.264배이기 때문에 리터 단위로 판매된 볼륨을 예측할 수 있다는 것을 배웠다. 우리가 이미 알고 있는 갤런과 리터 간의 변환 계수를 제외하곤 알 수 없다. 따라서 모델이 완벽하게 동작한다면 뭔가 잘못됐다.

---

10 www.tylervigen.com/spurious-correlations

▲ 그림 20-10 학습된 모델 정보

그렇다고 해서 이 모델이 쓸모없다는 의미는 아니다. 우리는 이제 Iowa의 경제와 주류 소비 간의 관계에 대해 여러 가지 가설을 테스트해 볼 수 있다. 이 모델과 맞지 않는 데이터를 발견해서 이상을 예측하는 모델을 만들 수 있다. 다른 가능성 있는 변수를 모델에 추가하면 그 중 하나가 모델에 중요한 영향을 미친다.

예측

생성한 모델을 실제로 사용하려면 먼저 배포해야 한다. AutoML Tables는 무료 평가판으로 6시간의 일괄 예측을 제공한다. 예측은 각각 몇 분 안에 실행을 마친다.

AutoML Tables 콘솔의 마지막 패널에서 일괄 예측을 설정할 수 있다. 모델에서 일괄 예측을 사용하면 다른 모든 변수가 포함된 BigQuery 테이블을 제공할 수 있다. 2019년 데이터가 있으므로 예측 값과 실제 값을 직접 비교할 수 있다.

입력 시 일괄 테이블을 생성하는 쿼리는 두 가지 변경사항을 제외하고 앞의 쿼리와 동일하다. 첫째, 대상 열을 사용하지 않는다. 둘째, 날짜 범위를 DATE(2019, 1, 1)와 DATE(2019, 12, 31) 사이로 변경한다.

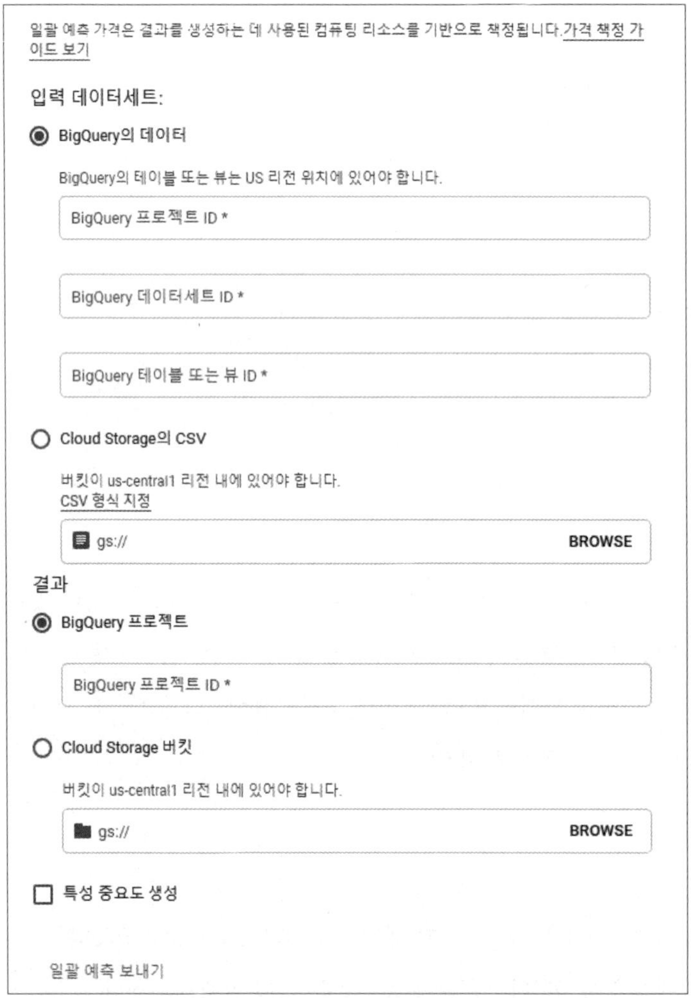

▲ 그림 20-11 일괄 예측 보내기

입력 데이터 세트로 BigQuery의 데이터를 선택하고 2019 테이블을 입력한다. 그런 다음 결과를 BigQuery 프로젝트 및 프로젝트 ID로 설정하고 **일괄 예측 보내기**를 클릭한다. 몇 분 안에 결과 디렉터리가 생성되며, 이 디렉터리는 두 개의 테이블이 있는 BigQuery 데이터 세트를 가진다.

모든 것이 순조롭게 진행되면 대부분의 행이 예측 테이블에 들어간다. 오류가 있을 경우 해당하는 행의 문제가 무엇인지 알려준다. 입력 데이터 세트 양식이 올바르면 오류 테이블이 비어 있으므로 모든 행이 처리돼 있어야 한다.

이제 데이터 세트로 이동해 실제 2019년 값을 예측 값과 비교할 수 있다. 20장에서 수행한 다른 모든 작업을 사용해 모델의 품질을 분석하고 분산을 찾아야 한다. 데이터를 county와 같은 다른 변수에 플롯하거나 메타데이터를 얻기 위해 원래 데이터 세트를 다시 조인해 세분화된 최고 매출 품목 데이터를 얻을 수 있다. 최상위 결과를 살펴보자. 2019년의 실제 총 볼륨을 추출하고 null 카테고리와 county 데이터를 제외해서 모델의 예상 볼륨과 비교했다.

```
Actual volume sold: 27,397,234 liters
Predicted volume sold: 28,167,027 liters
Error: 769,793 liters (2.8%)
```

나쁜 결과는 아니다.

추가 분석

나는 어떤 행이 결과를 정확히 예측했는지 또는 어느 정도의 여백까지 예측했는지 궁금했다. 이 행동을 "데이터 낚시Data Fishing"라고 하며 통계에서는 나쁜 관행으로 여긴다. 그래도 나는 어떤 요인이 성공적인 예측으로 이어질 수 있는지 궁금했다. 엄격한 과학적 분석과는 거리가 멀다. 결론적으로 명백한 단서를 찾지 못했다.

모델에서 0.01 리터의 정확도 내에서 부피를 예측한 236개의 행(거의 200,000개 중에서)을 찾았다. 데이터는 날짜 범위, 카운티 및 범주 어느 하나도 일관성이 없었고 완전한 소음일 가능성이 있음을 의미했다.

다음은 카테고리의 인기도와 교육 데이터의 양을 기준으로 모델이 카테고리 전반에 걸쳐 얼마나 정확한지 확인했다. 카테고리의 인기도와 예측의 정확성 간에는 어느 방향으로도 상관관계가 없었다. 모델이 인기에 편향되지는 않았지만 일부 인기 카테고리가 다소 벗어났고 일부 틈새 카테고리가 상당히 잘 수행됐음을 의미했다.

2019년 내내 한 카운티의 테네시 위스키 판매가 정확하게 예측된 것으로 보이는 최고의 카테고리/기간 예측을 보고 낚시 탐험을 끝냈다. 그 이유는 카운티는 작았고 범주가 변경됐다. 그 해 카테고리에는 단 한 건의 판매만 있었다.

데이터 입력을 수정하고 모델을 재교육하고 더 나은 예측을 찾는 데 며칠 또는 몇 주를 소비할 수 있다. 표면적으로 데이터 세트는 대부분의 사람들의 관심과 떨어져 있다. 자신의 데이터로 무엇을 할 수 있는지 생각해 봐야 한다.

데이터 > 인사이트 퍼널

이제 자신의 데이터 위에서 동작하는 여러 응용 프로그램 아이디어를 떠올릴 수 있다. 심연을 들여다보며 보낸 시간이 고무적이었기를 바란다. 유입 경로의 마지막에 이르렀다. 이제 단일 데이터 세트로 이동해 개별 결과를 살펴보고 탐색할 차례다. BigQuery 도입 이후 우리는 **데이터 > 정보 > 인사이트**로 이동하는 프로세스를 모두 경험했다. 그림 20-12는 이 프로세스를 설명한다.

이 프로세스는 "데이터 마이닝"의 프로세스와 비슷하다. 소량의 귀금속을 추출할 수 있는 광맥을 찾으려면 수많은 원석을 채굴해야 한다. 그래서 데이터다. 이제 한쪽 끝에서 다른 쪽 끝까지 이동할 수 있는 도구가 주어졌다.

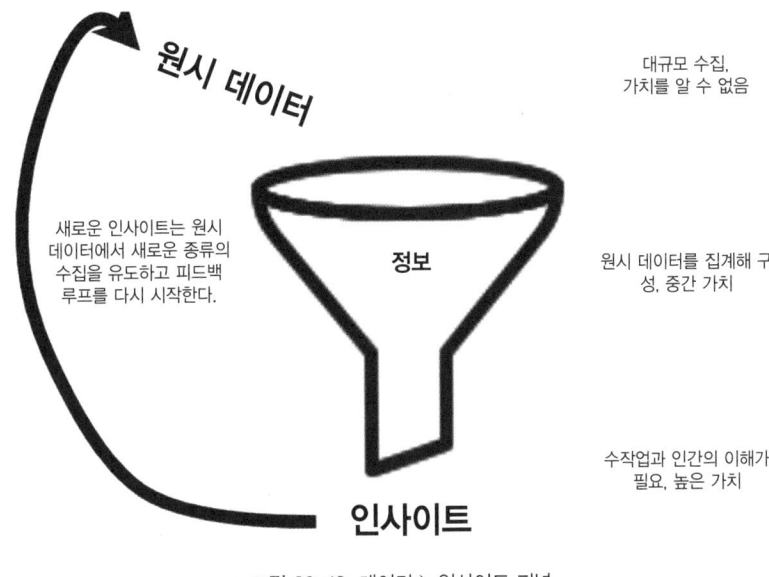

▲ 그림 20-12 데이터 > 인사이트 퍼널

요약

Jupyter Notebook은 데이터 분석, 통계 및 기계학습을 수행하는 오픈소스 애플리케이션으로 다양한 클라우드 플랫폼에서 사용할 수 있다. 이 중 하나를 사용해 BigQuery에 액세스할 수 있는 노트북 환경에 액세스한다. Python을 사용하면 모든 최신 수치 컴퓨팅, 통계 모델링, 머신러닝에 액세스하고 BigQuery의 데이터 세트에 적용할 수 있다. 이제 조직의 데이터에서 귀중한 인사이트를 제공할 수 있다. 고품질의 인사이트를 바탕으로 데이터 프로그램, 조직 및 주변 세계를 변화시킬 수 있다.

21장

결론

기업이 데이터 프로그램을 시작한다는 것은 어려운 일이다. 하지만 BigQuery는 진입 장벽을 낮춰준다. BigQuery를 사용하면 유지 관리의 오버헤드 없이 연중 무휴로 가동되는 데이터 웨어하우스를 만들 수 있다. 이 책에서 확인할 수 있듯이 운영체제, 패치, 하드 드라이브 공간 부족에 대해 걱정할 필요가 없다. 완전히 비어 있는 웨어하우스는 아무런 가치가 없다. 당신이 직접 코딩하고 구성을 바꾸며 문서화를 토대로 채워나가야 한다. 비즈니스 이해관계자와 관계를 유지하면서 조직에 적합한 프로세스를 구축하면 데이터 프로그램을 성공적으로 이끌어 나갈 수 있다. 앞선 성공을 기반으로 중장기 비전을 실현해 나가야 한다.

소프트웨어 아키텍처와 빌딩 아키텍처는 엄연히 다르다. 빌딩이 완성되면 빌딩은 해당 좌표에 존재한다. 구조적 결함이 있을 수 있지만 여전히 해당 좌표에 서 있는 유일한 빌딩이다. 소프트웨어는 이와는 다르게 가장 완벽한 알고리즘을 구성하거나 역대 가장 뛰어난 코드를 작성했다고 해도 아무도 모를 수 있다. 하지만 소프트웨어는 패치한 후 재배치가 가능하다.

소프트웨어의 이런 속성은 "정확하게 하는 것"과 "완료하는 것" 사이에 특별한 경계를 만든다. 데이터 프로그램의 첫 번째 과제는 그 경계를 확인하는 것이다. 성공은 기술만큼이나 사람에게 달려 있다. 따라서 BigQuery 프로젝트는 여전히 실패할 수 있다. 기술의 난이도 때문이 아니라 쉬운 설정과 배포 때문에 생긴 자만심 때문에 실패할 확률이 더 높아진다. 다행히 이런 문제를 극복할 수 있는 무수히 많은 도구들이 있다.

데이터베이스, 조직 이론, 애플리케이션 관리를 다룬 책을 바탕으로 각 문제를 극복할 수 있다. 그리고 데이터가 그런 해결 방법의 중심에 존재한다.

프로세스를 이해하고 개선하려면 실제 데이터가 필요하다. 개인적인 갈등은 종종 잘못된 의사소통 때문에 발생하며 정확하고 액세스할 수 있는 데이터로 예방할 수 있다. 이런 거대한 규모의 문제를 기술을 사용해 해결할 수 있다.

결국 가장 큰 촉매제는 인간과 기술의 상호작용이다. 데이터 프로그램이 시작되면 인사이트를 얻기 시작한다. 인사이트는 사람들이 일을 좀 더 잘하도록 영감을 주고 그 결과의 데이터를 웨어하우스로 스트리밍한다. 이렇게 개선된 데이터는 다시 더 큰 인사이트를 제공하며 순환을 계속한다.

실시간 데이터 분석을 추가하면서 더 빠른 속도로 인사이트를 생성한다. 조직을 아우르는 모든 데이터를 살펴보기 시작하면 혼자서는 꿈꾸지 못했던 새로운 연결이 시작될 수 있다. 불가능이 가능해지고 해결할 수 있는 방법의 범위가 늘어난다. 발견 과정에서 예상치 못한 답변과 질문을 만든다. 그리고 당신은 이 모든 것의 중심에 있다.

부록 A

Cloud Shell과 Cloud SDK

이 책에 있는 대부분의 예제는 Google Cloud Platform의 사용자 인터페이스로 실행할 수 있지만 명령줄이나 Google Cloud API를 사용해 실행할 수도 있다. 구글은 프로그래밍 방식 액세스를 위해 여러 언어로 SDK를 제공한다. 이 책에서는 Python SDK를 사용했지만 Go, Node.js, PHP, C # 및 Java를 비롯한 다양한 언어를 지원한다.

콘솔 사용

Google Cloud Shell에 액세스하려면 웹 콘솔에서 기본으로 제공하는 가상 머신을 사용한다. 오른쪽 상단의 **Cloud Shell 활성화** 아이콘을 클릭하면 하단에서 창이 나타나 가상 머신을 프로비저닝하면 잠시 후 터미널이 나타난다.

▲ 그림 A-1 프로비저닝 중인 Cloud Shell

Cloud VM 성능

Google Cloud Shell은 Google Compute Engine에서 실행되는 Linux 가상 머신이다. 인터넷에 액세스가 가능해 필요에 따라 패키지를 설치하거나 외부 스크립트를 실행할 수 있다. 5GB의 홈 디렉터리 작업 공간을 제공한다. 전체 하드 드라이브 공간은 약 70GB이며, 홈 디렉터리 외부에 파일을 저장할 수 있지만 임시 인스턴스를 지우면 같이 삭제된다. 시스템에 대한 전체 관리 액세스(root 포함) 권한을 기본으로 제공한다.

사양

현재 Cloud Shell에서 CPU와 메모리 정보를 출력해 보면 2.20GHz에서 실행되는 듀얼 코어 Intel Xeon과 2GB RAM을 출력한다.[1] 루트 파일 시스템과 커널은 Chrome OS로 식별하지만 시스템은 QEMU에서 실행되는 Debian GNU/Linux 9(stretch)로 식별한다. 이 시스템을 이용해 0.5 vCPU에 액세스할 수 있다.

---

1 결과는 다를 수 있다.

GCP는 가상 머신을 사용하지 않으면 종료한다. 정기적으로 컴퓨터에 액세스할 때(최소 120일에 한 번) 홈 디렉터리는 그대로 유지할 수 있다. 현재 Cloud Shell은 주당 50시간만 사용할 수 있다. 대부분의 일상적인 작업에는 충분하지만 장기 실행 프로세스를 실행하는 것은 불가능하다.

콘솔 추가 기능

콘솔 내부에서 지원하는 추가 기능은 Cloud Shell을 IDE 수준으로 끌어올려 iPad 또는 Chromebook에서 코딩하는 것과 같은 기회를 열어준다.

편집기

오른쪽 상단의 **연필** 아이콘을 클릭하면 편집기를 열 수 있다. 컴퓨터의 디렉터리창과 브라우저 내 편집기를 로드한다. 편집기는 파일 확장자, 키보드 단축키 구성 및 여러 테마에 따라 자동 구문 강조를 지원하는 브라우저를 이용해 기기로 파일을 업로드 및 다운로드할 수 있다. 작업 공간도 저장하고 로드할 수 있으므로 필요에 따라 충분한 개발 환경이 될 수 있다.

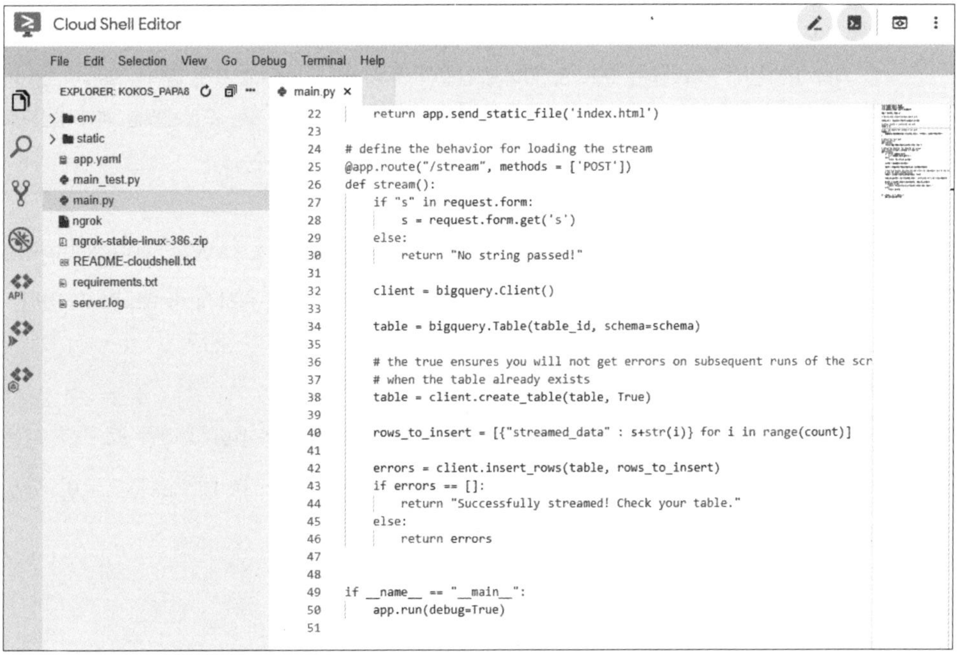

▲ 그림 A-2 에디터(편집기)

편집기는 실제로 오픈소스인 Eclipse Theia[2] IDE의 구글 버전이다.

웹 미리보기

Cloud Shell에서 직접 인터넷에 대한 자체 포트를 열 수는 없지만 콘솔에서 접근할 수 있는 간단한 방법을 제공한다. 오른쪽 상단의 **웹 미리보기** 아이콘을 클릭하고 **포트 8080에서 미리보기**를 클릭하거나 포트를 사용할 수 있는 다른 포트 중 하나로 변경한다. 이제 지정한 로컬 포트를 사용해 Cloud Shell 인스턴스에 대한 HTTP 연결이 열린다. 이 링크는 인증된 사용자만 액세스할 수 있다.

기본 HTTP 서버

Cloud Shell에 Python이 미리 설치돼 있어서 로컬 웹 서버를 다음 명령어 한 줄로 실행할 수 있다.

```
nohup python3 -m http.server 8080 > server.log 2>&1 &
```

> **노트** 리눅스에 익숙하지 않은 경우: nohup은 머신이 종료되기 전까지 터미널에서 로그아웃하더라도 작업을 계속 실행한다. Python3는 포트 8080에서 간단한 웹 서버를 시작하고 표준 출력을 server.log 파일에 저장한다. 2> & 1은 표준 오류를 동일한 출력으로 리디렉션하며 &는 프로세스를 백그라운드로 보낸다.

서버가 실행되면 해당 포트에 대한 웹 미리보기를 열 수 있다. http.server는 index.html을 기본 페이지로 사용하므로 폴더에 해당 이름의 파일이 있는 경우 브라우저에서 로드할 수 있다.

인터넷 접근

Cloud Shell의 서버를 인증하지 않은 사용자와 공유해야 하는 경우 ngrok라는 도구를 사용한다. 머신의 프로비저닝이 해제되면 서버도 오프라인 상태가 되므로 테스트용으로만 사용할 수 있다. ngrok는 다음 명령어로 설치한다.

---

[2] https://github.com/eclipse-theia/theia

```
wget https://bin.equinox.io/c/4VmDzA7iaHb/ngrok-stable-linux-386.zip unzip ./ngrok-stable-
linux-386.zip
```

앞서 살펴본 로컬 HTTP 서버 명령을 실행한 후 다음 명령을 실행한다.

```
./ngrok http 8080
```

HTTP 서버에 사용한 것과 동일한 포트를 사용한다. 이제 Cloud Shell과 ngrok.io 간의 터널 구성을 볼 수 있다. 전달 링크 중 하나를 클릭하면 공용 인터넷에서 실행 중인 웹 서버를 볼 수 있다.

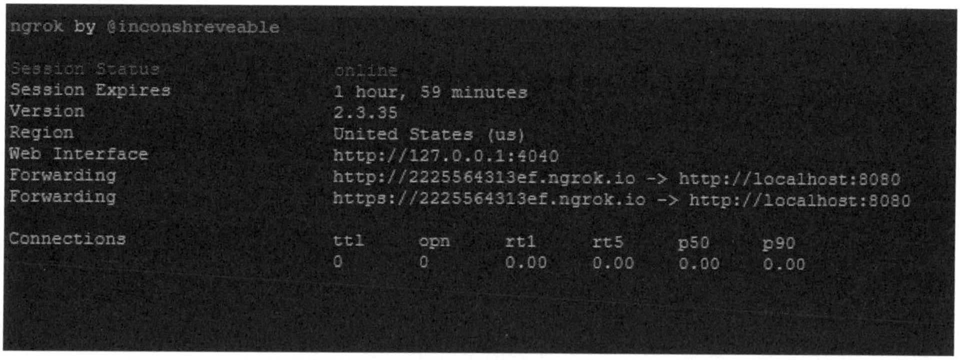

▲ 그림 A-3 http 서버와 ngrok 터널 연결 상태 화면

> **노트** 첫째, ngrok.io는 기본적으로 무료이지만 더 많은 기능을 유료로 제공하는 서비스다. 다른 기능은 직접 확인해 보자.[3] 둘째, 잠재적인 보안 문제를 인식해야 한다. 조직의 보안 정책을 충족하지 않는 개인 키와 토큰을 저장하는 경우에는 주의해야 한다.

---

3 https://ngrok.com/

로컬 환경 설정

Cloud Shell을 사용하지 않거나 사용할 수 없는 경우에는 로컬 머신에 gcloud를 설치할 수 있다. 로컬 머신에 gcloud를 설치하면 Cloud Shell 없이도 GCP 인스턴스의 유지 관리를 수행할 수 있다.

설치

구글은 거의 모든 환경에서 gcloud 설치를 지원한다.[4] Linux 및 MacOS 설치의 경우 설치 스크립트를 다운로드하고 실행하는 것이 전부다.

```
curl https://sdk.cloud.google.com > install.sh
bash install.sh --disable-prompts
```

Windows의 경우 설치 프로그램인 인스톨러[5] 또는 동일한 작업을 수행하는 간단한 PowerShell 스크립트[6]를 사용하자.

gcloud 외에도 gsutil(Google Storage용) 및 bq(BigQuery용)를 같이 설치해 준다. cbt(Bigtable), kubectl(Kubernetes), Pub/Sub, DataStore 등의 다양한 에뮬레이터를 포함해 다른 서비스를 위한 많은 Google Cloud 유틸리티가 있다.

gcloud가 설치되면 다음 명령을 사용해 초기화한다.

```
gcloud init
```

GCP 프로젝트에 로그인 후 원하는 프로젝트를 선택하고 기본 지역을 선택한다. 이미 구성 파일을 설정한 경우 새 구성을 만들거나 전환할 수 있다.

---

4   https://cloud.google.com/sdk/docs/quickstarts
5   https://dl.google.com/dl/cloudsdk/channels/rapid/GoogleCloudSDKInstaller.exe
6   https://cloud.google.com/sdk/docs/downloads-interactive#windows

로컬에서 Cloud Shell 접근

로컬 머신에서도 gcloud를 사용해 Cloud Shell에 액세스할 수 있다. 로컬 머신과 클라우드 인스턴스 간 또는 다른 VM 머신에 파일을 복사할 때 유용하다. 다음 명령어를 사용한다.

```
gcloud alpha cloud-shell ssh
```

액세스에 필요한 공개 키를 자동으로 설치한 후 콘솔에서 접근할 때와 같은 동일한 터미널에 접근할 수 있다.

새 프로젝트 생성

gcloud 도구를 설치했다면 다음 명령어를 사용해 새 프로젝트를 만들 수 있다.

```
gcloud projects create {YOUR-PROJECT-NAME}
```

프로젝트 이름이 중복이 아니라는 가정하에 새 프로젝트를 생성한다. 다음 명령어를 사용해 프로젝트를 활성화한다.

```
gcloud config set project {YOUR-PROJECT-NAME}
```

이제 프로젝트에서 작업을 시작할 수 있다.

서비스 계정 생성

GCP의 다양한 서비스에 액세스할 때 서비스 계정을 접할 수 있다. 구글의 서비스는 대부분 서비스 계정을 자동으로 생성한다. 서비스 계정의 생명 주기의 대부분은 GCP 경계 내에 머물러 있기 때문에 인증 메커니즘이 투명하다. 예를 들어 20장에서 BigQuery에 Kaggle을 연결하거나 12장에서 Cloud Functions를 사용할 때 기본 서비스 계정 주체는 필요한 범위에 액세스할 수 있었다. 하지만 서비스 계정을 직접 만들어야 할 필요도 있다. 서비스 계정에 대한 이해는 데이터 거버넌스 프로그램의 보안의 일부다.

서비스 계정은 기본적으로 컴퓨터의 사용자 프로필이다. 자동화 시스템은 사람의 계정을 사용하는 것과 달리 시스템에 특화된 프로필이 필요하며 그것이 서비스 계정의 목적이다.

iam 명령을 사용해 다음과 같이 서비스 계정을 만들 수 있다.

```
gcloud iam service-accounts create --account-name {YOUR_ACCOUNT_NAME} --display-name {YOUR_DISPLAY_NAME}
```

다음과 같은 이메일 형식을 인증 주체로 사용하는 서비스 계정을 생성한다.

```
{YOUR_ACCOUNT_NAME}@{YOUR_PROJECT_ID}.iam.gserviceaccount.com
```

그 후에 인증해야 하는 서비스에 따라 정책 바인딩을 추가해 적절한 범위를 설정한다. IAM 콘솔 UI를 사용해도 똑같은 작업을 수행할 수 있다.

```
gcloud projects add-iam-policy-binding {YOUR_PROJECT_ID} \ --member serviceAccount:{YOUR_SERVICE_ACCOUNT_EMAIL} --role {ROLE_NAME}
```

bq 명령줄 도구

다음 명령어로 BigQuery가 활성화돼 있는지 확인한다.

```
bq ls
```

위 명령어는 프로젝트에 있는 모든 데이터 세트를 표시하며 프로젝트가 올바르게 설정됐는지, 연결이 동작하는지, gcloud 설치가 성공했는지도 확인한다.

bq 도구를 사용해 콘솔에서 제공하는 것보다 더 많은 BigQuery 기능을 사용할 수 있다. 이 책에서는 용이성과 개념적 설명을 위해 주로 UI를 다뤘지만 BigQuery 개념에 익숙해지기 시작하면 더 많은 명령줄을 사용할 수 있다. PostgreSQL 또는 MySQL을 명령줄로 사용했다면 이미 익숙할 것이다.

bq 도구의 몇 가지 기능을 살펴보자.

쿼리

bq 도구를 사용해 쿼리를 실행하려면 "query" 명령어를 사용한다.

```
bq query "SELECT 42"
```

기본적으로 결과를 텍스트로 렌더링해 반환한다. --format 플래그를 사용해 JSON, CSV 및 pretty-print를 포함한 다른 형식으로 반환을 지정할 수 있다. CSV 및 JSON 옵션은 파일 또는 다른 위치로 연결할 수 있다.

```
bq query --sync --format csv "SELECT ..." > results.csv
```

sync 매개변수는 백그라운드에서 작업을 시작하지 않고 쿼리가 완료될 때까지 대기한다. 오래 걸리는 쿼리일 경우 sync를 빼고 작업 상태를 폴링polling해야 한다.

로드

명령줄 또는 API에서 데이터를 로드하는 것은 매우 일반적인 작업이다. UI는 최대 10MB의 파일 업로드만 허용하며 더 큰 파일은 Google Cloud Storage에 먼저 업로드해야 한다. 명령줄을 사용해 파일을 직접 로드할 수 있다.

UI에서와 마찬가지로 CSV, Avro, Parquet, JSON 등을 포함한 동일 형식을 사용할 수 있다. 기본적인 로드 명령은 다음과 같다.

```
bq load dataset.table localfile.csv field1:string,field2:string
```

파일 대신 Google Cloud Storage URL을 사용할 수 있다. 이 명령은 테이블이 없는 경우 자동으로 생성된다.

로드의 모든 기능은 5장에서 다뤘다. 추가적인 내용은 5장을 읽거나 bq 문서를 확인하자.[7]

shell

bq 도구를 사용해 자체 셸shell을 활성화할 수 있다.

```
bq shell
```

매번 bq를 입력하지 않고도 여러 문을 순서대로 실행할 수 있다.

ls 및 mk와 같은 다른 명령도 셸에서 직접 실행할 수 있다.

생성

mk 명령어를 사용하면 데이터 세트와 테이블을 만들 수 있다. 테이블을 만들 때는 UI를 사용할 때와 동일한 옵션을 사용한다. 데이터를 로드하는 것과 동일한 형식을 사용해 인라인 또는 파일에서 스키마를 명령줄의 매개변수로 지정할 수도 있다. 예를 들어 문자열이 있는 새 테이블을 만들려면 다음 명령줄을 사용한다.

```
bq mk --table dataset.table field1:string,otherfield:string
```

---

7 https://cloud.google.com/bigquery/docs/reference/bq-cli-reference#bq_load

복사

cp 명령을 사용해 전체 테이블을 복사할 수 있다.

```
bq cp <source-table> <destination-table>
```

삭제

rm 명령어를 사용해 데이터 세트와 모든 테이블을 삭제할 수 있다.

```
bq rm -r <dataset>
```

위 명령어는 해당 이름으로 데이터 세트를 제거한다.

삭제 취소

삭제 취소는 명령줄 도구에서 명시적으로 지원하진 않지만 실수로 삭제한 테이블에서 데이터를 복구해야 하는 경우 SQL 구문 "FOR SYSTEM TIME AS OF"와 동일한 개념을 사용할 수 있다.

CREATE 또는 REPLACE로 덮어쓴 경우 테이블을 복구할 수 없으며 데이터 세트 삭제는 취소할 수 없다. 7일 이전의 데이터는 복구가 불가능하다. bash 스크립트를 사용해 데이터를 복구한다. 첫 번째 매개변수는 복구하려는 데이터 세트와 테이블이며 두 번째 매개변수는 몇 초 단위로 되돌릴 시간을 나타낸다. 최댓값은 604800이다.

```
#!/bin/bash
# Usage: bq dataset-table time-in-seconds
bq cp "$1@$(((`date +%s`-$2)*1000))" $1_recovered
```

부록 B

데이터 프로젝트 품의서 샘플

이 책은 데이터 웨어하우스 구축 초기부터 프로젝트 품의서의 필요성과 가치를 반복적으로 언급한다. 데이터 용어집, 소스의 출처, 프로젝트 품의서는 사용자에게 매우 중요한 문서다. 또한 구축이 진행될 때 예상하지 못한 일이 생기지 않도록 기대치를 설정하고 유지할 수 있다.

이 품의서는 프로젝트에 대한 특정 형식을 제공하고 조직에서 필요한 지원을 받을 수 있도록 데드라인을 설정할 때 유용하다. 프로젝트를 승인하고 로드맵에 추가하는 방식은 조직마다 다르다. 이 해답은 업무관계자를 통해 파악할 수 있다. 그들은 데이터 웨어하우스의 어떤 특성을 강조해야 하는지 명확하게 알려준다. 품의서는 가장 기본적인 질문에 대한 답을 공식화할 때 유용하다. 내가 해결하려는 문제는 무엇인지 다시 생각해 보자.

데이터 웨어하우스 프로젝트에 대한 품의서 샘플을 아래에 첨부한다. 필요에 맞게 또는 조직의 특정 스타일에 맞게 조정해서 사용할 수 있다. BigQuery가 아니라 다른 데이터 웨어하우스 프로젝트 또는 다른 기술 프로젝트에 적용할 수도 있다.

16장에서 다룬 리포팅을 위한 품의서도 통합했다. 따로 사용하거나 주요 프로젝트 품의서에 대한 부록으로 사용할 수 있다.

템플릿은 이곳[1]에서도 다운로드할 수 있다.

프로젝트 품의서

프로젝트 기획자	Mark Mucchetti
프로젝트 이름	BigQuery 데이터 웨어하우스
날짜	1/1/20xx

목적

이 프로젝트는 조직을 위한 데이터 웨어하우스를 구축한다. 데이터 웨어하우스는 모든 관련 조직 데이터를 수신하고 수집하며 보고 및 분석을 위한 중앙 저장소 역할을 한다. 또한 감사 및 규정 준수 목적으로 기록 데이터를 저장한다.

중앙 집중식 데이터 웨어하우스 솔루션을 사용하면 정확한 데이터를 기반으로 보다 **빠르고 효율적으로 의사 결정을 내릴 수 있다**. 웨어하우스는 새로운 비즈니스 기회와 문제 영역을 밝히며 시장 변화에 즉시 대응할 수 있도록 조직에 대한 인사이트를 생성한다.

필요한 이유

- NoSQL 또는 운영 소스의 데이터 저장 및 분석
- 여러 소스의 데이터 결합
- 비용 절감
- 실시간 또는 거의 실시간 스트리밍
- 테라바이트 또는 페타바이트 규모의 데이터 처리
- 데이터베이스 유지 관리에 소요되는 시간 단축

---

[1] https://virtu.is/sample-data-warehouse-charter

범위

프로젝트의 첫 번째 단계에서는 전체 데이터 웨어하우스 아키텍처와 여러 부서의 특정 데이터 마트를 설정한다.

성공 기준

- BigQuery를 기반으로 하는 5개의 기존 보고서를 마이그레이션한다.
- 주간 데이터 분석 작업 시간을 50% 단축한다.
- 프로젝트 시작 후 12개월 이내에 기존 웨어하우스 비용에 비해 50,000달러를 절약한다.

예산

예상 사용량은 월 514.80달러 또는 연 6,177달러이고 추가 비용은 없다.

타임라인

예상 날짜인데 이 날짜는 변경될 수 있으며 대략적인 일정이다.

요구사항 완료	5/1/20xx
스키마/데이터 용어집 완료	7/1/20xx
외부 데이터 흐름 완료	10/1/20xx
보고 완료	11/1/20xx
1단계 출시	1/1/20xx

프로젝트 가정사항

- 계획서에 명시된 비용 및 자원 요청이 충분함
- Google Cloud Platform 액세스
- BigQuery에 대한 액세스

- 수집을 위한 외부 데이터 액세스
- 최소한의 재료 및 인건비는 프로젝트 기간 증가

프로젝트 리스크

예산 리스크	예산 미할당
타임라인 리스크	이 분야의 경험 부족, 다른 프로젝트의 우선권 선점
리소스 리스크	제한된 수의 주제 전문가의 리소스가 다른 팀과 공유됨
추가 리스크	조직의 데이터 활용 능력이 낮음

리포팅

요약

이 솔루션은 기존 리포팅 솔루션을 대체한다. 사용자는 솔루션이 시작될 때 보고서의 위치, 프로세스 또는 주기를 변경해야 한다. 데이터 웨어하우스 프로젝트는 완료 시 사용자가 읽을 수 있는 보고서를 생성한다.

유지하는 기존 보고서

- 판매 보고서
- 마케팅 보고서

이런 보고서는 이전과 동일한 데이터 소스와 동등한 리포팅 로직을 사용한다.

개선하는 보고서

- 일일 판매 보고서
- 월간 판매 보고서
- 연간 수익

이런 보고서는 이전과 동일한 데이터 소스를 사용한다. 동일한 리포팅 논리를 사용하지 않는다. 원래 버전과 개선된 버전은 모두 한동안 나란히 존재할 수 있다.

신규 보고서

- 연간 매출 원가
- 판매 상세 보고서

범위 외의 보고서

- Whit의 특별 네트워크 보고서
- 테스트 보고서 B-19

위 보고서는 마이그레이션하지 않는다.

추가 제한사항

현재는 없다.

핵심 이해관계자

임원	Hank Scorpio, CEO
위원회	Charles M. Burns, COO
Lindsay Naegle, CMO	Artie Ziff, CTO

주제 전문가	Nick Riviera, 영업 본부장
Elizabeth Hoover, HR	Otto Mann, 스페셜 프로젝트
데이터 분석가	Armin Tamzarian, 선임 데이터 분석가
Dr. William MacDougal, 데이터 엔지니어	데이터 엔지니어/아키텍트
Dr. Jonathan Frink, 수석 아키텍트	Kyle Cartwright, 데이터 베이스 아키텍트
업무관계자	Kearney Zzyzwicz, 어카운팅 분석가
특수 관계자	관계자는 월별 회의에 참석해 프로젝트 상태를 검토한다. 베타에서는 리포트를 위한 사용자 테스터로 지원한다.

프로젝트 승인

프로젝트 매니저	Date 1/1/20xx
본부장	Date 1/1/20xx
임원	Date 1/1/20xx

찾아보기

ㄱ

개인 식별 정보 363, 376
거버넌스 53, 339
거짓 양성 451
거짓 음성 451
경보 피로 404
고객 관리 암호화 키 353
골든 레코드 348
과적합 450
구글 드라이브 84
구체화된 뷰 336
그림자 뷰 374

ㄴ

낙관적인 확장성 209, 370
눈송이 스키마 71

ㄷ

단축키 48
대시보드 408, 410
데이터 누수 450
데이터 마트 61
데이터 보존 375
데이터 분석가 346
데이터 성숙도 68
데이터 세트 73, 81
데이터 엔지니어 347
드라이버 167

ㄹ

라벨 406
로그 손실 함수 453
로드 106, 116

ㅁ

마스터 데이터 관리 348
마이그레이션 116
머신러닝 439
멀티-핫 인코딩 462

ㅂ

별칭 45
분류 504
분석 함수 311
뷰 49, 334
비정규화 74
비지도 학습 447

ㅅ

사용자 정의 집계 함수 332
사용자 정의 함수 331
선형 회귀 448
세션 191
스키마 120, 136
스타 스키마 70
스트리밍 106, 147

슬롯 103, 109
승인된 뷰 352
시각화 410
실행 길이 인코딩 51
싱크 301

ㅇ

약정 104
열 지향 접근 51
예약 103, 104, 109
예약된 쿼리 49, 253
예외 처리 326
외판원 순회 문제 168
요금 계산기 107
원-핫 인코딩 461
윈도우 189
윈도우 프레임 313
일괄 질의 48

ㅈ

작업 기록 48
장기 스토리지 102, 379
재현율 452
저장 프로시저 328
정규화 74
정밀도 452
정액제 103
주문형 가격 102
주문형 모델 109
주석 45
주제 전문가 345
지도 학습 446, 472
질의 저장 49
집계 분석 함수 321
집계 함수 312

ㅋ

카이-제곱 및 분산 분석 463
콜드 스타트 275
클러스터링 95

ㅌ

텀블링 191
테이블 45, 73, 83
텔레메트리 299
특성 인코딩 460
특성 추출 463

ㅍ

파이프라인 167
파티션 77, 93, 234
평균 제곱근 오차 449
표적 유출 510
푸시-풀 210
프로젝트 72
피드백 루프 56, 205, 307

ㅎ

하위 쿼리 231
할당 105, 109
할당량 159
행 지향 접근 50
혼동 행렬 453
홉핑 191
회귀 504
회색시장 데이터 388

A

ANOVA 463
ANY TYPE 331
ANY_VALUE 242

App Engine 265
ARRAY_AGG 243
ARRAY_CONCAT_AGG 243
ASC 47
assignment 105
AutoML Tables 503
AVG 243
Avro 86, 96, 119

B

Beam 166
BI 67, 386
BigQuery BI Engine 435
BigQuery Transfer Service 272
BIT_AND 245
BIT_OR 245
BIT_XOR 245
BOOLEAN 90, 137
bq 41, 120, 122, 125, 135, 138, 144, 524, 527
BUCKETIZE 480
Business Intelligence 386
BYTES 89, 137

C

CLI 41
Cloud Composer 271
Cloud Data Loss Prevention 363
Cloud Datastore 86
Cloud DLP 354
Cloud Firestore 285
Cloud Logging 162, 266, 293, 356
Cloud Monitoring 304
Cloud Pub/Sub 284
Cloud Scheduler 253, 259, 264, 268, 286, 429
Cloud Shell 41
Cloud SQL 129, 132, 134
Cloud Storage 102, 118, 284

Cloud Tasks 270
CMEK 353
CoGroupByKey 174
Cold Start 275
Combine 174
Command Line Interface 41
commitment 104
COUNT 244
COUNTIF 244
cron 253, 260, 262
CROSS JOIN 227
CSV 85, 119
CURRENT 239
CURRENT ROW 318

D

DAG 168
Data Catalog 361
Dataflow 140, 158, 166
Dataflow SQL 187
Data Leakage 450
Data Mart 61
DATE 90, 237
DATETIME 238
DDL 63, 124
DECLARE 324
DENSE_RANK 315
DESC 47
DISTINCT 222
DML 63, 380
driver 167

E

ELT 177
EXCEPT 222, 226
EXTERNAL_QUERY 132
EXTRACT 239

F

F1 484
F1 Score 454
F1 점수 454
FaaS 165
Feedback Loop 56
Flatten 175
Flex 슬롯 446
FLOAT 90
FROM 46
FULL OUTER JOIN 229
Functions-as-a-Service 273

G

gcloud 41, 524
GCS 380
GENERATE_ARRAY 323
GEOGRAPHY 91
GIS 246
Golden Record 348
Google App Engine 151
Google Bigtable 144
Google Cloud Bigtable 84
Google Cloud Functions 273
Google Cloud Shell 520
Google Cloud Storage 84, 126, 135, 138, 334
Google Compute Engine 520
Google Data Studio 397, 419
Google Drive 84
Google Firestore 143
governance 53
Gray Market Data 388
GROUP BY 47, 220
GroupByKey 174

H

HAVING 242

I

IAM 351
INFORMATION_SCHEMA 136
insertErrors 157
insertId 149, 158, 160
INTEGER 89
INTERSECT 225
interval 239

J

JavaScript 332
JDBC 400
Java Database Connectivity 140
JOIN 226
JSONL 119, 143
JSONL, JSON Line 85
Jupyter Notebook 488

K

Kaggle 487
Keras 492
k-Means Clustering 456
k-평균 군집화 447, 456, 466

L

label 406
LEFT OUTER JOIN 229
LIMIT 47, 219
Line 247
LOOP 326

M

Markdown 490
MAX/MIN 244
MDM 348

ML.EVALUATE 465
ML, Machine Learning 439
ML.PREDICT 465
ML.TRANSFORM 464
Monitoring 356
Multi-Hot Encoding 462
mysqldump 134, 135

N

NoSQL 71, 142, 165
NULLABLE 92
NULLS FIRST 220
NULLS LAST 220
NUMERIC 90, 123
NumPy 491

O

OLAP 69, 311
OLTP 63
One-Hot Encoding 461
Online Transaction Processing 52
Optimistic Extensibility 209
ORC 86, 120
ORDER BY 47, 219, 320
OUTER JOIN 229

P

pandas 492
ParDo 174
Parquet 86, 120
Partition 175
PARTITION BY 313, 320
PCollection 167, 172, 175
PERCENT_RANK/CUME_DIST 316
Personally Identifying Information 363
PII 376

Point 246
Polygon 247
precision 452
PTransform 173
Pub/Sub 259

Q

QUANTILE_BUCKETIZE 480

R

RANGE 319
RANK 315
recall 452
RECORD 91
REPEATED 92
REPLACE 222
REQUIRED 92
RIGHT OUTER JOIN 229
RMSE, Root Mean Square Error 449
ROC 454
ROC 곡선 454
ROLLUP 240
ROW_NUMBER 314
Run-length Encoding 51

S

SELECT 46
Shadow View 374
SME 345
STANDARD_SCALER 480
ST_AREA 248
ST_CENTROID 248
ST_DIMENSION 247
ST_DISTANCE 248
ST_LENGTH 248
STRING 89

STRING_AGG 244
STRUCT 91
ST_X/ST_Y 248
SUM 244

T

Telemetry 299
templateSuffix 162
TensorFlow 456, 492
TIME 90, 237
TIMESTAMP 90, 238
Traveling Salesman Problem 168

U

UNBOUNDED 318
UNION 224
UNNEST 233, 337, 500
USING 230
UTC 64, 237

W

WHERE 46
WHILE 326
Window Frame 313
WITH 222, 232

기호

_ADD 239
_DIFF 239
_PARTITIONTIME 150, 158
_SUB 239
_TRUNC 239

빅쿼리를 활용한 데이터 웨어하우스 구축
단계별로 배우는 구글 클라우드 관리형 데이터 분석

발　행 | 2021년 10월 19일

지은이 | 마크 무케티
옮긴이 | 백 진 욱

펴낸이 | 권 성 준
편집장 | 황 영 주
편　집 | 조 유 나
　　　　김 다 예
디자인 | 윤 서 빈

에이콘출판주식회사
서울특별시 양천구 국회대로 287 (목동)
전화 02-2653-7600, 팩스 02-2653-0433
www.acornpub.co.kr / editor@acornpub.co.kr

한국어판 ⓒ 에이콘출판주식회사, 2021, Printed in Korea.
ISBN 979-11-6175-575-5
http://www.acornpub.co.kr/book/bigquery

책값은 뒤표지에 있습니다.